中国高等学校文科
21世纪新教材

汉语方言学教程

游汝杰　著　　　　　（第二版）

上海教育出版社
SHANGHAI EDUCATIONAL
PUBLISHING HOUSE

内容简介和使用说明

　　本书综合汉语方言学的研究成果，结合作者多年来的研究心得，概述"汉语方言学"这一语言学的分支学科。内容包括调查方言必备的语音学和音韵学的基本知识和基本训练、方言分类、方言地理、方言历史、方言接触、方言演变、方言调查法、方言的社会语言学和文化语言学研究，以及汉语方言学简史等。本书对各大方言的音系及主要特点作了介绍，而以探讨汉语方言学的理论和方法问题为主。全书能够反映本学科的最新研究进展。

　　本书可用作高等学校必修课或选修课教材，各章末尾列出若干练习和思考题，用以加深学生对各章主要内容的理解，书末附录列出若干用于方言调查的表格，读者可以以这些调查表为样本，作些变动，用于调查不同的方言。本书部分内容对于大学本科的学生也许偏深，可以不必用于课堂教学，仅供有兴趣的本科生或研究生进一步阅读，也可供有关专业教师参考。一般读者也可以通过阅读本书，了解汉语方言学的基本内容。

目　　录

第一章　汉语方言与方言学概述

第一节　方言和方言的类别

方言(dialect)是语言的支派和变体。同属一种语言的方言是亲属方言,例如同属汉语的吴语和闽语。亲属方言有共同的历史来源、共同的词汇和语法结构,其现代的形式在语音上必定有互相对应的关系。方言又称作"土语、土话、土白";旧时也称作"乡音、乡谈、乡语"等。研究方言的学问称为方言学(dialectology)。

方言可以分为地域方言(regional dialect)和社会方言(social dialect)两大类。方言学对地域方言的研究历史较长,成果较多,对社会方言的研究历史较短,成果较少。

一、地域方言

地域方言是语言在不同地域的变体。一般说来同一种地域方言分布在同一个地区或同一个地点,如湘语主要分布在湖南,赣语主要分布在江西。也有在地域上不相连属的,从而形成方言岛(speech island)或方言飞地(outlier)。移民也往往把他们的方言带到远离故乡的迁居地,例如流布在海外的粤语和闽语。远离故乡的方言久而久之有可能演变成新的地域方言。

地域方言又可以分为地区方言和地点方言两大类。地区方言是指使用于较大区域的方言。例如粤语主要使用于广东和广西,是一种地区方言。一个地区方言包括许多大同小异的地点方言。例如闽语这个地区方言包括福州话、厦门话、潮州话等等地点方言,地点方言是相对于地区方言而言的,它是指使用于某一个地点的方言,特别是指较大的城市使用的方言,如上海话、天津话。

西方的传统方言学(traditional dialectology)是植根于历史比较语言学的。历史比较语言学认为,历史时期的某一种内部一致的原始语(proto-language),因为人口迁徙等原因,散布到不同的地域,久而久之分化为不同的语言。各种不同的语言再次分化的结果,就产生同属一种语言的若干种不同的方言。这好像一棵树由树干分化成树枝,由树枝再分化成更细的枝条。这些有共同来源的方言称为亲属方言。

一种语言可以分化成若干种方言,一种方言又可以一而再、再而三地分化成越来越小的方言。所以一个较大的方言往往包括许多处在不同层级上的亲属方言。这些方言在系属上可以分为以下四个层次:方言(dialect)——次方言(sub-dialect)——土语(vernacular)——腔(accent)。例如闽方言分为闽南、闽北、闽东、闽中、莆仙、琼文等六个次方言;闽南次方言又分为泉漳、大田、潮汕三种土语;泉漳土语又可分为若干更小的方言,如漳州腔、泉州腔等,见表1.1。表中列举次方言,"土语"和"腔"这两个层次只是举例。

从语言地理的角度来看,地域方言可以分成地区方言和地点方言两类。一个地区方言可以包括若干个较小的地区方言和许多地点方言。地点方言是相对于地区方言而言的,是

表 1.1

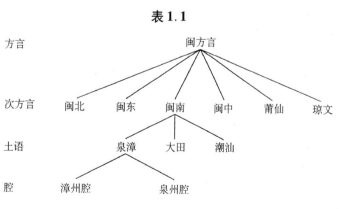

指使用于某一个城市、乡村或别的居民点的方言。在语言地理上方言也是分层次的。汉语方言的地理层次一般可以分成以下四级：区—片—小片—点。现在以吴语区为例，列表说明，见表 1.2。表中列举方言片，"小片"和"点"这两个层次只是举例。

表 1.2

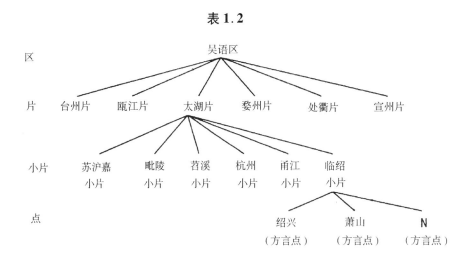

方言系属上的层次和方言地理上的层次可以相对应，即方言——区；次方言——片；土语——小片；腔——点。闽方言——闽语区；闽南次方言——闽南片；潮汕土语——潮汕小片；潮汕腔——潮阳方言点。不是每一大类方言或每一个方言区都必须分成上述四个层级。方言在系属或地理上分成几个层次为宜，应视方言事实和研究需要而定。

同一种语言的不同支派分化到什么样的程度才算是不同的方言？同一种方言分化到什么样的程度，才算是不同的次方言？这不仅决定于语言因素本身，而且与政治、民族、文化、地理等方面的复杂因素有关。所以，如果只是从语言本身的因素来观察，不同方言间的差异有可能大于不同语言之间的差异，例如汉语各大方言之间的差异，大于法语和西班牙语，或者荷兰语和德语之间的差异。次方言之间的差异也可能大于方言之间的差异，例如闽语莆仙次方言和闽南次方言的差异大于官话的各种次方言之间的差异。

二、社会方言

社会方言是语言的社会变体。使用同一种地点方言的人，因职业、阶层、年龄、性别、语用环境、个人风格等等不同，语音、措词、谈吐也会有不同。各类社会方言举例如下：

因社会阶层不同造成的社会方言。例如据赵元任 *The dialectal nature of two types of tone sandhi in the Kiangsu Changchow dialect*（载《清华学报》纪念李方桂先生八十岁生日特刊，新 14 卷，33 ～ 34 页，1982 年）的中文提要说："常州话里的绅谈和街谈代表两种社会阶层，所用的连读变调不同，例如'好佬'（something good）hau¹ lau⁰，绅谈说 ⌐| 55 － 0.2，街谈说 ⌐| 55 － 0.5。本地人大半儿都不知道有这两种变调。'绅谈'，'街谈'是外地人起的名词。"这两种变调型并存于常州城里，家庭出身不同的学生在学校里相互交际的结果，使这两种变调型部分混杂。

因职业不同造成的社会方言最典型的是行业语。例如山西理发行业至少有两百个特殊的词语，只使用于行业内部。这些行业语的结构分成三种，即联想构词，如称头发为"苗儿"，称鼻子为"气筒"；谐音构词，如称兵为"滴水儿"，"兵"字谐滴水成冰的"冰"字；借用构词，如称痛为"辣"，辣与痛意义相关，借而用之（见侯精一《山西理发社群行话的研究报告》，载《中国语文》，1988 年第 2 期）。

各地的民间反切语种类很多，每一种大致只流行于某一个或某一些社会阶层，所以可以算是一种特殊的行业语。反切语又称倒语、切语、切脚、切口等，它是用改变正常的方言语音的方式构成。改变语音的方式大致有以下几种。一是声韵分拆式，即把一个字拆成声母和韵母两部分，在声母后加一个韵母，在韵母前加一个声母，组成两个音节。例 ma（妈）——maika。二是加音式，即用增加音节的方式构成反切语。例如广西容县的一种反切语："飞"字原音是 fei⁵⁴，加音变成 fei⁵⁴ fen⁵⁵。三是改音式，即改变原音的声母、韵母或声调。例如广东梅县客家人的一种反切语："广州"原音是 kuɔŋ³¹ tseu⁴⁴，改音作 kuɛ³¹ tsɛ⁴⁴。

因年龄层次不同方言特点也有不同,一般说来老年人和青少年的差异较大,分属老派和新派两个层次。老派的特点是保守、稳定,新派的特点是多新生的方言成分。关于方言的年龄层次差异,第七章将作较深入的讨论。

因性别不同造成方言差异,主要表现在下述几个方面。男子说话比较关心内容,较少注意措词,多平铺直叙,女子说话比较注意情感表达、措辞、语气和语调。在日常谈话中女子比男子较多使用带征询口气的疑问句、感叹句和多种委婉的表达方式。例如上海的女子比男子更多用希望得到肯定回答的问句:"对哦?""是哦?""好哦?",更喜欢用"要死!"(表示娇嗔)"瞎嗲!"(表示赞叹)之类感叹句。骂人的话,男子和女子也有明显的不同。例如上海话中的詈语"十三点、神经病!"(女子对男子挑逗行为的斥责)"死腔!"(对挑逗、反悔、拖延、拒绝等行为的斥责)几乎为女子所专用。如男人使用这一类词汇,就会被认为"娘娘腔"。"娘娘腔"是对女性语言特征的形象归纳。在广州话里"衰公、衰人"这两个詈词也只用于女人骂男人的时候。有些地方的女子还自有一套有关人体生理卫生的隐语,仅仅通行于女子中间。教育程度较低的男子说话时常常夹带粗鲁的口头禅,女子一般没有此类口头禅。

在不同的语用环境,方言也会有变异。语用环境的种类很多,例如方言新闻广播、方言广播讲话、课堂用语、办公室用语、家常谈话、与幼童谈话等,在不同环境所使用的方言会有不同的特点。例如广播语言的特点有二:一是尽可能接近书面语或普通话;二是倾向于保留老派方言的特点。上海人民广播电台的沪语节目所用的方言,在语音上仍分尖团;第一人称复数用"我伲";被动句用"被"字引出施事。以上第一、二两项是老派上海话特点;第三项是书面语的表达方式,上海话口语被动句通常不用"被"字引出施事。家常谈话的特点是:句子成分不完整,主语常常不出现,少用书面语词汇,不用礼貌语言,在说话的节奏、速率、腔调等方面都呈极自然的状态。青少年在非正式的交往中常喜欢用时髦的新词,如北京青少年流行语:老冒儿——没见过世面的人;磁兄——关系好;的哥——出租汽车驾驶员;面——不利索;掉价——失身份、差劲。

各地方言包含的"文理"和"土白"两个层次是汉语特有的社会方言现象。文理和土白的对立有两层意思。一是指读书时用文读音读汉字,说话时则离开汉字使用方言口语。这种传统由来已久。明冯梦龙所撰福建《寿宁县待志》说:"寿虽多乡谈,而读书仍用本字,故语音可辨,不比漳泉,然村愚老幼及妇人语,非字字译之,不解。"据董同龢20世纪40年代的调查,四川成都附近的凉水井客家人读书时用四川官话,说话时则用客家方言,这是一种特殊的文理和土白的对立现象。二是指在日常口语中,词汇和表达方式有文理和土白之分。文化程度较高的阶层多用"文理",文化程度较低的阶层多用"土白"。或者在较庄重、客气、正式、文雅的场合多用文理成分。各方言中的文理成分与书面语相同或相近,文理成分在方言间的差别较小。例如吴语浙江黄岩话中"相貌"是文理,"面范"是土白;"肚勿好"(即腹泻)是文理,"拔肚"是土白。"左边"(或"左面")和"右边"(或"右面")这两个文理词汇在一些浙江吴语中的土白表达法见表1.3。

表1.3　浙江吴语的若干土白表达法

方言点	左边(左面)	右边(右面)
江山	借边、借手边	顺边、顺手边
开化	反边、反手边	正边、正手边
寿昌	小手面	大手面
绍兴	借半边、借手	顺半边、顺手
永康	搭碗故面	搭箸故面
温州	借手面	顺手面

"文理"词汇可分两小类,一类是平时口语常用的,如上述黄岩话的"相貌"和"肚勿好",另一类是口语不用的书面语词汇,或部分文读音,即所谓"转文"。如北京人平时口语说"喝酒",如果说"饮酒"则是转文。"花草树木、打点滴"是口语,"植物、输液"是转文。例如"我们"这个书面语词汇在上海日常口语中是不用的,但是在电视节目中用上海话回答记者提问时,常用转文"我们"[ηu^{13-22} $m\partial\eta^{13-14}$]。表达方式也有文理和土白之分,例如上海话中"尊姓大名?""府浪鞋里?"是文理,"侬叫啥名字?""啥地方人?"是土白。

三、个人方言

方言不仅因人群不同而异,因语用环境不同而异,而且也因人而异。带有个人方言特征的方言称为"个人方言(idiolect),个人方言之间的差异主要表现在字音和词汇的选择习惯上。例如河北昌黎城关镇有的人分 ts(包括 tsh、s)、tʂ(包括 tʂh、ʂ),有的人不分 ts、tʂ。不分 ts、tʂ有两种情况,一种是一律读 tʂ,一种是 ts、tʂ两可。影母合口字今北京有人读零声母,有人读 v 声母,如"闻"uən/vən。上海有人称味精为"味之素"。个人选择的方向不同是方言演变发展的动因之一。

在同一个地点方言内部又有社会方言的差异,这些差异并不妨碍这个言语社团(speech community)内部的相互交际。因为生活在这个言语社团里的人,对这些差异非常熟悉,甚至习焉不察。实际上,差异只是说话时才有,听话时并不意识到差异,或者虽然觉得有差异,但是并不妨碍理解。

四、优势方言

在地区方言中最有声望的地点方言称为"优势方言""强势方言"或"权威方言"(prestige accent)。该地区方言的居民在语言心理上往往都看重这个优势方言,甚至努力学会它,将它作为公共场合交际的媒介。例如广州话在整个粤语区是优势方言;从吴语区北部各地来的人聚集在一起有可能以上海话作为公共交际的方言。在全国范围内最有声望的方言即是"基础方言"。与"优势方言"相对的是"弱势方言"。例如广州话是优势方言,台山话即是"弱势方言"。

五、过渡性方言

两个或多个地区方言的交界地带的方言,往往兼有两种或多种方言的特征,这样的方言称为过渡性方言(transitional dialect)。例如福建省西北部的邵武、光泽、泰宁、建宁、将乐、顺昌六县市,南与客家话区接壤,东与闽语区接壤,西与赣语区接壤,这个地区的方言既有客家话和赣语的一些特点,又有一些特征与闽语相同,因此它是介于闽语和客家话这两个地区方言之间的过渡性方言。

第二节　汉语方言的区划和分类

汉语方言在地理上的区划,至少可以分成三个层次,即区——片——点。例如官话区——西南官话片——成都话(点)。如果有必要,可以增加到四个层次,即区——片——小片——点。方言地理学上的层

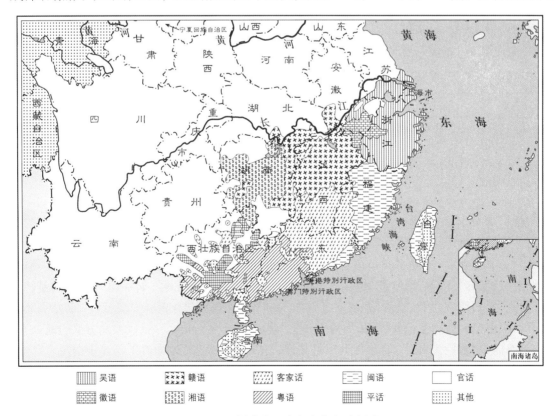

图 1.1　汉语南方八大方言分布示意图

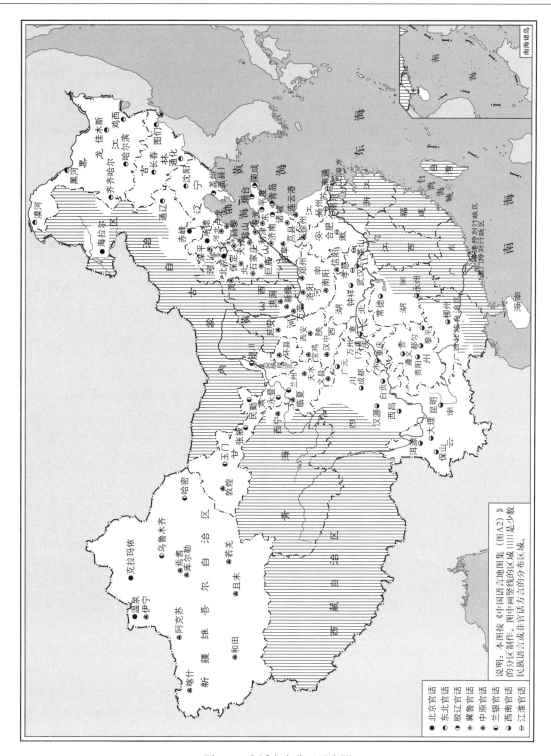

图 1.2 官话方言分区示意图

次跟方言分类学上的层次可以相对应。即区——方言；片——次方言；小片——土语群；点——土语。例如吴语区（方言）——太湖片（次方言）——苏沪嘉小片（土语群）——苏州话（点/土语）。汉语方言地理学和分类学上的层次及其名目是用于学术讨论的术语，一般人平常不一定使用这些术语，而另有惯用的名称，例如不说"吴语太湖片次方言"，而只说"江浙话"或"江南话"；不说"苏州土语"，只说"苏州话"。

　　按《中国语言地图集》（朗文，1988 年），汉语方言分区的第一个层次分成十大方言区，即官话、晋语、吴语、湘语、闽语、粤语、赣语、客家话、徽语、平话。每一个方言区都可以再分成若干片，有的片还可以再分成若干小片。本节讨论各大方言的特点，并列举各方言区和方言片的名目以及地理分布。图 1.1 是吴语、湘语、赣语、客家话、闽语、粤语、徽语、平话分布示意图。图 1.2 是官话方言分布示意图。表 1.4 是汉语各大方言使用人数表。官话大区各区使用人数见表 1.5。

表1.4　汉语各大方言使用人数表

方言区	官话	晋语	吴语	赣语	湘语	闽语	粤语	客家话	平话	徽语
人口数（万人）	66224	4570	6975	3127	3085	5507	4021	3500	200	312
名次	1	4	2	7	8	3	5	6	10	9

表1.5　官话大区各区使用人数表

方言区	东北	北京	冀鲁	胶辽	中原	兰银	西南	江淮
人口数（万人）	8200	1802	8363	2883	16941	1175	20000	6725
名次	4	7	3	6	2	8	1	5

一、官话

"官话"又称北方话、北方方言。官话是汉语各大方言中使用人口最多,通行范围最广的方言。它分布于长江以北各省区的汉族地区;长江南岸镇江以西的沿江地带;湖北大部分地区;湖南东南部及西北部;四川、云南、贵州的汉族地区。在南方的非官话区还有一些官话方言岛,例如福建南平城关的"土军话"、海南三亚、儋州的"军话"等。

官话的特点有以下几项:

（1）塞音和塞擦音声母大都有清音送气和清音不送气之分,没有清音和浊音的对立。

（2）声调调类较少,普遍只有四个声调,即阴平、阳平、上声、去声。有入声的方言较少。

（3）连读变调现象比较简单。

（4）专用的个体量词趋简,泛用的个体量词"个"使用范围扩大。

（5）在构词法上一般没有中心语素前置于修饰语的结构,即很少有"菜咸、鞋拖"之类的词。

（6）词汇和语法系统较接近书面语。

根据"古入声今调类的异同"这个标准,可以把官话大区分为八个区:北京官话区、东北官话区、冀鲁官话区、胶辽官话区、中原官话区、兰银官话区、西南官话区、江淮官话区。

东北官话的特点是古入声清音声母今分归阴平、阳平、上声、去声。与北京官话相比,古入声清音声母字今读上声的要多得多;阴平调的调值比北京方言低,多数地点方言无[ʐ]声母,北京官话里的[ʐ]声母字读零声母。东北官话分布于黑龙江、吉林两省及辽宁省的大部分地区。

北京官话的特点是古清音入声今分归阴平、阳平、上声、去声。北京官话分布于北京市及天津市1个县,河北省13个市县,辽宁省6个市县,内蒙古4个市县旗,新疆11个市县。

冀鲁官话的特点是古清音入声字今读阴平,古次浊入声字今读去声。冀鲁官话分布于济南、沧州、献县等地。

兰银官话的特点是古清音入声字今读去声。兰银官话分布于兰州、武威、张掖、酒泉、银川等地。新疆也有分布。

中原官话的特点是古次浊入声今读阴平。中原官话分布于西安、运城、洛阳、郑州、信阳、曲阜、徐州、阜阳等地。

胶辽官话的特点是古清音入声今读上声。胶辽官话包括青岛、烟台、大连等地。

江淮官话的特点是古入声今读入声。江淮官话分布于淮阴、南京、合肥、安庆、黄冈等地。

西南官话的特点是古次浊入声今读阳平。西南官话分布于成都、重庆、武汉、昆明、贵阳、桂林等地。

官话除了集中分布在上述地区外,还零星散布在别的地区,其中有的是以方言飞地(outlier)的形式存在的,如海南的"土军话",人口137万。

北京话音系

声母(22):

p 巴步别	ph 怕盆扑	m 门谋木	f 飞付浮
t 低大夺	th 太同突	n 南牛怒	l 来吕路
ts 资走坐	tsh 慈蚕存		s 丝散颂

tʂ 知照铡	tʂh 茶产唇		ʂ 诗手生	ʐ 日锐荣
tɕ 即结净	tɕh 齐求轻		ɕ 西袖形	
k 哥甘共	kh 库开狂		x 海寒很	
∅ 安言忘云				

韵母(40)：

ɿ 资此思	i 闭地七益	u 布亩竹出	y 女律局域
ʅ 支湿日赤			
ɚ 耳二			
a 巴打卡法	ia 加佳瞎压	ua 瓜抓刷画	
	ie 爹届别叶		ye 靴月略确
ɤ 歌杜德合			
o 波魄博抹		uo 多果若握	
ai 该太白麦	iai 崖	uai 怪坏帅外	
ei 杯飞黑贼		uei 对穗惠卫	
au 包高茂勺	iau 标条交药		
ou 头周口肉	iou 牛秋九六		
an 半担甘暗	iɛn 边点减烟	uan 短川关碗	yan 捐全远
ən 本分枕根	in 林巾心因	uən 吞寸昏问	yn 军训孕
aŋ 当方港航	iaŋ 良江向样	uaŋ 壮窗荒王	
əŋ 蓬灯能庚	iŋ 冰丁京杏	uəŋ 翁	
		uŋ 东龙充公	yŋ 兄永穷
m̩ □			

声调(4)：

阴平 55	高天方出	上声 214	短米有北
阳平 35	时门国白	去声 51	对稻必叶

二、晋语

晋语指山西省及其比邻地区有入声的方言。其分布地区包括山西(除西南部属中原官话,西北部属冀鲁官话外)和河北西部35个市县,河南黄河以北17个市县,内蒙古中部黄河以东28个市县旗,陕西北部10个县。

晋语分为8个片:并州片、吕梁片、上党片、五台片、大包片、张呼片、邯新片、志延片。

太 原 话 音 系

声母(21)：

p 布八别	ph 怕盘匹	m 门母问	f 非符粉	v 王危闻
t 到夺豆	th 太稻同	n 南怒年		l 兰路流
ts 资主中	tsh 次初虫	s 丝书声	z 然若日	
tɕ 杰家精	tɕh 旗秋桥	ɕ 虚咸修		
k 共哥故	kh 苦口脆	x 化河活	ɣ 岸鹅袄	
∅ 二延武月				

韵母(36)：

ɿ 资痴声	i 闭地启明	u 布书谋	y 女句玉
ɚ 儿二			
a 巴大沙阿	ia 家夏涯	ua 爪瓜画横	
	ie 姐鞋电耕		ye 元劝联
ɤ 婆河蛇多		uɤ 多坐火	

ai 拜来开矮		uai 怪怀帅
ei 贝非给围		uei 推醉会
au 报刀闹茂	iau 表条交晓	
əu 斗周口欧	iəu 丢流九秀	
æ̃ 班南看安		uæ̃ 端算船环
ɒ̃ 邦党爽刚	iɒ̃ 良将香样	uɒ̃ 光狂黄爽
əŋ 奔枕声横	iŋ 兵临信明	uŋ 东顺横 yuŋ 群用
aʔ 八杀责	iaʔ 夹瞎	uaʔ 刮活
əʔ 不责克失	ieʔ 百立切洁	uəʔ 突出活 yəʔ 略足育

声调(5)：
平声　11　高诗题棉
上声　53　古体有兔
去声　45　对替住妇
阴入　2　八桌一灭
阳入　54　拔罚食

三、吴语

吴语，又称吴方言或江浙话。吴语分布于江苏省南部、上海市、浙江省大部分地区；江西省的上饶、玉山、广丰；皖南的郎溪、广德及长江以南黄山以北的古宣州地区；闽北的浦城。

吴语的共同特征主要有以下几点。

(1) 古全浊声母今仍读浊音，古清声母今仍读清音，两者有别。古"帮滂并、见溪群、端透定"今音在发音方法上三分。例如"帮泡旁"今温州话三分，读作[p－ph－b－]。

(2) 古"疑"母今读鼻音，洪音前作[ŋ]，细音前作[ɲ]，不与影母相混。例如苏州话"岳"[ŋoʔ23]、"玉"[ɲioʔ23]。

(3) 古"微"母有文白异读，一般文读作[v]，白读作[m]。例如苏州话"味"[vi/mi]。

(4) 古"日"母今有文白异读，一般是文读作[z]，白读作[ɲ]。例如上海话"日"[zəʔ12/ɲiiʔ12]，温州话"日"[zai212/ɲai212]。

(5) 咸山两摄字今音一般不带鼻韵尾，读口音或半鼻音。例如"山"字，温州话读[sa33]，嵊州话读[sɛ412]。

(6) 入声保留，分阴阳两类，多数地点收喉塞音尾。例如绍兴话"竹"[tsoʔ5]，毒[doʔ2]。

吴语分为六片：太湖片，分布于太湖流域和浙北的绍兴、宁波地区；台州片，分布于浙江的临海地区；瓯江片，分布于浙江的瓯江流域(下游)；婺州片，分布于浙江的金华地区；处衢片，分布于浙江的丽水地区和衢州地区；宣州片，分布于皖南、苏南的高淳县和溧水县的一部分。

苏 州 话 音 系

声母(28)：

p 班比布	ph 怕匹普	b 盘别防	m 门米味	f 分番飞	v 冯昧扶	
t 刀斗短	th 太讨通	d 同道夺	n 难怒农			l 兰吕连
ts 精灶扎	tsh 仓秋出			s 僧修色	z 谢潮柔	
tɕ 经举结	tɕh 秋去缺	dʑ 旗巨杰	ɲ 泥女严	ɕ 休戏歇	j 移尤雨	
k 高跟角	kh 开空壳	g 共狂跪	ŋ 岸月软	h 吼欢孝	ɦ 猴湖完	
∅ 安烟温迁						

韵母(49)：

ɿ 资师是	i 闭飞趣	u 布破无	y 居跪雨
ʮ 支耻时			
ɒ 败拉街	iɒ 姐写野	uɒ 怪歪	
æ 保草照	iæ 条小要		

ɛ 杯爱山		uɛ 灰块弯	
iɪ 贬仙全			
o 伯瓜虾	io 靴霞		
ø 半酸看	iø 权犬远	uø 官欢完	
ɣ 走欧楼	iɣ 秋旧优		
əu 土苦五			
ən 本沉能	in 兵命林厅	uən 困昏浑	yn 军训允
ɒŋ 帮方刚	iɒŋ 进旺	uɒŋ 光旷旺	
aŋ 厂打生	iaŋ 两相阳	uaŋ 横	
oŋ 风中公	ioŋ 琼兄容		
ɒʔ 麦石客	iɒʔ 脚鹊药		
aʔ 拔甲杀	iaʔ 捏里	uaʔ 括滑挖	yaʔ 日
ɣʔ 夺直合	iɪʔ 笔接吸	uɣʔ 忽活窟	yɣʔ 决越
oʔ 八各活	ioʔ 菊确欲		
l̩ 而儿	m̩ 姆亩	n̩ 你	ŋ̍ 五鱼儿

声调(7)：

阴平　44　高天开诗
阳平　24　穷神时人
上声　52　古走水努
阴去　412　对抗试放
阳去　31　共示谢脑
阴入　4　急出式一
阳入　23　白食六月

四、湘语

湘语，又称湘方言。湘语主要分布于湖南省的湘江流域和资江流域。

湘语的特征是古全浊声母正处于清音化的过程中。根据各地古全浊声母清化的进程的异同，将湘语划分为长益片、娄邵片和吉溆片。

长益片的特点是古全浊声母今读塞音、塞擦音时，无论平仄一律读不送气清音，如长沙音"爬"[pa¹³]"耙"[pa³¹]"桥"[tɕiau¹³]"轿"[tɕiau³¹]。长益片分布于长沙、益阳一带。这一带方言也称作新湘语。

娄邵片的特点是古全浊声母今读[b d g dz dʑ]一类浊音，各地浊音的浊度不一。娄邵片分布于娄底、邵阳一带。广西的全州、资源、灌阳、兴安(东北部)也属此片。这一带方言也称作老湘语。

吉溆片的特点是古全浊声母今读塞音、塞擦音时，平声读不送气浊音，仄声读不送气清音，如吉首音"铜"[doŋ²²]"茶"[dza²²]"病"[pin²¹³]"坐"[tso²¹³]。吉溆片分布于吉首、溆浦一带。

湘语内部差异较大，长益次方言和吉溆次方言不能与娄邵次方言通话。但是前两种次方言与西南官话却可以毫无阻碍地通话。

下面列出长益片的长沙音系和娄邵片的双峰音系，以资比较。

长 沙 话 音 系

声母(20)：

p 玻比平	ph 派判泼	m 米满蚊	f 夫肥荒	
t 多团读	th 妥体突			l 怒来林
ts 左知存	tsh 错痴寸		s 所少舌	z 日惹人
tɕ 家疾砖	tɕh 缺切窗	ȵ 女牛惹	ɕ 戏小爽	
k 哥家共	kh 苦扣空	ŋ 牙偶恩	x 欢孩风	

ø　儿以问软

韵母(38)：

ɿ 子私支日	i 齐比积七	u 布服骨酷	y 朱<u>去</u>术入
a 爬化八瞎	ia 家斜恰瞎	ua 瓜袜	ya 抓刷
	ie <u>借</u>切穴		ye 说掘月
ɤ 车儿北得		uɤ 国	
o 哥搓合剥	io 脚略岳		
ai 海派赛		uai 怪块外	yai 揣帅
ei 卑对最灰		uei 龟亏威	yei 追吹水锐
au 靠卯招少	iau 标条交小		
əu 偷浮都欲	iəu 丢秋曲		
	iẽ 边店尖烟		yẽ 捐串悬
ɛ̃ 占扇			
õ 半短款碗			
an 短三张伤	ian 娘江羊	uan 关旷枉	yan 装窗删
ən 根遁中深	in 冰敏今兄	uən 滚困文	yn 君春永
m̩ <u>姆</u>	n̩ <u>你</u>		

声调(6)：

阴平　33　高天兄生
阳平　13　穷时年容
上声　41　板可两以
阴去　55　报气<u>败义</u>
阳去　31　<u>败</u>话<u>义</u>祸
入声　24　不塔集莫

双 峰 话 音 系

声母(28)：

p 巴玻<u>白</u>	ph 怕判薄	b 平婆步	m 门蛮<u>蚊</u>		
t 多张居	th 拖穿区	d 地场权			l 老南流
ts 左杂摘	tsh 村昨插	dz 慈锄时		s 三刷俗	
tʂ 知支职	tʂh 耻赤直	dʐ 池治		ʂ 世食石	
tɕ 积交昼	tɕh 七曲抽	dʑ 谢奇秦	ȵ 娘研弱	ɕ 心香书	
k 哥皆展	kh 枯敲欠	g 葵共狂	ŋ 牙额矮	x 化活分	ɣ 回雄上
ø 阿洋袜入					

韵母(33)：

ɿ 子此誓	i 皮日积力	u 布<u>婆</u>不	y 女猪岁局
ʅ 之十<u>尺直</u>			
a 拿排街塔	ia 色铁轭	ua 摘活关犯	ya <u>月血</u>
e 杯才<u>铁口</u>	ie 口	ue 衰台<u>月活</u>	ye <u>说血</u>
		ui 飞锐规<u>骨</u>	
ɤ 茅敲雹叟	iɤ 交少鸟<u>走</u>		
o 巴画伯	io 靴<u>下</u>惹滴		
ʊ 多锁角误	iʊ 秋周学肉		
əu 都谷足禾			
æ 搬山耕恩			

ǐ 边闪米烟	iǐ 年义	uǐ 川犬铅	
an 帮冬松工	iɛn 兵今珍中	uan 存群永倾	yɛn 训兄楦
ɒŋ 当双江	iɒŋ 良江商		
m̩ 姆	n̩ 你		

声调(5)：

阴平	꜀□	˥	55	高专婚天
阳平	꜀□	˩	13	穷杂答孽
上声	꜀□	˨	31	捧古五以
阴去	□꜀	˩	35	盖抗拔麦
阳去	□²	˧	33	近共岸鼻

五、闽语

闽语在国内主要分布于福建,此外广东、海南、台湾、浙江也有分布。在海外,如新加坡等地的华人社团也有使用闽语的。

闽语的共同特点主要有：

(1)古全浊声母字不论平声仄声,今声母多数读不送气的清塞音或塞擦音,如厦门话"盘、饭、穷"[puã²⁴ pŋ³³ kioŋ²⁴],少数读送气的塞音或塞擦音,如"皮、糖、贼"[phe²⁴ thɔŋ⁴ tshat⁵]。

(2)古非敷奉及晓匣母的合口字,文读今声母都读[h－]或[x－]。如福州话"飞、翻、扶、灰、祸"[hi³³ huaŋ³³ hou²⁴ huɛi³³ hu⁵⁴]。

(3)古知彻澄三母字,白读今声母是[t－ th－],跟古端透定三母字的今声母相同。如莆田话"猪、超、池"[ty⁵³ thiau⁵³ ti¹³]。

(4)一部分古匣母字,白读音今声母是[k－](个别字例外。如建瓯话"行、厚、含"[kiaŋ²¹ ke⁴² kaŋ⁴⁴])。另一部分匣母字,白读今声母是[ø－](即零声母)。如建瓯话"学、鞋、阔"[ɔ⁴² ai²¹ aiŋ²¹]。

(5)"儿子、高、锅"这三个词,多数地点分别说"囝、悬、鼎",如厦门话[kiã⁵¹ kuãĩ²⁴ tãĩ⁵¹]。

闽语区共分六片,各片在国内的分布地区大致如下：

1. 闽南片:福建南部的厦门、泉州、漳州一带;台湾的台北、台中和台南;广东东部的潮州和汕头一带;浙江南部的苍南和洞头。

2. 莆仙片:福建东部的莆田和仙游。

3. 闽东片:福建东北部的福州、福安一带;浙江南部的泰顺。

4. 闽北片:福建北部的建瓯、武夷山、政和一带。

5. 闽中片:福建中部的三明、永安、沙县。

6. 琼文片:海南的大部分地区。

闽西北的邵武、泰宁一带兼有闽语、赣语和客家话的特点,可以看作是这三种方言的过渡地带。

福 州 话 音 系

声母(15)：

p 布盈飞	ph 怕伴否	m 米问唯	
t 到夺知	th 太读锤	n 南女日	l 拉林蕊
ts 资朱增	tsh 次春碎	s 私常船	
k 古求汪	kh 开演环	ŋ 牙逆耳	x 法虎兄
ø 安雨文如			

韵母(48)：

a 巴马(细卖)	ia 姐李下奇	ua 花话拖
ɛ 泥西排解	ie 批肺骑支	
œ 流初		

ɔ 婆可保高　　　　　　　　　　　　　　uɔ 果科布模　　　　　　yɔ 桥锐

　　　　　　　i 悲徽丝儿　　　　　　u 士卢初乌　　　　　　y 吕书子师
　　　　　　　(ei)(备寺)　　　　　　(ou)(路助)　　　　　øy 堆雷(驻娶)
　　　　　　　　　　　　　　　　　　　　　　　　　　　　(œy 最内)

ai 台来败解　　　　　　　　　　　　　uai 快埋破
　　　　　　　　　　　　　　　　　　uei 杯推岁贵

au 包交(凑扣)　　　iau□
ɛu 头口条　　　　　ieu 秋周晚招
aŋ 单岩邦坑　　　　iaŋ 名成岸　　　　uaŋ 搬关
　　　　　　　　　ieŋ 免点战染
　　　　　　　　　　　　　　　　　uoŋ 光良张川　　　yɔŋ 姜让权献
　　　　　　　　　iŋ 珍民陵京　　　uŋ 春军丰东　　　yŋ 斤允中勇
　　　　　　　　　eiŋ 朋莺(敬病)　　ouŋ 仓江(俊动)　øyŋ 冬双(众用)
　　　　　　　　　(aiŋ)(店杏)　　　(auŋ)(状恨)　　　(œyŋ 踪润)

aʔ 达合甲白　　　　iaʔ 额　　　　　uaʔ 末夺滑
ɛʔ□　　　　　　　ieʔ 别哲叶
œʔ□
ɔʔ 桌学　　　　　　　　　　　　　　uɔʔ 剥雪鹊　　　yɔʔ 剧歇弱
　　　　　　　　　iʔ 立日食石　　　uʔ 目伏叟佛　　　yʔ 俗绿肉
　　　　　　　　　eiʔ 十勒(一职)　ouʔ 薄学(出福)　øyʔ 六凿(足曲)
　　　　　　　　　(aiʔ)(客色)　　　(auʔ)(各刷)　　　(œyʔ 壳北)

ŋ̍ □
声调(7)：

阴平	44	机梯山温
阳平	52	其皮雄文
上声	31	纪彩省稳
阴去	213	记扣扇愠
阳去	242	忌柿顺韵
阴入	23	吉迫杀屋
阳入	4	及贼合物

六、粤语

　　粤语，又称为粤方言、广东话，旧时也称作广府话，当地人称为白话。粤语主要分布于广东和广西境内、香港、澳门。海外的许多华人社团也使用粤语。粤语内部分歧较少。代表方言是广州话。

　　粤语的共同特征主要有以下几点：

　　(1) 古全浊声母平声今读送气清音，如广州话"婆、驼、厨"[phɔ²¹　thɔ²¹　tshy²¹]，仄声今读不送气清音，如广州话"鼻、地、笛"[pei²²　tei²²　tɛk²²]。

　　(2) 古晓母合口一二等字声母今读[f]，如广州话"花、荒、忽"[fa⁵⁵　fɔŋ⁵⁵　fɐt⁵]。

　　(3) 古见组字今音不论开、齐、合、撮大都读舌根音[k－　kh－]或喉音[h－]，如广州话"叫、舅、晓"[kiu³³　khɐu³⁵　hiu³⁵]。

　　(4) 大部分地区复合韵母和鼻音尾韵母、塞音尾韵母中的元音 a 有长短之别，长元音为 a，短元音为 ɐ，两者是对立的音位，能辨义，如广州话带[tai³³]≠帝[tɐi³³]，三[sam⁵⁵]≠心[sɐm⁵⁵]，腊[lap²]≠立[lɐp²]。

　　(5) 多数地区有以 œ 为主要元音的一套韵母，例如广州话有[œ　œy　œn　œŋ　œt　œk]等韵母。

　　(6) 大部分地区有[－m　－n　－ŋ]和[－p　－t　－k]韵尾。如广州话"金、人、帮"[kɐm⁵⁵　jan²¹　pɔŋ⁵⁵]；"十、列、各"[ʃɐp⁵⁵　lit²　kɔk³³]。

（7）有许多特殊的词汇，如"餸"[suŋ³³]（下饭的菜）、"揾"[wan³⁵]（找）、"嗌"[aːi³³]（叫）、"叻"[lɛk⁶]（能干）、"攞"[lɔt³⁵]（拿）等。

（8）动词"体"的类别较多，如用"起嚟"表示开始体，用"紧、开"表示进行体，用"嚟"表示持续体，用"住"表示完成体，用"过"表示经历体，用"翻"表示回复体。

粤语分四片：粤海片，主要分布于广东珠江三角洲、香港、澳门、粤中、粤西南和粤北部分地区。在粤语中粤海次方言的通行范围最广，使用人口最多；四邑片，主要分布于广东台山、开平、恩平、新会、斗门；高阳片，主要分布于湛江市和茂名市所属各县及江门市所属阳江县和阳春县；桂南片，主要分布于广西邕江、郁江、浔江、廉江和南流江流域，广西壮族自治区首府南宁市属此片。

广 州 话 音 系

声母（18）：

p 巴别伴	ph 抛盘伴	m 马门微	f 夫灰科	w 委横永
t 多道淡	th 体同淡	n 怒女年		l 兰礼路
tʃ 坐至中	tʃh 坐吵抽		ʃ 四山食	j 影有任
k 基果近	kh 困求近	ŋ 岸我硬	h 汉开许	
Ø 欧翁				

韵母（68）：

	i 字死儿衣	u 乌古夫富	y 朱树鱼遇
a 巴家也话		ua 瓜夸	
ɛ 爹蛇骑野			
œ 靴朵			
ɔ 波左哥禾		uɔ 过	
ai 拜大街坏		uai 怪	
ɐi 米鸡矮		uɐi 贵葵	
ei 皮飞死骑			
ɔi 代内海外			
		ui 杯梅灰	
au 炮爪交咬			
eu 亩走旧幼			
ou 布土早告			
	iu 表照叫要		
øy 女去推锐			
am 淡三喊			
ɐm 林心含任			
	im 念闪剑掩		
an 班山晏还		uan 关	
ɐn 品新人云		uɐn 群困	
øn 顿进春润			
ɔn 赶汉安			
	in 边天战见	un 官碗本	yn 短犬孙
aŋ 棚生硬横		uaŋ 逛梗	
ɐŋ 朋生梗宏		uɐŋ 轰	
ɛŋ 平镜影			
iŋ 平兄影永		uiŋ 炯	
œŋ 良昌香央			
ɔŋ 帮创江王		uɔŋ 广	

uŋ　风中瓮用

ap　答杂甲

ɐp　立湿急入

　　　　　　　ip　贴接劫叶

at　八劲压滑　　　　　　　　　uat 刮

ɐt　笔吉一屈　　　　　　　　　uɐt 橘

øt　律出血

ɔt　割渴

　　　　　　　it　别浙揭热　　　ut 拨豁活　　　　　yt 夺撮雪乙

ak　白船格逆　　　　　　　　　uak捆

ɐk　北则克轭

ɛk　劈石吃

ik　壁力逆域　　　　　　　　　uik 隙

œk　啄脚若

ɔk　剥作各获　　　　　　　　　uɔk国

uk　木足曲玉

m̩　唔　　　　　　　ŋ̍　吴五

声调(9)：

阴平　　53 和 55　　知梯分冤

阳平　　21　　　　穷扶明由

阴上　　35　　　　走此使椅

阳上　　23　　　　抱市五有

阴去　　33　　　　变菜试爱

阳去　　22　　　　佐汗例又

上阴入　5　　　　　竹出识一

下阴入　33　　　　百铁法约

阳入　　22 和 2　　白食觅入

七、赣语

赣语,又称赣方言。赣语主要分布于江西中部和北部、湖南东部、湖北东南角。

赣语的共同特点主要有以下几点：

(1) 古全浊声母不论平仄,今读送气清音。如南昌话"婆"$[pho^{24}]$"地"$[thi^{11}]$。

(2) 古泥、来两母在细音前能区别,洪音前多数地点相混。如南昌话"南"＝"蓝"$[lan^{24}]$;年$[ɲiɛn^{24}]$≠莲$[liɛn^{35}]$。

(3) 遇摄二等鱼韵、流摄一等、臻摄开口一等和梗摄开口二等(白读)字,许多地方主元音是$[ɛ]$,如南昌话"锯"$[kiɛ^{35}]$"狗"$[kiɛu^{214}]$"根"$[kiɛn^{41}]$"耕"$[kiɛn^{41}]$。

(4) 梗摄字一般都有文白两读。如南昌话"羹"$[kaŋ^{42}]$(白)$[kiɛn^{42}]$(文)。

(5) 影母字开口呼读$[ŋ]$声母,不读零声母。如南昌话"安"$[ŋɔn^{42}]$"恩"$[ŋiɛn^{42}]$。

(6) "菜梗"的"梗"绝大多数地方有$[u]$介音。如南昌话$[kuaŋ^{213}]$;吉安话$[kuaŋ^{53}]$。

(7) 绝大多数地方有入声。入声韵尾保留程度不一。如南昌只保留 -t 和 -k:"杀"$[sat^{5}]$"福"$[fuk^{5}]$;临川保留 -p、-t 和 -ʔ:"十"$[sip^{5}]$"一"$[it^{3}]$"百"$[paʔ^{5}]$。

赣语共分八片:昌靖片,分布于江西南昌、靖安一带;宜浏片,分布于江西的宜春、萍乡和湘东的浏阳一带;吉茶片,分布于江西的吉安、莲花和湘东的茶陵一带;抚广片,分布于江西的抚州和广昌一带;鹰弋片,分布于江西的鹰潭和弋阳一带;大通片,分布于鄂东南的大冶、通城、监利一带;耒资片,分布于湘东的耒阳和资兴一带;洞绥片,分布于湘西南的洞口(大部分)、绥宁(北部)、隆回(北部)。

南 昌 话 音 系

声母(19):

p 巴搬八	ph 怕盘拔	m 马望抹	f 法犯花	
t 多端塔	th 拖推脱			l 努乱热
ts 左砖桌	tsh 搓茶柴		s 锁杀善	
tɕ 接猪鸡	tɕh 妾处局	ȵ 泥软业	ɕ 西书穴	
k 家根夹	kh 卡掐柜	ŋ 牙恩鸭	h 瞎痕下	
Ø 耳衣文云				

韵母(65):

ɿ 资知事市	i 米赔眉起	u 路祖初符	y 猪女句雨
a 怕家社花	ia 写夜靴	ua 瓜娃	
ɛ □	iɛ 去锯鱼	uɛ □	yɛ 靴
ə 如儿			
ɔ 舵哥婆火		uɔ 果课禾窝	
ai 菜街坏帅		uai 外乖快	
əi 灰肺		ui 罪累水桂	
au 高包抄交			
ɛu 潮猴茆愁	iɛu 桥条狗藕		
əu 周洲	iu 流九幼		
an 南减炭山		uan 关晚	
ɛn 占痕等<u>生</u>	iɛn 尖碾根		
ɔn 贪甘酸川		uɔn 官碗	yɔn 全软犬
ən 针盆秤政	in 林亲冰顶	un 孙捆笋文	yn 匀巡群
aŋ <u>整生更硬</u>	iaŋ <u>病影晴听</u>	uaŋ <u>横</u>	
ɔŋ 帮双张江	iɔŋ 娘枪香	uɔŋ 光网王	
	iuŋ 穷用	uŋ 东风龙恭	
at 答甲辣杀		uat 滑刮	
ɛt 折热虱色	iɛt 叶灭铁刻	uɛt 国	
ɔt 鸽末刷说		uɔt 阔活	yɔt 雪月缺
ət 湿侄直适	it 急乙力踢	ut 骨物	yt 橘屈
ak 百客摘尺	iak 迹壁锡	uak □	
ɔk 薄勺霍角	iɔk 削脚约	uɔk 郭沃	
	iuk 六肉足	uk 读福竹烛	

m̩ <u>姆</u>	n̩ <u>你</u>	ŋ̍ <u>五</u>

声调(7):

阴平	42	低粗丝方
阳平	24	婆团旁痕
上声	213	抵史醋汉
阴去	45	做蒂鹅房
阳去	21	弟蚌助饿

阴入　5　　　湿黑脱烙
阳入　<u>21</u>　　 合夺十落

八、客家话

客家话,又称客家方言,客方言或客话。有的地区称客家话为"𠊎话"或"麻介话"。在客家话里"𠊎"是"我"的意思,"麻介"是"什么"的意思。

客家话分布于我国七个省区:广东、广西、福建、台湾、江西、湖南、四川的200多个市县。其中以广东东部和中部、福建西部、江西南部,客家话分布最为集中,这些地区有很多纯客市县。海外如马来西亚等地华人社团也说客家话。

客家话的主要特点有以下几项:

(1) 古全浊声母,不分平仄今音一律读送气清音。如梅县话"排"[phai¹¹]"部"[phu⁵³]"道"[thau⁵³]"白"[phak⁵]。

(2) 影母字今开口呼读零声母,不读[ŋ]声母。如赣县话"哑"[a⁴²]。这是客家话区别于赣语的特征。

(3) 菜梗的"梗"字有[u]介音。如赣县话[kuã⁴²]。

(4) 入声韵尾有的地方[-p -t -k]齐全,如粤中、粤东、台湾,有的地方只保留[-t -ʔ]。

(5) 鼻韵尾有的地方[-m -n -ŋ]齐全,如粤中、粤东、台湾,有的地方只保留[-m -n]。

(6) 称"我"为"𠊎",如惠州话𠊎[ŋoi¹³]。

(7) 称"吃饭、喝茶"为"食饭、食茶"。

(8) 相当于书面语"不"的否定词为"呒"[m̩]。

客家话共分八片。其中四片在广东和台湾,即粤台片,分布于粤东、粤北及台湾西北部和南部;粤中片,分布于粤中;惠州片,分布于广东惠州市;粤北片,分布于粤北。一片在福州西部,即汀州片。三片在江西和湖南,即宁龙片,分布于赣南宁都至龙南一带;于桂片,分布于赣南的于都到湘南的桂东一带;铜鼓片,分布于赣西北的铜鼓和湘西北的平江一带。

客家话除了集中分布于上述地区外,还分散在广东东部的饶平、普宁一带,广东西部、广西东部、湖南南部的江永、江华一带,四川的中部、海南的儋州和三亚一带。这些地区的客家话和别的方言夹杂在一起,往往以方言岛的形式存在。

梅 县 话 音 系

声母(18):

p 巴布比	ph 伯缝别	m 门尾网	f 夫花奉	v 文委王
t 多端知	th 太提豆	n 南尼努		l 来路离
ts 祖庄针	tsh 粗深郑		s 苏山沙	
		ȵ 疑元人		
k 哥家见	kh 可劝共	ŋ 牙五昂	h 何海限	
∅ 安音				

韵母(76):

ɿ 资世租数	i 比地梨喜	u 布故朱无
a 巴架话娃	ia 姐野	ua 瓜跨
ɛ 鸡细街	iɛ □	uɛ □
ɔ 波哥多货	iɔ 靴茄	uɔ 果
ai 再械坏蹄	iai 解界	uai 乖快
ɔi 台害背外		
	iui 锐	ui 对岁追内

au 包刀交潮　　iau 标调笑茂

ɛu 某瘦后

　　　　　　　　iu　流九秀

am 凡担三减　　iam 廉欠嫌

ɛm 岑森

əm 针沉甚　　　im 林心饮

an 半单山弯　　ian 间牵眼砚　　uan 关惯

ɛn 敏根朋丁　　iɛn 边仙天前　　uɛn 耿

ɔn 短算川欢　　iɔn 软　　　　　uɔn 官

ən 真称剩　　　in　民亲顶兴

　　　　　　　　iun 君训银忍　　un　本分顿巡

aŋ 争冷硬　　　iaŋ 丙醒映　　　uaŋ 矿

ɔŋ 江长忙床　　iɔŋ 娘香框网　　uɔŋ 光

　　　　　　　　iuŋ 龙恐恭共　　uŋ　东风窗公

ap 甲法扎　　　iap 接业贴

ɛp 粒涩

ɔp 汁湿　　　　ip　立急入

at 八达设活　　iat 结缺歇月　　uat 括

ɛt 北色克　　　iɛt 别雪铁切　　uɛt 国

ɔt 说割发　　　iɔt □　　　　　uɔt □

ət 质室直　　　it　笔息日律

　　　　　　　　iut 屈　　　　　ut　不出骨

ak 伯只石　　　iak 壁剧额　　　uak □

ɔk 剥芍霍觉　　iɔk 雀脚约　　　uɔk 郭

　　　　　　　　iuk 足绿玉　　　uk　木读叔谷

m̩ □　　　ŋ̍ 五鱼

声调(6)：

阴平　44　多江花母

阳平　11　华常南杨

上声　31　摆斗比米

去声　52　教部豆浪

阴入　1　　八足曲益

阳入　5　　拔获绿欲

九、徽语

徽语分布于皖南的旧徽州府、浙西的旧严州府,以及赣东北的德兴、旧浮梁县(今属景德镇市)、婺源。

徽语的共同特点大体有以下几点：

(1) 古全浊声母字不分平仄,读全清音,多数地点读送气清音。例如屯溪话"蚕"[tshɔ⁵⁵];遂安音直[tɕhie²¹³]。

(2) 鼻尾多脱落,同时多以 −n 尾作小称。例如屯溪话"燕儿"[ia:n²⁴],其中的[n]是儿尾,表示小称。

(3) 许多日母字今读零声母,如建德话"人"[iŋ⁴⁴]。

(4) 泥来两母不分。例如淳安话"脑" ＝ "老"[lɤ⁵⁵]。

徽语分为五片：绩歙片、休黟片、祁德片、严州片、旌占片。

安徽绩溪话音系

声母(21)：

p	巴包八	ph	皮爬白	m	米马麦	f	飞华福	v	威弯物
t	携带铁	th	土头铁	n	来农六				
ts	子抓低	tsh	圈坐虫弟			s	四手索	z	医姨易
tɕ	借军脚	tɕh	车全切	ȵ	料念略	ɕ	书心血		
k	高果角	kh	考科客	ŋ	安矮恶	x	猴花黑		
Ø	有烟原云养儿育月叶								

韵母(40)：

ɿ	比皮眉资	i	悲美飞斗	u	都土奴租	y	举主取除
a	杯培每灰			ua	会(会计)绘奎块		
ɔ	盘蛮烦贪	iɔ	阶者车扯	uɔ	关管怪宽		
o	巴怕麻抓	io	稼霞亚雅				
θ	波婆模多	iθ	九组幼				
ɤ	包跑毛刀						
		ie	交招巧超				
				uei	贵鬼亏跪		
ã	半碰门风	iã	兵平明丁	uã	工公滚空	yã	军均群穷
õ	帮胖忙当	iõ	良将张枪				
ẽ	儿尔耳而二						
ẽi	边偏棉	iẽi	检潜显染	uẽi	梗	yẽi	专占权劝
aʔ	八白麦发	iaʔ	接切雪塞	uaʔ	刮括阔	yaʔ	决缺血说
oʔ	剥雹莫托					yoʔ	脚鹊着略
ɤʔ	不木福德			uɤʔ	国谷骨哭		
		ieʔ	笔七吃适			yeʔ	育曲局屈

ꞏv̩ 乌芜五午务([fv̩]已分析为[fu]。[v̩]自成音节也可以分析为[vu]。)

ꞏn̩ 你　　　　ꞏm̩ 母

声调(6)：

阴平	31	多交烟冤
阳平	44	婆蛇求和
上声	213	马狗草点
阴去	35	菜照汉印
阳去	22	骂饿大利
入声	32	麦接腊极

十、平话

平话使用于广西的东部。平话可以分成南北两片,从灵川向南到南宁,柳州以下为桂南平话,鹿寨以北为桂北平话。桂北平话(以三街话为例)的特点是:有些知组字读如端组,如"猪"[ty²⁴]"虫"[tioŋ⁴¹];有舌面后高不圆唇元音[ɯ],如"杯"[tɯ²⁴]读[tɯ²¹]。没有鼻韵尾(－m －n),如"男"[nuo⁴¹]"津"[tɕiai²⁴]。桂南平话受粤语的影响较大,其特点是(以南宁亭子话为例):古全浊声母今读塞音或塞擦音,不论平仄,一律不送气,如"赔"[pui²¹]"度"[tu²²];古心母读边擦音[ɬ],如"苏"[ɬu⁵³]"仙"[ɬin⁵³];声调共有九类,平上去入各依古声母的清浊分成两类,阳入再按古声母的性质分成两小类,次浊归上阳入,全浊归下阳入,如"灭"[mit²⁴](上阳入)"别"[pit²²](下阳入)。平话的历史成因与《宋史》所载狄青南征"平定"侬智高起义有关,事定后宋王朝把"平南军"留在广西驻守、屯田。"平话"这种方言及其名称都渊源于宋代的平南战争。

广西南宁心圩平话音系

声母(22)：

p 巴包白	ph 伯普拍	m 米满墨	f 飞方福	
t 多胆得	th 汤炭脱	n 奶奴纳	ɬ 山生色	l 梨连腊
ts 早知侄	tsh 粗菜檫	ȵ 耳尧热	ȵi 牙牛日	i 夜又药
k 高敢各	kh 课区咳	ŋ 吴艾鄂	h 火圩客	ø 爱安恶
ku 瘸刮瓜	khu 夸犬缺			u 花污血

韵母(57)：

a 坝沙舵锣	ə 这而	e 写谢斜姐	i 蛇诗耳疑	u 朵货婆锁
aːi 来开排代	ɯ 个□[mɯ⁵⁵]烦闷	o 何多苦初		
ai 底西鸡礼	əi 四椅喜皮	oi 贝对雷碎		ui 最岁吹醉
aːu 保劳炒交		eu 胶猫撬挑	iu 硝娇赵条	
əu 豆漏口后	əɯ 女书锯柱	ou 夫刘酒九		
aːm 三蓝站减		em 喊钳点掀	im 尖染剑炎	
am 心任沈金	əm □[əm⁵⁵]埋火种	om □[tom⁵⁵]小舌		
aːn 肝山板关	ɯn 填	en 研茧燕辫	in 连善见船	un 盘算官碗
an 根恩银阵	ən 春均笋兵	on 本寸孙嫩		
aːŋ 唐浪忙床		eŋ 昂良丈生		
aŋ 藤能增肯	əŋ 双烘			uŋ 东孔光榜
aːp 塔腊甲法		ep 夹镊	ip 洽叶涉接	
ap 立人吸湿	əp □[ləp²⁴]抚摸	op □[mop²⁴]牛笼嘴		
aːt 辣割八剧	ɯt 撮	et 穴	it 列浙节雪	ut 钵夺阔末
at 七笔吉骨	ət 粟出忽力	ot 核没		
aːk 落索恶学		ek 扼雀削额	ik 滴	uk 屋竹啄博
ak 黑襄特墨	ək □[lək⁵⁵]牛在泥塘里翻滚			

声调(11)：

阴平	53	刚开丁边
阴上	33	古口好手
阴去(甲)	55	再障坝众
阴去(乙)	35	菜唱怕铳
阴入(甲)	<u>33</u>	急出百法
阴入(乙)	<u>55</u>	没滴□[ŋak](～腰,闪腰)一
阳平	31	陈才时文
阳上	24	近柱五老
阳去	11	共树大望件造
阳入(甲)	<u>11</u>	局白杂服
阳入(乙)	<u>24</u>	力木额纳

汉语方言除上述十大类外,还有一些系属尚未确定的方言,举例如下：

乡话主要分布于湖南省沅陵西南部以及溆浦、辰溪、泸溪、古丈、永顺、张家界等地与沅陵交界的地区。使用乡话的人口约40万。乡话的主要特点是：古全浊声母今读塞音、塞擦音时,平声为不送气浊音,仄声多为送气清音,如"锤"[dy¹³]"柱"[tshɛ³⁵];知组字声母一般读[t th d l],如"池"[di¹³]"猪"[thiəɯ⁵⁵]"直"[diəɯ⁵⁵]"肠"[lioŋ¹³];入声带喉塞音韵尾;古次浊平声今读阴平,如"蛾"[ŋui⁵⁵];古全浊上声今读上声,如

"柱"[thia⁵⁵]。乡话的历史成因尚待研究。

畲话是我国少数民族之一畲族所使用的一种汉语方言,畲话有些特点接近客家话。但也有些特点是不见于客家话的,例如福建甘棠畲话古浊塞音有的送气,有的不送气,古精、章两组声母不混。畲话主要分布在浙南和闽东。

除了中国大陆、台湾、香港、澳门使用汉语各种方言外,海外至少有一百多个华人社团也使用各种汉语方言,这些社团分布在亚洲、欧洲、非洲、大洋洲、北美洲和南美洲。这些海外华人社团的历史大半不超过100年,只有少数超过200年,如印度和南非的华人社团。海外华人所使用的汉语方言主要有粤语、闽语、客家话和官话。

海外粤语主要分布在两个地区,一是前英国殖民地及其海外领地,包括澳大利亚、新西兰、巴布亚新几内亚、新加坡、马来西亚、缅甸、印度、南非和加勒比海上的岛国;二是美洲。早期来自珠江三角洲的移民在北美洲和南美洲主要从事淘金、建筑铁路和种植甘蔗。目前海外粤语的使用人口约为1000万至1200万。

海外闽语,包括闽南话、琼文话、闽北话和闽东话,主要散布在东南亚。使用人口约600万至1000万。

海外客家话主要散布在牙买加、夏威夷、毛里求斯、印度的加尔各答、南非和东南亚。使用客家话的华人的祖籍主要是广东东部的梅县、大埔等县和福建西部的永定、武平等县。使用人口约在50万至100万之间。

海外官话主要分布在东南亚、南北美洲和哈萨克斯坦、吉尔吉斯斯坦和乌兹别克斯坦。在哈萨克斯坦、吉尔吉斯斯坦和乌兹别克斯坦境内的东干族所使用的语言可以说是一种兰银官话。19世纪后半叶中国西北地区回民起义失败,被清军追捕,最后迁往俄罗斯定居,他们的后裔自称"中原人",说"中原话"。苏联和日本学者称他们为"东干族"。东干族在国内的原居地是甘肃、陕西、新疆的吐鲁番和伊犁,在境外聚居于哈萨克斯坦、吉尔吉斯斯坦和乌兹别克斯坦。1989年时约有7万人口。东干语分成两个方言:东干甘肃方言和东干陕西方言。各地东干话的语音系统基本上与西北官话相同,他们的文学语言是以甘肃官话为标准音的,不过声调已简化,只有三个,目前使用的文字是以斯拉夫字母为基础的拼音文字(胡振华1993)。目前在海外使用官话(包括新加坡的华语和台湾移民在美国使用的"国语")的人口有300万至400万。

对汉语方言第一层次的区分法,除了上述10分法外,还有7分法:官话、吴语、湘语、闽语、粤语、赣语、客家话;8分法:官话、吴语、湘语、闽语、粤语、赣语、客家话、徽语和3分法:北部方言(官话)、中部方言(吴语、湘语、赣语)、南部方言(闽语、粤语、客家话),等等。

第三节　汉语方言的形成

汉语的方言有悠久的历史。先秦经典《礼记·王制》说:"中国夷蛮戎狄,皆有安居。和味宜服,利用备器,五方之民,言语不通,嗜欲不同。达其志,通其欲。东方曰寄,南方曰象,西方曰狄鞮,北方曰译。"这里所谓"五方之民,言语不通",语焉未详,究竟是指不同民族的语言不同,或是指华夏语的方言不同,难以判定。也许只是泛指各地语言和方言不同而已,相当于汉代王充《论衡》所谓"古今言殊,四方谈异"。《礼记》中的这一段话是对中国语言地理差异的最早记载。造成方言歧异的原因是多方面的,除了方言自身的演化之外,还包括人口迁移、行政区划、山川形势、交通条件、文化传统等,其中最重要最直接的原因是人口迁徙造成语言分化。现代南方的八大方言:吴语、湘语、闽语、粤语、赣语、客家话、平话、徽语,都是由北方的华夏族或后来的汉族人民向南方迁徙发其端的。

吴语的历史,可以追溯到三千年前先周时代太伯、仲雍的南迁。据《史记·吴太伯世家》记载,周太王的长子和次子太伯、仲雍为了让王位于季历,南奔到今江苏无锡、苏州一带。这一段记载实际上说明当时有一批北方移民南徙到江南地区。他们带来的当时的北方话成为吴语的最初基础。原始吴语经过一千多年的发展,到了东晋时代,已经形成与当时中原地区的北方汉语很不相同的一种方言。所以西晋末永嘉丧乱之后,大批北方汉人南迁到今江南,发现当地方言与北方话明显不同。这从当时的一些文献记载中可以看出。南朝宋刘义庆《世说新语·排调篇》载:"刘真长始见王丞相……刘既出,人问见王公云何?刘曰:'未见他异,惟闻作吴语耳。'"刘长真对王丞相说吴语特别敏感。又据北齐颜之推《颜氏家训·音辞篇》载:"易服而与之谈,南方士庶数言可辨;隔垣而听其语,北方朝野终日难分。"当时在江南做官的大多是南下的士族,他们说的是北方话,老百姓还是说当地的吴语。这两种方言差别较明显,所以"数言可辨"。北方的官吏和老百姓说的都是北方话,当然是"终日难分"。

　　吴语最初是在今苏南无锡、苏州一带形成,然后扩散至浙北的杭嘉湖平原、宁绍平原,继而进入浙江中部、南部和西南部。历史上北方移民迁入吴语区有三次大浪潮,详见第五章。历代移民带来的方言与吴语区原住居民的方言相融合,逐渐形成现代吴语。吴语在地理上的扩散过程,可以从政区的历史沿革中看出线索。中国古代政区的增设,往往反映移民及其方言的扩散。秦代在浙江设置了 19 个县,大部分集中在浙北杭嘉湖和宁绍平原,只有少数几个县在浙西天目山和浙中金衢诸暨盆地。西汉在东南沿海设置回浦县(今临海),东汉再在浙南瓯江口增设永宁县(今温州)。到了三国时代的吴国,除了浙西南一隅外,吴语大致已经随着新县的增设扩散到今吴语区全境。

　　湘语的前身是古楚语,即古代楚人的方言。楚人溯其源也来自中原移民。殷墟卜辞有"如楚"记载,说商王或商贵族曾娶妇于楚族。当时楚人居住地的中心即后来春秋卫国的楚丘邑(今河南濮阳西南)。殷末大乱,楚人西南迁至丹阳(今湖北境内),后来又继续南移到今湖南境内。楚语在先秦孟子时代就已经形成了。孟子斥楚人许行是"南蛮鴃舌之人",这是讽刺楚人说话像伯劳鸟鸣叫,不知所云。《孟子·滕文公下》有一段记载更清楚地说明楚语在当时与齐语一样是特征非常鲜明的方言。"孟子谓戴不胜曰:'子欲子之王之善与?我明告子。有楚大夫于此,欲其子之齐语也,则使齐人傅诸?使楚人傅诸?曰:'使齐人傅之。'曰:'一齐人傅之,众楚人咻之,虽日挞而求其齐也,不可得矣。引而置之庄岳之间数年,虽日挞而求其楚,亦不可得矣。'"

　　汉代扬雄《方言》屡次提到"南楚江湘",也提到"荆汝江湘""江湘九嶷""九嶷湘潭"。这些古地名所包括的地区大致相当于湖北和湖南两省。所以古湘语早在汉代就已大致扩散到今湘语区全境。古湘语的地盘,因受北方移民南下和江西移民西进的影响,逐渐缩小。经过东晋和中唐两次中原人民大南移,当时的北方话侵占了今湖北和湖南的西北部。从唐末开始,至明代而大盛的江西移民又把赣语带进今湖南的东部。现代湘语的地理格局应该是明末清初最后奠定的。岭南晚至秦代才有汉人移居,今两广先秦时还不是汉人所居地。战国时期,楚国南疆只是到五岭为止。

　　秦始皇统一中国以后,始南下占领岭南地区,并谪戍 50 万,设置南海郡、桂林郡和象郡镇守之。这 50 万戍卒所带来的北方汉语与当地语言相融合,演变成后来的粤语。后来北方汉人不断南下移居岭南,先后形成三次移民大高潮。第一次是西晋末年,北方大乱,部分北方汉人为逃难迁居岭南,致使岭南人口大增,唐初当地的二级政区已有 49 州之多。第二次是因唐代政府实行大力开发今两广地区的政策,致使大批汉人涌入两广。近代从粤语区移居海外的华侨至今仍称自己为"唐人",称中国为"唐山",称汉语为"唐话",称中式服装为"唐装",称中国人聚居区为"唐人街"。第三次是南宋末年,因蒙古人入侵,大批北方汉人为避难南下,部分人民在今广东定居。

　　在汉人到来之前,岭南的土著居民是古越族,他们所使用的语言是古越语。现代的壮侗语即是从古越语发展而来的。陆续南下的北方汉人所带来的汉语,与土著的越语不断地有所交融。拿今天的粤语和壮语相比较可以找到古代语言交融的证据。例如西江、南路一带称柚子为"碌簿",显然与今壮语的[luk puk]有关。再如合浦称小孩为[nɛ ɛ]或[nuŋ ɛ],显然与壮语[ŋe](幼小,lɯuk 小孩)和[nuːŋ](弟妹)有关(例见袁家骅《汉语方言概要》,文字改革出版社,1983 年第二版,179 页)。所以追溯粤语的历史渊源时,不应忽视古越语的影响。

　　闽语的形成比粤语更晚些。秦代虽然在浙南、福建地区建立闽中郡,但是没有任何历史文献可以证明秦代曾经移民或设县于闽地。直到西汉后期,福建才有冶县(今福州)的设置,这似乎说明已有少量北来的汉人迁居于此。闽语的正式形成应后推至汉末三国晋初的百年之间。这一时期,来自江南浙北的移民分别从海路(在福州登陆)和陆路(经浦城)大批进入福建。

　　从六朝以后到南宋,入闽移民大量增加。隋中叶时全福建不过 1.5 万户左右,到唐开元时仅泉州已有 5 万余户,南宋初年闽北地区(包括建州、古剑州、邵武军在内)的户口比唐后期增加 10 倍以上。这些后来的移民的方言和先来的移民及土著的方言经过交融,形成闽语。今天的福建闽语各片的地理分布格局即形成于南宋,这主要与六朝以后迁入福建各地的大量移民有关,即他们入闽前的原居地不同,入闽的时间有先后,入闽的路线有差别。

　　赣语和客家话的形成最晚。今江西地区古称吴头楚尾,应当是古吴语和古楚语的交汇处。汉代扬雄《方言》所举地名没有涉及今江西地区。在西晋以前,今江西一带方言应该与吴语、湘语有更多的共同之处。

这至少从以下两方面可以看出。第一,湘、赣、浙三省许多地名用字是一样的。例如圳、寮、岙、溠、垟等。这些地名都是官话区绝对不用的。地名用字和地名命名习惯的一致性是方言一致性的反映。第二,吴语和湘语至今都是保留全浊声母的,今江西鄱阳湖一带也还有保留全浊声母的地点方言,如湖口县、武宁县。甚至到隋代,这一大片地区方言的相似还是很受人注意的。陆法言《切韵序》说:"吴楚则时伤轻浅,燕赵则多涉重浊,秦陇则去声为入,梁益则平声似去。"在这里"吴楚"是并提的。

现代长江以南有100个以上的县住有客家人。"客家"这个名词是17世纪才出现的,此前的文献没有载录这个名词,后来的文献不仅载有这个名词,而且常常是"土客"并提。"客家"显然不是土著,他们是历代从北方南下的移民及其后裔。据罗香林《客家研究导论》的考证,客家南徙分五期。其中只有前两期是直接从北方迁到南方的,即第一期于东晋至隋唐从山西和河南迁至长江南北岸;第二期于唐末至宋从河南、皖北渡江入赣,更徙闽西、粤北;后三期都是前两期已经在南方落户的客家再次向南方别地迁移。除了罗香林所说的五期移民外,唐代中期安史之乱以后也有大量北方移民迁居江西。据《元和郡县志》记载,唐代后半期全国户口普遍减少,唯独江西鄱阳湖地区和赣水中游地区户口大增。以饶州(今上饶地区)为例,在安史之乱以前的开元年间仅有1.4万户,到百年之后的元和年间户数增加到7万左右,净增4倍之多。

这些先后分期分批南下的北方移民,一部分人在赣北、赣中定居,他们的方言与土著方言相交融,形成赣语;另一部分人远迁人烟稀少的较落后的赣南、粤北和闽西,长期生活在较闭塞的山地,保留着自己的文化特征。由于与原居的中州长期分隔,他们的方言演变成与今天的北方话大相径庭的"客方言"。

徽语的历史在南方几大方言中是研究得最少的。现代徽语的全浊声母已消失,这与现代吴语不同,但是其他方面有许多特征接近吴语。例如韵母系统较接近浙南吴语。《中国语言地图集》所提出的吴语语音的12个所谓共同特点,见于徽语的至少有以下3个:古微母和古日母有文白异读,白读用鼻音,文读用口音,如闻、日;中古的 an(山摄)和 am(咸摄)在大多数地点变成纯口音,不带鼻尾;蟹摄二等不带 –i 尾,是开尾韵,如排。在词汇和语法方面也有不少共同之处。徽语的底子可能是古吴语。今天它的面貌变得与吴语不大一样的原因可能有三方面:一是徽语区处于偏僻的山区,长期与平原地区的吴语相隔阂;二是受到邻接的赣语的影响,这两种方言古全浊声母今天都是主要读送气清音;三是可能有古越族语言影响的遗存。《徽州府志·风俗》说:"俗参瓯骆。宋吕和叔云,歙地杂瓯语,号称难治。"歙县一带,秦时已从浙南、福建迁入大量越人。《越绝书》说:"乌程、余杭、黟、歙、元湖、石城县以南皆故大越徙民也。"今徽语区大致相当于汉代的黟县和歙县。东汉三国时代这些越人被称为山越。所以宋人说歙地杂瓯语。瓯即瓯越,浙南瓯江流域的古越人。总之,徽语的历史成因有待进一步研究。

第四节　汉语方言的差异

汉语方言有共性也有个性。汉语各大方言都是从古汉语发展而来的,它们是亲属方言,有共同的词汇、共同的语法结构和语法手段,它们的语音系统有共同的历史来源,其现代形式相互间存在对应规律。本节着重从各大方言的个性出发,讨论它们的差异。各方面的差异项目很多,本节的讨论只是举例性质的。

一、语音方面

(一) 字音差异

同一个字在不同方言里读音不同,例如:

	北京	苏州	梅县	广州	厦门	长沙	南昌
坐	tsuo^{51}	zəu^{412}	tshc^{42}	tshc^{33}	tso^{11}	tso^{55}	tsho^{45}
笑	ɕiau^{51}	siæ^{51}	siau^{35}	siu^{35}	tshio^{11}	ɕiau^{55}	ɕiɛu^{15}

虽然这两个字在各方言里读音不同,但是来源却是相同的。各地"坐"的今音都来自中古汉语的"果摄合口一等上声果韵从母组果切";"笑"的今音都来自中古汉语的"效摄开口三等去声笑韵心母私妙切"。

(二) 声母差异

声母差异的项目很多,最重要的是中古全浊声母(並、定、群三母)在今方言里演变结果的差异,见表1.6。

表 1.6

方言名称	古全浊声母今音	例字:爬、定、极
北京(官话)	清化,平声送气,仄声不送气	pha² tiŋ⁵ tɕi²
苏州(吴语)	浊音,不送气	bo² diŋ⁶ dʑiʔ⁸
长沙(湘语)	清化,不送气	pa² tin⁶ tɕi⁷
双峰(湘语)	浊音,不送气	bo² din⁶ tɕhi⁵
梅县(客话)	清化,送气	pha² thin⁵ khit⁷
南昌(赣语)	清化,送气	pha² thən⁵ tɕhit⁷
广州(粤语)	清化,平声送气,仄声不送气	pha² tiŋ⁶ kik⁷
福州(闽语)	清化,不送气	pa² tiŋ⁶ kiʔ⁷

注:本表用数码字表示调类:阴平 1　阳平 2　阴上 3　阳上 4　阴去 5　阳去 6　阴入 7　阳入 8

（三）韵母差异

韵母差异的项目也很多,最显著的是韵尾的差异,即中古汉语舒声韵尾-m、-n、-ŋ 和入声韵尾-p、-t、-k 在各大方言里演变的结果不同。见表 1.7。

表 1.7

方言名称	古鼻音韵尾的演变	古塞音韵尾的演变
官话	-m 并入-n	大都消失,个别地点合并为 −ʔ
吴语	-m 并入-n	合并为 −ʔ
湘语	-m 并入-n	消失
客话	-m、-n、-ŋ	大都保存-p、-t、-k
赣语	-m 并入-n	保存-t、-k 或-ʔ
粤语	-m、-n、-ŋ	保存-p、-t、-k
闽语	1. -m、-n、-ŋ(厦门) 2. -m、-n 均并入-ŋ(福州)	1. 保存-p、-t、-k 或-p、-t、-ʔ 或-p、-k(闽南) 2. 保存-ʔ 或-k(闽东、莆仙) 3. 基本消失(闽北、闽中)

（四）声调差异

中古汉语的声调调类在今各大方言里演变的结果不同。见表 1.8。

表 1.8　中古汉语声调调类在今方言里的演变

方言点＼调类 清浊 例字	平 清 天	平 浊 穷 鹅	上 清 好	上 浊 买 厚	去 清 菜	去 浊 对 洞	入 清 八	入 浊 日 白	声调数
北京	阴平	阳平	上声		去声		阴平阳平上声去声	去声 / 阳平	4
苏州	阴平	阳平	上声 / 阳去		阴去 / 阳去		阴入	阳入	7
长沙	阴平	阳平	上声	阳去	阴去 / 阳去		入声		6
南昌	阴平	阳平 / 阴去	上声	阳去	上声 / 阴去	阳去	入声		6
梅县	阴平	阳平	上声		去声		阴入	阳入	6
广州	阴平	阳平	阴上	阳上	阴去	阳去	上阴入、下阴入	阳入	9
厦门	阴平	阳平	上声	阳去	阴去	阳去	阴入	阳入	7

（五）音节结构差异

有的方言没有撮口呼音节,如闽语(厦门、潮州)、客话(梅县)、西南官话(昆明)、吴语太湖片湖州小片等。

二、词汇方面

（一）字同义异。字面相同,词义不同。例如"凉水"在广州话里是"清凉饮料";"得意"在广州话里是"有趣"的意思。"鼻"字在潮州方言里用于"流鼻"中,兼有"鼻涕"的意思。这些词的特殊意义都不见于别种方言。在闽语、粤语、客话里"肥"字兼有胖义,指人或动物都可以,在别种方言里"肥"只能用于"动物",不可用于人"体胖"。在吴语里则用"壮"指动物"体胖"。

（二）字异义同。字面不同,词义相同。例如:

梅县话　乌　面　目　　伶俐　天光

杭州话　黑　脸　眼睛　干净　早上头

（三）造词方式不同。最明显的表现是用字不同。例如:

厦门话　册　厝　　鼎　啼　拍　红毛灰

温州话　书　屋宕　镬　哭　打　水门汀

此外还有音节数不同、字序不同、字间的语法关系不同、前后缀不同等。例如:

厦门话　骄　　鞋拖　狗母　鼻　　袜

上海话　骄傲　拖鞋　雌狗　鼻头　袜子

三、语法方面

语法方面的差异主要有以下四项。

（一）虚词及其用法不同。例如广州话和北京话的结构助词、体助词和语气助词的差异。举例如下:

广州话　我个书　渠冲咗凉　我睇紧书　晤会落雨啩

普通话　我的书　他洗了澡　我看着书　不会下雨吧

（二）实词的形态变化不同。例如浙南吴语名词有小称变音现象,即用改变名词的声调的手段来表示"幼小、可爱"等意义。例如温州方言名词词尾"儿"[ŋ³¹]本是阳平字,变读入声后成为[ŋ²¹²],附在名词后,即构成小称名词:刀儿[tə³³ŋ³¹](刀子)→刀儿[tə³³ŋ²¹²](小刀子)。又如厦门话的单数人称代词用后加韵尾[n]的手段表示复数:

单数　　gua⁵³我　　　　　li⁵³你　　　　i⁴⁴伊

复数　　gu(a)n⁵³我们　lin⁵³你们　　in⁴⁴伊们(他们)

（三）语序不同。某些修饰语、补语和双宾语的位置不同。修饰语不同,如:"这条裤子太长",用上海话说是"迭条裤子忒长",用广州话说是"呢条裤子长得滞",在广州话里"长"的修饰语"滞"是后置的。补语位置不同,如:官话"打败他",用绍兴话说是"打伊败",补语"败"后置于宾语"伊"。双宾语位置不同,如:官话"给他一本书",用广州话说是"畀(给)一本书渠",直接宾语前置于间接宾语。

（四）几种句式的结构不同。比较句、被动句、处置句、疑问句等在有些方言中有特殊的句式。比较句不同,如:"他比我大",用客方言说是"渠比偓过大"。在普通话的被动句里,主动者可以不出现,但在吴方言里主动者一定要出现。"杯子被打破了",用上海话说是"杯子拨我(或某人)打碎勒"。处置句不同,如:"把这只橘子吃了",用上海话说通常是"辩只橘子吃脱伊",不用"把"字,却在宾语的位置上添补"伊(它)"字,代替"橘子"。疑问句不同,如:"你去看电影吗?",用海南省的闽语说是"你去看电影无?",用否定副词"无"添加在句末表示疑问。

各大方言互相间的差异并不是均等的。相对于北方方言而言,南方的八大方言内部的一致性较大。例如在语音上南方各大方言都保留入声,北方方言只有小部分地区保留入声;南方方言的韵母比北方复杂得多,南方方言的声调调类较多;南方方言变调或变音现象较复杂。在语法上,南方方言量词的用法较复杂;有"鞋拖""鸡公"之类修饰成分后置于中心词的词序;有"你走先、吃碗添"之类状语修饰语后置于动词的词序;结构助词用"个",不用"的";有些常用词汇,南方方言内部比较一致,官话则迥异。见表1.9。

表1.9　各大方言词汇差异举例

北京	他	亮	寻	睡觉	站	媳妇	翅膀	米汤
温州	渠	光	寻	睏	徛	新妇	翼膀	饮
苏州	俚	亮	寻	睏	立	新妇	翅膀	饮汤
南昌	渠	光	寻	睏觉	徛	新妇	翅膀	饮汤
梅县	渠	光	寻	睡目	徛	新 khiu⁴⁴	翼	饮
广州	渠	光	揾	瞓觉	徛	新妇	翼	饮
厦门	伊	光	揣	睏	徛	新妇	翼	饮

南方方言区的地名通名用字也有一致性。下列地名通名用字只见于南方,不见于北方:垟、寮、漈、圳、澳、岙、尖、嶂、岽、濑、畈、坎、坞等。

南方八大方言内部相互间的差异也不是均等的。客方言和赣方言比较接近,两者最突出的共同特点是:中古浊塞音和塞擦音(即并定群从澄崇船母)今音一律读送气清音。吴语和湘语比较接近,两者最突出的共同特点是保存中古的浊塞音和塞擦音,并且演变的趋势相同,即某些地点方言的浊音浊度减弱或在字音分布上萎缩。

第五节　方言与普通话和书面语

方言是相对于语言而言的。方言与语言的关系是个别对一般的关系。语言是一般,方言是个别。方言是语言的存在形式,人们日常使用的是个别的方言,而不是一般的语言。如广州人说广州话,北京人说北京话。方言一般只有口语形式。研究方言与研究语言没有本质区别。"麻雀虽小,五脏俱全。"任何一种方言,哪怕是使用人口很少的地方方言,其内部结构都是完整的,语言成分都是丰富的,交际功能都是自足的。研究方言也就是研究语言。不过语言研究的范围更广些,还可以包括民族共同语、书面语言、古代文献、古代语言等。研究语言如果从研究方言入手,可以更扎实,更深入,也更见成效。

方言又是相对于民族共同语而言的。民族共同语是以该民族所使用的某一种方言为基础,以某一个地点方言的语音为标准音的。经过加工和规范的民族共同语称为"文学语言"(literary language)或"标准语"(standard language)。例如意大利的文学语言是以塔斯康(Tuscan)方言为基础,以佛罗伦萨(Firenze)方言为标准音的。普通话是我国的民族共同语,北方方言是它的基础方言,北京语音是它的标准音。在汉语各大方言中,北方方言的分布范围最广,使用人口最多,它的权威方言(prestige accent)是北京话,北京为元明清以来我国的政治、经济、文化中心。作为汉语书面语(文学语言)的白话文和旧时推广过的官话都是以北方方言作为基础的。

民族共同语以某一种方言为基础方言,并不排斥同时吸收其他方言的成分。例如普通话中"动词 + 掉 + 了"(如"输掉了")这样的结构是从吴语吸收的。"输掉了"用吴语苏州话说是"输脱哉"。吴语中的"脱"作为补语,有表示结果(如"滑脱哉")和表示动作简单完成(如"死脱哉")两种用法。北方方言中的"掉"本来只有结果补语一种用法(如"滑掉了"),但是因受吴语中相应的同形结构的影响,"掉"有了表示"简单的完成"的新用法,如"输掉了"(此例详见赵元任《吴语对比的若干方面》,载《赵元任语言学论文选》,中国社会科学出版社,1985 年)。

汉民族的共同语形成的历史很悠久,向来是以北方方言为基础的。早在西周时代就有所谓"雅言"或"夏言"存在。雅言即是周族王室所在地的镐京话,雅言用于当时的官场和外交场合。据《论语》记载,孔子诵读《诗》《书》,主持仪礼时也使用雅言。两汉之交的扬雄在《方言》中提到的"通话、凡语、凡通语、通名、四方之通语"是指不受方言区域限制的词语,具有民族共同语的性质。元代的民族共同语称为"天下通语",见于元周德清《中原音韵》。他在"作词十法"的"造语"条中指出"造语"当作"天下通语",不可作"方语"("各处乡谈"）。明代以后汉民族的共同语称为"官话"。这个名称在文献中首见于明张位《问奇集》。因为最初用于官场,所以称为官话。清代以前的共同语只是事实上存在,并非人为制定并推广的。汉民族共同语的正式制定并开始推广,应以 1913 年"读音统一会"审定 6500 多个汉字的标准音为标志。汉民族历史悠久的共同语和文学语言是维系汉字内部一致性的重要支柱。各地方言中的文理成分,除了语音形式以外,与文学语言是完全一致或非常接近的,所以文理成分在各地方言之间没有差别或差别不大。民族共同语和文学语言历来受到政府官员和文人学士的重视。顾炎武《日知录》说:"著书作文尤忌俚俗。《公羊》多齐言,《淮南》多楚语,若《易传》《论语》何尝有一字哉? 若乃讲经授学,弥重文言,是以孙详、蒋显曾习《周官》而音乖楚夏,则学徒不至;李业兴学问深博,而旧音不改,则为梁人所笑;邺下人士音辞鄙陋,风操蚩拙,则颜之推不愿以为儿师。"(卷二十九"方音")

现代的普通话是通行全国的政治、经济、文化传播的媒介和社会交际的工具,是以各种方言为母语的人共同学习的对象,所以普通话对方言的影响越来越大。各地新派方言演变的总趋势是向普通话靠拢。

方言借用普通话的结果有以下四种情况。

一是借入的新成分已经取代方言的固有成分。这种趋势最明显的表现是废弃一批旧词语,起用普通话词语;或者新吸收的普通话词语跟旧词语并存竞争。例如上海话"影戏、水门汀"已被"电影、水泥"所替代;"穿衣裳、找到"与"着衣裳、寻着"并存竞争。其次是某些字音变得接近普通话,例如上海话"文凭"的"凭"原读[biŋ¹³],现在有些青年人读[phiŋ³⁵],浊声母变成送气清声母。在句法和虚词用法上也有向普通话靠拢的迹象。例如"你先走"在吴语温州话里本来的说法是"你走去先",现在则有"你先走去先"和"你先走去"这两种用法与之并存竞争。后两种句式较接近普通话。

二是兼用借用成分和固有成分表示相同的概念,新旧成分并存竞争,发展趋势是老派多用固有成分,新派多用借用成分,可以预见借用成分将取代固有成分。下面举些新旧词语在若干吴语地点方言中并存竞争的例子。箭头前面是固有的方言词语,今多用于老派,箭头后面是新吸收的普通话词语,或较接近普通话的词语,多用于新派,括弧内是使用地点:面桶→面盆(黄岩);热水壶→热水瓶(嘉兴);户槛→门槛(安吉);白滚汤→开水(松阳);甕→肥料(温州);碌砖→砖头(上海)。

三是表示同一概念的借用成分和固有成分的分布不同,即书面语词语用借用成分,方言口语词语用固有成分。例如上海话固有动量词是"转、趟",上海话"趟"的使用范围几乎相当于普通话的"趟"和"次",但下述一类书面语词语中的动量词只能用"次":第二次世界大战、四届三次会议、97 次列车。

四是借用成分限用于少数书面语成分,例如"被"字在上海话里表示被动状态的介词,只用于下述这些书面语来源的词语:被捕、被告、被杀、被害人、被压迫者等。日常用语中表示被动状态的介词仍然惯用"拨",决不用"被"。

现代汉语的书面语——白话文是五四运动以后才开始形成的,历史还比较短,还不很稳定。白话文在理论上是以北方话为基础的,但是实际上许多白话文著作仍然包含文言成分和方言成分,因此与日常口语还有相当大的距离。白话文著作中的方言成分是受作者本人的方言影响而产生的。例如在鲁迅的著作里不难发现绍兴方言成分,如:

"我也并未遇到全是荆棘毫无可走的地方过……"(《两地书》)

"老头子眼看着地,岂能瞒得我过……"(《狂人日记》)

这两个例句中的"过"字用在动词宾语的后头,这正是绍兴、宁波、金华、丽水等地吴语语法的特点。又如:

"电灯坏了,洋烛已短,又无处买添,只得睡觉,这学校真是不便极。"(《两地书》)

"六斤刚吃完一大碗饭,拿了空碗,伸手去嚷着要添。"(《风波》)

这两个例句中的"添"相当于普通话的"再",但并不前置于动词谓语,而置于句末,这也是绍兴、金华、温州等地吴语语法的特点。

方言影响是现代汉语书面语和口语不一致的重要原因之一。拿白话文著作作为研究现代汉语书面语的语料时,需要剔除其中的方言成分。

另一方面普通话也吸收方言成分,最明显的是吸收方言词,以丰富自己的词汇库。例如"买单、T 恤衫、减肥、打的"是从香港粤语吸收的。古清音入声字在今普通话里分别读作阴平、阳平、上声、去声四个声调,分派的规律不强,这是受多种方言影响的结果。

方言和普通话在语音上有互相对应的规律。例如广州话自成音节的[ŋ̍]和普通话[u]相对应。"五"字广州话读[ŋ̍²³]普通话读[u²¹⁴]。掌握这些语音对应规律有利于普通话的教学工作。对于绝大多数人来说,普通话并不是母语,而是通过学校教育、公共传播媒介或社会交际学会的。很多人虽然会说普通话,能够用普通话交流思想,但是说得不十分准确,带有较重的方言口音。了解方言和普通话的语音对应规律有助于他们辨正方音,把普通话说得更准确、更完美。

推广和普及普通话是现代化社会的需要,使用国家标准语是每一个现代公民应该具备的能力。不过推广和普及普通话并不意味消灭方言,普通话和方言使用的场域不同,方言自有其社会作用,自有其存在的理由。方言将跟普通话长期共存,地方文化将与中华文化长期共存。方言和地方文化的兴衰存废只能听其自然。

在古代,"方言"是相对于"雅言"而言的;在现代,"方言"是相对于"普通话"而言的。普通话和方言是构成现代汉语的两大层次。方言研究不仅可以推动普通话研究,而且也是现代汉语研究的一个重要组成部分。

第六节　汉语方言学的对象和意义

汉语方言学研究的对象是汉语方言,包括汉族使用的方言和若干少数民族使用的汉语方言,例如散居在全国各地的回族和满族,他们使用当地的汉语方言,浙江和福建等地的畲族所使用的畲话接近汉语客家方言。

汉语方言学不以民族的共同语——普通话作为自己的研究对象,但是不排斥研究普通话的基础方言——北方方言和标准方言(standard dialect)——北京话。

汉语方言学不仅研究地域方言,也研究社会方言。与印欧语言比较,汉语的方言非常纷繁歧异,特别是长江以南,京广铁路以东的中国东南部的方言更加复杂,甚至一县之内分布数种互相不能通话的方言,如福建的尤溪和浙江的平阳。汉语方言的分歧对社会生活的影响很大。中国的方言学自西汉末扬雄《方言》开始至今,绝大部分方言学著作都是研究地域方言的。地域方言的研究虽然已有悠久的历史,但是迄今尚待调查或尚未研究的方言仍然很多,各类方言的综合或宏观研究还很欠缺。而社会方言的调查研究则刚刚开始。

汉语方言学不仅调查、记录、描写和分析方言,也研究方言地理、方言历史、方言接触、方言演变、方言比较等问题。

方言的调查和记录是语言研究的基础。研究语言学和研究别的学问一样,首先需要收集研究对象的材料。语言学研究的对象是语言。语言的存在形式是方言,所以调查和记录方言是语言研究的前提。语言学各部门研究的开展和语言学理论的建设,都需要有方言调查的材料作为依据或出发点。例如高本汉的巨著《中国音韵学研究》利用三十几种方言材料(其中十多种是他亲自调查记录的)来构拟中古音系。赵元任的著名论文《音位标音法的多能性》是音位学的经典著作,在论述归纳音位的方法的时候,利用了闽语、吴语和官话的材料。

记录和分析一种方言是语言学研究的入门功夫。方言是语言的分支,麻雀虽小,五脏俱全。记录和分析一种方言,并且撰写调查报告,这本身就是一种语言学研究工作,需要有方言学的专门训练和语言学的一般知识。除了宏观的语言学研究需要多种语言或方言的材料以便比较,语言学的种种问题都可以在某一种方言里找到,例如音位学、构词法、语法学、语义学、社会语言学等方面的问题。所以学会记录和分析一种方言,也就是初步掌握语言学研究的一门基本功。例如如果在方言调查中学会辨音、审音和记音以及归纳、分析音系,那么语音学和音韵学入门也就不难了。即使是研究书面语或古代汉语,也需要有记录和分析方言的基本功,才能不断深入下去,否则许多问题,特别是与语音有关的问题,不容易解决。研究汉语语音史从研究一两种现代方言入手比较方便。

汉语方言学研究对于语言学和文化人类学都有很重要的意义,并且还有很大的应用价值。

汉语方言学对语言学的意义,可以分为理论语言学、民族共同语研究、语音学、词汇学、语法学和历史语言学、方言地理学等方面来讨论。以下分别举例说明。

　　汉语是世界上方言最为分歧的语言之一。方言的种类多，差异大，许多方言相互间不能通话。丰富多彩的汉语方言是语言学研究的宝库。汉语方言研究的成果必将对语言学理论建设大有贡献，特别是在语言接触、语言融合、双语现象、语言演变、语言地理、语言规范、语言心理等领域。

　　关于语言演变的理论，王士元(William S－Y Wang)主要是利用汉语方言材料于1969年正式提出"词汇扩散"(lexical diffusion)说(详见 William S－Y Wang, *Competing changes as a cause of residue*, *language* 45－1, 1969)。陈渊泉(Matthew Chen)对此说所下的定义是："词汇的语音变化并不是成批地突然发生的，或者说并不是按照统一的时间表突变的，而是从一个词到一个词，或从一类词到一类词渐变的。这种语音演变从语素到语素的扩散称为词汇扩散。"(*Matthew Chen, the Time dimension*: *Contribution toward a theory of sound change*, *Foundations of language* 8, 457～498,1972)例如闽语潮州话二百多个阳去调字，已有一百多个归入阳上调，如健[kieŋ³]，另一百来个则保持原来的声调，如阵[tiŋ⁵]。阳去调向阳上调扩散已经进行到一半。

　　普通话研究如果仅仅局限于书面语和北京口语就难以全面深入。普通话研究需要从方言研究中吸收营养，丰富自己的研究内容，开阔视野，不断深入。方言的研究成果可以帮助发现或解决有关普通话的形成、结构、规划等方面的问题，甚至有些较为困难的问题，因为有了方言材料可以参酌比较，而迎刃而解。例如北京话里的"的"字有三种不同用法，即"的₁、的₂、的₃"，它们的语音形式相同，分析起来比较困难。然而广州话里三种不同用法的"的"字不同音，即"嘅、哋、嘅"；福州话"的₁"与"的₃"同音，与"的₂"不同音；山西文水话里"的₁"与"的₂"同音，与"的₃"不同音。对方言中"的"字的种类和用法的调查和研究，可以支持北京话"的"字三分的结论。(见朱德熙《北京话、广州话、文水话和福州话里的"的"字》，载《方言》1980年第3期。)

　　汉语方言的调查和描写不仅能为语音学提供极其丰富的语音样品，而且也能为发展一般语音学理论提供坚实的基础。在一般语音学上口元音区分圆唇和不圆唇，鼻元音不区分圆唇、不圆唇。但是若干吴语地点方言的调查报告说明，鼻音[n][ŋ]也可以有圆唇不圆唇之分。例如江苏启东市吕四方言的[m]韵有带[u]色彩和带[y]色彩的两类。"官"字读[kʷm¹]，"砖"字读[tɕʸm¹]。上海郊县方言有圆唇的[ŋ]韵。崇明话"我"读[ɦŋ²³²]，金山老派"红"字读[ɦŋ³¹]。

　　方言词汇研究是民族共同语规范化工作不可缺少的基础工作。例如现代汉语里有许多同义词或等义词是从方言词汇吸收的，规范化工作要求决定其中哪些词应该吸收，哪些不能吸收。要做好这项工作，必须调查研究这些词的流行地区、确切含义、使用频率等。例如"嚏喷"和"喷嚏"这两个等义词的取舍，需要有方言调查的材料作为依据。标准语吸收方言词尤其是通过文学作品吸收方言词，需要调查这些方言词在当地的读音，然后折合成标准语。例如垃圾[laˈjiˈ]和尴尬[ganˈgaˈ]这两个词就是根据吴语的读音折合的。

　　方言语法的比较研究有助于深入分析标准语的某些语法现象。例如赵元任曾拿北京的语助词"勒"与苏州、常州的对应语助词比较，结果发现句末语助词"了"和动词后缀"了"，在苏州和常州是有区别的，例如：

　　北京　　　天晴嘞　　　想好嘞再说

　　苏州　　　天晴哉　　　想好仔再说

　　常州　　　天晴既　　　想好则再说

　　如果不通过方言比较研究，北京话两个同音的"了"的不同功能不易分辨(见《北京、苏州、常州语助词的研究》，载《清华学报》三卷二期,1927年)。

　　语言在不同地域上的发展是不平衡的，即在有些地方发展快些，在另一些地方发展慢些，所以用现代方言的调查材料，可以研究古汉语或汉语发展史。例如高本汉利用二十几种方言材料来解释和构拟《切韵》音系的音类和音值。李荣曾主要利用粤语、闽语和吴语的十来种地点方言论证《切韵》音系的"四声三调说"(见《切韵音系》，科学出版社,1956年,152—162页)。许多古代汉语的词语、词义和语法结构往往残留在现代方言口语里，它们可以与古代文献上的记载相印证，例如《诗·周南·汝坟》："王室如毁。"毛传："毁，火也。"今闽语福州话仍称"火"为"毁"；《广韵》入声没韵"榾，果子榾也，出《声谱》，户骨切。"今吴语上海话称果核为"榾"[ɦuəʔ¹²]。在上古汉语中有前正后偏的名词性结构，如树桑(《诗经》)、鱼鲔(《礼记》)，这种词序仍残留在吴、闽、粤语里，如闽语建瓯话：风台(台风)、病疯(风湿病)、病痨(痨病)、病疥(疥病)。

　　方言是地方文化的重要特征。方言是旅居外地的同乡人互相认同的最直接最亲切的标志。一方面方言好像小窗口，通过它可以看到地方文化及其历史的种种事实。另一方面方言又好像三棱镜，因为它的背后闪烁着地方文化,所以它才显得五彩斑斓。方言的研究离不开地方文化及其历史,同时,方言研究的成果也有助于地方文化及其历史的研究。当缺少文献资料的时候,方言有可能成为解开地方文化史之谜的重要钥匙。以下就方言学对地方移民史、民俗学和地名学的价值举几个例子。

现代方言的特点可以与移民历史相印证。例如东北的辽东方言和辽西方言有一些不同,辽东方言的一些特点跟隔海相望的胶东相同,辽西方言的一些特点跟毗邻的河北北部相同。胶东和辽东的共同特点是:无 ng 声母,无 zh、ch、sh 声母(大连和瓦房店除外),无 r 声母,d、t、z、c、s 五母和 uei、uan、un 相拼时,不带介音,即不读合口,阴平调是降升调型;河北和辽西的共同特点是:有 r 声母,有 zh、ch、sh 声母,d、t、z、c、s 五母可以跟合口韵相拼,阴平调是高平调型。

怎么会形成辽东、辽西方言的差别,辽东方言怎么会与胶东的特点相同,辽西方言怎么会与河北的特点相同的呢? 这跟移民的历史背景分不开。从 20 世纪初年开始大批汉人移入东北。他们以河北和山东人占绝大多数。河北北部与辽西邻接。河北人从陆路出关后先进入辽西再扩展到北部和其他地区。辽西是他们自古以来向东北腹地移民的大本营。闯关东的山东人主要来自旧青州府、登州府和莱州府。他们渡海登陆后先到辽东半岛和辽河一带,再扩散到辽宁省东部。这两股移民的原居地的方言本来就不同。他们分别移居到不同的地区,其方言当然相异。

方言和民俗(folkway)中的口承语言民俗关系最为密切。所谓口承语言民俗是指用口头语表达的民俗,如民歌、曲艺、秘密语、吉利词、忌讳词、谚语、语言游戏等。方言学对于调查和研究这些民俗现象是必不可少的。要忠实地记录这些口承语言民俗,需要用合适的汉字和音标符号。记录许多方言口语词,都需要利用方言学的知识下一番考证词源或本字的功夫,用音标记录更需要方言学的训练。例如吴语绍兴话有一句天气谚语:"冬冷勿算冷,春冷冻煞 a^{53}。"最后一个词读[a^{53}],是"牛犊"的意思,有人记不下来,就用"犊"字代替,结果大失这句谚语的原有情趣。其实可以用"犘"字记录。《集韵》上声梗韵:"吴人谓犊曰犘。"于杏切。

地名学是多种学科交叉的边缘学科,特别跟历史学、地理学和语言学的关系很密切。地名学和语言学可以互相促进。一方面利用历史地名可以考见古音;方言地名的地理分布特征,可以为方言地理提供证据等。另一方面方言学知识有助于地名区域特征和语言层次的研究,有助于地名的本字或词源考证,有助于地名的标准化工作等。例如在河北省地图上有许多含"家"字的地名,如张家口、石家庄、王家楼、李家堡等,同时又有许多含"各"字的小地名,如左各庄、史各庄、梁各庄等。从历史来源来看,这两类地名中的"家"和"各"本是同源的,即都是"家"。"家"字中古音属见母,读[k],后来见母在北京话里颚化,变成[tɕ],一部分地名中的"家"字也跟着变读 tɕ 声母,但是另外一些小地名的读音比较保守,其中的"家"字仍读[k]声母,所以就改为用读 k 声母的"各"字来记录,以与读[tɕ]声母的非地名用字"家"相区别。"各"字地名在文献上出现较晚,清代的直隶有胡各庄、刘各庄、柏各庄等。"各"字地名的出现也为见母在北方话中的历史演变提供了证据。

方言学还有很多应用价值,有助于普通话教学、现代汉语规范化、编写地方戏曲音韵、公安破案、古文献考据等。

方言和普通话的语音对应规律可以提高在方言区教学普通话的效果。普通话里有的字一字两读,有时可以依据方言学知识来正音。例如荨麻的"荨"有人读为"寻",有人读为"潜"。"荨麻"生长在四川、云南、贵州,这一带西南官话把"荨麻"读作"潜麻",所以荨字应正音为[qian^2]。

中国的地方戏曲种类很多,演员的咬字吐音都是靠师承口练,没有统一规范的标准音韵可资依据,不利于戏曲的学习继承和发展。方言学可以为各种戏曲整理标准的音韵。例如可以以越剧起源地——浙江嵊县(今嵊州)方言的音系为基础,编写越剧音韵,为新老越剧演员提供字音标准。

刑事侦查常常运用方言学知识鉴别案件语言,从而发现案件语言的制作人,为侦查破案提供依据。例如某案件中有"香把杆"一词,经查这是赣方言词,是"香的杆子"的意思。后来查获的语料制作人果真是江西丰城人。方言学还可以应用于鉴别民间契约、遗嘱的真伪等(见邱大任《略谈案件语言鉴别》,载《语文导报》1986 年 7 月)。

考证古代文献的作者,如果别的线索缺少或不足时,方言学知识往往可以帮忙。例如对于元明以来的所谓"四大传奇"之一《白兔记》的作者,向来没有成说。1967 年在上海嘉定一个明代墓葬里出土了一本《新编刘知远还乡白兔记》。这是一个当时民间艺人演出的底本,别字很多,如将"家常"误成"家长","嘱咐"误成

"祝忖","重新"误成"从新","极"误成"藉"等。通过比较这些别字和正字的音韵地位,可以间接推断它的作者的方言是苏南吴语,例如在苏南吴语里阳韵的澄、禅两母同音,一般都读[z],所以"常"字会误写成"长"字。

参考书目

袁家骅等著《汉语方言概要》,文字改革出版社,1960 年第 1 版,1983 年第 2 版。

《中国大百科全书·语言文字卷》"汉语方言"条,中国大百科全书出版社,1988 年。

北京大学中文系《汉语方言字汇》,文字改革出版社,1989 年。

张均如《记南宁心圩平话》,载《方言》,1987 年第 4 期。

游汝杰《汉语方言学导论》(修订本),上海教育出版社,2000 年。

游汝杰《明成化本南戏〈白兔记〉中的吴语成分》,刊《杭州师范学院学报》,1998 年第 3 期。

中国社会科学院和澳大利亚人文科学院合编《中国语言地图集》,朗文出版社,1987 年。

平田昌司主编《徽州方言研究》,(日本)好文出版,1998 年。

胡振华《中亚的东干族及其语言文化》,载戴庆厦主编《跨境语言研究》,中央民族学院出版社,1993 年。

思考与练习

1. 谈谈方言研究对一般语言学研究的积极意义。

2. 现代汉语方言分成十大方言区,请分别列举其名称、地域分布、语音特点。

第二章　语音常识和语音训练

调查研究方言首先要从语音入手。因此,方言工作者必须懂得发音原理,必须进行严格的语音训练,从而学会发音、听音和审音的能力。

第一节　发音原理和语音分类

一、发音原理

任何语音都是语音器官活动的结果。发一个音,一般是由肺里呼出气流,经过喉头、口腔或鼻腔透到外面。在气流呼出的过程中,通路的许多点上,由于堵塞或阻碍,或腔体形状的变化,就产生各种不同的语音。

"语音器官"是指人体上组成发音体系的那些部分。语音器官可以分为三大部分:肺、声带、口腔和鼻腔。

(一) 肺

肺是发音的动力器官。肺有左右两个,像风袋一样,上面是气管、喉头、咽头、口腔、鼻腔所形成的气流出入的通路,下面是一层横膈膜,外面是胸腔。横膈膜上升,胸腔缩小,肺部收缩,就呼出空气;横膈膜下降,胸腔扩大,肺部膨胀,就吸入空气。呼出的气流造成的音称为呼气音,吸入的气流造成的音称为吸气音。语言里一般的语音都是呼气音,只有极少数语音是吸气音,如汉语方言里的先喉塞音(pre-glottalized stop)[?b、?d]。

(二) 声带

声带是两条富有弹力的肌肉,是发音的颤动体,藏在喉头里。喉头由四块软骨构成,与声带的前端相连,固定在一块软骨上,后端分别黏附在另两块软骨上。声带当中的通路叫声门,气流可以在此出入。声带可紧可松,声门可开可闭。平常呼吸时,声带放松,声门略呈三角形,气流可以自由出入,如果用力呼吸,可以听到摩擦的声音。声带靠拢,声门留缝,气流从中冲出,振动声带,发出响亮的声音。声带略微接近,声门稍为闭合,气流从声门中挤出,带有一种很轻微的喉部摩擦音。声带完全合拢,声门紧闭,被气流突然冲开,发出破裂的声音。发音时声带颤动所发的音叫浊音,发音时声带不颤动所发的音叫清音。

(三) 口腔和鼻腔

口腔、鼻腔和咽头是发音的共鸣器。由喉头往上,就是口腔。口腔分上腭和下腭,上腭包括上唇、上齿、上齿龈、硬腭、软腭和小舌,下腭包括下唇、下齿和舌头(分舌尖、舌叶、舌面和舌根)。上腭不能移动,下腭可以移动。

口腔的后面是咽头。咽头是上通鼻腔,中通口腔,下通喉头的"三岔口"。

口腔的上面是鼻腔。软腭和小舌如果上升,挡住鼻腔的通路,呼出的气流只能从口腔出来,这样发出的音叫口音。如果软腭和小舌下垂,鼻腔的通路打开,口腔有一个部位闭塞,气流只能从鼻腔出来,这样发出的音叫鼻音。如果软腭、小舌悬在中间,咽头的三条路都敞开,气流可以同时从口腔和鼻腔出来,这样发出的音叫口鼻音(也叫半鼻音或鼻化音)。

上面所说的语音器官中,口腔里的唇、舌、软腭、小舌和声带是活动的部分,也是最主要的部分。此外,下腭的动作和口腔的开合也同发音有密切的关系。不同的语音就是靠它们的各种活动形成的。

二、听音器官和语音的感知机制

一个完整的语音过程,经过发音、传输和被感知,才算真正地完成。因此,对听音器官和语音的感知机制也应该有一定的认识。

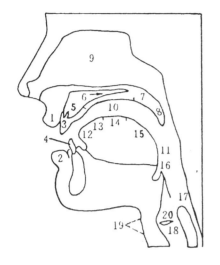

图 2.1　语音器官示意图

(1) 上唇　(2) 下唇　(3) 上齿　(4) 下齿　(5) 齿龈　(6) 硬腭　(7) 软腭　(8) 小舌　(9) 鼻腔　(10) 口腔　(11) 咽头　(12) 舌尖　(13) 舌叶　(14) 前舌面　(15) 后舌面　(16) 喉盖　(17) 食道　(18) 气管　(19) 喉头　(20) 声带

(一) 听音器官——人耳

人耳由外耳、中耳、内耳三部分组成。外耳道,也叫听道,大约三厘米长,它靠里的一端为鼓膜所封闭。鼓膜的另一面是中耳,其中有三块听骨,即锤骨、砧骨和镫骨。锤骨跟鼓膜相连,能把声音的振动传给砧骨和镫骨。砧骨的外端跟锤骨相连,内端跟镫骨相连。镫骨外面跟砧骨相连,里面的一端跟内耳相连。

内耳包括三个主要部分:一是半规管,它是平衡器官。二是前庭,在卵形窗后。三是耳蜗,这是真正的听觉器官。耳蜗的横断面很像一只蜗牛的壳,在螺旋的中央有耳蜗中隔。

由耳蜗中隔所分开的螺旋形上下两部分,上边叫前庭阶,与中耳相接的一端是卵形窗,下边叫耳鼓阶,与中耳相接的一端是圆形窗。前庭阶与耳鼓阶在耳蜗的顶端相通处叫做蜗孔。当声波通过外耳道和鼓膜小骨的传递而使卵形窗上产生相应的振动时,布满在前庭阶中的淋巴液也引起相应的振动,并通过蜗孔将振动传导到耳鼓阶。这一振动可以引起中隔中部的基底膜相应地振动,并借助于听神经传到大脑,引起声音的感觉。

基底膜上的柯替氏器官(由很多复杂的毛细胞一组组地构成)好比一排琴键,靠近卵形窗的一头对高频响应,靠近蜗孔的一头对低频响应。不同的频率会在相应的位置引起刺激并通过神经在大脑中引起反应。

声波变成柯替氏器官的颤动,进而由听觉神经传到大脑的时候,两耳传递的速度和强度有一定的差异。左脑接受右耳传来的振动快,右脑接受左耳传来的振动快,而右脑接受的语声要转送到左脑才能作出语言解码,所以右耳比左耳清楚,这叫"右耳优势"。

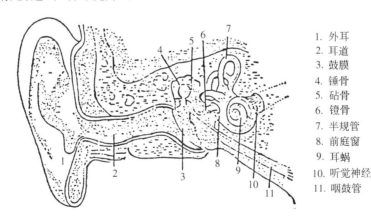

1. 外耳
2. 耳道
3. 鼓膜
4. 锤骨
5. 砧骨
6. 镫骨
7. 半规管
8. 前庭窗
9. 耳蜗
10. 听觉神经
11. 咽鼓管

图 2.2　人耳的各部分

(二) 语音的感知机制——人脑

语音的过程,包括发动、接受、感知、分析乃至存贮,都涉及大脑左半球的一系列活动。

大脑左半球与语言有关的中枢有以下几个:

1. 语音发动中枢,位于第三额回,这个中枢里的神经刺激有关的发音器官协同动作,完成发音。

2. 语言的音响或听觉中枢位于第一颞回的附近。人们能够理解听到的语言,就是靠这个中枢里贮存和记住的词。这个中枢就像是一个词汇库。

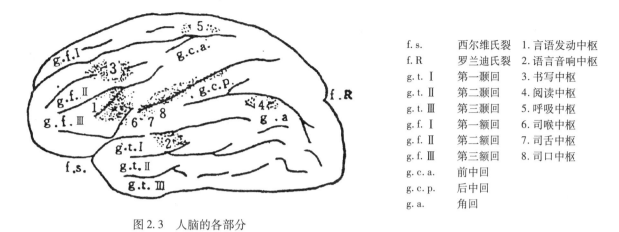

f. s.	西尔维氏裂	1.	言语发动中枢
f. R	罗兰迪氏裂	2.	语言音响中枢
g. t. Ⅰ	第一颞回	3.	书写中枢
g. t. Ⅱ	第二颞回	4.	阅读中枢
g. t. Ⅲ	第三颞回	5.	呼吸中枢
g. f. Ⅰ	第一额回	6.	司喉中枢
g. f. Ⅱ	第二额回	7.	司舌中枢
g. f. Ⅲ	第三额回	8.	司口中枢
g. c. a.	前中回		
g. c. p.	后中回		
g. a.	角回		

图2.3 人脑的各部分

3. 呼吸中枢位于前中回上边,管理着呼吸器官。

4. 口、舌、喉中枢位于言语发动中枢和听觉中枢之间,三者形成一个三角形:口中枢在上,喉中枢在左下方,舌中枢在右下方,分别管理着口、舌、喉的动作。

此外,还有书写中枢,位于第二额回,和一个阅读中枢,位于角回附近,分别管理跟书写和阅读有关的各个器官。这虽与发音没有多大关系,但也都和语音音响或听觉中枢紧密联系着。

在发音过程中,大脑各个中枢不仅管发出种种指令,同时也不断地对发音进行监听和修正。

三、语音的分类

(一) 元音和辅音

语言里的音素可以分成元音和辅音两大类。元音如 a[a] o[o] e[ɤ],也叫母音;辅音如 b[p] p[pʰ] m[m],也叫子音。这两类音素的主要区别是:

1. 发元音时,呼出的气流不受任何阻碍,能够顺利地通过发音器官;发辅音时,气流必须克服不同部位、不同形式的阻碍才能通过。

2. 发元音时,发音器官的各部分均衡地保持紧张,而发辅音时只有阻碍气流的那一部分特别紧张,其他部分不紧张。

3. 发元音时,声门靠拢,呼出的气流从声门的狭缝中挤出来,一定要颤动声带,发辅音时大多不颤动声带。由于声带颤动不颤动而有带音和不带音的区别,平常说话,元音总是带音的。"耳语"的时候,因为所有的音都不带音,所以这时的元音也不带音。

4. 发元音时气流比较弱,发辅音时气流比较强。

5. 元音响度大,清晰,可以唱。辅音响度小,有的能唱,如 m[m] n[n] ng[ŋ];有的不能唱,如 b[p] d[t] g[k]。

(二) 声母和韵母

一个汉字音节起头的音叫声母,比如"大学"dà xué[ta⁵¹ɕyɛ³⁵]这两个字,"大"的声母是 d[t],"学"的声母是 x[ɕ]。普通话有 21 个辅音声母:

b[p]	p[pʰ]	m[m]	f[f]
d[t]	t[tʰ]	n[n]	l[l]
g[k]	k[kʰ]	h[x]	
j[tɕ]	q[tɕʰ]	x[ɕ]	
zh[tʂ]	ch[tʂʰ]	sh[ʂ]	r[ʐ]

z[ts]　　　　　　c[tsʰ]　　　　　　　　　　　s[s]

一个汉字音节起头的音叫声母,声母后面的音叫韵母。例如"学生"xué sheng[çyɛ³⁵ ʂəŋ⁰]这两个字,"学"的韵母是 üe[yɛ],"生"的韵母是 eng[əŋ]。普通话有 39 个韵母:

-i[ɿ]	-i[ʅ]	i[i]	u[u]	ü[y]
a[a]		ia[ia]	ua[ua]	
o[o]			uo[uo]	
e[ɤ]				
ê[ɛ]		ie[iɛ]		üe[yɛ]
er[ɚ]				
ai[ai]			uai[uai]	
ei[ei]			uei[uei]	
ao[au]		iao[iau]		
ou[ou]		iou[iou]		
an[an]		ian[ian]	uan[uan]	üan[yan]
en[ən]		in[in]	uen[uən]	ün[yn]
ang[aŋ]		iang[iaŋ]	uang[uaŋ]	
eng[əŋ]		ing[iŋ]	ueng[uəŋ]	
ong[uŋ]		iong[yŋ]		

(三) 元音、辅音和声母、韵母的关系

辅音可以做声母,如普通话里的 21 个声母都是由辅音充当。辅音也可以做韵尾,如普通话 an[an] en[ən] ang[aŋ] eng[əŋ] ong[uŋ]等韵母的收尾 n[n]和 ng[ŋ]。在有些方言里,响度大的辅音还可以自成音节,例如广州话的"五"[ŋ̩](阳上),上海话的"亩"[m̩](阳去),海门话的"儿"[n̩](阳平)等。由此可见,辅音和声母是两个不同的概念。

韵母有的由元音组成,例如普通话"他"tā[tʰa⁵⁵]"花"huā[xua⁵⁵]"快"kuài[kʰuai⁵¹]的韵母 a[a] ua[ua] uai[uai]等。有的韵母由元音加辅音组成,例如普通话"汉"hàn[xan⁵¹]"唐"táng[tʰaŋ³⁵]"根"gēn[kən⁵⁵]"精"jīng[tçiŋ⁵⁵]的韵母 an[an] ang[aŋ] en[ən] ing[iŋ]等。可见,韵母和元音是两个不同的概念。

第二节　国际音标

一、国际音标的历史

国际音标是国际语音学学会制订的一套记录语音的符号。1886 年欧洲各国的语音学教师在英国伦敦成立了一个"语音教师协会"(1897 年改名为"国际语音学学会"),共同研究人类发音器官的部位和它所能发出的各种语音,拟订了一套"国际语音字母"International Phonetic Alphabet(可缩写为"I. P. A"),于 1888 年在他们的机关报《语音教师》上发表。公布以后,经过多次增补、修改,国际音标日臻完善,各国的语音学家都乐于使用,已成为国际通用范围较广的记音符号。近几十年来,我国语言学工作者描写普通话语音、进行外语教学、方言调查和少数民族语言研究,一般也都采用国际音标作为记音工具。

二、国际音标的特点

国际音标的特点是:

(一) 一个符号只代表一个声音,一个声音只用一个符号表示,不能借用,也没有变化。

(二) 大多数符号是拉丁字母的印刷体小写,为世界大多数人所熟悉。字母不够用的时候,采用以下几

种办法补充:

1. 用合体字母,如[æ] [œ];

2. 用小写尺寸的大写字母,如[ʏ] [ɴ];

3. 用字母的草体或倒写,如[ɑ] [ɒ];

4. 借用希腊字母,如[Φ] [β];

5. 改变字母的原形,如[ŋ] [ç];

6. 用附加符号,如[ɨ] [ã];

7. 另造新字母,如[ʔ]。

(三)比较注意书写形体上的一致性。如舌尖后辅音[ʈ] [ʈ'] [ɖ] [ɳ] [ɭ] [tʂ] [tʂh] [dʐ] [ʂ] [ʐ],都是长腿往右弯。又如舌面前辅音[ȶ] [ȶh] [ȡ] [tç] [tç'] [dʑ] [ȵ] [ç] [ʑ],都是收尾蜷曲往左弯。记住这些形体特点,就便于掌握。

三、元音的发音

国际音标的发音先从元音说起。

元音发音的一个最基本的特征是:发音时气流在咽头、口腔、鼻腔等各部分都不会遇到任何阻碍,只需利用口腔、鼻腔等造成不同的共鸣器,唇舌在节制气流时持不同的状态,就可以发出各种不同的元音。元音通常都是浊的。

元音根据发音时的共鸣器和唇舌的状态不同分为舌面元音、舌尖元音、卷舌元音和鼻化元音。

(一)舌面元音

舌面元音还可以进一步分类。按舌位的高低(舌位的高低升降影响口腔的开闭),把元音分为高、半高、半低、低四类,其中高与半高之间有次高,半高与半低之间有中,半低与低之间有次低三类。按舌位的前后,分为前、央、后三类。按唇形的圆展,分为圆唇、不圆唇两类。

1. 标准元音(也叫正则元音)

根据舌位高低、前后、圆唇不圆唇这三个条件,语音学上规定了8个最基本的标准元音。8个标准元音(见图2.4)是:

(1)[i]前高(闭)不圆唇元音

(2)[e]前半高(半闭)不圆唇元音

(3)[ɛ]前半低(半开)不圆唇元音

(4)[a]前低(开)不圆唇元音

(5)[ɑ]后低(开)不圆唇元音

(6)[ɔ]后半低(半开)圆唇元音

(7)[o]后半高(半闭)圆唇元音

(8)[u]后高(闭)圆唇元音

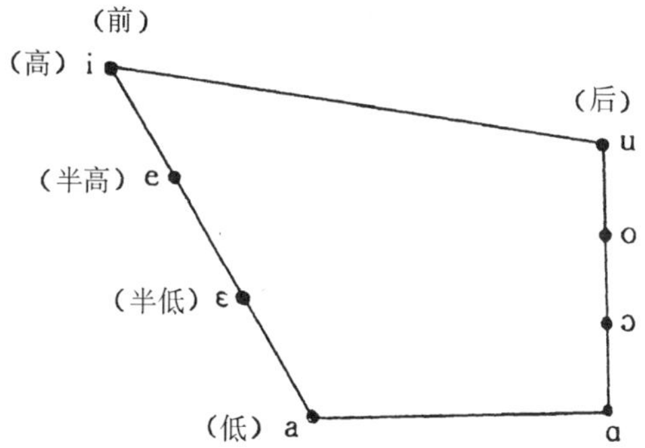

掌握这8个标准元音非常重要。首先,从这8个标准元音

图2.4 元音舌位图之一

出发,可以进一步学会第二级标准元音和其他元音。其次,以这8个标准元音为基准,汉语方言有些什么元音,就说是比这个元音高一点或低一点,前一点或后一点,圆一点或展一点。汉语方言所用的元音不一定完全合乎这8个,有了衡量的标准,描写时就方便多了。

学会这8个标准元音,必须注意以下几点:

第一,防止舌位移动

发前元音时,为稳定舌位,让舌尖抵住下齿背,气流节制在舌面的前部,从[i]到[a],舌位由高到低,唇形不圆。发后元音时,舌位往后缩,舌尖不能随意活动,使气流节制在舌面的后部,唇形由不圆到圆。

第二,防止嘴唇抖动

从前元音[i]到后元音[ɑ]唇形都不圆,待到发[ɔ]时,唇形要敛圆,一不留意,嘴唇往往发抖,嘴唇一抖动,就可能变成复合音[ɔo]。最好备一面小镜子,对着镜子练习,使唇形稳定。

第三,防止发音不"到位"

8个标准元音都各有固定的舌位和唇形,发某一个元音,一定要把握好这个元音的舌位高低、前后、唇形圆不圆,发音一定要"到位",不能含糊。

2. 第二级标准元音(也叫非正则元音)

在掌握8个标准元音的正确发音的基础上,进一步学习第二级标准元音[y]　[ø]　[œ]　[Œ]　[ɒ]　[ʌ]　[ɤ]　[ɯ]。第二级标准元音在元音图里的位置跟第一级标准元音一样。

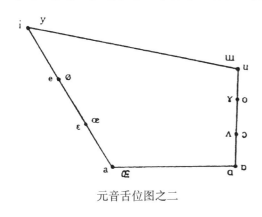

元音舌位图之二

[y]——[i]、[ø]——[e]、[œ]——[ɛ]、[Œ]——[a]、[ɒ]——[ɑ]五对元音,舌位相同,不同的是[i]　[e]　[ɛ]　[a]　[ɑ]不圆唇,[y]　[ø]　[œ]　[Œ]　[ɒ]圆唇。[ʌ]——[ɔ]、[ɤ]——[o]、[ɯ]——[u]三对元音,舌位相同,不同的是[ɔ]　[o]　[u]圆唇,[ʌ]　[ɤ]　[ɯ]不圆唇。

第二级标准元音同样有坐标作用。学习时可通过对比的方法进行练习。比如,用第一级标准元音带第二级标准元音,作不动舌位,光变化唇形的练习:

[i]——[y]　[e]——[ø]　[ɛ]——[œ]　[a]——[Œ]
[ɑ]——[ɒ]　[ɔ]——[ʌ]　[o]——[ɤ]　[u]——[ɯ]

又比如,用前不圆唇元音带后不圆唇元音,以及用前圆唇元音带后圆唇元音,分别作不动唇形,光变化前后舌位的练习:

[i]——[ɯ]　[e]——[ɤ]　[ɛ]——[ʌ]　[a]——[ɑ]
[y]——[u]　[ø]——[o]　[œ]——[ɔ]　[Œ]——[ɒ]

对比练习到一定程度,慢慢摆脱出来,进行[y]　[ø]　[œ]　[Œ]　[ɒ]　[ʌ]　[ɤ]　[ɯ]的单独练习,直至掌握正确的发音为止。

3. 央元音

央元音[ɨ]　[ʉ]　[ɘ]　[θ]　[ə]　[ɜ]　[ɵ]　[ɐ]　[ʌ]的发音:

[ɨ]的舌位在[i]　[ɯ]之间,[ʉ]的舌位在[y]　[u]之间;[ɘ]的舌位在[e]　[ɤ]之间,[θ]的舌位在[ø]　[o]之间;[ɜ]的舌位在[ɛ]　[ʌ]之间,[ɵ]的舌位在[œ]　[ɔ]之间;[ɐ]的舌位在[a]　[ɑ]之间。

练习[ɨ]的发音,只要在发[i]时,唇形不变,舌位往后移,移至舌面中部,就能发出[ɨ]音。同样,在发[y]时,唇形不变,舌位往后移,移至舌面中部,就能发出[ʉ]音。

[ə]的舌位不高不低,不前不后,唇形呈自然状态,不圆唇。[ɐ]的舌位比[ə]稍低,唇形较开。

4. 中介元音

中介元音[ɪ]　[ʏ]　[E]　[æ]　[ɷ]([ʊ])的发音:

[ɪ]的舌位在[i]　[e]之间,[ʏ]的舌位在[y]　[ø]之间,[E]的舌位在[e]　[ɛ]之间,[æ]的舌位在[ɛ]　[a]之间,[ɷ]([ʊ])的舌位在[u]　[o]之间。

练习[ɪ]的发音,可以先发[i],然后舌位稍往下降,唇形稍开,就能发出[ɪ],同时以连发[i]　[ɪ]　[e]来巩固[ɪ]的舌位,最后直接发[ɪ]。同样,练习[E]的发音,可先发[e],然后舌位稍往下降,唇形稍开,就能发出[E],同时以连发[e]　[E]　[ɛ]来巩固[E]的舌位,最后直接发[E]。其他几个也仿此办法进行练习。

（二）舌尖元音

舌尖元音[ɿ]　[ʮ]　[ʅ]　[ʯ]的发音:

[ɿ]舌尖前不圆唇元音。发音时,舌头平伸,舌尖对着上齿背,普通话"资"的韵母就是这个元音。练习时,把"资"的发音拖长,后面的一截音就是[ɿ]。

[ʮ]舌尖前圆唇元音。发音时,舌尖对着上齿背,跟"资"一样,所不同的是[ʮ]的唇形是圆的。练习时,

发成"资"的圆唇并拖长,后面的一截音就是[ɥ]。

[ʅ]舌尖后不圆唇元音。发音时,舌尖向上翘起,靠近硬腭前部。普通话"知"的韵母就是这个元音。练习时,把"知"的发音拖长,后面的一截音就是[ʅ]。

[ɥ]舌尖后圆唇元音。发音时,舌尖向上翘起,靠近硬腭前部,跟"知"一样,不同的是[ɥ]的唇形是圆的。练习时,发成"知"的圆唇并拖长,后面的一截音就是[ɥ]。

(三) 鼻化元音

发音时,软腭下垂,打开鼻腔通路,气流从口腔和鼻腔同时出来,这样发的音就是鼻化元音。所有的元音都能鼻化。鼻化元音的表示方法是在相应的元音音标上头加浪线"~",例如[ĩ] [ẽ] [ɛ̃] [ã] [ɑ̃] [ɔ̃] [õ] [ũ]。上海话口语音"樱桃"的"樱"就是鼻化元音[ã]。

(四) 卷舌元音

发卷舌元音,就是念舌面元音的同时,把舌尖卷起来对着硬腭,使舌面舌尖同时起作用。普通话的"儿""耳""二"等字的元音,就是央元音[ə]的卷舌。卷舌元音的表示法是在相应的元音后头加[r]。例如[ər](国际音标也可写作[ɚ])[ar][ɔr]等。

(五) 国际音标元音表

表 2.1　元音表

类别 前　　后 唇的状态 高　　低		舌尖元音		舌面元音		
		前	后	前	央	后
口腔开合　舌位高低		不圆　圆	不圆　圆	不圆　圆	不　自　圆 圆　然	不圆　圆
闭	高	高	ɿ　ɥ	ʅ　ɥ	i　y	ɨ　ʉ	ɯ　u
		次高			ɪ　ʏ		ɷ（ʊ）
半闭	中	半高			e　ø	ɘ　ɵ	ɤ　o
		正中			E	ə	
半开		半低			ɛ　œ	ɜ　ɞ	ʌ　ɔ
	低	次低			æ	ɐ	
开		低			a　ɶ	A	ɑ　ɒ

元音音标举例(限汉语方言中常见的)

i　北京"衣"[i]

ɪ　广州"益"[jɪk]

e　宁波"胎"[the]

E　上海"来"[lE]

ɛ　杭州"南"[nɛ],宁波"兰"[lɛ]

æ　苏州"好"[hæ]

a　北京"家"[tɕia]

A　北京"拉"[lA],上海"鞋"[ɦA]

ɑ　浙江黄岩"排"[bɑ],金华"担"[tɑ]

ɔ　上海"靠"[khɔ],扬州"草"[tshɔ]

o　北京"磨"[mo],上海"花"[ho]

ɷ　　浙江缙云"家"[kɷ],湖南双峰"多"[tɷ]

u　　北京"乌"[u]

y　　北京"雨"[y]

ʏ　　苏州"走"[tsʏ]

ø　　上海"安"[ø],苏州"酸"[sø]

œ　　广州"靴"[hœ]

ɒ　　苏州"街"[kɒ],山西河曲"张"[tʂɒ]

ʌ　　上海松江"色"[sʌʔ],山西柳林"炉"[lʌ]

ɤ　　北京"科"[khɤ]

ɯ　　浙江淳安"周"[tsɯ],安徽合肥"手"[ʂɯ]

ɨ　　福建长汀"食"[ʃɨ]

ɜ　　温州"帽"[mɜ]

ʉ　　福建长汀"猪"[tʃʉ]

θ　　安徽绩溪"大"[thθ]

ɵ　　福州"角"[kɵyk]

ə　　北京"了"[lə]

ɐ　　广州"鸡"[kɐi]

ɿ　　北京"资"[tsɿ]

ʮ　　苏州"时"[zʮ],宁波"书"[sʮ]

ʅ　　北京"知"[tʂʅ]

ʯ　　湖北麻城"猪"[tʂʯ],咸阳"追"[tʂʯei]

ɚ　　北京"儿"[ɚ]

元音的附加符号

c　　口腔较开——oe
　　　　　　　　　cc

·　　口腔较闭——oe
　　　　　　　　　··

⊥　　舌位稍升——ɔ(或 ɔ⊥)

⊤　　舌位稍降——ɤ(或 ɤ⊤)

+⊢　　舌位较前——ə(或 ə+)　　ʮ(或 u⊢)
　　　　　　　　　+

－　　舌位较后——ə(或 ə-)　　ø(或 ø-)
　　　　　　　　　-

ɔ　　嘴唇较圆——iɔ　　ɑɔ

c　　嘴唇较不圆——yc　　oc

¨　　央元音——ï = ɨ　　ü = ʉ　　ɜ̈ = ɜ

~　　鼻化元音——ã　　ɤ̃　　ẽ

四、辅音的发音

辅音发音的一个最显著的特点是:发音时气流在发音器官要受到不同程度的阻碍。阻碍的部位和阻碍的方法不同,就形成各种不同的辅音。

辅音的发音可以分为三个阶段:

第一阶段　成阻。发音器官某部位由静止状态到形成阻碍的发音状态。

第二阶段　持阻。发音状态的延续。

第三阶段　除阻。由发音状态到静止状态。

成阻、持阻、除阻是任何辅音发音时的一般过程,不过不同性质的辅音,情况也不完全一样。有些辅音要在第三阶段除阻时发音才能完成,如 b[p]、d[t]、g[k]等;也有些辅音在第二阶段持阻时就发出声音,到第三阶段除阻时发音结束,如 s[s]、sh[ʂ]、m[m]等。

（一）辅音的发音部位

发音部位是指发辅音时,在发音器官里造成阻碍的部位。

1. 双唇音　　上唇和下唇造成阻碍。如
　　[p]　[ph]　[b]　[m]　[ɸ]　[ß]　[w]　[ɥ]

2. 唇齿音　　下唇和上齿造成阻碍。如
　　[pf]　[pfh]　[bv]　[ɱ]　[f]　[v]　[ʋ]

3. 齿间音　　舌尖的最前端夹在上下齿之间造成阻碍。如
　　[tθ]　[tθh]　[dð]　[θ]　[ð]

4. 舌尖前音　　舌尖和齿背造成阻碍。如
　　[ts]　[tsh]　[dz]　[s]　[z]

5. 舌尖中音　　舌尖和齿龈造成阻碍。如
　　[t]　[th]　[d]　[n]　[l]　[ɬ]　[ɮ]　[r]　[ɾ]

6. 舌尖后音　　舌尖翘起和前硬腭造成阻碍。如
　　[ʈ]　[ʈh]　[ɖ]　[ɳ]　[ɭ]　[ɽ]　[tʂ]　[tʂh]　[dʐ]　[ʂ]　[ʐ]

7. 舌叶音　　舌叶的边缘和上臼齿相接触,舌叶凹下形成一个小孔道,嘴唇略向前突出。如
　　[tʃ]　[tʃh]　[dʒ]　[ʃ]　[ʒ]

8. 舌面前音　　舌尖抵下齿背,舌面前部与前硬腭造成阻碍。如
　　[ȶ]　[ȶh]　[ȡ]　[ȵ]　[tɕ]　[tɕh]　[dʑ]　[ɕ]　[ʑ]

9. 舌面中音　　舌尖抵下齿背,舌面中部与硬腭和软腭相交的部分造成阻碍。如
　　[c]　[ch]　[ɟ]　[ɲ]　[ʎ]　[ç]　[j]

10. 舌面后音(即舌根音)　　舌面后部(舌根)与软腭造成阻碍。如
　　[k]　[kh]　[ɡ]　[ŋ]　[x]　[ɣ]

11. 小舌音　　舌面后部和小舌造成阻碍。如
　　[q]　[qh]　[ɢ]　[ɴ]　[ʀ]　[χ]　[ʁ]

12. 喉音　　声带靠拢或靠近形成阻碍。如
　　[ʔ]　[ʔh]　[h]　[ɦ]

（二）辅音的发音方法

发音方法是指发辅音时发音器官造成阻碍和克服阻碍的方法。

1. 塞音　　发音时发音器官某两部分在成阻、持阻阶段完全堵塞,除阻阶段突然开放,使气流爆发冲出。如[p]　[ph]　[b]　[t]　[th]　[d]　[k]　[kh]　[ɡ]等。

2. 擦音　　发音时发音器官某两部分在成阻阶段靠拢,在持阻阶段气流从狭缝中挤出,摩擦成声。声音可以延续,到除阻时为止。如[ɸ]　[f]　[ʐ]　[ʃ]　[ç]　[h]等。

3. 塞擦音　　发音时发音器官某两部分在成阻阶段构成阻塞,随即打开一条狭缝,到了持阻阶段让气流从中挤出。塞擦音的前一半是塞音,后一半是擦音,两者结合紧密,中间没有过渡音。如[ts][tʂh]　[dʒ]　[dʑ]　[dð]等。

4. 鼻音　　发音时口腔的某两部分形成阻碍,软腭下垂,气流从鼻腔流出。鼻音在持阻阶段发出声音,可以延续,到除阻阶段发音结束。如[m]　[n]　[ŋ]　[ɳ]等。

5. 边音　　发音时舌头某部与齿龈接触,气流从舌头边上出来,在持阻阶段发声,可以延续。如[l][ɭ]等。有的边音摩擦成分比较重,叫边擦音。如[ɬ]　[ɮ]。

6. 颤音　　发音时舌头的某一部分颤动,造成阻碍,使气流忽通忽塞,反复多次。如[r]　[ʀ]等。

7. 闪音　　发音时舌头的某一部分轻轻地一闪。如[ɾ]。

8. 半元音　　　介乎元音和辅音之间的一种语音,发音时带有微弱的摩擦成分,又叫"无擦通音"。如[j][w]　[ɥ]等。

9. 清音和浊音

清音和浊音是按发音时声带的状态来区别的。

（1）清音　　　发辅音时声门敞开,气流可以顺利通过,不颤动声带。如[p]　[t]　[kh]　[ts]　[tɕh]　[ʂ]　[c]　[f]　[h]等。

（2）浊音　　　发辅音时声带靠拢,声门形成一条窄缝,气流通过时颤动声带。如[b]　[d]　[g]　[dz]　[dʑ]　[ɟ]等。

10. 送气音和不送气音

送气音和不送气音是按发音时有没有强烈的气流来区别的。

（1）送气音　　　发辅音时有强烈的气流吐出来。如[ph]　[th]　[kh]　[tsh]　[tʂh]　[tɕh]　[ch]　[ʔh]等。

（2）不送气音　　　发辅音时没有强烈的气流吐出。如[p]　[t]　[k]　[ts]　[tʂ]　[tɕ]　[c]　[ʔ]等。

（三）国际音标辅音表

表 2.2　辅音表

方法 ＼ 部位			双唇	齿唇	齿间	舌尖前	舌尖后	舌叶(舌尖及面)	舌面前	舌面中	舌根(舌面后)	小舌	喉壁	喉
塞	清	不送气	p			t	ʈ		ȶ	c	k	q		ʔ
		送气	ph			th	ʈh		ȶh	ch	kh	qh		ʔh
	浊	不送气	b			d	ɖ		ȡ	ɟ	g	ɢ		
		送气	bh			dh	ɖh		ȡh	ɟh	gh	ɢh		
塞擦	清	不送气		pf	tθ	ts	tʂ	tʃ	tɕ					
		送气		pfh	tθh	tsh	tʂh	tʃh	tɕh					
	浊	不送气		bv	dð	dz	dʐ	dʒ	dʑ					
				bvh	dðh	dzh	dʐh	dʒh	dʑh					
鼻	浊		m	ɱ		n	ɳ		ȵ	ɲ	ŋ	N		
颤	浊					r						R		
闪	浊					ɾ	ɽ							
边	浊					l	ɭ			ʎ				
边擦	清					ɬ								
	浊					ɮ								
擦	清		ɸ	f	θ	s	ʂ	ʃ	ɕ	ç	x	χ	ħ	h
	浊		β	v	ð	z	ʐ	ʒ	ʑ	j	ɣ	ʁ	ʕ	ɦ
无擦通音及半元音	浊		w	ɥ	ʋ					j(ɥ)	ɥ(w)			

辅音音标举例(限汉语方言中常见的)

p　　　　　　北京"杯"[pei],上海"班"[pE]

ph　　　　　北京"批"[phi],上海"铺"[phu]

b	上海"平"[biŋ]，苏州"部"[bu]
m	北京"美"[mei]，宁波"米"[mi]
ɸ	上海川沙"花"[ɸo]，湖南湘乡"分"[ɸən]
ß	上海南汇"武"[ßu]，浙江诸暨（王家井）"父"[ßu]
w	北京"吴"[wu]，广州"王"[wɔŋ]
ɥ	北京"雨"[ɥy]
pf	西安"猪"[pfu]，陕西宝鸡"布"[pfu]
pfh	兰州"吹"[pfhei]，山西永济"川"[pfhæ̃]
ɱ	广东大埔"饭"[ɱan]
f	北京"方"[faŋ]，上海"发"[fAʔ]
v	上海"房"[vã]，宁波"文"[vəŋ]
ʋ	北京"问"[ʋən]
tθ	河北滦平"赞"[tθan]，山东平度"资"[tθɿ]
tθh	河北滦平"参"[tθhan]，山东平度"村"[tθh ə̃]
θ	河北滦平"三"[θan]，山东平度"岁"[θei]
ts	北京"早"[tsau]
tsh	北京"草"[tshau]
dz	宁波"在"[dze]，杭州"绸"[dzeɪ]
s	北京"扫"[sau]
z	上海"是"[zɿ]，苏州"传"[zø]
t	北京"等"[təŋ]
th	北京"吞"[thuən]
d	上海"弟"[di]
n	北京"南"[nan]，上海"暖"[nø]
l	北京"兰"[lan]，上海"乱"[lø]
ɬ	广东台山"心"[ɬim]，福建莆田"诗"[ɬi]
ʈ	西安"周"[ʈou]
ʈh	西安"抽"[ʈhou]
ɳ	河北深县"南"[ɳa]
tʂ	北京"知"[tʂʅ]
tʂh	北京"超"[tʂhau]
ʂ	北京"生"[ʂəŋ]
ʐ	北京"如"[ʐu]
tʃ	广州"镇"[tʃan]
tʃh	广州"仓"[tʃhɔŋ]
ʃ	广州"森"[ʃɐm]
ȶ	湖南耒阳"叫"[ȶiɔ]
ȶh	湖南耒阳"车"[ȶhie]
ȵ	上海"泥"[ȵi]
tɕ	北京"今"[tɕin]
tɕh	北京"气"[tɕhi]
dʑ	上海"旗"[dʑi]，苏州"竞"[dʑin]
ç	北京"虚"[çy]
ʑ	上海"徐"[ʑi]

c	上海闵行"脚"[ciɑʔ],浙江永康"姜"[ciaŋ]
ch	上海闵行"轻"[chiəŋ],浙江永康"丘"[chiəu]
ɟ	上海闵行"极"[ɟiʌʔ],浙江永康"奇"[ɟi]
ɲ	上海闵行"牛"[ɲiɤ],浙江永康"元"[ɲye]
ç	上海闵行"休"[çiɤ],浙江永康"晓"[çiau]
j	温州"邮"[jiau]
k	北京"高"[kau]
kh	北京"恳"[khən]
g	上海"共"[goŋ]
ŋ	上海"岸"[ŋø],苏州"牙"[ŋɒ]
x	北京"后"[xou]
ɣ	山西太原"鹅"[ɣɤ]
ʔ	广东台山"店"[ʔiam],云南玉溪"街"[ʔɛ]
ʔh	云南玉溪"快"[ʔhuɛ]
h	上海"好"[hɔ]
ɦ	上海"厚"[ɦɤ]

辅音的附加符号

◦	清音化——n̥　d̥　ŋ̊
v	浊音化——s̬　t̬
··	带浊送气——b̤　ə̤
˧	齿音——t̪
w	圆唇化——tʷ　hʷ
ˌ	成音节——n̩　l̩　ŋ̍
‿	或⌒同时发音——s͡ʃ

第三节　声　　调

一、声调的性质

声调也叫字调,是指一个音节内部声音的高低升降的变化。在汉语里,声调占有重要的地位,因为它有区别意义的作用。例如北京话"买"[mai²¹⁴]和"卖"[mai⁵¹]、"刀子"[tau⁵⁵tsʅ⁰]和"稻子"[tau⁵¹tsʅ⁰]的元音、辅音和它们的组合顺序是一样的,分别都是[mai]、[tau tsʅ],只是由于音高变化不同,才使它们成为意义迥异的四个语音单位。

为了说明北京话和其他方言的声调音高的变化,一般采用五度制声调符号。先画一条竖线作高低比较线,从下到上分成四格五点,用1、2、3、4、5分别表示低、半低、中、半高、高。如:

5 高
4 半高
3 中
2 半低
1 低

再比较线的左边用横线、斜线、曲线表示声调的音高变化。北京话的四种声调就可以表示如下：

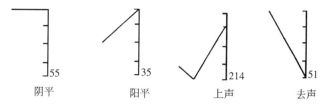

阴平　　　　　　阳平　　　　　　上声　　　　　　去声

二、汉语方言调形的类型

汉语方言调形的类型，常见的有以下几种：

1. 平调　　　11 低平　　22 半低平　　33 中平　　44 半高平　　55 高平
2. 升调　　　13 低升　　24 中升　　35 高升　　15 全升
3. 降调　　　31 低降　　42 中降　　53 高降　　51 全降
4. 降升调　　313 低降升　　424 中降升　　535 高降升
5. 升降调　　131 低升降　　242 中升降　　353 高升降

三、调值和调类

调值是指声调高低升降的形式，也就是指声调的实际读音。比如北京话"刚""开""婚""说"等字的声调是 55 高平调，"穷""寒""鹅""杂"等字的声调是 35 高升调，"古""好""五""尺"等字的声调是 214 降升调，"近""盖""共""纳"等字的声调是 51 全降调。

调类是指声调的分类。声调的类别是按照调值来分的，凡是调值相同的都归为一类。一般情况是，有几种调值，就有几个调类，连读变调引起的调值变化，不属于不同的调类。北京话的声调是按北京话单字音的四种调值来确定的。

北京话四个调类，别的方言的声调不一定都是四类，最少的只有三类，最多的有十类。不论哪个方言的声调的类别，都和古四声有关系。

两个方言的调类相同，调值可以不一样，调值相同的不一定同属一种调类，调类、调值都相同的，所包含的字也不一定相等。下面以北京话和汉口话为例：

表 2.3　北京话和汉口话声调比较表

调　类	北京话	调	值	汉口话
阴　平	刚知专黑	55	55	刚知专
阳　平	穷陈床白	35	213	穷陈床黑白尺麦
上　声	古展走尺	214	42	古展走
去　声	盖帐近麦	51	35	盖帐近

北京话和汉口话的调类都是四种，除阴平之外，其余三个调类的调值都不同。北京话和汉口话都有高升 35 的调值，但北京话念高升的是阳平，汉口话念高升的是去声，调类不同。北京话和汉口话的阴平都念高平 55，调类、调值完全相同，可是所包含的字不完全一样，因为古代的入声，在北京话和汉口话里都已消失，北京话分归阴平、阳平、上声、去声，而汉口话全部归入阳平。这样，北京话的阴平字就要比汉口话的阴平字多一些。

四、标调法

标调法有两种，一种是调值标调法，一种是调类标调法。

1. 调值标调法

前面介绍的北京话四种声调：˥（阴平）、˧˥（阳平）、˨˩˦（上声）、˥˩（去声）就是按调值标记的。这种五度制声调符号比较通行。使用时应注意几点：

（1）比较线的高矮要和[a]类元音一样。例如北京话"巴"pa˥、"横"xəŋ˩、"苦"khu˩、"次"tsʰɿ˥。

（2）入声短促调的宽度要比舒声短一半。例如上海话"北"poʔ˥、"白"baʔ˩。

（3）轻声用实心圆点表示。例如北京话"吗"ma·ɿ。

（4）比较线的左边标本调，如上述例子。比较线的右边标变调，如˩、˥、˥ 等。如果本调和变调同时标，那就要画两条比较线。如"展览"tʂan˩˥ lan˩、"庆祝"tɕʰiŋ˥˩ tʂu˩。

调值标调除了用五度制声调符号外，还可以用数字标调，把数字标在右上角。如北京话"高"kau⁵⁵、"平"piŋ³⁵、"柳"liou²¹⁴、"灭"mie⁵¹。入声短促调平调用一个数字或两个数字下加短横表示，升调或降调用两个数字表示，下加短横。如上海话"积"tɕiɪʔ⁵或⁵⁵、"极"dʑiɪʔ¹²。标连读变调，就在本调和变调之间加一短横，本调在前，变调在后。例如上海话"先生"ɕi⁵³⁻⁵⁵ sã⁵³⁻²¹。轻声用"零"表示，标"0"，例如北京话"来了"lai³⁵ lə⁰。

2. 调类标调法

记调类可以在字的四个角上画半圈，这是传统标四声的办法。例如：

ₗ□阴平　ᶜ□阴上　□ᵒ阴去　□ₗ阴入

ₗ□阳平　ᶜ□阳上　□²阳去　□ₗ阳入

调类在 8 个以上的可以补充调类号。如广州话入声有上阴入、下阴入、阳入三个，其中上阴入和阳入，分别用阴入和阳入的调类号画圈，下阴入可以用小圆圈"。"表示。例如广州话"约"jœk°、"百"paːk°。

标记调类也有用数字表示的，例如北京话有 4 个调类，可以用 1、2、3、4 或①、②、③、④表示。数字标在一个字的右上角，例如北京话"好"xau³，表示第三调上声。带圈的数字标在字的前面。例如北京话"②陈"标明"陈"是第二调阳平。以上是从本方言出发来标调类，本方言有 4 个调类，就依次排为 1、2、3、4，如果本方言有 6 类，则依次为 1、2、3、4、5、6。另有一种数字标调类的办法是把方言的调类与古调类对应起来。古平、上、去、入，按声母清浊分为阴平、阳平、阴上、阳上、阴去、阳去、阴入、阳入 8 类，依次用 1、2、3、4、5、6、7、8 表示，这样，上海话阴平、阴去、阳去、阴入、阳入 5 个调类应该是 1、5（包含 3）、6（包含 2、4）、7、8。例如"汤"thã¹、"躺""趟"thã⁵、"唐""荡""宕"dã⁶、"托"thoʔ⁷、"读"doʔ⁸。上述两种用数字标调类的方法，前一种用于单一的方言研究还可以，如果要进行方言间调类的横向比较，或进行古今调类的比较，则用后一种更为合适。

上海话的调类、调值、调型、调号、标调法列举如下：

例字	调类	调值	调型	调号	标调法
高	阴平	53	高降	ₗ□	ₗkɔ ~ kɔ¹；kɔ˥~kɔ⁵³
早	阴去	34	中升	□ᵒ	tsɔ° ~ tsɔ⁵；tsɔ˧~tsɔ³⁴
赵	阳去	13	低升	□²	zɔ² ~ zɔ⁶；zɔ˩~zɔ¹³
缩	阴入	5	短高平	□ₗ	soʔₗ ~ soʔ⁷；soʔ˥ ~ soʔ⁵
熟	阳入	12	短低升	□ₗ	zoʔₗ ~ zoʔ⁸；zoʔ˩ ~ zoʔ¹²

第四节　音素的结合和音节的构造

前面介绍的都是单个音素，本节主要讲音素结合后的发音及音节结构的规律。

一、音素的结合

（一）元音和元音的结合

元音和元音结合成为复合元音，它的发音特征有两点值得注意：

第一，嘴唇和口腔的形状以及舌头的位置要逐渐变动。复合元音不是两个元音简单地相加，而是从一个元音向另一个元音的方向滑动。如[ai]，是[a]向[i]的方向滑动，口腔开度逐渐变小，中间包括[æ]、[ɛ]、[ᴇ]、[e]等许多过渡音。

第二，在复合元音里，各个元音的响度是不一样的。其中有一个比较响亮、清晰，其余的不那么响亮，也不那么清晰。

复合元音可以分为：

1. 前响二合元音　响亮点在前。例如：

ai ei au ou oi ɔi aɯ ɣɯ øy œy

2. 后响二合元音　响亮点在后。例如：

ia ie ua ɣɛ io iɣ uo uɣ yø ɣy

3. 三合元音　响亮点在中间。例如：

iau iou uai uei iɛu uɣi iai uɐɯ ɥeɪ yai

（二）元音和辅音的结合

元音和辅音结合，在汉语方言里，辅音处在元音后面的位置上，发音只有成阻和持阻两个阶段，除阻阶段只起作势作用。例如：

am an aŋ im in iŋ

ap at ak ip it ik

aʔ iʔ uʔ al il ul

二、音节的构造

音节是语音结构的基本单位。音节可以由一个音素构成，这样的音节比较少，一般由元音或浊辅音担任。例如：

上海话　"奥"ɔ⁵³　"欧"ɣ⁵³　"衣"i⁵³

"姆妈"母亲的"姆"m̩⁵³

"□奶"祖母的"□"n̩⁵³

"鱼""五"的白话音ŋ̍¹³

音节也可以多至四五个音素构成。例如：

北京话"天"thian⁵⁵

闽语建瓯话"翻"xuaiŋ⁵³

在一种语言里音节的数目很多，但是音节的类型却很有限，汉语的音节构造有下列5种。以北京话为例：

（一）元音　例如　"玉"y⁵¹　"爱"ai⁵¹　"要"iau⁵¹　"月"ye⁵¹

（二）元音+辅音　例如　"安"an⁵⁵　"碗"uan²¹⁴　"昂"aŋ³⁵　"央"iaŋ⁵⁵

（三）辅音+元音　例如　"他"tha⁵⁵　"家"tɕia⁵⁵　"追"tʂuei⁵⁵

（四）辅音+元音+辅音　例如　"盘"phan³⁵　"平"phiŋ³⁵　"壮"tʂuaŋ⁵¹

（五）辅音　例如　"嗯，我知道了"中的"嗯"m̩⁵¹。

按传统习惯，把音节分为声母、韵母、声调三部分。每个音节都有声调和韵母，声母则不一定有。上述（一）、（二）是无声有韵的音节，在（一）的韵母里，有单元音，即韵腹，也叫主要元音；有前响二合元音，即韵腹+韵尾；有后响二合元音，即韵头，也叫介音+韵腹；有三合元音，即韵头+韵腹+韵尾。在（二）的韵母里，都带有鼻音韵尾。（三）和（四）是有声有韵的音节，起头的辅音是声母。（五）是辅音自成音节。

音节中以元音收尾的叫开音节。例如：

北京话　"爱"ai⁵¹　"北"pei²¹⁴

"桃"thau³⁵　"周"tʂou⁵⁵

常州话　"老"lɛɯ³⁵　"早"tsɯ³⁵

福州话　"预"øy¹³¹　"催"tshøy⁴⁴

音节中以辅音收尾的叫闭音节。例如：

北京话　"安"an⁵⁵　"唐"thaŋ³⁵

上海话　"龙"loŋ²³　"六"loʔ¹²

广州话　"三"ʃam⁵³　"山"ʃən⁵³　"硬"ŋaŋ²²

"答"tap³³　"八"pat³³　"白"pak²²

三、超音段特征

语音除了有元音、辅音等音段特征(segmental feature)以外,还有声调、语调、重音、节奏等超音段特征(suprasegmental feature)。超音段特征也称作"韵律特征"或"节律特征"。汉语方言的超音段特征,除了声调外,研究成果还不多。

上文对汉语方言的声调问题,已经作过较详细的讨论。声调是就音节的音高变化而言的。语调是指语句的声调变化。汉语方言的语调一般是以单字调和两字组变调的调型为基本单元。在语句中这些基本单元的调型拱度大致保持不变,只是跟着整个语句音高的大起伏而起伏。

重音有词重音和句重音两类。一般说来,汉语方言的词重音(除了为数不多的轻声词以外)和句重音(除了逻辑重音以外)没有区别语义的功能。在有些方言里,哪些音节读重音,哪些音节读轻声,有规律可循。如吴语温州话后字为方位词的两字组前字读重音。比方"门头"(门口)[maŋ³¹ du⁰]、"树上"[zʮ¹¹ ji⁰],下加着重点的是重读音节。句重音大致与节奏有关,也与意义的表达有关。例如温州话:

门　　头　　有　　头　　狗　　　　(门口有条狗)

maŋ³¹　du⁰　jau³⁴　dɣu³¹　kau⁴⁵

山　　上　　有　　株　　树　　　　(山上有棵树)

sa⁴⁴　ji⁰　jau³⁴　tsʮ⁴⁴　zʮ¹¹

这一类存现句都是首尾两个音节读重音。

节奏是指语句中各音节长短快慢的互相关系。节奏以意群(词组)为基本单位,相当于乐曲以拍子为基本单位。一拍可以包括1—4个音节,其中以双音节最为普遍。语句中各个拍子的长短是相对的,与语句的语速和意群的主次有关。例如上海话:

<u>侬是沈先生</u>,<u>是哦</u>?(你是沈先生,对吗?)

noŋ¹³⁻⁴⁴ zʮ¹³　səŋ³⁴⁻³³ çi⁵³⁻⁵⁵ sã⁵³⁻²¹　zʮ¹³⁻²² va¹³⁻⁴⁴

这个句子有三个意群(下加横线),其中有两个两字组:"侬是"和"是哦",在语句中各占一拍。"沈先生"是三字组,因为它是全句的着重词,所以三个音节却占两拍。

第五节　音　变

平时说话很少是一个音一个音单独地发出来的,而是一连串一连串接着说的。一个音和其他的音连接在一起,就可能互相影响,造成语流音变(sandhi)。

一、因连读引起的变化

(一) 声调的变化

声调的变化往往是由连读引起的。连读变调(tone sandhi)的现象,各种方言都有,只是情况不一样,有的简单一些,有的复杂一些。现以北京话和上海话为例,加以说明。

北京话上声的变调最显著,上声在阴平、阳平、去声前,调值由原来的214变为21,例如:

上 + 阴:展开　首都　火车　体操

上 + 阳:语言　保存　小船　改良

上 + 去:讨论　感谢　手套　本地

上声和上声相连,第一个上声的调值变为35,例如:

上 + 上:手表　早点　选举　领导

北京话的两字组变调,一般前字变,后字不变。

上海话的连读变调与北京话不同,两字组的特点是:前字定式,后字附着,即在一个连读字组里,前字定下一个调式,后字就失去本调,不分阴阳,与前字一起共用一个连调格式,从而形成一个结构紧密的语音组合。例如上海话有 5 个声调:阴平$_{53}$、阴去$_{34}$、阳去$_{13}$、阴入$_{55}$、阳入$_{12}$。这 5 个声调分别以"1、5、6、7、8"为代号,"X"则总括代表 5 个声调。

前字阴平 1X 式→55　21

　　宽舒　拉倒　舒齐　收捉　安逸

前字阴去 5X 式→33　44

　　手心　要好　小囡　挺括　酱肉

前字阳去 6X 式→22　44

　　灵光　雷响　咸蛋　爷叔　眼热

前字阴入 7X 式→33　44、33　44

　　瘪三　索性　塞头　脚色　刻薄

前字阳入 8X 式→11　23、11　23

　　落苏　镬子　着重　服帖　日逐

(二) 声母的变化

声母的变化,在方言中有不同的情况,一种是指两个音节相连,后一音节的声母受前一音节尾音的影响而引起的变化。这种变化往往是后音受前音的发音方法影响,变成了和前音相同的发音方法。例如:

　　广州话　今日 kam　jat→kam　mat

　　厦门话　黄蜂 woŋ　phuŋ→woŋ　muŋ

　　福州话　皇帝 xwoŋ　ta→xuoŋ　na

另一种是指两个音节相连,后一音节的声母在连读中失落。例如:

　　上海话　盆浴 bən　ɦioʔ→bən　ioʔ

　　厦门话　中国 tIoŋ　kɔːk→tIoŋ　ɔːk

　　福州话　米缸 mi　kouŋ→mi　ouŋ

还有一种是指前后音节相连,后一音节在连读中由没有声母变为有辅音声母。例如:

北京话的语气词"啊"的变化有一部分就是前一音节的韵母引起的。

盼　　　　啊,　　　　盼　　　　啊,……→na("盼"的韵尾是 n)
-n　　　　a　　　　　-n　　　　a

真长　　　啊→ŋa("长"的韵尾是 ŋ)
-ŋ　　　　a

快去　　　走一次　　　　啊→za("次"的韵母是 ʅ)
　　　　　-ʅ　　　　　a

快点儿　　吃啊→ʐa("吃"的韵母是 ʅ)
　　　　　-ʅ　　　　a

(三) 韵母的变化

韵母的变化,在方言中也有不同的情况,一种是指两个音节相连,前一音节的韵尾受后一音节声母发音部位的影响,变成了和后一音节声母相同的发音部位。例如:

　　南京话　三段 sãɣ̃　tuan→san　tuan

　　广州话　一元 jɐt　ŋɐn→ŋɐn　ŋɐn

　　上海南汇话　陈皮 zən　bi→zəm　bi

另一种是前后音节相连,后一音节在连读中由单元音韵母变为复合元音韵母。

北京话的语气词"啊"的变化有一部分就属于这一类。例如：

前一音节的韵腹或韵尾是 a、o、ɤ、ɛ、i、y 时，"啊"a 读作 ia：

真有办法	啊→ia	说	啊→ia	快来唱歌	啊→ia
-a		-uo		-ɤ	

要几个月	啊→ia	水平不低	啊→ia	很艰巨啊→ia
-yɛ		-i		-y

前一音节的韵腹或韵尾是 u 时，"啊"a 读作 ua：

别哭啊→ua	走啊→ua	多么高啊→ua
-u	-ou	-au

真巧啊→ua	他就是老邱啊→ua
-iau	-iou

连读中，前字的喉塞音韵尾 ʔ 有的方言弱化，有的方言消失。例如：

上海市区话　活络　ɦuəʔ loʔ→ɦuə loʔ（消失）

上海南汇话　落雨　lɒʔ ɦi→lɒ(ʔ)ɦi（弱化）

二、因轻声引起的变化

（一）声调方面

失去原有的调值，调值由前一字决定。例如：北京话

阴轻（2 度）：风头　桌子　方的　说着

阳轻（3 度）：石头　房子　圆的　爬着

上轻（4 度）：码头　椅子　小的　躺着

去轻（1 度）：奔头　号子　大的　靠着

（二）声母方面

轻声音节不送气清塞音和不送气清塞擦音变成相应的浊塞音和浊塞擦音。例如：

去吧　　他的　　五个　　哥哥　　麦子

（三）韵母方面

轻声音节韵母中的元音比较含混，有的元音接近央元音，有的元音变成了央元音，有的复合元音变成了单元音，有的甚至整个韵母都丢掉。例如：

棉花　　$mian^{35} xua^{55}$→$mian^{35} xuə^{0}$

打扮　　$ta^{214} pan^{51}$→$ta^{214-21} pən^{0}$

脑袋　　$nau^{214} tai^{51}$→$nau^{214-21} dɛ^{0}$

我们　　$uo^{214} mən^{0}$→$uo^{214-21} m̩^{0}$

豆腐　　$tou^{51} fu^{214}$→$tou^{51-53} f̩^{0}$

三、因"儿化"或"儿尾"引起的变化

儿化或儿尾在汉语方言里是比较普遍的现象。表现形式大致有以下几种：

（一）"儿化"

1. "儿"和上一音节的韵母连成一个音节，成为一种卷舌韵母。"儿化"以后韵母简化了。例如：

北京话的儿化韵：

a、ai、an→ar　把儿　盖儿　伴儿

ia、ian→iar　匣儿　尖儿

ua、uai、uan→uar　花儿　块儿　玩儿

yan→yar　圈儿

o→or　粉末儿

uo→uor　话儿

au→aur　道儿

iau→iaur　票儿

ɿ、ʅ、ei、ən→ər　线儿　针儿　宝贝儿　根儿

i、in→iər　小鸡儿　今儿

uei、uən→uər　穗儿　棍儿

y、yn→yər　毛驴儿　裙儿

ɤ→ɤr　歌儿

iɛ→iɛr　叶儿

yɛ→yɛr　靴儿

u→ur　水珠儿

ou→our　兜儿

iou→iour　球儿

aŋ→ãr　茶缸儿

iaŋ→iãr　亮儿

uaŋ→uãr　筐儿

əŋ→ə̃r　绳儿

iŋ→iə̃r　钉儿

uəŋ→uə̃r　瓮儿

uŋ→ũr　空儿

yŋ→ỹr　小熊儿

2. 方言中有的变调相当于"儿化",因为主要有表示小称、昵称作用,所以称为"小称变调"。例如:

浙江温岭话的小称变调:古平声字变调读高升调35,古仄声字变调读高降调53。例如:

　　　刀 tɔ³³(阴平)→小刀儿 ɕiɔ⁴²tɔ³³⁻³⁵

　　　茄 dʑia³¹(阳平)→茄儿(茄子)dʑia³¹⁻³⁵

　　　李 ʔli⁴²(阴上)→李儿(李子)ʔli⁴²⁻⁵³

　　　被(棉被)bi³¹(阳平。古为上声字,变调以仄声论)→小被儿 ɕiɔ⁴²bi³¹⁻⁵³

浙江泰顺城关罗阳话的小称变调:逢阳调用降升调313(＝阴平),逢阴调用平调44。例如:

　　　篮 lã⁴³(阳平)→篮儿 lã⁴³⁻³¹³

　　　袋 tɛ³³(阳去)→袋儿 tɛ³³⁻³¹³

　　　刀 taɔ²¹³(阴平)→刀儿 taɔ²¹³⁻⁴⁴

　　　燕 iã²⁴(阴去)→燕儿 iã²⁴⁻⁴⁴

(二)"儿尾"

1. "儿"字自成音节。例如:

杭州话加"儿尾"是加自成音节的l̩,读阳平。

　　　瓢羹儿(羹匙)　　biɔ²¹³kəŋ³³l̩²¹³

　　　筷儿　khuɛ⁴⁴l̩²¹³

帕儿　pha^{44}ḷ^{213}

索儿(绳儿)　so?^{5}ḷ^{213}

甘肃武山话加"儿尾"是加自成音节的ẓ,读轻声,限于白话音。例如:

刀把儿　tau^{31}pa^{44}ẓ^{0}　　唱歌儿　tʂhaŋ^{44}kɤ^{31}ẓ^{0}

小鸡儿　ɕiau^{53}tɕi^{31}ẓ^{0}

核(榍)儿　xu^{13}ẓ^{0}

浙江平阳话加"儿尾"一种是加自成音节的ŋ,声调由原调阳平 31 变为 13。

刀儿　tœ^{44}ŋ$^{31-13}$

被儿　bi^{34}ŋ$^{31-13}$

2. "儿"字成为前一音节的韵尾。例如:

浙江义乌话加"儿尾"是延长前一音节的元音,加 n 韵尾。例如:

小书儿　sɯɤ^{42}ɕyːn^{33}　　小鞋儿　sɯɤ^{42}ɦiaːn^{11}

小凳儿　sɯɤ^{42}neːn^{55}　　小帽儿　sɯɤ^{42}moːn^{35}

浙江平阳话加"儿尾"另一种是延长前一音节的元音加 ŋ 韵尾,同时变调。例如:

花 huo^{44}(阴平)→花儿　huoːŋ$^{44-24}$

桃 dœ^{31}(阳平)→dœːŋ$^{31-13}$

李 li^{34}(阳上)→李儿 liːŋ$^{34-31}$

浙江武义话的"儿尾",是韵母加 n,声调也变化。例如:

桃儿 dɤ^{213} + n→dən$^{213-13}$

3. "儿尾"在浙江吴语中的其他读法:

(1) 兰溪话的"儿尾"加 nə。例如:

杯儿 pe^{33}nə^{0}　　橘儿 tɕɥɛ?^{4}nə^{0}

桃儿 dɔ^{21}nə^{0}　　猫儿 mɔ^{33}nə^{0}

(2) 金华、汤溪话的"儿尾"n,使前面的元音变成鼻化元音。例如:

金华话:梨儿 lĩ^{213}　　桃儿 daũ^{213}　　杯儿 pæẽ^{33}

汤溪话:刀儿 tɔ̃^{34}　　袋儿 dẽ^{31}　　枣儿 tsɔ̃^{434}

四、合音和分音

(一) 合音

两个音节快说,合并成一个音节,这种现象叫做合音。北京话里的"甭"pəŋ^{35}就是"不用"的合音。

方言里也有合音现象,有的还创造了合音字。例如:

上海话　勿要_{不要}覅 viɔ^{23}

苏州话　勿曾_{不曾}嬸 fən^{44}

阿曾_{可曾}顐 aŋ^{44}

青海西宁话　不要　嫑 pɔ^{213}

不好　孬 nao^{55}

合音一般是两个音节中取前字的声母和后字的韵母的拼合。

有的方言,如浙江南部吴语,有些儿尾词经常快说,把原来儿尾词的特点——延长元音加"ŋ"——干脆丢掉,真正融合成为一个音节。没有合适的合音字,就用同音字代替。例如:

温州话

笑话儿 ɕiɛ^{42}ɦo$^{11-53}$ŋ$^{31-0}$→笑红 ɕiɛ^{42}ɦoŋ$^{31-0}$

碎镬儿 sai³⁵⁻⁵³ ɦo³¹³⁻⁵³ ŋ'³¹⁻⁰→碎闿 sai³⁵⁻⁵³ ɦoŋ³⁵

老鸦儿 lə²⁴⁻⁵³ o³¹⁻¹¹ ŋ'³¹⁻¹³→老翁 lə²⁴⁻⁵³ oŋ³¹³

（二）分音

分音现象总是把单音节词分解为双音节词。北京话里的"窟窿"就是"孔"的分音。

河南卫辉话有分音现象,例如:

岗 kaŋ⁵³→圪垱 kəʔ²⁴taŋ⁴³

枯 khu²⁴→哭初 khuʔ²⁴tshu⁰

活 xuo³¹→忽络 xu²⁴luo⁰

锯 tɕy²¹³→拘虑 tɕyʔ²⁴ly²¹³

分音把一个音节分为两个音节,一般是两个音节的前字取声,后字取韵。

合音是语音简化的结果,分音是语音分化的结果。

参考书目

罗常培、王均著《普通语音学纲要》,商务印书馆,1981 年新 1 版。

李荣译《国际语音学会关于国际音标的说明》,上海教育出版社,1988 年 4 月第 1 版。

李荣《汉语方言调查手册》,科学出版社,1957 年第 1 版。

傅国通等《浙江吴语分区》,浙江省语言学会《语言学年刊》第 3 期,1985 年。

周殿福《国际音标》,语文音像出版社,1985 年。

思考与练习

1. 练习下列元音的发音

（1）iː iˑ i eː eˑ e ɛː ɛˑ ɛ ɜː ɜˑ ɜ aː aˑ a

　　u αː αˑ α ɒː ɒˑ ɒ ɔː ɔˑ ɔ oː oˑ o ɒ

　　i e ɛ a ɒ o u

　　u o ɔ ɒ a ɛ i

　　yː yˑ y øː øˑ ø œː œˑ œ Œː Œˑ Œ

　　ɒ ɒ ɑ ɑ ʌ ʌ ʌ ɤ ɤ ɯ ɯ ɯ

　　y ø œ ɒ ʌ ɤ ɯ

　　ɯ ɤ ʌ ɒ Œ ø y

　　i—y e—ø ɛ—œ a—Œ ɑ—ɒ

　　ɔ—ʌ o—ɤ u—ɯ

　　ɯ—u ɤ—o ʌ—ɔ ɒ—Œ a

　　œ—ɜ ø—e y—i

（2）i—ɯ i—ɨ—ɯ y—u y—ʉ—u

　　e—ɤ e—ɘ—ɤ ø—o ø—ɵ—o

　　ɔ—ɜ ɔ—ɞ—ɜ ʌ ɔ œ—ɞ œ—ɞ—ɜ

　　a—ɒ a—ʌ—ɒ ɒ—ʌ—ɒ

　　ɨ ʉ ɘ ɵ ɜ ɞ ə

　　ɛ ɪɛ ɪɛ ɪe e ɪɪ ɪɪ ɪ

　　ʁ ɪə ɪə ʌ ɪʌ ʌ ɪʉ ʉ ɵ ɪɵ ɵ

　　ɞ ˑ ɞ ˑ ɵ

（3）i—e i—ɪ—e e—ɛ e—E—ɛ

ɛ—ä ɛ—æ—a u—o u—ʊ—o

y—ø y—ʏ—ø

Iː I̠ː I I̠ ʏː ʏ̠ː ʏ ɛː ɛ̠ː ɛ æ̠ː æ̠ æ

ʊː ʊ̠ː ʊ̠

（4）ɿ—ʅ ɿː ʅː ɿ ɿ̠ː ʅ̠ː ʅ̠ tsɿ—tʂʅ

ɿ—ʮ ɿː ʅ̠ː ɿ ʮ ʮː ʮ tsɿ—tsʮ

ʅ—ʯ ʅː ʅ̠ː ʅ ʮː ʮ̠ː ʮ tʂʅ—tʂʯ

ɿ—ʅ ʮ—ʯ ɿ—ʮ ʅ—ʯ

（5）ĩ ẽ ɛ̃ ã ɑ̃ ɔ̃ õ ũ

i—ĩ e—ẽ ɛ—ɛ̃ a—ã ɑ—ɑ̃

ɔ—ɔ̃ o—õ u—ũ

ỹ ø̃ œ̃ Œ̃ ɒ̃ ʌ̃ ɤ̃ ɯ̃

y—ỹ ø—ø̃ œ—œ̃ Œ—Œ̃ ɒ—ɒ̃

ʌ—ʌ̃ ɤ—ɤ̃ ɯ—ɯ̃

（6）ə ɚ er ɛr ar ɑr ɔr or ur

ə—ɚ ə—ɚ ə—ɚ ə—ɚ ə—ɚ

2. 练习下列辅音的发音

（1）pa pha ba ma ɸa βa wa ɥa

pfa pfha bva ɱa fa va ʋa

tθa tθha dða θa ða

tsa tsha dza sa za

ta tha da na la ɬa ꞵa ra ʃa ɟa

ʈa ʈha ɖa ɳa ɭa tʂa dʐa ʂa ʐa

tʃa tʃha dʒa ʃa ʒa

ȶia ȶhia ȡia ȵia tɕia tɕhia dʑia ɕia ʑia

cia chia ɟia ɲia ʎia çia jia

ka kha ga ŋa xa ɣa

qa qha ɢa ɴa ʀa χa ʁa

ʔa ʔha ha ɦa

（2）pa ta ʈa ȶia cia ka qa ʔa

pha tha ʈha ȶhia chia kha qha ʔha

ba da ɖa ȡia ɟia ga ɢa

pfa tθa tsa tʂa tʃa tɕia

pfha tθha tsha tʂha tʃha tɕhia

bva dða dza dʐa dʒa dʑia

ma ɱa na ɳa ȵia ɲia ŋa ɴa

ɸa fa θa sa ʂa ʃa çia ɕia xa χa ha

βa va ða za ʐa ʒa ʑia jia ɣa ʁa ɦa

la—ɭa—ʎa ɬa—ꞵa

la—na li—ni la—ȶa ni—ȵi—ɲi

pi—pfi—fi tθi—tsi—tɕi θi—si—ɕi—çi ði—zi—ʑi—ji

3. 练习下列声调的发音

（1）平调

a₁₁ a₃₃ a₅₅ i₁₁ i₃₃ i₅₅

u_{11} u_{33} u_{55} a_{11} i_{11} u_{11}

a_{33} i_{33} u_{33} a_{55} i_{55} u_{55}

a_{11} i_{33} u_{55} u_{55} i_{33} a_{11}

（2）升调

a_{13} a_{35} a_{15} i_{13} i_{35} i_{15}

u_{13} u_{35} u_{15} a_{13} i_{13} u_{13}

a_{35} i_{35} u_{35} a_{15} i_{15} u_{15}

a_{13} i_{35} u_{15} u_{15} i_{35} a_{13}

（3）降调

a_{31} a_{53} a_{51} i_{31} i_{53} i_{51}

u_{31} u_{53} u_{51} a_{31} i_{31} u_{31}

a_{53} i_{53} u_{53} a_{51} i_{51} u_{51}

a_{31} i_{53} u_{51} u_{51} i_{53} a_{31}

（4）升降调

a^{131} a^{353} a^{151} i^{131} i^{353} i^{151}

u^{131} u^{353} u^{151} a^{131} i^{131} u^{131}

a^{353} i^{353} u^{353} a^{151} i^{151} u^{151}

a^{131} i^{353} u^{151} u^{151} i^{353} a^{131}

（5）降升调

a^{313} a^{535} a^{515} i^{313} i^{535} i^{515}

u^{313} u^{535} u^{515} a^{313} i^{313} u^{313}

a^{535} i^{535} u^{535} a^{515} i^{515} u^{515}

a^{313} i^{535} u^{515} u^{515} i^{535} a^{313}

4. 练习下列音节的发音

（1）ai^{55} ei^{55} oi^{55} $ɔi^{55}$ au^{55} $əu^{55}$ $ɛu^{55}$ ou^{55}

$aɯ^{35}$ $ɤɯ^{35}$ $iɯ^{35}$ $eɯ^{35}$ $øy^{35}$ $œy^{35}$ ey^{35} $ɛy^{35}$

ia^{55} ie^{55} io^{55} $iɤ^{55}$ ua^{55} $uɤ^{55}$ uo^{55} $uɛ^{55}$

$yɛ^{53}$ $yø^{53}$ $yɤ^{53}$ $yɔ^{53}$ $iɛ^{53}$ ye^{53} io^{53} $uɔ^{53}$

iau^{55} iai^{55} iou^{55} ieu^{55} uai^{55} uei^{55} uei^{55} $uəɯ^{55}$

$ɥai^{51}$ $ɥei^{51}$ $ɥai^{51}$ $ɥei^{51}$ $iɛu^{51}$ $iɤɯ^{51}$

（2）am^{55} an^{55} $aŋ^{55}$ $əm^{55}$ $ən^{55}$ $əŋ^{55}$ im^{55} in^{55} $iŋ^{55}$

ap^{5} at^{5} ak^{5} $əp^{5}$ $ət^{5}$ $ək^{5}$ ip^{5} it^{5} ik^{5}

$aʔ^{5}$ $əʔ^{5}$ $iʔ^{5}$ $oʔ^{5}$ $ɔʔ^{5}$ $øʔ^{5}$

al^{5} $əl^{5}$ il^{5} $ɔl^{5}$ $øl^{5}$

（3）pai^{53} bei^{31} $ɸɔi^{35}$ $pfhei^{15}$ $fɔi^{55}$ $tθəu^{33}$

$ðou^{11}$ $tɤɯ^{35}$ $døy^{13}$ $suɛ^{11}$ $tɕiau^{13}$ $tʂhuei^{55}$

$dʐɥei^{13}$ $cieu^{53}$ $guei^{13}$ $ŋuai^{11}$ $ɦiəu^{13}$ $ʔiɛ^{51}$

tam^{55} kan^{35} $tsaŋ^{33}$ $zən^{13}$ $dʐəŋ^{35}$ $ɬəm^{15}$

$tsim^{55}$ sin^{33} $dʑiŋ^{11}$ $thip^{5}$ $lɛt^{3}$ nak^{1}

$zɔʔ^{1}$ kol^{5} $tʃɔk^{3}$ pet^{5} $xøyʔ^{5}$ $hɔk^{3}$

第三章　方言的调查、描写和分析

　　研究一种方言首先必须调查和记录这种方言。在着手调查之前要根据调查目的制定调查方案和调查提纲,选定被调查者(interviewee),即发音合作人(informant),然后开始记录方言,有了书面记录下来的语料(corpus)才能开始描写、分析和研究一种方言。忠实而准确地记录或者说罗列一种方言的事实,并不是轻而易举的,这不仅需要语言学的一般知识,而且需要方言学的专门知识和特殊方法。"如果随便到各处走走听听记记,所得的东西的价值一定等于零或小于零,因为多错误的记载,还不如没有记载。"(赵元任语)

第一节　方言调查方法问题

　　西方方言学调查方言向来有间接调查(indirect method)和直接调查(direct method)两大方法。

一、间接调查法

　　间接调查即是通过通讯调查,调查者(investigator)和发音人不见面。通过第三者(intermediary)填写邮寄的问题表(postal questionnaire),获得当地方言语料。德国方言学家 Georg Wenker 及其追随者在 19 世纪 70 年代曾用这个方法为《德国语言地图集》(*Deutscher Sprachatlas*)收集语料。他的问题表上列有 40 个句子,后来又补充一些单词。问题表寄到每一个乡村学校,请求教师协助在学生和本地人中间调查本地方言,填写表格。结果收集到欧洲德语地区五万个地点的方言材料。《苏格兰语言调查》(*the Linguistic Survey of Scotland*)和《威尔士语言调查》(*the Linguistic Survey of Wales*)都用这种方法收集语料。这种方法的好处是可以在较短时间内收集到较多地点的语料,特别是对收集设点很密的语言地图集的语料,这种方法是很有吸引力的。不过,由于所得语料的可靠性完全依赖于当地填写问题表的第三者的责任心和语言学修养,这种方法本身是有很大缺陷的。

　　设计一种有多种答案供选择的问题表(check-list),可以避免上述缺陷。在这种问题表上列出各种可能的答案,请第三者调查当地方言,选择答案。美国方言学家 Atwood 曾用这种方法调查得克萨斯州的方言词汇(见 E. Bagby,*The Regional Vocabulary of Taxes*,University of Texes Press,1962)。他请得克萨斯大学的学生调查家乡方言,填写问题表,结果得到得克萨斯州每个县、路易斯安那州和俄克拉荷马州部分县共 273 个地点的语料。这个方法可以很快地收集到大量语料,但是调查者必须事先掌握某一地区方言词汇差异的大量事实,才能制定有多种答案的问题表,这似乎难以办到。

　　汉语方言学界至今未用间接法调查方言。间接法不太适合汉语方言调查,因为请未经过训练的中间人记录方言,只能用汉字,而汉字不是拼音文字,不能反映复杂的方言字音,所以这样的语料很难用于研究工作。

二、直接调查法

　　汉语方言学界都采用直接调查法,即实地调查法或称为田野调查(field-work)法。这种方法要求调查者或田野工作者(field-worker)面对面地调查和记录发音合作人的方言。又分两种情况,一是在发音人的家乡以外的地点进行调查,如历史语言研究所 20 世纪三四十年代调查江西、湖南、湖北、云南、四川方言,就是向各县在省会读书或工作的发音人调查的;二是到发音人的家乡进行调查。

到发音人的家乡进行实地调查有很多好处。

第一,有较大的选择理想发音人的余地。

第二,有利于了解本地方言和邻近方言的异同,在方言复杂的地方,甚至一县有两种或数种差别不大的方言并存,如果在外地记音,所记是哪一种方言不易辨明。

第三,有利于补充或核对记录的内容,有时候一个发音人不能提供所有调查项目的内容,或者调查者对某些调查结果有怀疑,可以就地找本地人(native speaker)补充和核对。

第四,便于了解一种方言的地方文化背景,这在记录方言词汇时尤其重要。对有地方特点的农具、器皿、房舍等的释义,如不见实物,难免不周,甚至错误。

第五,有利于获得对本地方言的感性认识。

三、字本位的方言调查法

汉语方言调查的方法,自20世纪20年代以来,习惯上都是先记录某些事先选定的字的字音,求出声韵调系统,再调查词汇和语法。预先选定的字被安排在一本方言字音调查表格里。这种表格最初是1930年中央研究院历史语言研究所制定的,后来经过增补修改,而成目前通用的《方言调查字表》。这个表格是按以《切韵》为代表的中古音系统安排的,预先选定的字按它们的音韵地位填在表格的一定位置上。制作这个调查字表,用于调查汉语方言有两个基本的认识。一是切韵音系是现代汉语方言的总源头;二是语音演变是有规律的。所以现代方言和切韵音系存在语音对应关系,因此从切韵音系出发来调查整理和研究现代方言音系应该是合理而方便的。

利用这个字表调查方言语音,还有一个好处是能在较少的时间里大致了解方言语音系统的全貌。例如一个受过训练的调查者可以在半小时之内了解一个方言单字调的调类和调值。

但是这种调查方法实际上是从文字出发来调查语言,调查所得的结果理论上只能算是某地方言中的汉字读音系统,可以称为"字本位的方言调查法"。这有几方面的原因:各地方言普遍有文白异读现象,而发音人一般的习惯是看着字,读文读音。有些字,甚至是很普通的字,方言口语根本不用,如"坏"字温州口语不用,"洗"字上海口语不单用。有些字从来不单用,如"宵"字,上海只用于"元宵、宵夜"。对这些单字的读音的声调因受连调影响常常没有把握。有些口语中常用的音节,向来没有汉字可写,或只有方言俗字可写。例如河北昌黎话"罗□[luo^{351}ən^0]"(给人添麻烦),"□[tsou^{35}]"(洗,特指洗纺织品等)。这些字不可能包括在调查字表之中。

这种调查字表使用至今已有70年的历史。在旧时代各地私塾和中小学语文教学很重视识字和字音,字音多是用本地方言教的,颇重视四声的辨别。方言调查字表实际上只适用于受过旧教育的识字较多、注意分辨字音声调的人。随着中小学普通话教学越来越普遍,学校里不再教学生一个字用本地方言土音如何读,所以理想的发音人越来越难寻觅,调查字表的适应性和效果也越来越下降。

四、词本位的方言调查法

文字只是语言的符号,调查研究语言不能凭借文字,而应该从口语出发。语言学家从口语出发调查语言已经有许多经验,例如调查美洲印第安语,调查国内某些少数民族语言等。那么调查汉语方言能不能严格按照描写语言学的原则和调查程序,离开汉字,完全从口语出发呢?

董同龢在1946年曾采用上述方法调查记录四川华阳(今双流县)凉水井客家话,并用调查所得材料写成《华阳凉水井客家话记音》一书(1947年出版)。全书内容包括"前言""标音说明""记音正文"和"语汇"四大部分。"前言"对调查和纪录的方法有所说明。"标音说明"是对声母、韵母、声调、字音的连读变化、句调和音韵表的说明。"记音正文"包括20段话语内容,有对话、独白式的闲谈、祭祖时的祷词、童谣、故事,每段每行先用国际音标标音,再逐字用书面语译注。"语汇"部分载录4000个左右词语。

华阳凉水井客家人(自称广东人)的客家话(俗称土广东话)已与文字脱离关系。没有人会用客家话读书,小学和私塾都以普通的四川话教读。所以从调查口语入手较为合理。调查的步骤是先问一些事物的名称或说法,以期在较短的字句中辨出必须辨别的语音。一旦辨音有了相当的把握,就立刻开始成句成段以至成篇的语言记录,以期在自然流露的情况下包罗万有。这种调查方法可以称为"词本位的方言调查法",其好处是,调查所得的结果较接近自然语言的真实面貌,但是在调查时间上不经济,至今似乎还没有别的研究汉语方言的学者采用同样的方法。

传统方言学认为一个地点方言内部语音系统必定是一致的,只要找到一个本地发音人,就可以调查出标准本地话。但是田野工作的经验告诉我们,不同的本地人语音系统往往不是完全一致的。例如上海金山朱泾镇的两个老派发音人,其中一位有八个声调,另一位只有七个声调,阳上归阳去;一位多出一个圆唇的ŋ韵,另一位多出一个 yɐ 韵。当发现互相抵牾的时候,他们通常各自坚持自己的发音是标准的本地话,而指责别人的发音不标准。碰到这种情况,调查人往往觉得以谁的发音为标准难以确定。其实按社会语言学的方言学观点来看,地点方言的内部差异是客观存在的。传统方言学囿于自身的成见,在调查地点方言时,只能要求一开头就择定一个标准的发音人,从一而终。多人次的调查不是传统方言学的任务,而是社会语言学的工作。

第二节　语音的调查、记录和分析

一、调查前的准备工作

书面记录汉语方言语音的符号通用的是国际音标(The International Phonetic Alphabet,简称 I. P. A)。进行实地调查、记音以前必须学会国际音标。国际音标的最新版本是 2015 年改定的(见本书附录五)。

国际音标是为记录所有语言的语音设置的,也适合于记录现代汉语方言。不过除了与国际音标完全一致以外,汉语方言学里还有以下几项习惯标音法。

第一,常用舌面中辅音 tɕ、tɕh、dʑ、ɲ、ɕ、ʑ 等,国际音标表(修改至 2015 年)完全不列这一组辅音。

第二,在国际音标表上缩气塞音(implosive)写作 ɓ、ɗ、ɠ,汉语方言学著作通常写作 ʔb、ʔd、ʔg。对于缩气轻微的此类音则写作ˈb、ˈd 等。

第三,汉语方言常见的舌尖元音 ɿ、ʮ、ʅ、ʯ。例如北京话里有 ɿ、ʅ 这两个元音,常州话里有 ʮ、ʯ 这两个音,国际音标表不列舌尖元音。ɿ、ʮ、ʅ、ʯ 这四个用于汉语的元音音标是瑞典汉学家高本汉(Bernhard Karlgren)首倡的。

第四,《国际音标》用 h 表示辅音送气,如 ph、th,汉语方言学著作通常用ʻ表示,如 tʻ。为排印方便计,本教材也用 h 表示送气。

第五,《国际音标》用附加在音标上面的横线或斜线表示字调,例如 ā 表示高平调,á 表示高升调。汉语方言学著作通常用五度制的声调符号表示字调的调形(contour)和调值。五度制的声调符号是赵元任发明的,当初称为声调字母(tone letter)。

除了必须先学国际音标外,调查前的准备工作最重要的有两项:物色发音人;制定或熟悉调查表格。

不管采用间接调查法或直接调查法,事先都要物色好发音合作人。发音合作人或称为被调查者,是为方言调查提供语料的人,方言调查的成败和发音人提供的语料是否准确关系很大,所以聘请合适的发音人至关重要。从调查地域方言的目的出发,可以不必顾及发音人的性别、职业、阶层等。理想的发音人应该具备下述条件。

1. 本地方言是他(或她,下同)的母语(mother tongue)。他的父母双亲都是本地人。他从学会说话以后一直说纯粹的本地话(basilect)。他不会说别种方言或民族共同语。他一直住在本地,或只是成年后短期离开过本地。如果在外地住过,最好只是住在与本地方言差别较大的方言区,如苏州人在北京住过。两种差别较大的方言互相间的干扰较小。如果一个苏州人在上海住过若干年,作为发音人就不合适,因为两种差别较小的方言相互间的干扰反而较大。

2. 他应该是中年人,最好是老年人。因为青年人的语言经历还不够,特别是所掌握的本地词汇往往不够丰富,对某些语气词的用法缺少亲身感受,常常把握不定,对本地和邻近地区的口音差别也缺少感性认识。还有,在现代社会里,青年人的方言易受民族共同语的影响,而使他的方言变得不纯粹。

3. 他应该受过中等以上的教育。文化程度较高的发音合作人能很快地领悟调查的目的和调查者的提问，因此可以提高效率，节省时间。赵元任在调查吴语语气词的时候，有一段经验之谈："大概教育程度高一点的人差不多都能领略所要问的恰恰是怎么一个味儿，而且也能知道假如本地没有相当的语助词，就应该用一种什么说法或什么语调来表示同样的口气。"再者，目前调查汉语方言语音的通用方法是拿调查字表，请人读字。实际上是以调查文读音为主的，文化程度太低的人，识字不多，或对某些字的读音没有把握，这样就难以获得预期的材料。

4. 他的发音器官健康正常，没有影响发音的缺陷。

5. 他最好是一个喜欢谈天说地并且熟悉地方文化的人。他能够提供丰富的方言材料和地方文化背景。

要找到符合上述五个条件的理想的发音合作人，并不容易，特别是在较小的居民点，例如只有1000居民以下的村镇或村庄。所以在实地调查时不得不降格以求，最重要的是发音人必须是本地人，能说纯粹的本地话。初到一个陌生的地方，往往难以判断所请来的发言人的方言是否杂有外地口音。这时候可以略选几个韵的字多请几个人读，看同韵的字内部是否一致。如果读的结果内部不一致，即可能杂有外地口音。各地方言都有文理和土白的区别，在现代，发音人又多少有些普通话的感性认识，调查之初，发言人又往往有怕说得太土的心理障碍。所以在选定发音人后，开始调查提问前，必须启发发音人用本地最自然、最纯粹的土话来读字和说话。如果可能的话，调查人最好用较接近本地的方言提问或边调查边学着说本地话，以利尽可能快地解除发音人的心理障碍。

田野工作者出发调查前的准备工作最重要的是制订调查提纲和各种表格，并且要熟悉每一个调查项目的内容。还要尽可能搜集并阅读有关调查地点的人文历史和现状、自然地理等资料，特别是与调查提纲有关的内容。地方文化知识对于调查、记录和解释方言词汇尤为重要。了解本地的移民史实有助于研究本地方言的演变和现状。

田野工作者在调查记音的过程中必须遵循的一个信条是："本地人对于他自己的方言的事实，他是最后最高的权威。""关于发音人语言中的事实，你是无权与他争辩的。"（赵元任语）田野工作者的责任是如实、准确、细致地记录方言事实，决不能以自己的成见改变或"纠正"方言事实。例如如果北京的发音人把"破绽"的"绽"读成[tiŋ⁵¹]，也不要把它纠正为[tʂan⁵¹]。在发音人面前田野工作者永远只能是好问勤记的谦虚的小学生。

调查一个地点方言的语音，应该始终只用同一个发音人，这样可以避免因个人方言的差异，造成语音系统混乱。但是调查词汇，应该多请几位发音人。因为词汇的数量庞大，一个发音人一时难免有遗漏，几个人互相补充，可以更全面。调查濒临灭绝的方言，也须多请发音人，互相启发，互相补充，以求完善。

调查方言不应限于预先制定的调查提纲上的内容，而应该旁及本地方言使用情况，如本地方言种类、双语现象（bilingualism）、双言现象（diglossia）、发音人对本地和邻近地区方言特点的看法等。在一个打算较深入调查的地点，调查者应该多与本地人接触，了解当地的人文历史、移民背景、民俗等，还应该注意搜集地方韵书、地方志文献中有关方言的材料等。

现代的田野工作者除了用手记录方言外，还应该使用录音机录音。录音的最大好处是当面的调查结束后，可以反复重听重记，可以一再校对和改善原始记录，并且可以作为音档长久保存。但是，不能指望依赖录音机记音。听发音人亲口发音比听录音带不仅音质清楚得多，并且可以观察口形，所以实地手记是不可或缺的。相比之下，录音带里的声调听起来还是比较清楚的，听录音带记声调或变调是可行的，如果没有充分的时间在实地手记或发音人没有足够的时间发音，连读变调可以只在实地录音，事后再根据录音带记音。

语音调查的表格，常用的有以下两种：

1.《方言调查字表》

《方言调查字表》（以下简称《字表》）是中国科学院语言研究所编辑，1955年7月由科学出版社出版的。《字表》是以前中央研究院历史语言研究所1930年编的"方言调查表格"为底本加以修改编成的。删去了原表格中不必要的罗马字注音和一些不常用的字，改正了字的音韵地位，加入了一些常用字。第二版修订本出版于1964年9月，删去了一些不常用的字和又音字，增加了一些方言常用字，改正了个别字的音韵地位，删改和增补了一些字的注释。新一版修订本 1983 年 5 月由北京商务印书馆出版,仅改正了三个字的音韵地位。

《字表》选择了比较常用的单字 3700 多个,按所属音韵地位分别列入 80 张表格中。书前有用法、说明、发音合作人及声调表、声母表、韵母表。书后附有音标及其他语音符号表。字的次序按《切韵》《广韵》一系韵书所代表的古音系统排列。以 16 摄为纲,摄的次序是:果、假、遇、蟹、止、效、流、咸、深、山、臻、宕、江、曾、梗、通。同摄的先分开合口,再分一、二、三、四等。相承的四声并列,每页第一横行的韵目举平以赅上去。声母分 36 类,直排在各页的左端,次第是:帮(非)、滂(敷)、並(奉)、明(微);端、透、定、泥(娘)、来;精、清、从、心、邪;知、彻、澄;庄、初、崇、生;章、昌、船、书、禅、日;见、溪、群、疑;晓、匣;影、云、以。声母、韵母、声调纵横交叉,构成表格,每个字按各自的音韵地位列入表格,形成一张张韵图,相当于声韵调配合表。用这个字表调查记音,便于归纳整理方言的音系,也便于得出方言音系在古今演变上的要点。几十年来的实践证明,用这个字表作为调查研究汉语方言语音的基础是切实可行、简便有效的。此书还可以作为学习和研究汉语音韵的参考资料。

2.《汉语方言调查简表》

《汉语方言调查简表》(以下简称《简表》),丁声树、李荣编,1956 年 8 月中国科学院语言研究所出版。《简表》是 1956 年供全国汉语方言普查用的,重点是调查语音,同时也了解一些词汇、语法方面的基本情况。《简表》内容分语音和词汇、语法两大部分。语音部分包括声调、声母、韵母、音系基础字、单字表五项,共收常用字 2500 多个。音系基础字和单字表都按北京音排列。词汇、语法部分包括 170 条词(或词组)和 37 条语法例句。书的前面有用法说明及发音合作人的情况。第二次印刷时书末附有音标及其他符号表。为了配合《简表》的使用,同时出版了《汉语方言调查字音整理卡片》,共 2136 张。《简表》和《卡片》上的单字都统一编了数字号码,每张卡片上的单字都用汉语拼音方案和国际音标标注了普通话的读音。这套卡片对整理语音系统和寻求方音跟普通话语音的对应规律提供了很多方便。

调查方言语音,可根据不同要求,选用《字表》或《简表》。在调查过程中,遇有问题,可另行设计补充表格。

二、记音和归纳声韵调系统

记音前,应先把《方言调查字表》的"用法"和"说明"细细地看一遍。工作步骤大致如下:

1. 记发音合作人情况。刚开始时记个大概的情况。在调查过程中互相熟悉后,还可以再补充。

2. 记声调例字。得出调值和调类。记声调时,专门审辨字调的高低升降,不必记整个字音。记完后,稍加整理,列出声调表。

3. 记声母例字。每个例字可以记整个字音,包括声母、韵母、声调三方面。也可以只记声母。记完后,稍加整理,列出声母表。

4. 记韵母例字。每个例字可以记整个字音,也可以只记韵母。记完后,稍加整理,列出韵母表。

5. 记完声、韵、调以后,归纳音位,初步整理出声、韵、调系统。

6. 记单字。要记整个字音。在记音过程中,把初步整理出的声韵调系统放在旁边,不断审核,发现新的声母或韵母,要立即一一予以补充。声调方面有什么问题,也应及时修正。

7. 编同音字表。把同音字排列在一起。编好同音字表后,请发音合作人核对一遍。

8. 求出连读变调的规律。最基本是两字组和三字组的变调。

9. 根据同音字表所收的字,求出方音和中古音,方音和北京音的对应规律。

10. 写出语音部分的调查报告。语音调查报告的内容应该包括以下几个方面:

第一,方言概况,包括调查点地理位置,方言系属,人口情况,内部差异等。

第二,语音系统:声韵调系统及其说明,声韵调配合表,音节表,连读变调,音变及文白异读等。

第三,同音字表。

第四,比较音韵:方音与中古音或北京音比较。

第五,标音举例:谚语、歌谣、民间故事等。

三、如何求出汉语方言音系的轮廓

《方言调查字表》的前面有"声调""声母""韵母"三个例字表,书中第1页到第80页是单字。记完这四部分可以得出方言音系的轮廓。下面分别说明。

（一）记声调

1. 声调例字表的编排和作用

声调例字表共149个例字(见表3.1)。这些例字是按古调类和古声母的清浊排列的。了解它设计的意图,对我们调查是很有帮助的。

声调例字表分成左、中、右三栏,先说说右边一栏。右栏共27行,分别用数字1～27标明次序。1～6行是古平声,7～12行是古上声,13～18行是古去声,19～27行是古入声。

（1）古平声

1～6行,分为两个组。

第一组字:1～3行,即"高""开""婚"三行,是古清声母字。在现代方言里不论调值是什么,从调类上说都是阴平。

第二组字:4～6行,即"穷""寒""鹅"三行,是古浊声母字。在现代方言里,如果所调查的方言的调值与第一组字不同,说明有两个平声,那么,这一组字应该是阳平。

表 3.1　声调例字表

声　　调		
诗　　梯 时　　题 使矢　体 是士　弟 试世　替 事侍　第 识　　滴 石食　笛	方—房 天—田 初—锄 昏—魂 胸—雄 碗—晚 委—尾 隐—引 比:米 九:有 卷:远	1 高猪专尊低边　安 2 开抽初粗天偏 3 婚　伤三　飞 4 穷陈床才唐平 5 寒　神徐　扶 6 鹅娘人龙难麻文云 7 古展纸走短比　碗 8 口丑楚草体普 9 好　手死　粉 10 五女染老暖买网有 11 近柱是坐淡抱 12 厚　社似　父
衣　　移 椅　　以 意　　异 一　　逸	到—稻—盗 付—妇—附 四—似—寺 试—市—示 注—柱—住 见—件—健 救—舅—旧 汉—旱—汗	13 盖帐正醉对变　爱 14 抗　唱菜　怕 15 汉　世送　放 16 共陈助贱大病 17 害树谢　饭 18 岸　让漏怒帽望用
灯　　棉 等　　免 凳　　面 得　　灭	八—拔 发—罚 督—毒 桌—浊 失—实 湿—十	19 急竹织积得笔一 20 曲　出七秃匹 21 黑　湿锡　福 22 割桌窄接搭百约 23 缺　尺切铁拍 24 歇　说削　发 25 月　人六纳麦袜药 26 局宅食杂读白 27 合舌俗　服

（2）古上声

7～12 行，分为三个组。

第一组字：7～9 行，即"古""口""好"三行，是古清声母字。

第二组字：第 10 行，即"五"这一行，是古次浊声母字。

第三组字：11～12 行，即"近""厚"两行，是古全浊声母字。

全浊上声在现代方言里大多数归为去声。有的方言全浊、次浊合成一类，都归入去声。如果这个方言分阴阳去的，那就归入阳去，如苏州话。在北京话里"古""口""好""五"四行都是上声，"近""厚"两行变成去声。

（3）古去声

13～18 行，分为两个组。

第一组字：13～15 行，即"盖""抗""汉"三行，是古清声母字。

第二组字：16～18 行，即"共""害""岸"三行，是古浊声母字。

古代去声，在现代官话方言里一般都是去声，在其他方言里差不多也是去声，如果这个方言的去声分两类，那么，古清声母字都是阴去，浊声母字都是阳去。

（4）古入声

19～27 行，分为两个组。

第一组字：19～24 行，即"急""曲""黑""割""缺""歇"六行，是古清声母字。

第二组字：25～27 行，即"月""局""合"三行，是古浊声母字。

在现代方言中，有些方言有入声，有些方言没有入声。有入声的方言情况也不相同。有的方言只有一类入声，如南京话。有的方言有两类入声，按古声母的清浊分为阴入和阳入，如上海话。有的方言有三类入声，即上阴入、下阴入和阳入，如广州话。广州话的阴入依元音长短分为两类，19～21 行，即"急""曲""黑"三行为短元音，读上阴入；22～24 行，即"割""缺""歇"三行为长元音，读下阴入。

没有入声的方言，古入声字都归到别的调类里去了，归到哪些调类，看古声母的清浊而定，各方言不太一致。西南官话的部分方言古入声全部归阳平，如重庆话、成都话、汉口话等。古全浊入声很多方言归阳平，如北京话、济南话、西安话。古次浊入声有些方言归去声，如北京话、青岛话、兰州话。古清音入声有的方言归阴平，如郑州话；有的方言归上声，如青岛话；有的方言归去声，如兰州话；有的无规律可循，如北京话，分归阴平、阳平、上声、去声。

声调表左边一栏和中间一栏是比字用的。

中间一栏分四层：第一层"方—房"等是比较古平声的清声母字和浊声母字有没有区别。第二层"碗—晚"等是比较古上声清声母字和次浊声母字有没有区别。第三层"到—稻—盗"等是比较古去声清声母字和古上声全浊声母字，以及古去声全浊声母字在方言里怎样分合，去声是否分两类，全浊上声是否归去声。第四层"八—拔"等是比较古入声清声母字和浊声母字是否有区别。

左边一栏是把古平、上、去、入四声合起来比较，第一层四声都有清浊声母相配，比较声调是否有区别。第二、三层"衣"排和"灯"排是清声母字，"移"排和"棉"排是次浊声母字，各以平、上、去、入四声排列，用来比较方言声调的差别，特别是分阴、阳调的方言。

2. 怎样记声调

记声调，一般是先请发音合作人读右栏例字。定调值可以分两步走。

第一步，记下调形。听听古平、上、去、入四声的例字，各以古声母清浊为条件，在这个方言里读成几种调形。边审辨，边把调形记下来，是平的，还是升的，还是降的；有没有曲折调，是升降的，还是降升的。

第二步，确定调值。用五度制声调符号把几种调形的调值记录下来，必须注意五度制声调符号所记的是"相对音高"。每个人正常说话的音高区域是一定的。就在这一定的音高区域内，比较各种调值之间的高低升降度数。要反复比较，不断调整，直到最后把调值确定下来为止。

求出这个方言的几种调值以后，再看看有没有同调值的，同调值的归成一类，然后由调值定调类，有几种调值就有几种调类。

用右栏的例字，初步定下了调值。接下来用定下来的调值跟中栏的字作比较，并标记下调类号。如调值相同，在横线上打钩号(✓)，即表示相等。调值不同，画上斜线(/)，即表示不相等。

比较中栏的字以后，再用左栏的例字比较，检验一下所定的调值和调类是否相符。

记完声调例字表以后，立即整理一下，把这个方言的调类、调值、例字列成一张表，多多练习(就像练普通话声调一样)，最好能在记声、韵母前达到熟练的程度，这样做，对以后记音极有帮助。

(二) 记声母和韵母

1. 声母例字表的编排和作用

声母例字表共收 115 个字(见表 3.2)，按北京音排列，同时也照顾到古音。全表分 10 行，表中有短横线(一)的各组字是供比较用的。下面分行说明：

第一行　问唇音和唇齿音声母

"布—步"古清浊声母相对，保留浊音的方言，两个字不同音，浊音已消失的方言，有的同音，有的不同音。

"别""盘"都是古全浊声母字，前者入声，后者平声。现在没有浊音的方言，要注意其声母读送气还是不送气。

"怕"古清声母字，大部分方言读[ph-]。

"门—闻"北京话不同音[m-]—[v-]。有的方言同音，都读[m-]，如广州话。有的方言"门"读[m-]，"闻"[m-][v-]两读，如上海话。

"飞—灰""冯—红""符—胡"这三对字都是问[f-]—[x-]的，有的方言分，有的方言不分，不分的范围不一致。

表 3.2　声母例字表

声　母

1	布—步　别　怕　盘　门—闻　飞—灰　冯—红　符—胡
2	到—道　夺　太　同　难—兰　怒—路　女—吕　连—年—严
3	贵—跪　杰　开　葵　岸—案　化—话　围—危—微　午—武
4	精—经　节—结　秋—丘　齐—旗　修—休　税—费
5	全—权　趣—去　旋—玄
6	糟—招—焦　仓—昌—枪　曹—巢—潮—桥　散—扇—线
7	祖—主—举　醋—处—去　从—虫—穷　苏—书—虚
8	增—争—蒸　僧—生—声　粗—初　锄—除　丝—师—诗
9	认—硬　绕—脑　袄　若—约　闰—运　而　日
10	延—言—然—缘—元　软—远

第二行　问舌尖音声母

"到—道""夺""太""同"五个字的情况和第一行前五个字相同。

"难—兰""怒—路""女—吕""连—年—严"是问[n]、[l]分不分的。不分[n]、[l]的方言情况各异，有的方言不论洪细都不分，有的方言洪音不分细音分。

第三行　问舌根音声母和零声母

"贵—跪""杰""开""葵"五个字的情况和第一行前五个字的情况一样。

"岸—案"　北京话"岸＝案"[an⁵¹]，都是零声母。有的方言前一字有声母，后一字零声母。有的方言两个字都有声母。

"化—话"　北京话"化＝话"[xua⁵¹]，都是 x 声母。有的方言都是 f 声母。有的方言前一字为 f 声母，后一字为零声母。

"围—危—微""午—武"　北京话都是零声母。有的方言前一字读零声母，后四个字读鼻音声母。

第四行(第 1 对 ~ 第 5 对字)和第五行　问尖团音

"精—经""节—结""秋—丘""齐—旗""修—休""全—权""趣—去""旋—玄"　北京话不分尖团,这 8 对字分别同音,读[tɕ-]或[tɕh-]或[ɕ-]。分尖团的方言,这 8 对字不同音,第一字的声母读[ts]或[tsh]或[s],第二个字的声母为[c]或[ch]或[ç],有的方言为[tɕ]或[tɕh]或[ɕ]。注意有些方言清音和浊音、齐齿和撮口在尖团分合上不一致。

第四行中的第 6 对字"税—费"是问[ʂ-][f-]分不开的。北京话不同音,西安话和兰州话同音,都读[fei]。

第六、七、八行　问[ts][tʂ][tɕ]三组声母

"糟—招—焦"等,北京话"糟"[ts-]、"招"[tʂ-]、"焦"[tɕ-]分三套,有的方言"糟"[ts-]、"招" = "焦"[tɕ-],只分两套,或分为"糟" = "招"[ts-]、"焦"[tɕ-]两套,有的方言"糟""招""焦"的声母都是[ts-],念成了一套。

第九、十行　问[ʐ]、鼻音声母和零声母

"认—硬""绕—脑—袄"等,北京话"认"[ʐ]、"硬"零声母、"绕"[ʐ-]、"脑"[n-]、"袄"零声母,有的方言前四个字念鼻音声母,后一个字念零声母,有的方言五个字都念鼻音声母,有的方言把北京话的[ʐ]都读成[z]。

"延—言—然—缘—元"等,北京话"然"念[ʐ-],其余四字都为零声母,有的方言"然"为[z-],"元"为[ŋ-],其余三个为零声母,有的方言五个字都读零声母。

记完声母例字后,整理出声母表。声母表要按发音部位和发音方法来排列,同一横行发音部位相同,同一竖行发音方法相同。北京话声母表的排列次第见表 3.3。

表 3.3　北京话声母表

p	ph	m			
			f		
t	th	n			l
ts	tsh		s		
tʂ	tʂh		ʂ	ʐ	
tɕ	tɕh		ç		
k	kh		x		
ø					

2. 韵母例字表的编排和作用

韵母例字表共收 111 个字(见表 3.4),按北京音排列,同时也照顾到古韵母的不同。全表 14 行分为四部分,下面分别说明:

第一部分(1 ~ 4 行)北京话都是开尾韵。

"资—支—知"北京话"资"[-ɿ]跟"支""知"[-ʅ]不同音,有的方言"资"[-ɿ]、"支"[-ʅ]、"知"[-i]三个字不同音,有的方言"资""支""知"三个字同音。

"爬""蛇"　北京话"爬"[-a]和"蛇"[-ɤ]不同韵,有的方言"爬"和"蛇"同韵。

"河""过"　北京话"河"[-ɤ]和"过"[-uo]不同韵,有的方言"河""过"同韵。

"第—地"　北京话"第" = "地"[-i]同韵,有的方言"第"和"地"不同韵。

"野—以—雨"　北京话"野"[ie]、"以"[i]、"雨"[y]不同韵,有的方言"野""以"同韵,但"雨"不同韵,有的方言"以""雨"同韵,而"野"不同韵。

第二部分(5 ~ 8 行)都是古入声字。问这个方言有没有入声,入声韵有没有特殊的韵尾。北京话没有入声。有入声的方言情况各异,大多数收有入声特有的韵尾,有的收[-ʔ],有的收[-p、-t、-k],有的收[-p、-t、-k、-ʔ],有的收[-p、-t、-ʔ]。现将表中的例字,按古韵的不同收尾排列如下:收[-p]的,如"合、急、接、夹";收[-t]的,如"日、辣、舌、割、铁、踢、出、刮、活、缺、月";收[-k]的,如:"直、北、百、落、鹿、绿、木、各、郭、国、确、欲、药"。

表 3.4 韵母例字表

韵 母
1 资—支—知 耳 爬 河 蛇
2 第—地 架 姐
3 故 花 过
4 野—以—雨 色 虚 靴
5 直 日 辣 舌 合 割 北 百
6 急 接 夹 铁—踢 落—鹿—绿
7 木 出 刮 各—郭—国 活
8 确—缺 月—欲—药
9 盖—介 倍 妹 饱—保 跳 斗—赌 丑 母
10 怪—桂—贵 帅 条 流 烧 收
11 短—胆—党 酸—三—桑 竿—间 含—衔 根—庚
12 减—检—紧—讲 连—林—邻—灵 心—新—星
13 光—官—关 良—廉 魂—横—红 温—翁 东
14 权—船—床 圆—云 群—琼—穷 勋—胸

第三部分(9~10行)北京是元音尾韵。

"盖—介" 北京话"盖"[－ai]、"介"[－ie]不同音,有的方言同音。

"饱—保" 北京话"饱""保"[－au]同韵,有的方言不同韵。

"斗—赌" 北京话"斗"[－ou]、"赌"[－u]不同韵,有的方言同韵。

北京话的复合元音韵母[ai、ei、au、ou],在有些方言读成单元音韵母。

第四部分(11~14行)北京话是鼻音韵尾。

"短—胆—党""根—庚""连—林—邻—灵"等,北京话的鼻音韵尾有两个:[－n]和[－ŋ]。"短、胆、根、连、林、邻"的韵尾为[－n],"党、庚、灵"的韵尾为[－ŋ]。有的方言有[－m、－n、－ŋ]三个鼻音韵尾,有的方言读鼻化韵,有的方言干脆失去鼻音,读成开尾韵。现将表中的例字,接古韵的不同收尾,排列如下:收[－m]的,如"胆、三、含、衔、减、检、林、心、廉";收[－n]的,如"短、酸、竿、间、根、紧、连、邻、新、官、关、魂、温、权、船、圆、云、群、勋";收[－ŋ]的,如"党、桑、庚、讲、灵、星、光、良、横、红、翁、东、床、琼、穷、胸"。

韵母例字记完之后,要整理出韵母表。韵母表的排列要照顾到韵头(介音)、韵腹(主要元音)和韵尾。表3.5为北京话韵母表的排列次第。

表 3.5 北京话韵母表

ɿʅ	ɚr	a	o	ɤ	e	ai	ei	au	ou
i		ia			ie			iau	iou
u		ua	uo		ue	uai	uei		
y					ye				
an	ən	aŋ	əŋ						
ian	in	iaŋ	iŋ						
uan	uən	uaŋ	uəŋ	uŋ					
yan	yn			yŋ					

(三) 记单字

记完声、韵、调例字,整理出声韵调表以后,就可以进一步记《方言调查字表》里的单字。要求声韵调都记。记单字的过程,也是核对声韵调表的过程。如果发现新的声母,或新的韵母,或新的声调,作反复核实后,即补充到声韵调表中去。

（四）记录语音的注意事项

1. 仔细观察

在记音的过程中，多看看发音人的口、舌、唇的形状，对我们初步地认识一个音是很有帮助的。

一个语音的发音部位和发音方法的大体情况，有时候可以从发音人发音的动作中观察出来。例如元音的嘴唇圆展的程度，[y][ø][e][i]，其中[y]的唇形是收敛得最小的圆形，[ø]次之，[i]的唇形是展开最大的扁形，[e]次之。又如口腔的开闭，[ɑ][ɛ][i]，其中[ɑ]的口腔最开，[e]次之，[i]最闭。再如辅音[p][f][pf][ɸ][v]的发音部位，都很容易根据发音时的嘴唇和口腔的形状，得到正确的分析。

当然，记录语音光看口腔外表的形状是不够的。例如元音从口腔的开闭（与舌位的高低有关）的角度可以分成四种类型：闭元音（高元音）、半闭元音（半高元音）、半开元音（半低元音）、开元音（低元音），它们之间的距离应该有一定的标准，可是在各种具体方言中可能有些差别，上下门齿之间的开度也不是绝对的。不过在一种方言或同一个人的发音中，这四种类型之间的比例总是差不多。有的人开度大一点，有的人开度小一点，自成比例。对这样的情况，除了仔细观察外，更要着重多听。

2. 对比和模仿

对比是分析语音经常使用的方法。把听到的音跟国际音标的某一个标准元音对比，例如[i][e][ɔ][o]等里面的某个音。或者跟已经调查过的某方言的音对比，得出相同或相似的程度。这是比较有效的方法。分析声调也可以采取这种对比的方法。

模仿也能帮助我们做好记录和分析语音的工作。模仿的时候一定要征求发音人的意见。模仿得正确，从中可以体会出这个音的发音部位和发音方法，也可以体会出其他方面的性质。请发音人判断，不妨发两个相近的音给他听，他可以指出哪一个音是正确的，哪一个音是不正确的，或者两个音都不对，由他帮你纠正。模仿对记声调的调值尤为重要。

3. 分析发音部位和发音方法

分析发音部位和发音方法对正确地记录语音是很重要的。分析一个音素，首先要找出正确的发音部位和发音方法。

（1）分析元音

可先注意舌位的高低（高、半高、半低、低），然后注意舌位的前后（前、央、后），再注意唇形的圆展。

（2）分析辅音

可先注意舌头活动的部位（即受阻的部分）。如果已经知道发音部位在舌面，那就要进一步注意是舌面前，是舌面中，还是舌面后（即舌根）。进而分析发音方法，可先注意发音方法的主要方式：塞、塞擦、擦、边、鼻、清、浊、送气、不送气等。然后注意这种方法在程度上的情况，浊的程度、送气的多少、接触部分的松紧，等等。最后，还得把一个音节里的各个成分综合起来检查，观察它们是怎样互相影响，互相制约的。如圆唇元音影响前面的辅音起唇化作用：[kʷu]；唇辅音也会影响圆唇元音弱化：[fu]的实际发音往往是[fv]。类似这类情况必须综合起来看。

（3）分析声调

首先要辨别调型，先弄清楚是平调、升调、降调，还是降升调、升降调。其次辨清平调是高平，还是中平，还是低平。降调也要分清是高降，还是中降，还是低降。调型确定后，进一步确定高低升降的度数。

上面所说的仅仅是初步分析元音辅音的发音部位和发音方法。一个元音或辅音的属性是多样的。因此，在记音时必须严格听辨每个音的属性。如分析一个元音，除了了解它的舌位高、低、前、后外，还得注意唇的圆展程度，长元音还是短元音，是否鼻化，在松、紧上是否有区别，喉头或咽头摩擦、紧张的程度，是否弱化，是否清化，有无摩擦成分，有没有卷舌现象，等等。这里面的任何一项都会影响元音的音值，所以记音时必须细心审辨。

（五）掌握语音特征

每种方言的语音都有它自己的系统，有它自己的特征，掌握这些语音特征，能帮助我们更正确深刻地认识、理解这些语音现象。例如：

1. 发现了这一方言的某一元音有分长短的现象，某一辅音有清浊的区别，就要特别注意其他元音和辅音有没有同样的现象。例如，广州话的[a]分长短，并能区别词的语音形式。广州话的"街"[kaːi⁵⁵]、"三"[saːm⁵⁵]中的[a]是长元音，"鸡"[kɐi⁵⁵]、"心"[sɐm⁵⁵]中的[ɐ]是短元音。广州话其他元音的长短各不相同。不过没有辨义的作用罢了。

2. 上海话辅音同部位成套的辅音有：

[p][ph][b][m]

[tɕ][tɕh][dʑ][n̠][ɕ][ʑ]

[k][kh][g][ŋ][h][ɦ]

也有不成套的，如上海话舌尖前音是不成套的：

[ts][tsh][s][z]

没有浊塞擦音[dz]。在调查时必须多问一些古读浊塞擦音的字，看看是否确实没有这个音，还是疏忽给漏掉了。一定要搞清楚。

（六）宽式标音、严式标音和文字说明

使用国际音标标音，有"宽式标音"和"严式标音"两种办法。宽式标音只标出各种方言的音位，可以用较少的音标和附加符号。严式标音不仅要求标出一种方言的音位，而且要求仔细地标出它的音位变体，需要使用较多的音标和附加符号。记录和分析语音最好是用严式标音，只有严密、周详地标记和描写每一个音，随后才能据此整理音位系统。严式标音对于调查、记录、比较邻近方言和正在演变中的方言读音是不可或缺的。当然，宽式标音的"宽"必须能表达发音的特征，严式标音的"严"不能过于繁琐累赘。任何一种标音符号都不可能把人类语言的声音全部包括进去。在记音的过程中很可能感到符号不够用，如果附加符号用多一点又嫌繁琐，那就可以用文字说明。比如有的方言材料对某些音这样说明：

1. [i][u][y]大体上就是标准元音[i][u][y]，只是[u][y]略松。

2. [ʏ]有一个过渡音[ø]：[øʏ][iøʏ]。[øʏ]实际是一个复元音，不过动程很小。

3. [ø]舌位略高于[ɛ]，圆唇，偏央，也可记作[ɵ]。

文字说明可以弥补音标和附加符号之不足，音标与文字兼用，使语音描写更细致，更周详。

（七）运用比字

在记音过程中，往往会碰到这样的情况：两个音听起来很相近，可是不能决定是否相同。这时候就得用比字的办法来裁决，以便分清类别。比字须注意：比声母，应选用韵母和声调相同的字；比韵母，应选用声母和声调相同的字；比声调，应选用声母和韵母相同的字。

调查不同的方言会遇到不同的问题，现结合上海方言的情况，提出10个问题，选些例字，略加说明。

1. 比阴上和阴去：问下列几对例字的分混

古清声母上声　　举　主　采　改　岛　剪　躺　董

古清声母去声　　据　注　菜　概　到　箭　烫　冻

新派上海话上述8对字同音，都念34，老派不同音，阴去念34，阴上有的字不稳定，跟阴去同音。

2. 比阳平、阳上和阳去：问三个阳调的分混

古浊声母平声　　题　徒　抬　韶　求　钱　晴　同

古浊声母上声　　弟　杜　待　绍　舅　践　静　动

古浊声母去声　　第　度　代　邵　旧　贱　净　洞

上海话阳平、阳上、阳去相混，都念13。只有吴淞、闵行的老派阳平念31，阳去（包括阳上）吴淞念213，闵行念223。

3. 比[f][h][v][ɦ]

古清音　　古浊音（一）　　古浊音（二）

北京　　北京　　　　北京

```
[f][x]   [f][x]      [ø][x]
夫—呼   扶—湖      吴—胡
府—虎   肥—回      芜—湖
飞—灰   饭—换      桅—回
方—荒   房—黄      王—黄
```

上海话古清音的 4 对字有的人能分,有的人不分,有的人前两对(拼[u]韵时)不分,后两对分。古浊音(一)的 4 对上海人都能分。古浊音(二)的 4 对上海人都不分。

4. 比尖团

古清音　尖音:祭　酒　精　秋　千　清　修　小
　　　　团音:计　九　经　邱　牵　轻　休　晓

5. 比[ts][ʈʂ]

北京话[ts] 资　此　四　杂　早　愁　存　从
　　　[ʈʂ] 枝　齿　试　闸　找　绸　唇　虫

上海话不分[ts][ʈʂ],都念[ts]。

6. 比[i][iɪ]

北京话[i] 衣　移　比　米　地　基　器　其
　　　[ian]烟　盐　扁　棉　电　坚　欠　乾(乾坤)

上海老派分[i][iɪ],衣[i]≠烟[iɪ]。北京话此两韵也分,但音值不同:衣[i]≠烟[ian]。上海新派此两韵不分,都读[i]。

7. 比[ã][ɑ̃]

[ã] 杏　打　冷　张　朋　长(~短)　硬　横
[ɑ̃] 项　当　朗　章　旁　常　　昂　黄

上海话有的分,有的不分,不分的都念[ɑ]韵。

8. 比[ən][əŋ][in][iŋ]

北京话[ən]珍　陈　身　根　痕
　　　[əŋ]蒸　程　升　耕　恒
　　　[in]贫　林　津
　　　[iŋ]平　陵　京

上海话不分,珍＝蒸,林＝陵,前者都读[əŋ]韵,后者都读[iŋ]韵。

9. 比[ɐʔ][əʔ]

[ɐʔ] 百　拍　麦　搭　达　杀　石　辣
[əʔ] 入　泼　墨　德　特　刷　舌　勒

上海话有的能分,有的不分。不分的都读成[ɐʔ]韵。

10. 比[oʔ][ɔʔ]

[oʔ] 脱　捉　绿　缩　俗　谷　哭　屋
[ɔʔ] 托　桌　落　索　勺　各　壳　恶

上海市区的绝大多数人不分,都读[oʔ]韵。

(八) 分清文白异读

方言中常见的是一字一读,也有一字两读或多读的情况。遇到这种情况,就要反复审核,切勿漏记。造成一字两读或多读的原因有多种,其中最重要的是文白异读,即一个字有文读音和白读音的不同读法。文白读在书面上的表示法通常是在字或音节下面画双横线表示文读音,单横线表示白读音。例如:

```
北京话　嚼　tɕye³⁵　　tɕiau³⁵
　　　给　tɕi²¹⁴　　kei²¹⁴
```

削	çye^{55}	çiau^{55}
泌	bi^{51}	mi^{51}

上海话			
	人	zən^{13}	n̠iŋ^{13}
	夏	çiA^{13}	ɦo^{13}
	我	ŋu^{53}	ŋu^{13}
	家	tçia^{55}	kA^{53}
	花	huA^{53}	ho^{53}

除了文白异读以外,一字多音的情况还有:

1. 来历不明,语义不同的一字多音,要注出各自的意义。例如:

北京话　好(～坏)xau^{214}　　　好(爱～)xau^{51}

长(～短)tʂhaŋ^{35}　　　长(生～)tʂaŋ^{214}

调(～和)thiau^{35}　　　调(～动)tiau^{51}

传(～达)tʂhuan^{35}　　　传(～记)tʂuan^{51}

2. 意义完全相同的一字多音,要注明常用音和又音,以(1)(2)(3)(4)为序,表示常用的程度。例如:

上海话　昨 zoʔ^{12}(1)　　　zo^{13}(2)

错 tsho^{53}(1)　　　tshu^{53}(2)

菌 tçyŋ^{53}(1)　　　tçioŋ^{53}(2)　　　tçhyŋ^{53}(3)

允 ɦiyŋ^{13}(1)　　　ɦioŋ^{13}(2)　　　yŋ^{34}(3)　　　ioŋ^{34}(4)

四、归纳音位和整理、分析声韵调系统

（一）关于音位的定义

关于音位的定义,赵元任认为:"相似性、对补性、系统性,这三者是音位观念里头基本的要点,把这三点合起来就可以成为一个音位的定义。那么,我们可以这么说:一个语言里,凡是一个音群,其中各音的性质相似而成对补分配,又跟其他合乎以上条件的音群成为一个简单整齐的系统,这个系统就叫这个语言里的音位系统,简单说起来就是音系。"又认为对补分配(complementary distribution)是"音位观念最紧要的一点"(引自《语言问题》,商务印书馆,1980年,第33页)。他又提出归纳音位的三个附带条件:一、总数尽量少;二、符合土人感(feeling of native speaker);三、尽可能符合历史音韵。但是在大量归纳汉语方言音位的实际工作中,人们最重视的是基本条件中的系统性和附带条件中的"历史音韵",而不是对补分配。以下举例说明什么是音位、音位变体,以及归纳音位系统的一些原则。

（二）音位和音位变体

音位是一个具体语言或方言里能够区别词的语音形式的最小单位。例如:

北京话　包 pau^{55}—抛 phau^{55}　　堆 tuei^{55}—推 thuei^{55}

钢 kaŋ^{55}—糠 khaŋ^{55}

三对字的韵母、声调都各相同,不同的是声母。前者的声母不送气,后者的声母送气。由于声母送气、不送气的差别而区别了词的语音形式。因此,/p/ /ph/ /t/ /th/ /k/ /kh/是六个不同的音位。

音位变体是指一种语言或方言里的一个音位,往往包含若干大同小异的不区别词的语音形式的音素。这主要是由于所处的环境不同,发音时就出现些不尽相同的音。这种不同的音就是某个音位的变体。例如:

北京话　/a/有以下几个变体。

[A]单独用,如"啊"A^{55};在声母后面,如"搭"tA^{55}。

[a]在 i 或 n 之前,如"白"pai^{35}、"滩"than^{55}。

[ɛ]在 i 或 y 和 n 的中间,如"店"tiɛn^{51}、"娟"tçyɛn^{55}。

[ɑ]在 ŋ 或 u 前,如"商"ʂɑŋ^{55}、"高"kɑu^{55}。

同一音位的变体有好几个,它们是同一个音位在不同位置上的代表。这种变体叫条件变体。

另有一种情况是不管所处的环境怎么样,在同一位置上两个音可以自由替换,本地人并不会意识到它们的差别。例如重庆、武汉、南京等地的 n 和 l 随便念,南 = 蓝,东北有些地方 ts、tsh、s 和 tʂ、tʂh、ʂ 在相同的环境中随便念,三 = 山。上面所说的 n 和 l、ts 和 tʂ,在各自的方言里是同一音位的变体,互相替换是自由的,叫做自由变体。

(三) 如何归纳音位

分析方言的语音,就是要求出它的音位系统。在记录方言的时候,我们还不知道哪些音素的差别有区别词的意义的作用,哪些音素的差别没有这方面的作用。所以一定要把听出来的音素都记下来,作为归纳音位的依据。

把记录下来的语音材料归纳成音位系统,要注意下列几方面的关系。

1. 拼合关系

要注意音和音的拼合关系,即在同一韵母前能有几种声母;在同一声母后能有几种韵母;在声韵相同的情况下有几种声调。就韵母来说,同一韵腹(主要元音)能有几种韵尾;同一种韵尾能在几个韵腹后面出现。例如:在北京音里,ɑn 韵能与下列辅音声母拼合成音节。

pan^{51}办	phan^{51}盼	man^{51}慢	fan^{51}饭
tan^{51}蛋	than^{51}炭	nan^{51}难	lan^{51}烂
tsan^{51}赞	tshan^{51}灿	san^{51}散	
tʂan^{51}站	tʂhan^{51}颤	ʂan^{51}善	
kan^{51}干	khan^{51}看	xan^{51}旱	

这说明北京音里/p/ /ph/ /m/ /f/ /t/ /th/ /n/ /l/ /ts/ /tsh/ /s/ /tʂ/ /tʂh/ /ʂ/ /k/ /kh/ /x/都有区别词的意义的作用,都能自成音位。但是,北京音里还有一些辅音声母如 ʐ、tɕ、tɕh、ɕ 不能出现在上述语音环境中,所以要确定 ʐ、tɕ、tɕh、ɕ 与另一些辅音声母的差别有没有区别词的语音形式的作用,就得另外寻找可以进行拼合的语音。如果选个 u 韵,声调为去声。以 ʐ 和 p、ph、m、f 等与之拼合,就可以确定 ʐ 和其他辅音声母的差别也有区别词的语音形式的作用。例如:

pu^{51}布	phu^{51}铺	mu^{51}木	fu^{51}富
tu^{51}度	thu^{51}吐	nu^{51}怒	lu^{51}路
tshu^{51}促	su^{51}速		
tʂu^{51}祝	tʂhu^{51}处	ʂu^{51}术	ʐu^{51}入
ku^{51}顾	khu^{51}库	xu^{51}户	

再选 i 韵跟 tɕ、tɕh、ɕ 及其他一些辅音声母拼合,声调为上声,也能确定 tɕ、tɕh、ɕ 区别词的语音形式的作用。

pi^{214}笔	phi^{214}癖	mi^{214}米	
ti^{214}底	thi^{214}体	ni^{214}你	li^{214}里
tɕi^{214}挤	tɕhi^{214}起	ɕi^{214}洗	

在 i 韵的后面可以有 n 和 ŋ 两种韵尾:

pin^{55}宾—piŋ^{55}兵	phin^{35}贫—phiŋ^{35}瓶
min^{35}民—miŋ^{35}明	lin^{35}邻—liŋ^{35}灵
tɕin^{55}金—tɕiŋ^{55}京	tɕhin^{55}亲—tɕhiŋ^{55}青
ɕin^{55}心—ɕiŋ^{55}星	in^{55}阴—iŋ^{55}英

这样的不同拼合,可以确定/ʐ/ /tɕ/ /tɕh/ /ɕ/ /n/ /ŋ/也是不同的音位。

2. 对立关系

要注意相对的音素有没有对立的关系。

相对的音素,如 p—ph　t—th　k—kh 等看它们能否在相同的语音环境出现,能否区别词的语音形式。例如:

北京话　　pau²¹⁴宝　　　phau²¹⁴跑

tau²¹⁴岛　　　thau²¹⁴讨

kau²¹⁴稿　　　khau²¹⁴考

tsai⁵⁵灾　　　tshai⁵⁵猜

tʂu⁵⁵猪　　　tʂhu⁵⁵初

tɕi⁵⁵鸡　　　tɕhi⁵⁵妻

从这 6 对字可以看出各对的韵母和声调相同,不同全在于声母的送气和不送气。因此这 6 对 12 个音素可以立为 12 个不同的音位。因为它们处于对立的关系之中。又如:

上海话

第一组　　ho³⁴化　　　　　hɔ³⁴好

po³⁴把(~ 手)　　pɔ³⁴刨

第二组　　tɕi³⁴寄　　　　　tɕy³⁴锯

tɕhi⁵³欺　　　　tɕhy⁵³驱

上面两组字,每对的声母和声调都相同,只是前一组的元音高低不同,后一组的元音唇形圆展不同,都有区别词的语音形式的作用,所以上海话的/o/ /ɔ/ /i/ /y/是不同的音位。

汉语的声调有区别词的语音形式的作用。例如:

北京话　　tʂu⁵⁵猪　tʂu³⁵竹　tʂu²¹⁴煮　tʂu⁵¹助

声母、韵母相同,就是靠声调的高低升降的类型不同来区别词义。

3. 互补关系

归纳一个方言的音位系统,必须把音位变体概括为音位。因此,要把收集的材料分类排列,观察变体的分布情况。凡是在不同的环境下出现成互补关系的变体归为一个音位。例如:

北京话　　[ɤ][ɤ +][ə]

[ɤ]独用或出现在非唇音的辅音声母后面。如:鹅、歌、河。

[ɤ +]比 ɤ 靠前些,出现在 ŋ 的前面。如:生、冷、庚。

[ə]出现在 ən 里,另外还出现在一些轻音节里或儿化韵里。如:陈、我的、金鱼儿。

[ɤ][ɤ +][ə]出现环境不同,成互补关系,可以合为一个音位。

又如[p][t][ts][tʂ][tɕ][k]6 个辅音声母在轻声音节中读成同部位的浊音:

p:p—八　　　b—喇叭

t:t—得　　　d—他的

ts:ts—咋　　　dz—桌子

tʂ:tʂ—扎　　　dʐ—看着

tɕ:tɕ—挤　　　dʑ—姐姐

k:k—个　　　g—八个

由于出现环境不同,p、b,t、d,ts、dz,tʂ、dʐ,tɕ、dʑ,k、g 可以各自归并为一个音位。

又如上海郊区南汇话:

ɸ、β 包括两组变体:f、v。与后元音韵母相拼读 ɸ、β,与前元音韵母相拼读 f、v。如:火 ɸu⁴⁴,划 βʌʔ¹²;飞 fi⁵³,滑 væʔ¹²。

有时候音位变体同时构成几种互补关系,因此就有几种归纳音位的可能。例如北京话的 tɕ、tɕh、ɕ 出现在 i、y 之前;k、kh、x,tʂ、tʂh、ʂ,ts、tsh、s 不在 i、y 的前面出现,根据互补的道理,tɕ、tɕh、ɕ 可以看作 k、kh、x,tʂ、tʂh、ʂ 或 ts、tsh、s 的变体。不过考虑到音感特征、历史来源等其他条件,一般还是把它们当作独立音位来处理。

依据互补原则有时可以节省音位,但是也要考虑音质是否近似。北京话的 p 和 ŋ 成互补关系,由于音质相差太大,不能归为一个音位。

一个音位往往有几个不同的语音形式,那么如何选定标记音位的符号呢?

一个音位的几个变体中有一个主要变体。这个变体或者出现的频率最大,或者能单独出现,受其他音的影响较少,因而能比较典型地代表这个音位的本质。所以一般将主要变体用作音位的代表。在标写这个音位时,还要注意印刷方便,与整个音位系统协调一致,照顾历史演变和形态变化等。例如北京话的 ʌ、a、e、ɔ 四个变体中,ʌ 是主要变体,但字母 a 很常用,所以一般都用/a/而不用/ʌ/。

音位系统建立以后,符号代表的是音位。涉及任何一个音,都用代表音位的符号。

4. 音位归纳法的多种可能性

对于任何一种语言或方言的音位归纳,答案都不是单一的,也就是说可以用多种不同的方法归纳同一种语言或方言的音位系统,最后可以得出不同的结论。所得结果没有正误之分,只有优劣之辨。至于用什么方法归纳汉语的音位系统较好,有两种不同的意见,一是按元音、辅音系统归纳,得出元音音位、辅音音位和声调音位;二是按声韵调系统归纳,得出声母音位(声位)、韵母音位(韵位)和声调音位(调位)。笔者以为第二种方法大大优于第一种方法,除了一般性的理由外,就归纳汉语方言的音位系统而言,还有下述三个特殊的理由。

第一,有利于处理若干汉语方言的事实。例如江淮官话里在音节前头的 n 和 l 是任意两读的,但是只有 n 才能用作韵尾,l 不用作韵尾,如果从声韵调系统出发归纳音位,可以用/n/这一个声母音位来包括 n 和 l 两个音,它与韵尾 n 不会纠缠。再如吴语方言中音节前头的 n 和 ŋ 是能区别意义的,如上海话:男 nø¹³ ≠ 岸 ŋø¹³。但是在韵尾的位置上 n、ŋ 不区别意义,是两可的。如果从声韵调系统出发,上海话"人"字读成[niŋ¹³],如果读作[nin¹³],意义不变。可以归纳出两个声母音位/n//ŋ/,它们与作为韵尾的[n][ŋ]不会纠缠。

第二,有利于不同方言之间的语音系统的类比。用这两种方法归纳方言的结果,在声母方面差别很小,但是在韵母方面差别巨大,例如许多方言都有程度不同的鼻韵尾脱落现象。例如"三"字读音:

北京	苏州	双峰(湘语)	梅县	厦门
san¹	sɛ¹	sæ̃¹	sam¹	sã¹

如果从声韵调出发归纳音位,我们可以说苏州的 ɛ、双峰的 æ、梅县的 am、厦门的 ã 和北京的 an 相对应,简便而明了,并且可以由此看出语音发展的历史轨迹。如果采用元辅音系统归纳法,北京的[an]分属/a/和/n/ 两个音位,梅县的[am],分属/a//m/两个音位,要说明方言间语音的对应关系就要复杂得多。

第三,有利于照顾方言的历史音韵,因此同时也有利于今音和古音的比较。例如果摄合口一等戈韵並母,如"婆"在温州话中原来读[bu²],韵母是单元音,但是今音读[bøy²],韵母变为双元音。不过字音的类属未变,即凡中古果摄合口一等戈韵字在今温州话中皆读 øy 韵。从声韵调系统出发归纳出/øy/韵,有利于说明从 u 到 øy 的历史音变规律。如果从元辅音系统出发,[øy]分属/ø/和/y/两个音位,既不能照顾历史音韵,也不便古今比较。

中国传统的音韵学和方言学本来就是从声韵调系统出发来分析汉语语音的。事实上几乎所有现代的方言学著作也都是从声韵调系统出发归纳方言的音位的。

音位归纳完后要把全部音位排列成音位系统表。

音位系统表一般有两种格式,常用的是第二种格式。

1. 把全部音位分成元音、辅音两大类,每类再按不同性质分为小类,然后列出元音表和辅音表。表 3.6 为苏州话的元辅音表。

表 3.6　苏州话的元辅音表

元　音　表

ɿ　ʮ　i　u　y　ɪ　Y

ø　E　æ　a　ɒ　o　ɤ

辅　音　表

p	ph	b	m		
				f	v
t	th	d	n		l
ts	tsh			s	z
tɕ	tɕh	dʑ	ɲ	ɕ	
k	kh	g	ŋ	h	ɦ
ʔ					

2. 按声韵调系统列出声母表、韵母表、声调表。表3.7 为温州话的声韵调表。

表3.7　温州话的声韵调表

一、声母(29)：

p	布本北	ph	普拼匹	b	皮瓶别	m	眯面密	f	飞付福	v	湖文服		
t	刀东答	th	剃通踢	d	地洞读	n	奶农捺					l	溜拢绿
ts	子棕汁	tsh	雌猜尺	dz	池呈直			s	四送式	z	事晴席		
tç	张中接	tçh	牵冲切	dʑ	丈虫杰	ȵ	粘女玉	ç	香兄雪	j	移顺术		
k	街公角	kh	开孔客	g	掼厚轧	ŋ	熬瓦岳	h	好烘黑	ɦ	鞋红盒		
∅	鸭衣乌碗												

二、韵母(35)：

ʅ	书鸡吹旗	i	衣移烟歇	u	火河裤谷	y	女贵干月
a	爸拿他阿	ia	晓鸟脚药	ua	弯挽绾	
ɛ	亨桁罂杏	iɛ	表打叫耕	uiɛ	奤	
e	戴菜开贼				
ɜ	报刀早告				
ø	半短算盒				
o	马沙家落	yo	捉束玉局		
				uɔ 忙汤炒光	yɔ 钟双床勇
ai	杯对脆国	iai	吉吸及益	uai 畏煨痕颈	
ei	比低写石				
au	透走狗瓯	iau	久球游幼		
ɤu	多做头六	iɤu	酒手肉熟		
øy	布粗土鱼				
aŋ	门凳进棍	iaŋ	斤近忍印	uaŋ 温揾	
eŋ	饼亭井绳				
oŋ	捧洞送风	yoŋ	中春雄永		
m̩	姆	n̩	唔	ŋ̍ 儿吴我二	

三、声调(8)：

单字调共有八个,平上去入四声各分阴阳,阴调类高,阳调类低：

调类	调号	调值	例字
阴平	1	33	高天三飞
阳平	2	31	平神人云
阴上	3	35	走草好粉
阳上	4	24	老近淡厚
阴去	5	42	对怕送放
阳去	6	11	大树帽用
阴入	7	313	急黑桌铁
阳入	8	212	麦杂白俗

阴上的实际调值是45;阳上的实际调值是34,为醒目起见分别标作35 和24。上声带有紧喉成分,我们略去不标。

(四) 怎样选择声韵调表上的例字

声韵调表的排列前面已经讲过,不能七零八落,任意堆砌,一定要把方言的语音事实罗列清楚,使人能从声韵调表的排列中看出该方言的语音系统来。至于声韵调表上例字的选择那就更有讲究。"看他的例字，就能看出他的功夫。"(李荣语)选择声韵调表上的例字，确实要花点力气。下面提几点注意事项：

1. 选声母表的例字

（1）要照顾韵母和声调。韵母方面应注意挑选单元音韵母、复元音韵母、带鼻音尾韵母。声调方面应注意舒声调和入声调。以上海话为例：

p 巴包帮百　　　　ph 派抛胖泼

b 罢暴旁白　　　　m 买毛忙麦

（2）要暗含古今声母的演变以及与北京音声母的对应。以上海话为例：

f 　夫呼分发　　　说明上海话在 u 韵前 fu、hu 不分。

ts 资知珍则　　　说明上海话 ts、tʂ 不分。

tɕ 精经节结　　　说明上海话（新派）尖团不分。

ȵ 牛语尧玉

ŋ 误熬岸岳　　　　说明古疑母字在上海话中的多种读音。

ɦ 言魏玩月

再以上海嘉定话为例：

ts 资知精节

tɕ 记娇经结　　　说明嘉定话 ts、tʂ 不分，尖团分明。

2. 选韵母表例字

（1）要照顾声母和声调。声母方面应注意挑选清音声母和浊音声母，送气声母和不送气声母，鼻音声母和非鼻音声母，塞音声母和塞擦音声母等。声调方面应注意挑选舒声调和入声调。以北京话为例：

a 巴爬茶发　　　ia 家霞牙夹　　　ua 抓夸瓦滑

（2）要暗含古今韵母的演变以及与北京音韵母的对应。以上海话为例：

ɿ　私书字树　　说明上海话（新派）ɿ、ʮ 不分，都读 ɿ。

i　比变梯天　　说明上海话（新派）蟹开四齐韵与山开四先韵相混，都读 i 韵。

u　婆捕哥姑　　说明果合一戈韵与遇合一模韵上海话不分，都读 u 韵。

ɛ　雷来兰推　　说明蟹合一灰韵、蟹开一咍韵、山开一寒韵的帮系、端系声母字上海话都念 ɛ 韵。

 əŋ 奋针登升　　说明上海话 ən、əŋ 不分。

3. 选声调表的例字

（1）要照顾声母、韵母的各个方面。以宁波话为例：

阴平　53　高开资亲低书

阳平　22　穷唐平床狂棉

（2）要暗含古今声调的演变以及与北京音声调的对应。以上海话为例：

阴平53　刀浆司东刚知

阴去34　岛到奖酱水四

阳去13　桃导道墙象匠

阴入55　雀削说踢足笔

阳入12　嚼石局读食合

阴去的例字说明古清声母上声字和古清声母去声字上海话已混为一类。阳去的例字说明古浊声母平声字、上声字、去声字上海话混为一类。

合理安排方言的声韵调表，精心选择声韵调表上的例字，通过声韵调表，勾勒出这个方言的音系轮廓和主要的音韵特点，这是方言工作者必备的基本功。

（五）如何确定单字调的调类和调类的名称

在声调表上（见第三章第二节表3.1）所列的北京话调类一栏里，可以看到古代全浊声母的上声调值与去声一样。那么,调值一样的两类字应该怎样归并呢? 一般是依照字数的多少以及参照其他方言的情况来决定的。古代的去声字不论清浊今北京都念 51,而古代的全浊上声字北京也念 51,那当然应该把全浊上声归入去声。再看看其他方言的情况,全浊上声的活动性比较大,在好些方言里,全浊上声跟去声读同调值的比较多,如"近、坐、动、厚"等字总是跟"进、做、洞、候"等字同音。天津话、济南话、西安话、武汉话、成都话等等都是如此。吴语方言好多是 7 个调,其中大多是全浊上声与全浊去声同调值,一般处理都是阳上归阳去。如苏州话、常州话、杭州话、上海金山话等等。这样看,全浊上声(或阳上)归去声(或阳去)是比较合理的,也有利于不同方言间调类演变的比较。再以上海话声调的归类为例,进一步讨论。上海话有 5 种调值:53　34　13　ʔ55　ʔ12。其中阴平 53 为一类,阴入 ʔ55 为一类,阳入 ʔ12 为一类,这三类都是不成问题的,成问题的是阳平、阳上、阳去的调值完全相同,都是 13,阴上和阴去的调值也完全一样,都是 34,该怎么处理呢? 假如单以上海话来说,归并到哪一类都可以,不过参考其他方言,就会发现阳平、阳上归阳去,阴上归阴去比较妥当。因为有些方言的阳平有一部分或全部和去声同调,如浙江诸暨、江西宜春、福建建瓯等方言。因此,把上海的阳平、阳上归入阳去,阴上归入阴去。这样,上海的 5 个声调是:阴平、阴去、阳去、阴入、阳入。声调的归类问题解决后,声调的名称也可以随之而解决。现在一般都是沿用传统的名称,凡是平声分两类的,就称它为阴平、阳平。上声、去声和入声也是这样。如果有几类调值相同的,就归并为一类,归到哪一类,就用哪一类的名称。因为这些传统的名称对语音研究、古今音比较、方音比较和语音教学有很多方便,所以一直沿用至今。广州话入声有阴入两类,阳入一类,有的书称为上阴入、下阴入、阳入,有的书称为阴入、中入、阳入。

(六) 语音结构的分析

1. 声母和韵母的配合关系

在各个方言里,声母韵母的配合都有一定的规律。在整理出声母表、韵母表以后,还必须把它们的配合规律弄清楚。声母韵母的配合关系,主要是由声母的发音部位和韵母的开、齐、合、撮决定的。

声母在配合关系中一般是同部位成套的,如 p ph m,ts tsh s。在跟韵母相拼时同部位成套的声母如有不一致的行为,声母韵母配合表上就要分开排列。例如北京话的 t th n l,t th 能跟开、齐、合韵母拼合,n l 除拼开、齐、合韵母外,还能跟撮口呼韵母相拼。上海话的 k kh g 也有不同的拼合关系,所以,k kh g 必须分开排列。韵母开、齐、合、撮在跟某些声母相拼时有条件的限制,例如北京话 p ph m 和 f 只跟合口呼韵母的 u 相拼,不跟前带 u 介音的韵母拼,因此合口呼韵母必须分成 u 和 u–。上海话也有类似情况。表 3.8 和表 3.9 所列为北京话和上海话的声母韵母配合关系表:

表 3.8　北京话声母韵母配合关系表

韵母 / 声母	开		齐		合		撮	
	ɿ	其他	i	i–	u	u–	y	y–
p ph m	○*	班	比	编	布	○	○	○
f	○	番	○	○	富	○	○	○
t th	○	滩	低	颠	都	端	○	○
n l	○	兰	泥	年	怒	暖	女	虐
ts tsh s	资	赞	○	○	祖	钻	○	○
tʂ tʂh ʂ	知	占	○	○	猪	专	○	○
tɕ tɕh ɕ	○	○	基	坚	○	○	居	娟
k kh x	○	干	○	○	沽	官	○	○
∅	○	安	衣	烟	乌	弯	○	○

*　○表示没有的音。

表 3.9　上海话声母韵母配合关系表

声母 ＼ 韵母	开		齐		合		撮	
	ʅ	其他	i	i-	u	u-	y	y-
p ph b m	○	怕	米	兵	布	○	○	○
f v	○	方	飞	○	夫	○	○	○
t th d n l	○	当	诋	丁	多	○	吕	○
ts tsh s z	纸	庄	(妻)*	(消)	租	○	(趣)	○
tɕ tɕh dʑ ɲ ɕ	○	○	鸡	浇	○	○	女	军
k kh h	○	高	○	○	火	快	○	○
g	○	茄	○	○	○	葵	○	○
ŋ	○	咬	○	○	鹅	○	○	○
ɦ	○	鞋	盐	油	吴	坏	雨	远
∅	○	矮	衣	要	五	汪	○	○

＊　括号内为老派分尖团的读音。

2. 声母和声调的配合关系

声母和声调的配合是由声母的清浊和声调的阴阳决定的,在有浊声母的方言里规律比较明显。例如吴语的一些方言,一般是清声母配阴调类,全浊声母配阳调类,次浊声母阴调类和阳调类都有字。所以,在声母和声调的配合表里,应把声母分列为清、次浊、全浊三类。苏州话声母声调配合关系表,见表 3.10。

表 3.10　苏州话声母声调配合关系表

声母 ＼ 声调	阴平	阳平	上声	阴去	阳去	阴入	阳入
p t ts tɕ k ph th tsh tɕh kh f s ɕ h ∅	东		草	信		黑	
m n l ŋ	妈	男	努		念		热
b d dʑ g ɦ v z		皮			豆		盒

表 3.11　上海话声韵调配合总表

	ʅ	i	u	y	A	iA	uA	o	ɔ	iɔ
	阴阳阳 平去去	阴阴阳 平去去	阴阴阳 平去去	阴阴阳 平去去	阴阴阳 平去去	阴阴阳 平去去	阴阴阳 平去去	阴阴阳 平去去	阴阴阳 平去去	阴阴阳 平去去
p ph b m f v		边变 批片 　皮 咪米 飞肺 微	波布 铺破 　步 母磨 夫富 父		爸摆 □②派 　牌 妈卖 哎			巴把 怕爬 嬷马	包报 抛炮 跑 猫毛	彪表 飘票 嫖 瞄⑥苗 勡
t th d n l		低点 天替 田 你 里	多炉 拖土 途 努糯 捞路	 屡吕	□③带 他泰 大 拿奶 拉赖	爹哆		拿挪	刀岛 滔讨 桃 □⑤脑 捞劳	刁钓 挑跳 条 撩料

（续表）

	ɿ	i	u	y	A	iA	uA	o	ɔ	ɔi
ts tsh s z	资志 痴次 诗试 词		租做 初楚 苏数 坐		斋债 差扯 筛要 柴			遮诈 车岔 沙晒 茶	糟早 操草 烧少 造	
tɕ tɕh dʑ ɲ ɕ ʑ		肩记 欺启 件 粘年 牺戏 徐		居举 区趣 具 女 需		豕借 笪 茄 □④写 斜				蕉教 敲巧 桥 鸟绕 消小 樵
k kh g ŋ h ɦ ø		言 医意	歌故 枯苦 □① 我鹅 呼火 河 乌浣	雨 淤喂	街嫁 揩楷 茄 研 哈蟹 鞋 挨矮	爷 鸦雅	乖拐 夸快 歪化 坏 娃	瓜寡 夸跨 瓦 花化 桠哑 华	糕稿 敲考 搞 傲 蒿好 豪 坳奥	姚 腰要

①□:噜哩噜苏 ~勒半日天。低语。

②□:~拨伊一只球。传抛。

③□:吃仔~碗饭。好几(个)。

④□:窗门~开勒。略开。

⑤□:~,物事拨侬。叹词。

⑥□:~一眼。略为一看。

3. 怎样编制声韵调配合总表

"声韵调配合总表"是声、韵、调三者可能配搭拼合成音节的总表。任何一种方言声韵调的组合都是有限的,如北京话有 22 个声母,39 个韵母,4 个声调,理论上可以拼合出 3000 多个音节,而实际上只能组合成 1000 多个音节。所以,要了解方言的音节结构系统,了解方言声、韵、调的结合特点,必须借助方言声韵调配合总表。

总表的编制方式是竖栏排声母,声母按发音部位分组,横栏排韵母和声调,以韵母为纲,先排舒声韵,后排促声韵,每个韵母下面再分列声调,声调栏下调类和调值都要标清楚。表格的中间标能拼合的字(音节)。写不出字的音节可用"□"表示,在同一表上有几个方框,就用几个不同的数码依次标在方框的右上角,然后在同一页的表格下面加注。其他需要说明的也可标上数码,并加注。见表 3.11"上海话声韵调配合总表"第一页。

五、连读变调的调查和整理

汉语方言一般都有连读变调,有的比较简单,有的相当复杂。要深入了解一个方言,连读变调是一项必须调查的内容。

（一）怎样编制调查表格

调查连读变调,关键是求出连读变调的规律。在调查前必须编好调查表格。连读变调的组合,一般要看所调查的方言有几类声调,然后乘以平方,就可以排列出该方言的连读变调调查表。例如两字组连读变调,北京话 4 类声调,乘以平方,可以形成 16 种组合。又例如上海话 5 类声调,可以有 25 种组合。按现在所调查的方言的单字调调类排列,要注意字组中每个字音的来历,因为单字调中由于调值相同已经归并的调类,在连读变调中可能出现差异,即单字调两类合并,连读时两类却分开了。因此,要按不同的组合,选择不同来历的本地口语中使用的字组成字组。调查表是以平、上、去、入各分阴、阳,按 8 种调类乘以平方,形成 64 种组合排列。此表原是为调查吴语连调时设计的。见附录一。

(二) 怎样调查

1. 用事先编制好的表格请发音人读,随时把连调的读音记下来。记完一遍以后,再录音。带回录音,再细细审辨,反复核实。

2. 以一种组合(如第一字阴平的组合,第一字阳平的组合等等)为单位进行初步整理,看看"阴平 + 阴平"读什么,"阴平 + 阳平"读什么,把读音相同的归在一起,排列出第一字阴平的连读变调读音。以此类推。一种组合如果有两种或三种读音,可用 A、B、C 分开。

3. 初步整理归纳以后,把连读变调的规律列成表格。以上海话(见表 3.12)和宁波话(见表 3.13)为例。

表 3.12　上海话两字组连读变调表

前字 ＼ 后字	1 阴平 53	5 阴去 34	6 阳去 13	7 阴入 5̲5̲	8 阳入 1̲2̲
1 阴平 53		55 – 21			55 – 2̲1̲
5 阴去 34		A33 – 44 B55 – 21			A33 – 4̲4̲ B55 – 21
6 阳去 13		A22 – 44 B55 – 21			22 – 4̲4̲
7 阴入 5̲5̲		33 – 44			3̲3̲ – 44
8 阳入 1̲2̲		1̲1̲ – 23			1̲1̲ – 23

表 3.13　宁波话两字组连读变调表

前字 ＼ 后字	1 阴平 53	2 阳平 24	3 阴上 45	4 阳上 213	5 阴去 44	6 阳去 213	7 阴入 5̲5̲	8 阳入 1̲2̲
1 阴平 53	A44 – 53 B44 – 55		A44 – 55 B44 – 53				44 – 5̲5̲	
2 阳平 24	A22 – 53 B22 – 44		A22 – 44 B22 – 53				22 – 4̲4̲	
3 阴上 45	A44 – 31　B44 – 44						4 – 2̲2̲	
4 阳上 213	A23 – 44　B23 – 31						23 – 4̲4̲	
5 阴去 44	44 – 44						44 – 4̲4̲	
6 阳去 213	A22 – 44 B22 – 53		22 – 44				22 – 4̲4̲	
7 阴入 5̲5̲	A 4̲4̲ – 31 B 4̲4̲ – 44		4̲4̲ – 44		A 4̲4̲ – 31 B 4̲4̲ – 44		A 4̲4̲ – 22 B 4̲4̲ – 44	
8 阳入 1̲2̲	A 2̲2̲ – 44 B 2̲2̲ – 53		2̲2̲ – 35		2̲2̲ – 44		2̲2̲ – 4̲4̲	

（三）有关连读变调的基本概念和术语

调查研究连读变调需要有下述最基本的概念和术语。

字组　在一定的语言环境里独立说出来的一个字或一串字叫做字组。例如上海话，"糖炒栗子交关多"。这个句子中"糖炒栗子""交关""多"各是一个字组。只包含一个字的字组叫单字组，由两个字组成的字组叫两字组，三个字的叫三字组，由三个字以上组成的字组称为多字组。两字组中的前一个字称为前字或上字，后一个字称为后字或下字。三字组中的三个字，依次称为首字、中字、末字。多字组的最后一个字也称"末字"，如"糖炒栗子"中的"子"是末字。

字组组合　字组的调类交叉结合排列称为字组组合，简称组合。例如吴语绍兴话有 8 个单字调（平、上、去、入各分阴阳），那么两字组就有 64 种组合。"阴平 + 阴平"是一种组合，"阴平 + 阳平"是另一种组合，如此等等。

单字调　一个字在单独使用时的声调称为单字调或本调。

变调　变调相对于单字调而言。变调是单字调在字组中的连读形式（sandhi form）。例如上海话"天窗"，这两个字单字调都是阴平 53，但是在"天窗"这个两字组中，"天"字变成 55，"窗"字变成 21。表示变调调值的符号称为变调号。单字调调号记在横线的左边，如上海话"天"thi^{53}，变调号记在横线的右边。如"天窗"thi$^{53-55}$tshã$^{53-21}$。

连调调式　一个两字组或多字组如果只取其中每个字的变调，那么由这些变调排成的序列就是这个字组的连调调式。连调调式也简称为连调式或调式。如上述上海话两字组"天窗"的连调式是 55 – 21。连调调式实质上反映连读变调的规律。

吴方言的连读变调比较复杂。为了讨论吴方言变调的方便，提出"系"和"组"这两个概念。同一横行的所有组合构成一个"系"，每一个系又都以前字古单字调类为名目。如"宁波话两字组连读变调表"的第一行即是阴平系，第二行即是阳平系。每一系又可以从后字出发分出舒声组和促声组。例如阴平系舒声组包括前字阴平，后字阴平、阴上、阴去、阳平、阳上、阳去六个组合。阴平系促声组则包括前字阴平，后字阴入和阳入这两个组合。如果光说"舒声组"是指后字是舒声的全部组合，光说"促声组"是指后字是入声的全部组合。

（四）连读变调中的声韵母变化

声韵母在连读变调中有时也发生变化，调查时应特别注意。连调中的声韵母变化，主要指音节跟音节相接处的语音变化，也就是说连读组内部前一字的韵尾跟后一字的声母因连读而发生的变化。

1. 韵尾的变化

（1）鼻音韵尾的同化

鼻音韵尾 n 在唇音声母前同化为 m，在舌根音声母前同化为 ŋ。例如：

北京话　　　　面包 mian^{51}pau^{55}→miam^{51}pau^{55}

上海南汇话　　门口 mən^{113}khɤ^{44}→məŋ^{113}khɤ^{44}

（2）喉塞音韵尾的弱化

入声的喉塞音韵尾 ʔ 在字组内部，即后头紧跟着其他音节的时候，变得较弱。例如：

上海南汇话　　落雨 loʔ$^{23-22}$ɦi^{113}

　　　　　　　屋檐 oʔ^{55}i$^{113-53}$

2. 声母的变化

在两字组变调的同时，作为后字的有些浊音声母也发生变化。以上海崇明话为例，带浊流的 ɦ 类声母，ɦm ɦn ɦn̩ ɦŋ ɦl ɦ 作为后字声母，当声调由阳调拼入阴调时，这些浊音声母分别变为带紧喉作用的 ʔ 类声母：ʔm ʔn ʔŋ ʔl ʔ。例如：

四两 sʅ^{33} ʔliã$^{242-55}$　　　　　半里 pie^{33} ʔli$^{313-55}$

聪明 tshõ^{55} ʔmin$^{24-55}$　　　　酒药 tɕiə$^{424-42}$ ʔiaʔ$^{22-55}$

上述的这些变化,在调查连读变调时要特别注意。

（五）怎样归纳连读变调规律

归纳一个方言的连读变调规律,可以从三方面寻找限定条件:1.今音的语音环境,2.古音来历,3.语法结构。下面分别说明:

1.今音的语音环境

今音的语音环境指的是处在什么单字调之前或之后。比如北京话上声 214 调的字,在上声 214 调之前读连调 35 调。上声 214 调在阴平 55 调、阳平 35 调、去声 51 调之前,读连调 211 调。

这就是受今音语音环境的制约。

2.古音来历

单字调分调类和调值。通常情况下,一个方言里的调类和调值是一一对应的。比如上海话有 5 个单字调调类,也有 5 个单字调调值,互相一一对应。即:阴平 53　阴去 34　阳去 13　阴入55　阳入12。

但在有的方言里,有些古音来历不同的字,单字调调值相同而连调不同。如浙江温岭话的单字调调值读 31 的,来源于古平声浊声母字和古上声全浊声母字(匣母字除外)。两种不同来历的字,单字调无法分辨,连调却分开了。例如温岭话:

2 + 1：31 – 35/33 ≠ 4 + 1：31/33　　　　　　　桃花 ≠ 稻花 dɔ huo

2 + 2：31 – 13/31 – 51 ≠ 4 + 2：31 – 35/31 – 51　　城头 ≠ 尽头 ʑin dɤ

温岭话阳平和阳上字在连读中处于前字位置,后字不论什么调都能区别开。

上海南汇话也有这样的情况。南汇话单字调阳平、阳上同为 113,在连调中两类分开。例如:

2 + 2：113 – 22/113 – 33 ≠ 4 + 2：113 – 13/113 – 53　　猴头 ≠ 后头 ɦɤ dɤ

2 + 3：113 – 22/44 – 33 ≠ 4 + 3：113 – 13/44 – 53　　皮子 ≠ 辫子 bi tsʅ

南汇话阳平和阳上在连读中处于前字位置,后字不论什么调都能区别开。

由此证实,温岭话、南汇话的阳平和阳上作为两字组的前一字不同调。因此,凡是单字调调值相同的字能根据连调分成不同的类,而且这些不同的类正好跟古音来历的某种分类相符合,就可以把同一单字调调值的字分成不同单字调调类,从而建立从单字调调类排列到连调调式的一对一的对应。也就是前面所说的 8 种调类乘以平方的 64 种组合排列。

3.语法结构

两字组有的是一个词,有的是两个词组成的结构。两字组的两个字之间可以有各种语法结构的关系。如主谓、述宾、述补、偏正、联合、重叠、数量等等。在许多方言里,同一种单字排列的两字组,由于语法结构不同而会有不同的连调调式。比如潮阳话每一种两字组单字调排列都有三种连调调式:

（1）前字变调,后字不变调。

（2）后字变调,前字不变调。

（3）前字后字都不变调。

读哪一种调式,取决于两字组的语法结构。例如一般的主谓式读第三式,单词性较强的主谓式读第二式:

1 + 1 第三式　　风粗 huaŋ^{33} tshou^{33} 风大

　　　第二式　　天光 thĩ^{33} kŋ$^{33-11}$ 天亮

3 + 1 第二式　　肚枵 tou^{53} iau^{33} 肚子饿

　　　第二式　　手瘆 tsiu^{53} sŋ^{33} 手酸

又如上海话的广用式、窄用式变调有一小部分对立,能反映语法结构上的差异,因而表达的意义也就不同。例如:

　　炒饭①一种炒成的饭。如:"吃炒饭,不吃菜。"

　　　　　只读广用式:tsho$^{34-33}$ vɛ$^{13-44}$

　　　　　②用锅铲把饭炒热。如:"先炒饭,后炒菜。"

广用式、窄用式兼读:tshɔ$^{34-33}$ vɛ$^{13-44}$ȝv$^{13-44}$/tshɔ$^{34-44}$ vɛ^{13}

花红①一种水果名。如:"买点花红、苹果来。"

只读广用式:ho$^{53-55}$ ɦoŋ$^{13-21}$

②花朵的颜色。如:"花红、柳绿"。

广用式、窄用式兼读:ho$^{53-55}$ ɦoŋ$^{13-21}$/ho$^{53-44}$ ɦoŋ^{13}

六、怎样求出语音对应规律

汉语各方言与普通话之间虽然存在语音差异,但是,由于各种方言和普通话都是同出一源,因此,它们之间有着系统的联系。

(一)语音对应规律

普通话和方言之间,方言与方言之间,在语音上存在的有规律的关系叫语音对应关系。研究语音对应关系得出的规律叫语音对应规律。

探求语音对应规律,最重要的是整理好两者的语音系统,特别是两者的声韵调及声韵调的配合关系。两方面的准备工作做好了,就可以开始利用同音字表,按声母、韵母、声调各项的次序,分别探求两者之间的对应规律。

(二)音类和音值

要说明语音的对应关系,必须先明确音类和音值两个基本概念。因为各种对应关系,无不是从音类和音值的分合异同中归纳出来的结果。

音类是字音的归类。根据某方言的语音系统,把读音相同的一些字归到一起,所得到的就是这个方言的音类。比如北京话有声类 22 个,韵类 39 个,调类 4 个。每个方言都有它自己的语音系统,换一个方言,音类的数目可能跟北京的不一样,比如上海话有 28 个声类,43 个韵类,5 个调类。

音值是各个音类的实际读音。比如北京话的 k、kh、x 是 22 个声类中的 3 个音类的读音。

a o ɣ i u y 是 39 个韵类中的 6 个音类的读音。a^{55}a^{51} 是 4 个调类中的 2 个音类的读音。

音类相同,是说甲方言里读为相同一类音的一些字,在乙方言里也读为相同一类音。

比如北京话"包 苞 胞 宝 保 报 暴 抱 鲍"这些字的韵母相同,都念 au。在上海话里,以及在江苏、浙江的一些方言里,这些字的韵母音类也都相同。例如上海话念 ɔ,苏州话念 æ,常州话念 aɯ,杭州话念 ɔ,温州话念 ɘ。音类相同,音值不一定相同。

音类不同,是说甲方言里读为相同的一类音的一些字,在乙方言里不读为相同的一类音。比如下面所举的每一对字在北京话里都是同音的,都念 an。

班—搬　盼—判　蛮—瞒　摊—贪

难—男　斩—展　山—陕　喊—罕

可是在上海、苏州、宁波等地都不同音。"班盼蛮摊难斩山喊"为一类,"搬判瞒贪男展陕罕"为另一类。

音值相同,是指甲方言有这个音,乙方言也有这个音。比如北京有 ei,常州、无锡等地也有 ei,但是,北京"悲""梅""飞""类"等读 ei,常州等地"否""谋""头""走"等读 ei。从音类来说各不相干。

音值不同,是指甲方言有这个音,乙方言没有这个音。比如苏州有 v,北京没有;北京有 ʐ,苏州没有。

(三)怎样求出语音对应规律

寻求方言与普通话的对应规律,应该从方言出发,即从方言语音看北京话语音。

无论是求声母的对应规律,求韵母的对应规律,还是求声调的对应规律,都必须弄清楚方言与普通话是一对一的关系,还是一对二的关系,甚至是一对三,或一对更多的关系。一对一的关系就比较简单,以广州话和北京话的声母对应为例:

p　广州 p 声母,北京读 p 声母。例如:

保　广州 pou³⁵　北京 pau²¹⁴

例外字：品　广州 pan³⁵　北京 phin²¹⁴

t　广州 t 声母，北京读 t 声母。例如：

刀　广州 tou⁵³　北京 tau⁵⁵

例外字：特　广州 tak　北京 thɤ⁵¹

再以上海话声母和北京话声母的对应为例：

上海 p、t 声母，北京读 p、t 声母。例如：

p　班　上海 pɛ⁵³　北京 pan⁵⁵

例外字：秘　上海 pi³⁴　北京 mi⁵¹

t　胆　上海 tɛ³⁴　北京 tan²¹⁴

例外字：鸟　上海 tiɔ³⁴　北京 niau²¹⁴

可以把一对一的关系都归纳，举上例字和例外字，必要时还可以作些说明。

找出一对一的关系以后，再求出一对二、一对三的关系，要看有没有分化的条件。

1. 求声母对应，以韵母和声调为条件。

以广州话声母为例：

ph　广州话 ph 声母，北京话读 ph 或 p。

（1）广州 ph 声母声调是阳上的字，北京读 p 声母去声。例如：

	广州	北京
抱	phou²³	pau⁵¹
倍	phui²³	pei⁵¹

（2）广州 ph 声母除阳上调外，其他声调的字北京都读 ph 声母。例如：

	广州	北京
抛	phou²³	phau⁵⁵
陪	phui³¹	phei³⁵
例外字：	广州	北京
脯杏~	phou³⁵	fu²¹⁴
编	phin⁵³	pian⁵⁵

m　广州 m 声母逢 ou ei aːn an ɔŋ at 六韵北京读 m 或 u（合口呼）。例如：

	广州	北京
民	man²¹	min³⁵
闻	man²¹	uen³⁵

广州 m 声母除以上六韵外，逢其他韵，北京读 m 声母。例如：

马　　广州 ma²³　　　北京 ma²¹⁴

例外字：剥　广州 mɔk⁵　　北京 po⁵⁵/pau⁵⁵

有的声母的规律对应时，双方都要有条件。例如：广州 k h ∅ 拼 ou 韵字，北京读 k x ∅ 拼 au 韵。

	广州	北京		广州	北京
高	kou⁵³	kau⁵⁵	告	kou³⁵	kau⁵¹
好	hou³⁵	xau²¹⁴	号	hou²²	xau⁵¹
袄	ou³⁵	au²¹⁴	奥	ou³³	au⁵¹

又例如上海话 dʑ 声母，北京读 tɕ 或 tɕh，由声调决定。

（1）上海 dʑ 声母阳去字，北京读阳平的是 tɕh 声母。

	上海	北京
求	dʑiɤ¹³	tɕhiou³⁵
桥	dʑiɔ¹³	tɕhiau³⁵

（2）上海 dʑ 声母阳去字,北京读去声的是 tɕ 声母。

　　　　　上海　　　　北京

舅　dʑiɤ¹³　　　tɕiou⁵¹

轿　dʑiɔ¹³　　　tɕiau⁵¹

（3）上海 dʑ 声母阳入字,北京阳平读 tɕ 声母。

　　　　　上海　　　　北京

及　dʑiɪʔ¹²　　　tɕi³⁵

杰　dʑiɪʔ¹²　　　tɕie³⁵

2. 求韵母对应,以声母为条件。

例如:

广州 y 韵,北京读 u 或 y 韵。

（1）广州 y 韵 ts tsh s 声母字,北京读 u 韵。

　　　　　广州　　　　北京

朱　tsy⁵³　　　tʂu⁵⁵

主　tsy³⁵　　　tʂu²¹⁴

（2）广州 y 韵零声母字,北京读 y 韵或 u 韵。

　　　　　广州　　　　北京

余　y²¹　　　y³⁵

如　y²¹　　　ʐu³⁵

又例如上海 oŋ 韵,北京分化为 əŋ uŋ uəŋ 三韵。

（1）上海 oŋ 韵与 p 组、f 组声母相拼,北京读 əŋ 韵。

（2）上海 oŋ 韵与 t 组、ts 组、k 组声母相拼,北京读 uŋ 韵。

（3）上海 oŋ 韵的零声母字,北京读 uəŋ 韵(见表 3.14)。

表 3.14

上海	oŋ		
北京	əŋ	uŋ	uəŋ
p ph b m f v t th d n l ts tsh s z k kh g h ∅	蹦捧篷蒙 风冯	东通同农龙 中充松虫 公空共轰红	翁

又例如上海的 ən 韵,北京分化为 ən uən əŋ 三韵。

（1）上海 ən 韵拼 p 组、k 组、n 组和零声母,北京读 ən əŋ(见表 3.15)。

（2）上海 ən 韵拼 t 组(除 n 声母),北京读 əŋ uən(见表 3.16)。

表 3.15

上海	ən		上海	ən	
北京	ən	əŋ	北京	ən	əŋ
p	奔	崩	k	根	耕
ph	喷	烹	kh	垦	坑
b	笨	○	h	很	○
m	门	盟	ɦ	痕	恒
n	嫩	能	∅	恩	○

表 3.16

上海	əʔ		上海	əʔ	
北京	uən	əŋ	北京	uən	əŋ
t	敦	登	d	钝	腾
th	吞	○	l	论	楞

（3）上海 ən 韵拼 ts 组，北京读 ən　uən　əŋ（见表 3.17）。

表 3.17

上海	ən			上海	ən		
北京	ən	uən	əŋ	北京	ən	uən	əŋ
ts	针	尊	增	s	身	孙	声
tsh	琛	春	秤	z	陈	唇	层

3. 求声调对应，以声母为条件。

例如：

上海的阳入，北京读阳平和去声。

（1）上海阳入字，以 b d g v z ɦ dʑ 为声母的，北京读阳平。

	上海	北京
白	bAʔ^{12}	pai^{35}
达	dAʔ^{12}	ta^{35}
罚	vAʔ^{12}	fa^{35}
杂	zAʔ^{12}	tsa^{35}
合	ɦeʔ^{12}	xɤ^{35}
局	dʑyoʔ^{12}	tɕy^{35}

例外字：

弼	biɪʔ^{12}	pi^{51}
特	dəʔ^{12}	tɤ^{51}
物	vəʔ^{12}	u^{51}
若	zAʔ^{12}	ʐuo^{51}

（2）上海阳入字，以 m n l ȵ ŋ 及零声母为声母的，北京读去声。

	上海	北京
麦	mAʔ^{12}	mai^{51}
纳	nAʔ^{12}	na^{51}
辣	lAʔ^{12}	la^{51}
聂	niɪʔ^{12}	nie^{51}
岳	ŋoʔ^{12}	ye^{51}
叶	ɦiɪʔ^{12}	ie^{51}

例外字：

摸	moʔ^{12}	mo^{55}
抹	mAʔ^{12}	mo^{214}
额	ŋeʔ^{12}	ɤ^{35}

（四）寻求语音对应规律的注意事项

1. 求语音对应规律的时候,最好是把同音字表上的字都过录到卡片上,标上两方面的语音,然后用卡片进行排比,既方便,又准确。

2. 语音对应规律只适用于各方言公用的字,要是各方言间用字不同,就无所谓语音对应规律了。例如上海的"嗰便宜""笸斜"等,与北京音无法对应,就不列在语音对应的范围内了。

3. 前面所列的方言与北京音的一些对应规律,是从方言出发的,不能倒过来。比方说上海 ø 韵,北京是 an 韵,但北京的 an 韵,不单单是上海的 ø 韵,还包括上海的 ε 韵的一部分字。

4. 语音对应规律的使用有一定的限制,主要表现在两个方面:

（1）有些规律看来很整齐,但是有个别例外字。比如上海"踏"dʌʔ¹²、"特"dəʔ¹² 两个字,按规律北京应该读 tɤ³⁵,可是现在北京读 tha⁵¹、thɤ⁵¹,声母声调都例外。这种例外有的可以从古音或其他方言上找到解释。"踏"字《广韵》透母,北京读 tha⁵¹,是从透母入声来。"踏"《集韵》有定母的读音,上海 dəʔ¹² 是从定母入声来。两种读音来源不同,所以成了例外。"特"字《广韵》《集韵》都是定母,上海读 dəʔ¹² 是从定母入声来。定母入声北京应该读 t 阳平,现在读 th 去声,不论就其本声的演变规律来说,还是就上海和北京的对应来说,都是例外。

（2）有些对应规律是一对二的,但无分化条件可循。如上海 ts tsh s,北京是 ts tsh s 和 tʂ tʂh ʂ,其中当然有些小规律,但管的字也不多。最极端的例子是上海的阴入,北京读阴阳上去都有,基本无规律可循。

5. 求语音对应规律,应多了解语音演变规律。方言之间的语音对应规律是由方言的语音演变规律决定的,因为现代汉语方言都是从古代汉语发展来的,在漫长的历史过程中,形成了各自的演变规律。如果把来源相同的字进行排比,就能得出语音对应规律。例如上海话 oŋ 韵字的来源是:(1)通合一东、冬韵帮系、端系、见组、晓组、影组等声母的字。(2)通合三东、钟韵帮系、泥组、精组、见组字。(3)梗合二耕韵晓组字。北京 uŋ 韵字的来源是:(1)通合一东、冬韵端系、见组、晓组字。(2)通合三东、钟韵泥组、精组、知系、见组字。(3)梗合二耕韵晓组字。上海话 oŋ 韵的范围比北京 uŋ 韵的范围大。上海 oŋ 韵来自通合一东、冬韵和通合三东、钟韵的帮系字,北京念 əŋ 韵;上海 oŋ 韵来自通合一东韵的影母字,北京念 uəŋ 韵。这样就得出上海 oŋ 韵,北京为 əŋ、uŋ、uəŋ 三韵这条对应规律。从语音演变规律来看语音对应规律,问题可以看得更清楚。但一定要注意语音对应规律讲的是现代语音,语音演变规律讲的是古今演变。在探求语音对应规律的同时,多了解语音演变规律是很必要的。

七、方言的实验语音学研究

实验语音学(experimental phonetics)利用机械或电子装置研究语音。实验语音学包括语音的生理实验研究、语音的声学实验研究和语音的听觉实验研究三方面。

（一）实验语音学史简说

早期的语音生理实验使用简单的医疗器械,如假腭、喉镜。20 世纪 30 年代开始采用 X 光照相等工具,观测发音器官的动作。50 年代后采用 X 光电影照相,近年来又采用 X 光录像来分析语音的动态现象。声带的动作可以用高速声带电影照相、光纤维等技术来分析,而肌肉的动作则可以用肌电仪来分析。

语音的声学实验研究在 20 世纪初年已经开始,二三十年代,我国语言学家刘复、王力、赵元任等人就用唱片灌音、浪纹计、渐变音高管和声调推断尺等来分析汉语方言语音。

（二）实验语音仪器介绍

现代的声学实验仪器最常用的是磁带录音机和声谱仪(语图仪)。声谱仪(spectrograph 或 sound spectrograph)是对语音进行声学研究的基本仪器,它可以用图形把语音自动显示出来。它所画的图叫声谱图(spectrogram),常见的声谱图有四种:一是宽带声谱。根据宽带声谱上的基本图样、间隙(gap)、宽横杠或浊音杠(voiced bar)、冲直条(spike)、共振峰纹样(formant pattern)、杂乱纹样(noise pattern)和双有纹样,可以知道这张声谱图表示什么样的语音。二是窄带声谱,用于研究音高。三是振幅曲线,用于研究音强。四是断面谱,用于研究某一时间断面的频谱结构。声谱仪也叫语图仪(sonograph),所画出的图,也叫语图(sonogram)。近年来美国 KAY 公司制造的 CSL 4300B(Computerized Speech Lab,计算机语音分析仪)是目前世界上最新的语音分析仪器,功能强大,数据处理精确。已为国内外先进的语音实验室所采用。

(三)研究方音的成果举例

用现代的实验语音学手段研究汉语方言语音,迄今已经发表研究成果较多的是吴语方言的"清音浊流"问题,即古全浊声母今音的性质问题。这是一个长期以来颇有争议的问题。实验结果表明,古全浊声母字在今吴语里在单念或作为两字组前字时,其声母变为完全的清辅音;在用作两字组后字而非重读时,其声母仍然是真正的浊音。以下以吴语常阴沙话的古全浊声母字为例,略加说明。

语图 A 是古全浊声母字"鸡"的语图;语图 B 是古全浊声母字"旗"的语图;语图 C 是两字组"白鸡"的语图;语图 D 是两字组"白旗"的语图。语图 A、B 和 C(后字"鸡"部分)的特点相同,即第一,在除阻前都没有代表声带振动的浊音杠;第二,塞音的"浊音起始时间"(VOT)略大于零,即除阻后声带立即开始振动。语图 D 中的全浊声母字"旗"是两字组"白旗"的后字,其语图的特点是除阻前有浊音杠;"浊音起始时间"为负值,即在除阻前声带就开始振动。

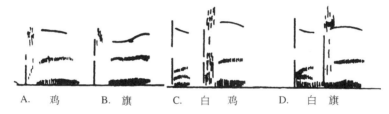

A. 鸡   B. 旗   C. 白鸡   D. 白旗

用 CSL 4300B 实验所得上海话三个阴调类单音节声调 F_0 曲线的表现情况如下:

阴平调 F_0 曲线是一条高降曲线,覆盖整个调域,起点 0% 时刻点的 F_0 值为 260Hz,终点 100% 时刻点的 F_0 值是 153Hz。

阴去调 F_0 曲线位于整个调域上部,先平后升,前半段(0% ~ 50% 时刻段)走平,F_0 基本在 219Hz ~ 224Hz,后半段(50% ~ 100% 时刻段)逐渐上升,从 50% 时刻点的 224Hz 上升至 100% 时刻点的 256Hz。

阳去调 F_0 曲线位于整个调域下部,先平后升,前半段(0% ~ 50% 时刻段)走平,F_0 基本在 154Hz ~ 160Hz,后半段(50% ~ 100% 时刻段)逐渐上升,从 50% 时刻点的 160Hz 上升至 100% 时刻点的 214Hz。

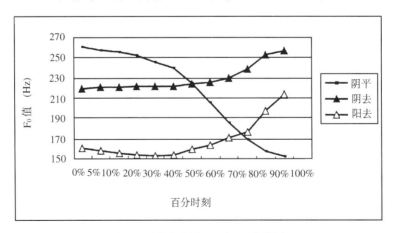

图 3.1   阴平、阴去、阳去 F_0 曲线图

第三节   《广韵》音系与现代方言

现代汉语方言是从古代汉语发展来的,在调查研究现代方言语音时,有必要先了解和熟悉一下以《广

韵》为代表的中古汉语的语音系统。

一、《广韵》简介

（一）《广韵》是什么样的书

《广韵》，全称《大宋重修广韵》，宋代陈彭年、丘雍等人奉诏重修。在《切韵》的基础上加以增广，除增字加注外，韵部也略有增加和调整。全书共收 26194 字，分别归在 206 个韵里。研究中古语音，大都以此为重要依据，研究上古音或近代音，也以此作为比较的资料，调查研究现代方言同样以此作为记录语音框架。总之，《广韵》是汉语音韵学中非常重要的一部韵书。

（二）《广韵》的体例

《广韵》分为五卷，第一卷上平声，第二卷下平声（平声字多，分为两卷），第三卷上声，第四卷去声，第五卷入声。每一卷内的韵目按一定的次序排列，以便于找出四声相承，入声韵配阳声韵的关系。见表 3.18。

表 3.18

平声		一东	二冬	三钟	四江	五支	六脂	七之	八微
上声		一董		二肿	三讲	四纸	五旨	六止	七尾
去声		一送	二宋	三用	四绛	五真	六至	七志	八未
入声		一屋	二沃	三烛	四觉				

每一个韵下面的字，同音的排列在一起，很像现在的同音字典。这种同音字的组合叫做小韵。每一个小韵所包含的字数多少不一，多的有几十个字，少的只有一个字。小韵和小韵之间用圆圈隔开。每个小韵的第一个字的释文末尾，注有这一组同音字的反切和同音字字数，例如：

清 山海经曰太時之山清水出焉释名曰清青也 去浊远秽色如青也又静也澄也洁也七情切二 圊 厕也 ○ 情 静也说文曰人之阴气 有所欲也疾盈切五 晴 天晴 请 七井二切

姓 说文曰雨而 夜除见星也 晴 腈受 赐也

小韵的排列，一般是常用的在前，不常用的在后。由于没有按照声母的次序排列，显得比较混乱，现以冬韵为例，如表 3.19。因此，查检时须注意。

表 3.19

	冬 韵
声 母	端定从泥见匣来精心透
小 韵 代表字	冬 彤 賨 农 攻 碿 曑 宗 鬆 烬

（三）《广韵》对调查研究现代方言的作用

调查方言一般先从语音入手。记录一个方言点的语音，必须有一种能够进行对比的语音系统，据此制订出一个调查音系的框架。没有这一步，调查会遇到很大的困难。而《广韵》音系正是进行方言调查比较理想的一种对比资料。《广韵》的音韵分类非常精细，分了大类，再分小类，直到不能再分为止。所以《广韵》音系以后，任何方言的音系只能就《广韵》所分的最小单位以求其合，不能再从《广韵》所分的最小单位以求其分。各地方言的字音一般都能在这个音系里找到它的音韵地位，方言的音类能与这个音系形成对应关系，方言的一些特点也大致能包括在这个音系里。中国社会科学院语言研究所编的《方言调查字表》就是按照这个音系排列的，作为实地调查方言时用的表格。在正文前"用法"一节里说："现代汉语方言的音系大体上说都可以从这个古音系统出发来研究。拿这个古音系统来看现代方言,许多复杂不易理解的现象大都可以得到理解。"方言调查的实践结果也表明,《广韵》音系和现代方言音系有着直接相承的联系。各方言音系的发展演变,一般能从《广韵》音系里得到合理的解释。

二、中古音系简介

(一)中古音系的声母

1. 三十六字母

传统的音韵学在声母方面定有三十六字母,古人在声母的发音方法上有清浊之别,在发音部位上有五音七音之分,现以语音学名词加以对照,如表 3.20。

表 3.20

发 音 部 位		发 音 方 法			
旧名	新名	旧名 全清	次清	全浊	次浊
		新名 不送气清塞音、塞擦音和擦音	送气清塞音、塞擦音	浊塞音、塞擦音和擦音	鼻音边音半元音
唇音 重唇	双唇音	帮	滂	並	明
唇音 轻唇	唇齿音	非	敷	奉	微
舌音 舌头	舌尖中音	端	透	定	泥
舌音 舌上	舌面前音	知	彻	澄	娘
齿音 齿头	舌尖前音	精、心	清	从、邪	
齿音 正齿	舌面前音	照、审	穿	床、禅	
牙音	舌根音	见	溪	群	疑
喉音	喉音	影			
喉音	舌根音	晓		匣	
喉音	半元音				喻
半舌音	舌尖中音				来
半齿音	舌面前音				日

这三十六字母虽然是声母最早的标目,但它还不能与《广韵》的声母完全相当。

2. 四十个声母

《广韵》的声母可以根据丁声树、李荣先生的《汉语音韵讲义》中所说的数字来定:"古声母沿用旧来的'三十六字母'而略有变动。中古的'照穿床审'四母,依据陈澧考定,每母各分为二。'照二穿二床二审二'改称'庄初崇生'。'照三穿三床三审三'改称'章昌船书'。旧来的'喻'母也依陈澧考定分为两类。'喻三'改称'云','喻四'改称'以'。'娘'母没有独立的必要,并在'泥'母里头。这样,在'三十六字母'里添了五个,去了一个,共计四十个声母。"现将这四十个声母按发音部位分为四系十二组,如表 3.21。

表 3.21

旧 名		系	组	清		浊	
				全清	次清	全浊	次浊
唇	重唇	帮系	帮组	帮	滂	並	明
	轻唇		非组	非	敷	奉	微
舌头		端系	端组	端	透	定	
半舌			泥组				泥（娘）
							来
齿头			精组	精	清	从	
				心		邪	
舌上		知系	知组	知	彻	澄	
正齿			庄组	庄	初	崇	
				生			
			章组	章	昌	船	
				书		禅	
半齿			日组				日
牙		见系	见组	见	溪	群	疑
喉			晓组	晓		匣	
			影组	影			云
							以

3. 声母分系组

古声母的发音部位对于现代方言韵母变化的影响最大。在方言变化中,有时同变的范围大,就得用上"系",有时同变的范围小,就可以用"组",分成系、组之后有较大的伸缩性。比如:宕摄开口三等阳韵的演变:

古声母 今韵母(北京音)
泥组、精组 [iaŋ]
知组 [aŋ]
庄组 [uaŋ]
章组、日组 [aŋ]
见系 [iaŋ]

又比如:遇摄合口三等虞韵的演变:

非组 [u]
泥组、精组 [y]
知系 [u]
见系 [y]

可见同系的声母,影响韵母演变的情况各有不同,因此有必要在同系的声母里再分组。

4. 声母的清浊

古声母发音方法中的清浊对现代方言的声调变化影响最大。

古声母的清浊影响现代方言声调的分类。如果某个方言的声调"平、上、去、入"各分阴阳两类的话,那么古清声母字今音大都为"阴调类",古浊声母字今音大都为"阳调类"。以吴语绍兴话为例:

古声母 例字 古调类 绍兴话调类

清	刚知专尊梯诗	平	阴平
浊	穷陈床梅题时		阳平
清	古展纸走体使	上	阴上
浊	近柱坐美弟是		阳上
清	盖帐正醉体试	去	阴去
浊	共阵助妹第事		阳去
清	急竹曲得的识	入	阴入
浊	局杂药麦笛食		阳入

古全浊声母和次浊声母也影响现代方言调类的分合。在官话区尤为明显。以北京话为例：

古声母	古调类	北京调类	例字
次浊	上	与清声母同，念上声	五染女老买武
全浊		归去声	近柱是坐亥父
次浊	入	归去声	入六纳麦物药
全浊		归阳平	局宅食杂读服

古声母清浊对现代方言声母送气不送气也有关系。送气不送气是指古声母今读塞音、塞擦音说的。以北京话为例，古全清声母都不送气，古次清声母都送气，不受条件限制。唯有古全浊声母"並、定、从、澄、崇、群"按古调类分为送气不送气两套，平声送气，仄声（上、去、入）不送气。如：

盘 phan³⁵　　　伴 pan⁵¹　　　徒 thu³⁵　　　度 tu⁵¹
情 tɕhiŋ³⁵　　静 tɕiŋ⁵¹　　澄 tʂhəŋ³⁵　　直 tʂʅ³⁵
愁 tʂhou³⁵　　骤 tʂou⁵¹　　群 tɕhyn³⁵　　郡 tɕyn⁵¹

古全浊声母"邪、船、禅"的平声字，今读塞擦音的，北京话也读送气音。如：

辞 tshʅ³⁵　　　囚 tɕhiou³⁵　　船 tʂhuan³⁵　　唇 tʂhuən³⁵
纯 tʂhuən³⁵　　垂 tʂhuei³⁵

古声母的清浊对今方言调类的分合及声母的送气不送气有如此大的影响，因此，在调查方言时应特别注意。

5. 洪细与尖团

有些古声母在现代方言里的分化是跟今韵母的洪细有关。"洪音"指今韵母中的"开、合"两呼，"细音"指今韵母中"齐、撮"两呼。以北京话为例，精组声母（精清从心邪）在今洪音前读 ts tsh s，如：栽 tsai⁵⁵ 猜 tshai⁵⁵ 腮 sai⁵⁵；在今细音前读 tɕ tɕh ɕ，如：津 tɕin⁵⁵ 亲 tɕhin⁵⁵ 新 ɕin⁵⁵。见晓组声母（见溪群晓匣）在今洪音前读 k kh x，如：姑 ku⁵⁵ 枯 khu⁵⁵ 呼 xu⁵⁵；在今细音前读 tɕ tɕh ɕ，如：斤 tɕin⁵⁵ 勤 tɕhin³⁵ 欣 ɕin⁵⁵。

韵母洪细在现代汉语的音韵结构上也起作用，例如声母 ts、tʂ、k 三组只在洪音前出现，不跟细音相配，声母 tɕ 组只在细音前出现，不跟洪音相配。

分不分"尖团"，是指古精组声母和见晓组声母在今细音前有没有分别。有分别，叫"分尖团"，没有分别，叫"不分尖团"。北京话和80%以上的官话都不分尖团。北京"酒"="九"tɕiou²¹⁴，"须"="虚"ɕy⁵⁵，"就"="旧"tɕiou⁵¹。分尖团的方言如：上海郊县嘉定话"酒"tsy³⁵≠"九"tɕy³⁵，"须"sy⁵³≠"虚"ɕy⁵³，"就"zy¹³≠"旧"dʑy¹³。

（二）中古音系的韵母

1. 206 韵与十六摄

《广韵》共206韵，这是指全书的总数说的。比如平声的"东"，上声的"董"，去声的"送"，其中的差别只在声调。至于所包含的韵母应该都是一样的。入声"屋"跟"东""董""送"除声调差别外，还有韵尾的差别。

206韵如果不计声调的不同，而以四声相配，就只有61韵（即平声57韵加去声4韵）。通常提到某一平声韵的时候，往往包括上声和去声，这就是"举平以赅上去"的办法，比较容易记。

《广韵》中虽然没有把韵归为几"摄"，但"摄"的概念在方言研究中是极为有用的。

61个韵类，根据韵腹和韵尾相同或相近，归并为16个大类，每一类用一个字作代表，那就是音韵学上所谓的"十六摄"。每一摄所包含的韵数不一样,有的摄只有一个韵,有的摄包含八九个韵。

十六摄的次序排列如下:果、假、遇、蟹、止、效、流、咸、深、山、臻、宕、江、曾、梗、通。

现在把《广韵》的 206 韵及十六摄排列如下(各韵标注今读音):

	平	上	去	入
果摄	歌 kɤ⁵⁵	哿 kɤ²¹⁴	箇 kɤ⁵¹	
	戈 kɤ⁵⁵	果 kuo²¹⁴	过 kuo⁵¹	
假摄	麻 ma³⁵	马 ma²¹⁴	祃 ma⁵¹	
遇摄	模 mu³⁵	姥 mu²¹⁴	暮 mu⁵¹	
	鱼 y³⁵	语 y²¹⁴	御 y⁵¹	
	虞 y³⁵	麌 y⁵¹	遇 y⁵¹	
蟹摄	咍 xai⁵⁵	海 xai²¹⁴	代 tai⁵¹	
			泰 thai⁵¹	
	皆 tɕie⁵⁵	骇 xai⁵¹	怪 kuai⁵¹	
	佳 tɕia⁵⁵	蟹 ɕie⁵¹	卦 kua⁵¹	
			夬 kuai⁵¹	
			祭 tɕi⁵¹	
			废 fei⁵¹	
	齐 tɕhi³⁵	荠 tɕi⁵¹	霁 tɕi⁵¹	
	灰 xuei⁵⁵	贿 xuei⁵¹	队 tuei⁵¹	
止摄	支 tʂʅ⁵⁵	纸 tʂʅ²¹⁴	寘 tʂʅ⁵¹	
	脂 tʂʅ⁵⁵	旨 tʂʅ²¹⁴	至 tʂʅ⁵¹	
	之 tʂʅ⁵⁵	止 tʂʅ²¹⁴	志 tʂʅ⁵¹	
	微 uei⁵⁵	尾 uei²¹⁴	未 uei⁵¹	
效摄	豪 xau³⁵	皓 xau⁵¹	号 xau⁵¹	
	肴 iau³⁵	巧 tɕhiau²¹⁴	效 ɕiau⁵¹	
	宵 ɕiau⁵⁵	小 ɕiau²¹⁴	笑 ɕiau⁵¹	
	萧 ɕiau⁵⁵	篠 ɕiau²¹⁴	啸 ɕiau⁵¹	
流摄	侯 xou³⁵	厚 xou⁵¹	候 xou⁵¹	
	尤 iou³⁵	有 iou²¹⁴	宥 iou⁵¹	
	幽 iou⁵⁵	黝 iou²¹⁴	幼 iou⁵¹	
咸摄	覃 than³⁵	感 kan²¹⁴	勘 khan⁵⁵	合 xɤ³⁵
	谈 than³⁵	敢 kan²¹⁴	阚 khan⁵¹	盍 xɤ³⁵
	咸 ɕian³⁵	豏 ɕian²¹⁴	陷 ɕian⁵¹	洽 tɕhia⁵¹
	衔 ɕian³⁵	槛 tɕian⁵¹	鉴 tɕian⁵¹	狎 ɕia³⁵
	盐 ian³⁵	琰 ian²¹⁴	艳 ian⁵¹	叶 ie⁵¹
	严 ian³⁵	俨 ian²¹⁴	酽 ian⁵¹	业 ie⁵¹
	添 thian⁵⁵	忝 thian²¹⁴	㮇 thian⁵¹	帖 thie⁵¹
	凡 fan³⁵	范 fan⁵¹	梵 fan⁵¹	乏 fa³⁵
深摄	侵 tɕhin⁵⁵	寝 tɕhin²¹⁴	沁 tɕhin⁵¹	缉 tɕi⁵⁵
山摄	寒 xan³⁵	旱 xan⁵¹	翰 xan⁵¹	曷 xɤ³⁵
	山 ʂan⁵⁵	产 tʂhan²¹⁴	裥 tɕian²¹⁴	黠 ɕia³⁵
	删 ʂan⁵⁵	潸 ʂan⁵⁵	谏 tɕian⁵¹	鎋 ɕia³⁵
	仙 ɕian⁵⁵	狝 ɕian²¹⁴	线 ɕian⁵¹	薛 ɕye⁵⁵
	元 yan³⁵	阮 ʐuan²¹⁴	愿 yan⁵¹	月 ye⁵¹

	先 ɕian⁵⁵	铣 ɕian²¹⁴	霰 ɕian⁵¹	屑 ɕie⁵¹
	桓 xuan³⁵	缓 xuan²¹⁴	换 xuan⁵¹	末 mo⁵¹
臻摄	痕 xən³⁵	很 xən²¹⁴	恨 xən⁵¹	
	臻 tʂən⁵⁵			栉 tʂʅ⁵¹
	真 tʂən⁵⁵	轸 tʂən²¹⁴	震 tʂən⁵¹	质 tʂʅ⁵¹
	殷 in⁵⁵	隐 in²¹⁴	焮 ɕin⁵¹	迄 tɕhi⁵¹
	魂 xuən³⁵	混 xuən⁵¹	恩 xuən⁵¹	没 mo⁵¹
	谆 tʂuən⁵⁵	准 tʂuən²¹⁴	稕 tʂuən⁵¹	术 ʂu⁵¹
	文 uən³⁵	吻 uən²¹⁴	问 uən⁵¹	物 u⁵¹
宕摄	唐 thaŋ³⁵	荡 taŋ⁵¹	宕 taŋ⁵¹	铎 tuo³⁵
	阳 iaŋ³⁵	养 iaŋ²¹⁴	漾 iaŋ⁵¹	药 iau⁵¹
江摄	江 tɕiaŋ⁵⁵	讲 tɕiaŋ²¹⁴	绛 tɕiaŋ⁵¹	觉 tɕye³⁵
曾摄	登 təŋ⁵⁵	等 təŋ²¹⁴	嶝 təŋ⁵¹	德 tɤ³⁵
	蒸 tʂəŋ⁵⁵	拯 tʂəŋ²¹⁴	证 tʂəŋ⁵¹	职 tʂʅ³⁵
梗摄	庚 kəŋ⁵⁵	梗 kəŋ²¹⁴	映 iŋ⁵¹	陌 mo⁵¹
	耕 kəŋ⁵⁵	耿 kəŋ²¹⁴	诤 tʂəŋ⁵¹	麦 mai⁵¹
	清 tɕhiŋ⁵⁵	静 tɕiŋ⁵¹	劲 tɕiŋ⁵¹	昔 ɕi⁵⁵
	青 tɕhiŋ⁵⁵	迥 tɕyŋ²¹⁴	径 tɕiŋ⁵¹	锡 ɕi⁵⁵
通摄	东 tuŋ⁵⁵	董 tuŋ²¹⁴	送 suŋ⁵¹	屋 u⁵⁵
	冬 tuŋ⁵⁵		宋 suŋ⁵¹	沃 uo⁵¹
	钟 tʂuŋ⁵⁵	肿 tʂuŋ²¹⁴	用 yŋ⁵¹	烛 tʂu³⁵

按照《广韵》音系看,十六摄中,"果、假、遇、蟹、止、效、流"七摄只有舒声(平、上、去),没有入声。"咸、深、山、臻、宕、江、曾、梗、通"九摄有舒声,又有入声。

2. 阴声韵、阳声韵和入声韵

阴声韵、阳声韵和入声韵是按韵尾来分的。

(1)阴声韵是指没有韵尾或韵尾是元音的韵摄,例如"果、假、遇、蟹、止、效、流"七摄。

(2)阳声韵是指韵尾是鼻音的韵摄,例如:

　　"咸、深"二摄的舒声收[－m]。

　　"山、臻"二摄的舒声收[－n]。

　　"宕、江、曾、梗、通"五摄的舒声收[－ŋ]。

(3)入声韵是指韵尾是塞音的韵摄,例如:

　　"咸、深"二摄的入声收[－p]。

　　"山、臻"二摄的入声收[－t]。

　　"宕、江、曾、梗、通"五摄的入声收[－k]。

阳声韵和入声韵相配非常整齐,舒声都是鼻音,入声都是塞音,并且舒、入的韵尾的发音都是同部位的。例如:

"咸、深"	阳声韵收[－m]	入声韵收[－p]
咸摄	覃	合
	咸	洽
	盐	叶
	添	帖
深摄	侵	缉
"山、臻"	阳声韵收[－n]	入声韵收[－t]
山摄	寒	曷

	山		黠
	仙		薛
	先		屑
臻摄	臻		栉
	魂		没

"宕、江、曾、梗、通"

	阳声韵收[-ŋ]	入声韵收[-k]
宕摄	唐	铎
	阳	药
江摄	江	觉
曾摄	登	德
	蒸	职
梗摄	庚	陌
	耕	麦
	清	昔
	青	锡
通摄	东	屋
	冬	沃
	钟	烛

阴声韵、阳声韵、入声韵有时也简称为阴声、阳声、入声或阴、阳、入。

阴、阳、入三类韵是汉语最大的特征之一,说明汉语语音系统富于整齐性。

3.“呼”和“等”

(1)“呼”

依照韵头的不同,还可以把各韵的字分为开口呼和合口呼。

现代汉语的韵母按韵头不同分为开口呼(没有韵头)、齐齿呼([i]和[i]韵头)、合口呼([u]和[u]韵头)、撮口呼([y]和[y]韵头)四呼。一般来说,现代的开口呼和齐齿呼古代是开口呼,现代的合口呼和撮口呼古代是合口呼。

《广韵》里的韵,有的兼有开口呼、合口呼,如“麻”韵;有的只有开口呼,没有合口呼,如“歌”韵;有的只有合口呼,没有开口呼,如“鱼”韵。下面是十六摄的开、合情况:

甲 兼有开口呼、合口呼的韵摄:

　　果、假、蟹、止、咸、山、臻、宕、曾、梗

乙 只有开口呼的韵摄:

　　效、流、深、江

丙 只有合口呼的韵摄:

　　遇、通

(2)“等”

“等”也是对韵母结构的一种分析。古人把开口呼和合口呼的韵又各分为一、二、三、四等。等的不同主要是韵母主要元音的高低或前后的不同。一等的元音偏低偏后,二、三、四等依次偏高偏前。此外,还有 i 介音有无的不同,一、二等没有 i 介音,三、四等有 i 介音。

《广韵》206 韵划分为四等的情况大致如下:

一等 歌戈模咍泰灰豪侯覃谈寒桓痕魂唐登东冬

二等 麻皆佳夬肴咸衔山删江庚耕

三等 戈麻鱼虞祭废支脂之微宵尤幽盐严凡侵仙元真臻殷谆文阳蒸庚清东钟

四等 齐萧添先青

"等"本来是对韵说的,但是,在汉语的音韵结构中,韵要跟声母构成音节。因此,要了解"等"的作用,一方面从古代声母和韵母的配合关系来看,另一方面从"等"在现代汉语方言上的反映来看。

甲　一等和四等

一、四等的声母有以下 19 个:

　　帮滂並明　端透定　泥来　精清从心　见溪疑　晓匣　影

一等和四等的不同点是:一等韵多,四等韵少;一等合口上述 19 个声母都可以有,四等合口就只有见系声母。

从北京语音的反映来看,一等和四等的最大区别是:一等只有洪音,没有细音,如"歌、高、头、甘、团、仓"等;四等除蟹摄合口(齐韵)是洪音外(如"桂、惠"),一律是细音,如"丁、年、低、协、萧、鸡"等。

端、透、定三个声母只在一、四等出现,不在二、三等出现。凡是现代读作 t-、th-、(d-)的字,洪音一般是一等,细音一般是四等。如"多、台、斗、头、谈、滩、达、同"是一等字,"底、甜、听、亭、笛、贴、挑、替"是四等字。(只有个别例外字,如"打"是二等,"地"和"爹"是三等。)拿北京话或上海话的读音来说就是这样。

根据近几年的调查,发现一等韵的部分字在少数方言里带有 i 介音,如湖南浏阳话、湖北广济话、甘肃武山话等。

乙　二等

二等的声母有以下 19 个:

　　帮滂並明　泥来　知彻澄　庄初崇生　见溪疑　晓匣　影

在北京音里,二等字的韵母,除见系开口外全是洪音,例如:排、抄、山、插、班、关、捧、桌。见系开口字大多数变细音,例如:家、牙、解、鞋、眼、江、硬、咸。二等见系开口字在其他方言里常常有读成洪音的。比如上海话"街"读 kA^{53},"懈"读 gA^{13},"蟹"读 hA^{34},"鞋"读 $ɦiA^{13}$,"眼"读 $ŋE^{13}$,"项"读 $ɦ\tilde{a}^{13}$,"硬"读 $ŋ\tilde{a}^{13}$,"咸"读 $ɦiE^{13}$。还有如西南官话方言、粤方言等也读洪音。在北京语音里也还有些二等见系开口字读洪音,如"港、坑、客、矮"。在上海话里还有一些字洪细两读,一般是细音为文读音,洪音为白话音,例如:家 kA^{53}、$t\wideunderline{ɕ}iA^{53}$,牙 $\wideunderline{ŋ}A^{13}$、$\wideunderline{ɦi}A^{13}$,解 kA^{34}、$t\wideunderline{ɕ}iA^{34}$,江 $k\tilde{a}^{53}$、$t\wideunderline{ɕ}i\tilde{a}^{53}$,闲 $ɦiE^{13}$、$\wideunderline{ɦi}E^{13}$,限 $ɦiE^{13}$、$\wideunderline{ɦi}E^{13}$,颜 $ŋE^{13}$、$\wideunderline{ɦi}E^{13}$,监 kE^{53}、$t\wideunderline{ɕi}^{53}$。在北京话里口语中有一些字洪细两读,比如"更"有 $kəŋ^{55}$、$t\wideunderline{ɕ}iŋ^{55}$两读;"打更"的"更"可以说 $kəŋ^{55}$,也可以说 $t\wideunderline{ɕ}iŋ^{55}$。"家"字通常是细音 $t\wideunderline{ɕ}ia^{55}$,但是地名如"张家庄、胥家庄"之类"家"字读 $kə^{0}$,字写作"各"或"郭"等,这是二等韵母在今音里的一个特点。一四等和三等韵都没有这类情形。

丙　三等

三等的声母根据其不同的分布情况分为两大类:

第一类　声母多的。除端组和匣母外,差不多每一组的声母都可以有。如遇摄合口三等虞韵,流摄开口三等尤韵。

第二类　声母少的。只限于帮组或非组以及见系,其他声母都不出现。如蟹摄开口三等废韵,山摄开口三等元韵。

三等的声母比较完备,凡是一、二、四等里没有的声母都在三等出现。只在三等韵里才出现的声母有下列 14 个:

　　非敷奉微　邪　章昌船书禅　日　群　云以

不在三等里出现的声母只有 4 个:端透定　匣

三等韵在北京语音里的情况是有读细音,也有读洪音,读洪细跟声母的系组有密切关系。大体上说,帮泥精组和见系声母的开口字,今读细音。非组和知系字一律读洪音。

(三)　中古音的声调

《广韵》的声调有四类:平声、上声、去声、入声。

现代汉语各方言的调类是按照调值划分出来的。例如北京话的四个调类是按照 55、35、214、51 四种调值划分的。这种调类我们可以称为"音值调类"。《广韵》所分的平、上、去、入四类(现在无法知道它们的"值"),可以称为"历史调类",又叫"古调类"。古调类跟音值调类之间有一定的对应关系。譬如"比、短、古、好"等字在古调类都是上声字,而这些字在北京都读成 214 曲折调。

现代的音值调类是从古调类演变而成的,但是由于种种原因,音值调类的总数并不跟古调类的总数恰恰相等。即使相等,其分类也不一定跟古调类一一相当。见表 3.22。

表 3.22

古调类	古清浊	例 字	广州话	温州话	苏州话	上海话	重庆话	滦县话
平声	清	刚知专尊丁边安 开超初粗天偏 婚商三飞	阴平 55	阴平 44	阴平 44	阴平 53	阴平 55	平声 21
	全浊 次浊	穷陈床才唐平 寒时详扶 鹅娘人龙难麻文云	阳平 21	阳平 31	阳平 24	阳去 13	阳平 21	
上声	清	古走纸展短比袄 口丑楚草体普 好手死粉	阴上 35	阴上 45	上声 52	阴去 34	上声 42	上声 213
	次浊	五女染老暖买武有	阳上 13				去声 214	
	全浊	近柱是坐淡倍 厚社似父	阳上 13 阳去 22	阳上 34	阳去 31	阳去 13		
去声	清	盖帐正醉对变爱 抗唱菜怕 汉世送放	阴去 33	阴去 42	阴去 412	阴去 34		去声 55
	全浊 次浊	共阵助暂大备 害树谢饭 岸闰漏怒帽望	阳去 22	阳去 22	阳去 31	阳去 13		
入声	清	急竹职即得笔一 曲出七秃匹 黑识惜福	上阴入 5	阴入 323	阴入 4	阴入 5	阳平 21	平声 上声 去声
		各桌责接百约 却尺切铁拍 歇说削发	下阴入 33					
	次浊 全浊	岳入六纳麦物药 局宅食杂读白 合舌俗服	阳入 22	阳入 212	阳入 23	阳入 12		
调类数			9	8	7	5	4	3

三、中古音与现代方言的比较

本节以宁波音为例,和中古音作比较,分别从声母、韵母、声调三方面进行。

(一)声母的比较
宁波音和中古音声母的比较,见表 3.23。

表 3.23

宁波	中古	条件	例字	例外字举例
p	帮		巴扁柄北	爆 bɔ²¹³,瘭 bi²¹³
ph	滂		披漂聘匹	玻 pəu⁴⁴,怖 pu⁴⁴
b	並		排骈病白	陛 pi⁴⁴,辟 phiɪ⁷⁵
m	明		麻秒命蔑	
	微	白　读	蚊晚问袜	挽 uɛ³⁵
		文　读	蚊晚问物	
v	奉		符范凤服	辅 fu⁴⁴,缚 bəu²¹³
f	非		飞否放法	
	敷		翻菲访覆	抚 vu²¹³,捧 phoŋ³⁵
t	端		低鸟顿德	堤 di²⁴,嚏 thi⁴⁴
th	透		滔腿烫托	踏 daʔ¹²,桶 doŋ²¹³
d	定		桃淡邓突	跳 thio⁴⁴,跌 tiɪ⁷⁵
n	泥	开口一二等,合口一等	奴脑嫩纳	
l	来		卢了浪略	隶 di²¹³
ts	精	开合一,合三,止开三	资早葬足	挫 tshəu⁴⁴,躁 tshɔ⁴⁴
	知	开二,合三,止开三	蛛转镇竹	爹 tia⁵³
	庄	抓阻壮扎		查 dzo²⁴,臻 tɕiŋ⁵³
	章	合三及宥、假、蟹、止开三	遮煮障粥	
tsh	清	开合一,合三,止开三	雌草寸促	
	彻	开二,合三,止开三	痴耻宠拆	褚 tsʮ⁵³
	初		抄楚创插	
	昌(多)	合三及假、止、宥开三	吹喘唱出	枢 sʮ⁵³,齿 tsʮ⁴⁴
dz	从	开合一,合三,止开三部分字	瓷在赠族	疵 tshʮ⁴⁴,蹲 təŋ⁵³
	澄	开二,合三	茶柱撞泽	储 zʮ²⁴,苎 zʮ²¹³
	崇	全三,部分开三	查崇助闸	乍 tso⁴⁴,镯 dzʮəʔ¹²
s	心	开合一,合三,止开三	苏嫂宋索	伺 zʮ²¹³,粹 zɐi²¹³
	生	山洒渗杀		产 tshɛ³⁵,稍 ɕio⁵³
	书	合三及假、蟹、止、宥开三	书赏试叔	鼠 tsʮ⁴⁴,翅 tsʮ⁴⁴
z	从	开合一,合三,止开三部分字	裁层座贼	
	邪	合三,止,山开三	随似隧循	少量读 dz,如:词 dzʮʔ²⁴ 俗 dzoʔ¹²
	崇	开三,部分开二	柴士状	
	船	合三及假、止、臻、开三	船示顺实	盾 dəŋ²¹³,赎 dzoʔ¹²
	禅(多)	合三及蟹、止、深、山、臻、宥开三	时善慎熟	常 dzɔ²⁴,属 dzoʔ¹²
	日	文读(除止开三)	如乳认日	
tɕ	精	开合一,合三,止开三	焦洒酱接	歼 tɕhi⁵³,溅 tsɛ⁴⁴
	见	开合三四,山开二,假、效开二文读	饥九镜击	俱 dzy²¹³,睑 li²¹³
	知	开三(除止开三)	朝今~展 帐哲	粘 ȵi⁴⁴
	章	效、流、咸、深、山、臻、曾、梗开三	招帚政浙	
tɕh	清	开三四(除止开三)	千悄亲七	
	溪	开合三四(除蟹合四,止宥合三)	丘起庆吃	墟 ɕy⁵³,隙 ɕiɪʔ⁷⁵
	彻	开三(除止开三)	超丑趁撤	侦 tɕiŋ⁵³,逞 dziŋ²⁴
	昌(少)	流、曾、梗开三	称丑臭赤	

（续表）

宁波	中古	条 件	例 字	例外字举例
dʑ	从	开三四(除止开三)部分字	钱渐尽捷	辑 tɕʮɪʔ⁵
	澄	开三	池赵阵直	召 ʑio²⁴，瞪 təŋ⁴⁴
	禅(少)	效、流、咸、曾、梗开三	承城售植	少量读 ʑ，如：绍 ʑio²¹³ 受 ʑiɤ²¹³
	群(多)	除止宕合三	桥键近局	
ɲ	日	白读	饶壤二肉	少量读 ʑ，如：柔 ʑiɤ²⁴ 弱 ʑiaʔ¹²
	疑	开合三四	宜仰愿业	少量读 ɦ，如：言 ɦi²⁴，魏 ɦuɐɪ²¹³
ç	心	开三四(除止开三)	仙写信析	纤 tɕhi⁵³
ɕ	书	效、流、咸、深、山、臻、曾、梗开三	烧闪圣湿	
	晓	开合三四(除止宕合三)	虚晓嗅蓄	
ʑ	从	开三四(除止开三)部分字	前静就嚼	
	船	山、曾、梗开三	绳舌食射	乘 dʑiŋ²⁴，剩 dʑiŋ²¹³
	邪	假、流、深、宕、梗开三	斜象袖席	囚 dʑiɤ²⁴，祥 dʑiã²⁴
k	见	开合一二(除山开二)，蟹合三四，止通合三，假效开二文读	姑感贡革	昆 khuəŋ⁵³，扛 gɔ²⁴
kh	溪	开合一二，蟹合四，止宕合三，部分通合三	开可抗克	诙 huɐɪ⁵³，恢 huɐɪ⁵³
g	群(少)	止宕合三，部分通合三	逵狂共	
ŋ	疑	开合一二	鹅我硬岳	少数读 ɦ，如：吴 ɦu²⁴，桅 ɦuɐɪ²⁴
h	晓	开合一二，止宕合三	挥海唤霍	遇合一读 f，如：呼 fu⁵³，虎 fu³⁵
ɦ	匣		胡汇巷划	系 çi⁴⁴，很 həŋ³⁵
	喻云		围右晕越	少数读 ∅ 声母，如：永 yoŋ³⁵，焉 i³⁵
	喻以		愉以样阅	少数读 ∅ 声母，如：勇 ioŋ³⁵，舀 io³⁵
∅	影		乌稳暗屋	轧 gɐʔ¹²，秽 ɦuɐɪ²¹³

（二）韵母的比较

宁波音和中古音韵母的比较，见表 3.24。

表 3.24

宁波	中古		条 件	例 字	例外字举例
	摄、等	韵			
ʮ	止开三	支	精组，知庄章组	斯纸刺是	少数读 i、ʮ 韵，如：池 dʑi²⁴，智 tsʮ⁴⁴
		脂	精组，知庄章组	资指四视	少数读 i 韵，如：死 çi³⁵
		之	精组，知庄章组	司士试字	少数读 ʮ 韵，如：治 dzʮ²¹³
ʮ	遇合三	鱼	精知章组，日母	书序著署	少数读 i、ʮ 韵，如：徐 zi²⁴，煮 tsʮ³⁵
		虞	精知章组，日母	需乳趣树	续 dzoʔ¹²
	蟹开三	祭	章组 4 个字	制世势	誓逝 zʮ²¹³
	止合三	支	精章组白读 2 个字	吹 嘴	
		脂	知章组白读 4 个字	槌水坠谁	

（续表）

宁波	中古 摄、等	中古 韵	条　件	例　字	例外字举例
i	蟹开三	祭废	除章组	蔽例际艺	
	蟹开四	齐		批礼计第	
	蟹合三	废	非组3个字	废肺吠	
	止开三	支	帮组,见系,泥来母	披企荔戏	碑卑 pɐi⁵³
		脂	帮组(部分),端组,见系,泥来日母	肌比器利	
	止开三	之	见系,泥组,日母白读	基耳意吏	
		微	见系	希岂气毅	
	止合三	脂	以母4个字	维惟遗唯	
		微	非组	飞匪费味	
	咸开一	谈	见组4个字	甘柑泔敢	橄 kɛ⁵³
	咸开三	盐		尖俭厌敛	验 ne²¹³
		严		腌俨欠剑	
	咸开四	添		谦点店甜	念 ne²¹³
	山开一	寒	见组	肝杆看赶	刊 khɛ⁵³,岸 ŋe²¹³
	山开三	仙	除禅日母	连展扇面	羡 zɣ²⁴
		元		言键献堰	
	山开四	先		边典见眠	
	山合三	仙	来母1个字	恋	
u	遇合一	模		租土布度	墓 məu²¹³,五 ŋ²¹³
	遇合三	鱼	庄组,泥来母	初阻助庐	来母有4个字读i:吕旅虑滤
		虞	非组,庄组,泥来母	夫武数务	缕 li²¹³
	流开三	尤	非组部分字	浮妇富副	
y	果合三	戈	晓母1个字	靴	
	遇合三	鱼	见系	虚举据豫	少数读i,e韵,如:锯 ki⁵³,许 he⁴⁴
		虞	见系	驱而句裕	娱 nu²⁴
	止合三	支	见组白读2个字	亏跪	
		脂	见组白读2个字	龟柜	
		微	见组白读2个字	鬼贵	
	山合三	仙	见系,日母	权软院捐	铅 khɛ⁵³
		元	见系	冤远劝元	宛婉 u⁵³
	山合四	先	见系	涓犬县渊	
a	蟹开一	泰	帮组,端系	带太蔡赖	
	蟹开二	皆	陈匣母	街楷拜豺	埋 mɛ²⁴,皆 tɕie⁵³
		佳		鞋摆债寨	佳 tɕia⁵³,懈 ɦie²¹³
ia	假开二	麻	见系文读(新派)	家贾亚霞	
	假开三	麻	精知组,以母	爹写借夜	些 ɕiɪʔ⁵
ua	蟹合二	皆佳央	见系部分字	怪坏快	

（续表）

宁波	中古 摄、等	中古 韵	条 件	例 字	例外字举例
ɔ	效开一	豪		高保到浩	
	效开二	肴	除见组,晓组	包炒闹貌	抓 <u>tso</u>⁵³,tsa⁵³
o	假开二	麻	除见系文读	巴哑怕夏	爸 pa⁴⁴,帕 phɐʔ⁵
	假开三	麻	章组,日母	遮扯舍惹	奢 sø⁵³,者 tse³⁵
	假合二	麻	见组	瓜寡跨瓦	蜗 əu⁵³
	蟹合二	佳	见组 2 个字	挂卦	
io	效开二	肴	见组文读,晓组	交巧觉_{睡~}效	
	效开三	宵		骄小妙绕	
	效开四	萧		刁晓料跳	
	流开三	幽	帮组 2 个字	彪谬	
uo	假合二	麻	晓组、影组	花华化洼	
	蟹合二	佳央	晓组、影组共 3 个字	蛙画话	
yo	假开二	麻	见系文读(老派)	家下亚鸦	
e	蟹开一	咍		开彩代爱	
		泰	见系 4 个字	盖丐艾害	蔼蔼 ɐʔ⁵
ie	蟹开二	皆	匣母 2 个字	谐械	骇 ɸie²¹³
			零星散布(见例字)	且也(假开三以母)皆阶(蟹开二见母)	
ɛ	咸开一	覃	端系部分字,见组	耽惨勘参	感 ki³⁵
		谈	端系	三胆淡篮	
	咸开二	咸		杉减站陷	
		衔		岩舰监衔	
	咸合三	凡		凡范泛梵	
	山开一	寒	端系	丹伞烂诞	
	山开二	山		山铲扮限	见母 5 个字读 tɕi:艰间_{空~}间_{~断}简柬
		删		奸板晏慢	雁 ɸi²¹³
	山合三	元	非组	翻反饭烦	
uɛ	蟹合二	皆	见系 4 个字	乖怀淮筷	
	山合二	山	见系 2 个字	鳏幻	
		删	见系	关顽惯弯	还_{~有} ɸia²⁴,ɸiua²⁴
ɤ	流开三	尤	来母	留柳溜刘	
		幽	端母 1 个字	丢	
	山合一	桓	精组	酸纂算钻	
	山合二	删	庄组	闩撰篡拴	
	山合三	仙	精知章组	宣喘传船	
iɤ	流开三	尤	除非组,庄组,来母	周舅臭右	嗅 ɕyoŋ⁴⁴,生 ŋœɤ²⁴
		幽	见系 3 个字	纠幽幼	

（续表）

宁波	中古 摄、等	韵	条　件	例　字	例外字举例
ø	山合一	桓	端组,泥组	端短乱暖	
ɐI	蟹合一	灰	帮组,端系	推罪配内	
	蟹合一	泰	端系2个字	兑最	
	蟹合三	祭		脆税锐岁	三个字读 uɐI 韵:彗鳜卫
	蟹合四	齐		闺奎桂惠	携 ɦuɪʔ¹²
	止开三	脂	帮组部分字	悲美备丕	
	止合三	支	除见系	吹累睡垂	髓 çi⁵³
	止合三	脂	除见系	虽垒醉淮	衰 se⁵³, 帅 se⁴⁴
	咸开一	覃	端系部分字,晓影组	庵南暗蚕	
	咸开一	谈	晓组3个字	蚶酣邯	喊 hɛ³⁵
	山开一	寒	晓影组	安旱案汗	汉 he⁴⁴
uɐI	蟹合一	灰	见系	灰悔块溃	
	蟹合一	泰	见系4个字	刽会~计 会开~绘	外 ŋa²¹³
	蟹合三	废	影母1个字	秽	
	蟹合三	支	见系	规毁伪委	
	山合三	脂	见系(除以母)	龟轨愧逵	季 tçi⁴⁴
	山合三	微	见系	挥伟慰归	
ue	果开一	歌		多可做饿	我 ŋo²¹³, 他 tha⁵³
	果合一	戈		波锁过糯	朵 to⁵³
œY	流开一	侯		偷口奏漏	某 mɐu²¹³, 贸 mɐI²⁴
	流开三	尤	非组部分字,庄组	搜否掊骤	
ã	梗开二	庚	除少数文读字	撑冷孟亨	
	梗开二	耕	部分字白读	浜棚争耕	
iã	宕开三	阳	除庄章组	张响亮央	
uã	梗合二	庚	匣母2个字	横~直横查~	
ɔ̃	宕开一	唐		帮党抗浪	
	宕开三	阳	庄章组	装爽唱常	厂 tçhiã³⁵
	宕合三	阳	非组	方纺放忘	
	江开二	江		窗讲胖项	虹 ɦioŋ²⁴, 蚌 bã²¹³
uɔ̃	宕合一	唐		光谎旷黄	
	宕合三	阳	见系	筐往况狂	
	梗合二	庚	见母1个字	矿	
yɔ̃	江开二	江	见母1个字	降下~,~落伞	
ũ	山合一	桓	帮组,见系	搬管换碗	玩古~ ɦuɛ²⁴
əŋ	深开三	侵	生母3个字	森参人~ 渗~透	
	臻开一	痕		跟恳恨吞	
	臻合一	魂	帮组,端系	村本顿嫩	

（续表）

宁波	中古		条　件	例　字	例外字举例
	摄、等	韵			
əŋ	臻合三	谆	来母3个字	伦沦轮	
		文		纷愤奋问	
	曾开一	登		灯肯赠恒	朋 bã²⁴，崩 poŋ⁵³
	梗开二	庚	少数字文读	生牲笙更₋加	
		耕	少数字文读	争筝耕耿	
iŋ	深开三	侵	除生母	心品赁音	
	臻开三	真	除章组部分字,除日母文读	宾紧印咨	镇 tsɥøŋ⁴⁴，衬 tshəŋ⁴⁴
		殷	见系	斤隐近欣	
	曾开三	蒸		冰拯剩鹰	瞪 təŋ⁴⁴，孕 ɦyoŋ²¹³
	梗开二	耕	部分字	茎幸橙樱	
	梗开三	庚		兵景庆明	映 iã⁴⁴
		清		晶饼令婴	
	梗开四	青		丁醒宁铭	
	梗合三	清	见系	倾顷营颖	琼 dʑyoŋ²⁴
	梗合四	青	匣母1个字	萤	
uəŋ	臻合一	魂	见系	昏稳困混	
yəŋ	臻合三	谆	见系	均窘允匀	
		文	见系	君薰郡运	荤 huəŋ⁵³
ɥəŋ	臻开三	真	章组部分字,日母文读	神忍震人	
	臻合三	谆	精组,知系	春笋俊顺	遵 tsəŋ⁵³，迅 çiŋ⁴⁴
oŋ	曾合一	登	匣母1个字	弘	
	梗合二	耕	晓组3个字	轰平轰去宏	
	通合一	东		东孔送红	懵 mõ²¹³
		冬		冬农统宋	
	通合三	东	除见系,日母	风凤隆中	梦 mõ²¹³
		锺	除晓影组,除泥日母	锋肿共松	
yoŋ	梗合三	庚	见系	兄永泳荣	
	通合三	东	见系大部分,日母	穷雄嗅绒	
		锺	晓影组,泥日母	胸勇用浓	
ɐʔ	咸开一	合		答纳杂喝	
		盍		塔蜡腊磕	
	咸开二	洽	除见系少数字	眨插掐	
		狎	除见系少数字	甲₋子 匣箱₋ 押压	
	咸合三	乏		法乏	
	深开三	缉	生母1个字	涩	
	山开一	曷		达辣割喝	
	山开二	黠		八拔扎杀	
		锗		铡瞎辖	

（续表）

宁波	中古		条　　件	例　字	例外字举例
	摄、等	韵			
ɤʔ	山合一	末	除见系	拨末脱夺	
	山合三	月	非组	发伐罚袜	
	臻开三	质	生母2个字	瑟虱	
	臻合一	没	帮端系	勃沉~突卒	
	臻合三	术	精母生母共3个字	卒蟀率	
		物	非组	弗拂佛物	
	曾开一	德		默特塞克	北 poʔ5，墨 moʔ5
	曾开三	职	庄组4个字	侧测恻色	
	梗开二	陌		百泽额赫	
		麦		脉摘革扼	
ieʔ	咸开二	洽狎	见系少数字	恰洽峡 甲~乙丙丁	
	咸开四	帖		帖蝶叠协	
	山合三	薛	来母1个字	劣	
	宕开三	药	除章组	略削弱脚	
ueʔ	山合一	末	见系	括阔豁活	
	山合二	黠鎋	见系	滑猾挖刮	
	臻合一	没	见系	骨窟忽榾	
	梗合二	麦	匣母1个字	划	
oʔ	山合二	鎋	生母1个字	刷	
	山合三	薛	除见系,除来母	绝雪辍说	
	宕开一	铎		薄落索鳄	幕 məu213，踱 du213
	宕开三	药	章组	酌绰勺~子芍	
	宕合一	铎		郭廓霍镬	
	宕合三	药	奉母1个字	缚束~	缚又读 bəu213
	江开二	觉	帮知系,见系(白读)	剥桌浊确	镯 dzyəʔ12
	曾合一	德		国或惑	
	梗合二	麦	匣母1个字	获	
	通合一	屋		扑独速谷	
		沃		督毒酷沃	
	通合三	屋	非组,端知系(除日母)	福六竹缩	轴 dzyəʔ12
		烛	端知系	绿足触辱	
yoʔ			共3个字	吃(梗开四锡溪)肉(通合三屋日)玉(通合三烛疑)	
iiʔ	咸开三	叶		聂接涉叶	
		业		劫业胁怯	
	深开三	缉	大部分字	立袭湿及	个别字如"集、习"又读 zɥœʔ12
	山开三	薛		憋列浙热	
		月		揭竭歇	
	山开四	屑		撇铁切结	捏 ȵieʔ12
	臻开三	质	除章组,除生母,除日母文读	笔七旦一	
		迄		讫乞迄	
	臻合三	术	来母2个字	律率速~	

（续表）

宁波	中古 摄、等	韵	条件	例字	例外字举例
ii?	曾开三	职	除庄线	逼息植翼	
	梗开三	陌		碧隙剧逆	
		昔		僻席释液	石 zɐʔ¹² ，硕 soʔ⁵
	梗开四	锡		觅踢历激	
yə?	山合三	薛	见系	悦阅	
		月	见系	厥掘月越	
	山全四	屑	见系	决缺血穴	
	臻合三	术	见母心母共2个字	橘恤	
		物	见系	屈掘倔	
	江开二	觉	见系文读	觉确学岳	
	曾合三	职		域	
	梗合三	昔		疫役	
	通合三	屋	见系	菊蓄郁育	
		烛	见系	曲局旭浴	
yœ?	深开三	缉	小部分字	十什入集 又读	
	臻开三	质	章组,日母（文读）	实失室日	
	臻合三	术	章组,精组（部分字）	出术述戌	
əl	止开三	支脂之	日母文读	儿耳二而	
m̩			亩拇（流开一个侯明）姆呒		
n̩			茊		
ŋ̩			儿（止开三支日）耳（止开三止日）伍五（遇合一姥疑）鱼（遇合三鱼疑）		

（三）声调的比较

宁波音和中古音声调的比较，见表3.25。

表 3.25

宁波	调值	中古	条件	例字
阴平	53	平声	清声母	高香东低听山
阳平	24	平声	浊声母	穷球床桥唐平
阴上	35	上声	清声母	口小声短手碗
阴去	44	去声	清声母	戴信盼戏笑对
阳去	213	上声	浊声母	五近厚动两舅
		去声	浊声母	嫩蛋岸洞亮旧
阴入	55	入声	清声母	急曲黑出湿缺
阳入	12	入声	浊声母	月局合六食白

宁波方言七类声调，能够单说的字，调值比较稳定，不能单说的字，调值不太稳定，除了入声阴阳两个调类以外，舒声的阴调类之间、舒声的阳调类之间时有串调现象，故不举例外字。

（宁波音资料承吴新贤提供）

第四节　方言词汇的调查

普通话词汇是以北方话词汇为基础的,深入调查北方话词汇,对于普通话词汇的规范化是不可缺少的。例如在北京话中,"嘬喷、喷嘬"这两个词都常用,作为普通话词汇应如何取舍呢? 这就需要调查哪一个词在北方话中更常用。当吸收方言词的时候,需要调查方言词在当地的读音,然后折合成北京话。如垃圾 la⁵⁵tçi⁵⁵ 和尴尬 kan⁵⁵ka⁵¹ 两个词的读音就是根据太湖片吴语的读音折合而成的。同一个字在方言中有特殊的用法,如果这种用法被书面语吸收的话,也要参照方言读音来规范它的读音。如"弄"字北京话原读 nuŋ⁵¹,用作动词;上海话"弄堂、里弄"的"弄"字读 loŋ¹³。"弄"的这一用法被普通话吸收,就参照上海话在表示"弄堂、里弄"义时正音为 luŋ⁵¹。

就研究一种方言来说,词汇调查不仅是语法调查和研究不可缺少的基础,而且也可以补充语音调查的不足。在词汇调查中可以发现在语音调查时遗漏的声母、韵母或声调,特别是在记录方言词时往往可以发现先行整理的声韵调配合总表中遗漏的音节。

一、调查前的准备工作

每一个词汇都是由语音和词义结合而成的,记录词汇必须同时记录它们的语音。即使只考虑用方块汉字记录,也必须事先对这种方言的语音有相当的了解。所以词汇调查必须建立在语音调查的基础上。所谓语音调查基础,至少包括已经求出这种方言的声韵调系统,整理出声韵调配合总表或同音字表。如果所要记录的方言是有连读变调现象的,事先还必须调查并整理出连读变调规律。这样,在用音标记录词汇的时候才不至于有太大的困难。在请方言调查合作人调查词汇之前,必须预先制订方言词汇调查表。调查表上的词汇一般可以按意义分类次第排列。调查表上的词目不必完全统一,可以因调查的目的不同,调查的方言不同,设计不同的词目。词汇调查表可以分成两大类。

第一类是为普查全国各地方言或某一较大地区(如一个省)的方言设计的调查表。这一类调查表上的词汇一般数量有限,分类也不很详细,一般不收除语音上有差异外,全国一致的词,如鱼、水、风、雨等。这一类词汇表的选词原则有三:一是必须选用常用的词,专业术语不收。二是必须选方言中与书面语或普通话有所不同的词。三是尽量选意义单纯、范围确定的词,以便比较不同地点的材料。可以多选表示具体事物的名词,少收抽象名词、动词、形容词等。每一个词条以普通话词标目,后边列举方言中已知的若干同义词,作为揭示参考之用。如月亮——月婆、太阴、月光、月亮帝儿、月娘、月爷;美——漂亮、好看、标致、靓、水灵、生好。这一类调查表已经发表的最重要的有两种,一种是《方言调查词汇手册》(中国科学院语言研究所编,科学出版社出版,1955 年)。这个手册是为 20 世纪 50 年代全国范围的汉语方言普查而编辑的。共收词或词组 329 条,按意义分成十七类,未标类目,各类内容大致如下:自然界、年节、房舍、人品、亲属、身体、疾病、丧葬、服饰、器具、饮食、动物、植物、若干常用名词、代词、量词、时间、方位、动词、形容词。另一种是《方言调查词汇表》,此表是中国科学院语言研究所方言组 1958 年为调查河北省方言编写的,正式发表于《方言》季刊 1981 年第 3 期。此表所收词汇或词组按意义分为 31 类。最后一类是为调查语法用的。类目如下:天文、地理、时令、时间、农事、植物、动物、房屋器具、人品、亲属、身体、病痛医疗、衣服穿戴、饮食、红白大事、迷信、讼事、日常生活、交际、商业、文化教育、游戏、动作、位置、代词、形容词、副词、次动词、量词、数词等,儿化举例、语法。

第二类是为深入调查某一地点方言的词汇设计的调查表。这类调查表选词不能限于常用词,而要求从细列出各类词目。词目最好从已知的邻近的权威方言出发。例如调查上海郊县方言可以从上海市区方言出发标目。这样做有几方面的好处:一是调查的覆盖面更广。许多方言词,特别是动词、形容词,在普通话里找不到等义词或同义词。如果从普通话词汇出发标目,要把这一类词汇全都调查出来,就会有困难。二是从邻近方言词汇出发标目,容易使合作人联想起本地的说法。否则,合作人往往囿于普通话的书面形式,一时想不起本地词汇,结果只是用本地音来读汉字,我们所能得到的只是"转文"而不是口语词。例如,如果从"背心"标目问上海发音合作人,他可能只是读出"背心"的字音,pe³⁴⁻³³çiŋ⁵³⁻⁴⁴,而忘了说"马夹"这个口语词。三是邻近方言的自然环境和文化背景相近,从邻近方言词汇出发有利于调查的深入,而不至于粗疏。当然,如果没有邻近方言的词汇资料作为坐标,只好以普通话词汇标目。这种调查表的类目宜从细,在大类之下再分小类,如动物类可以再分为飞禽、走兽、家畜、昆虫、鱼类等,饮食类可以再分为主食、菜肴、点心、糕饼、作料、饮料、炊事、炊具等。本书附录二所载是一种词汇调查表的类目。

二、调查记录词汇的注意事项

（一）不为词汇调查表所限

预先设计的词汇调查表只是调查的出发点。任何一种方言中的词汇的数量都是极其庞大的,词汇之间的类别关系又是错综复杂的,所以没有一种调查表格的类目是包罗万象的,调查时应考虑到每一个类目都还有"其他"。特别是需要深入调查一种方言时,应该设法让合作人从调查表上的词汇联想起还没有列在表上的词汇。许多有方言特色的词汇往往是调查表上找不到的。调查词汇不能用调查表一次完成,要让合作人有机会反复思考每一个词的义项和用法,联想有关的词汇。

（二）灵活使用不同的调查方法

调查词汇的方法大致有四种:一是翻译法,即指着调查表上的词汇,要合作人逐一翻译成方言词汇;二是解释法,即不直接用调查表上的词汇提问,只是解释某一个词的词义,而请合作人说出这个词;三是提示法,即指实物或用图画提问;四是举例法,即把词放在句子里提问。四种方法各有利弊。对文化程度较高的合作人来说,翻译法的效率较高。但是合作人不明白调查表上的词汇的意思时,就不能调查出相应的方言词。解释法可以避开书面语或普通话词汇对调查的干扰。例如某地"热闹"和"闹热"两用,如果用书面语词"热闹",请合作人翻译,他有可能遗漏"闹热"这一说法。但是解释法对许多等义词来说,显得太烦琐。提示法最直观,对合作人的文化程度没有要求。但是许多词汇,特别是表示抽象概念的词没有实物可指,也没有图画可画。调查代词和虚词,用举例法较好。在调查词汇时,要视情况参酌使用这四种方法。在有实物可指的情况下,尽可能指实物提问,如人体各部分,手、脚、鼻子、头发等。在指实物不明确,画图画简单明了的情况下,就画简图提问,如眼珠。对较生僻的而又无实物可指的词,要用解释法。如"橙子",合作人可能不懂这个词的意思,就可以向他解释:"一种水果,形状大小如柑橘,而果皮更光滑坚韧。"经解释合作人就会明白这东西在当地叫"广柑""柑子"或"橙"等。举例法最适宜调查代词、副词或虚词。如调查第一人称复数的排除式和包括式,可以举例如下"你自己去,我们不去""你走,我也走,我们一起走",然后请合作人用方言表达这两句话的意思。

（三）先记字音后考本字

调查词汇时要求合作人说出本地话中的词汇,越土越好。合作人怎么说就怎么记,先用音标记录字音,然后写汉字。如果暂时写不出本字,就用方言同音字写。如果连同音字也找不到,就先用音标记字音。本字留待调查后考证。最要紧的第一步功夫就是用音标准确地记录字音,包括每个音节的声韵调,多音节如果有变调现象,还应记录本调和变调。还要注意有无轻声音节,有无儿化。

（四）注意词义差异

记下词的语音之后,要仔细询问词义。有时候字面相同的词,在不同的方言里词义是明显不同的。例如在赣语里"客气"是"漂亮"的意思;"放"是随便放的意思,要表达"放在一定的地方"的意思,要用"搁"。"谷子"在昆明话里兼指"稻子"和"稻谷"两义。有时字面相同的词在不同的方言里义项多寡不同,如"馒头"(无馅)在吴语里兼指"包子"(有馅),有两个义项,但在官话里只有"馒头"一个义项。"炭"在吴语里指"木炭",在晋语里却指"煤炭"。

（五）注意用法不同

用法不同又分两种情形。一是使用范围不同,如上海话可以说"吃饭、吃酒、吃香烟"。北京话可以说"吃饭",但不说"吃酒、吃烟","吃"的使用范围较窄。再如"拍",在闽南话中使用范围很广,可以用于"拍人"(打人)、"拍战"(打战)、"拍破"(打破)、"拍铳"(打枪)。在别的方言里"拍"的使用范围远没有这么广。二是词性不同,如"食",广州话常用作动词:食饭、食烟,北京话平时不用作动词,只用作名词,"肚子里有食"(指吃了食物不消化)。

（六）注意旧词和新词的记录

表示同一个概念,因时代或年龄层次不同,在同一种方言里可能有两个不同的词,调查记录时要兼收,并注意分辨,注明是新词或是旧词,或是并用的词。例如在老派上海话里有些旧词已被新词代替:

旧词　户荡　风潮　里首　申曲　图书　戏子
新词　地方　台风　里向　沪剧　图章　演员

一般而言方言中的新词有向普通话靠拢的倾向。有的词汇语音形式和书面形式依旧未变,但词义已发生变化,在调查词义时要留意。如"香烟牌子"旧时指香烟盒里的小画片,在今天的上海话里指供儿童游戏用的小画片,"朋友"在今天的许多方言里兼有"恋爱对象"的意思。

（七）注意词汇对应的不平衡现象

某一种方言(或普通话)中的一个词可以同时对应另一种方言中的两个或多个词,或者反之。如北京话的"斜"对应于温州话的"斜"和"笡";"塞"对应于温州话的"塞""桚"和"櫼"。调查此类词汇时,要注意不要漏记对应词。

（八）注意不要混淆总称和专称

某一类事物往往有一个总称,同一类事物中的每一种又往往有一个专称。在调查时应问清发音合作人提供的是总称或是专称。如在吴语温州话里"蟹"或"十只脚"是总称,"螃蟹"的意思,而"江蟹"是专称,指海蟹中的梭子蟹。有时候甲地的总称在乙地可能是专称,或反之。例如"煤"在吴语区是总称,但是在山西晋语里却是专称,指"粉状的煤"。山西晋语对各类煤炭分得很细,专称除了"煤"之外,还有炭——块状煤,笨煤——块状无烟煤,希炭——块状有烟煤,蓝炭——块状焦炭,撂炭——煤核儿,炭块——大的块状煤,炭块块——碎煤块等。

（九）注意土白词和文理词的差异

调查方言词汇只是要求调查口语中的土白词。文理词是指用当地方言读出的书面语词汇,这些词汇在口语中是不用或少用的。在用调查表上的书面语词汇提问的时候,合作人如不留意很可能将相应的文理词脱口而出,土白词反而忘了说。如果不深入细问,就调查不到土白词。例如"梨"在上海方言中文读词是"梨"$[li^{13}]$,土白词是"生梨"$[sã^{53-55} li^{3-21}]$。又如"植物""腹泻"在许多方言里是文理词,相应的土白词是"花草树木""拉肚子"。

三、词汇材料的整理和复核

对实地记录的方言词汇要经过爬梳剔除,释义、补例,才能撰写成词汇调查报告。

（一）词汇整理的重点

词汇整理的重点是本地方言特殊词汇。所谓特殊词汇是指与普通话不同的词汇。特别是那些本地特有的词汇。如福州话:囝——儿子;冥——夜;蛇——水母;秫——糯。所谓本地词汇也包括词义范围和用法有特色的词汇,如在闽南话中"箬"不仅指包粽子用的竹叶,而且泛指其他叶子;客家话中"肥"不仅用于指动物体胖,也可以指人体胖等。不过不包括用字相同,词义相同,只有语音形式不同的词汇。

（二）词汇的释义

词汇释义要求准确全面,言简意赅。释义一般是用普通话或书面语解释方言词。有些方言词在普通话或书面语中找不到对等词，这时候就要用短语或句子作解释。还要有合适的例句，使词义更明确。特别是动词、形容词和虚词的释义要用例句。例如徐州方言"抿"——小口吸。例："不能喝酒也得抿一下。"上海方言"搭"——柔软的条状物骑跨在别的物体上。例："毛巾搭辣床架浪。"释义要求全面是指多义词的每一个义项都要有解释，不可遗漏，有时候同一个词汇在不同的方言里义项多寡不同，所以对每一个词的全面释义很重要。例如上海话的"吃"的义项比普通话要多得多，共有 13 个义项。其中"占便宜""佩服、喜欢"等义项都是普通话没有的。对释义部分的文字要求言简意赅。例如东南沿海方言中有一种虫名"百脚"，可以解释为"似蜈蚣而无毒"，如果解释为"一种脚很多的无毒的爬虫"，这就显得累赘。

（三）字音记录的复核

记录字音应兼用音标和汉字。复核多音节词汇时要注意声母的变化，韵母的变化和声调的变化。多音节中的各音节可能与这个音节单用时的读音不同。韵母的变化，如梅县客话"今"单用时读[kim⁴⁴]，但是"今年"读[kin⁴⁴ ȵian¹¹]；"今日"读[kin⁴⁴ ȵit⁴]，"今"的 -m 尾因逆同化变成 n 尾。声母的变化如上海话"十"单用时读[zəʔ]，但是在"三十"中"十"读[səʔ]。声调变化的现象就更普遍了。如上海话"公"单用时读[koŋ⁵³]，"司"读[sʮ⁵³]，"公司"则读[koŋ⁵⁵ sʮ²¹]。复核多音节时还应注意轻声音节有否误记，有时候轻声是能辨义的。例如老派武汉话，洋画[iaŋ²¹⁴ xua⁰]（后字轻声）指香烟盒里的画片；洋话[iaŋ²¹⁴ xua³⁵]是指外国话。

复核单音节词的记音，特别要注意合音问题。详见第七章第五节。

在检查完词汇的记音部分后，就要复核汉字部分。用汉字记录方言词，需要注意正确使用本字和方言俗字。本字是方言词最初的书面形式。方言本字往往不是显而易见的，需要经过一番考证才能获得。本字考证一般分两个步骤。先确定该音节在方言口语中的音韵地位，再联系《切韵》音系的韵书，如《广韵》《集韵》，从而找到本字。最好还有不同方言和文献用例的印证。例如要考证温州方言 bøy²³（大眼竹筐）这个词的本字，先要确定它的音韵地位，温州口语模韵和鱼韵读 øy；再联系《集韵》姥韵伴姥切："簿，竹器。"这样我们就找到 bøy²³ 这个词本字是"簿"。有的方言词本字太生僻，当地人习惯用别的意义相近的常用字来代替，如太湖片吴语称"睡一觉"为"眠一忽"。"忽"的本字是"寙"，《广韵》入声没韵："寙，眠一觉。呼骨切。"但一般人习惯写作"忽"。有些方言词本字无考，当地人生造汉字来记录，这样的字称为方言俗字，只流行于当地。如广州话"蟑螂"[ka³³ tsat⁵]一词，本字无考，当地人一般写作"甲由"。"价格便宜"上海话念[dʑ̥ia¹³]，本字无考，本地人写作"嘢"。

方言俗字中有一类比较特殊的字是训读字。训读字是借用的同义字或近义字。如广东潮阳方言"伊欲呾话"i³³ ai³¹⁻⁵⁵ ta³¹⁻⁵⁵ ue¹¹（他要说话），其中 ai³¹ 的本字是"爱"，通常写作"欲"字，这是用训读字，爱、欲义近，借用欲字记 ai³¹ 音。如果用训读字记录，要特别加以说明。

第五节 方言语法的调查

方言语法的调查不仅对深入研究某一种方言是必不可缺少的，而且对于深入研究普通话语法，也会有促进作用。由于语言在地域上发展的不平衡性，各地语法的调查和比较对于汉语语法史研究，也是很必要的。

调查一种方言必须先调查它的语音和词汇，并整理出系统的语音和词汇材料，然后调查语法。换句话说，语法的调查必须建立在语音和词汇调查的基础上。如果语音和词汇调查分析的功夫不够，那就很难进行语法的调查和分析。

一、调查提纲的设计

调查语音和词汇可以利用预先设计的调查表，在较短时间里，了解语音系统和词汇体系的轮廓。相比之下语法调查的难度比较大。这是因为普通话语法研究还未深入，方言语法研究则还是刚刚开始；一种方言的语法现象非常复杂，很难设计一种像《方言调查字表》那样周密的统辖全局的语法调查表格；语法现象存在于大量日常口语中，要听懂、记录、分析这些口语，必须对当地方言十分熟悉。调查者最好是本地人或会说本地话。理想的调查者不可多得。

在调查方言语法之前应设计一个语法调查大纲或问题表(questionaire)。这种调查大纲包括调查项目和例句两大内容。大纲的语法框架可以从普通话出发,也可以从已知的方言语法出发。例句要尽可能包含各种句式和语法现象。例句也可以是普通话例句或邻近的方言例句。从普通话出发的大纲适宜全国范围内的语法普查或北方话地点方言语法调查。从方言语法出发的调查大纲适宜于深入调查某一种邻近方言的语法。大纲中的项目和例句可以从某一种邻近的权威方言出发,也可以是对多种方言语法现象综合的结果。

从普通话出发的调查提纲可以参考中国社会科学院语言研究所编的《方言调查词汇表》(见《方言》季刊1981年第3期)中的第叁拾叁"语法"。这个提纲是为调查河北省方言编写的,内容较简单,只包括"语序、比较、了、着、得、的、后加成分、前加成分"八个项目几十个例句。这八个项目实际上也是通过请发音人翻译例句进行调查。

设计供调查用的语法例句要尽可能兼括各种语法范畴,如体、时、态,兼括各种句类,如疑问句、祈使句、陈述句、感叹句。疑问句中又应包括是非问句、选择问句和特指问句。附录三是一套语法调查例句,这些例句是为简略调查一种方言语法设计的。

调查提纲可以从语法手段,如重叠、后缀等出发安排调查项目的,目的是便于深入调查邻近方言的语法。如果要深入调查记录许多种不同的方言语法,以便进行比较语法学研究,那么调查大纲最好从语法范畴、语法意义出发来设计项目。例如代词的"数"可以分为"单数、复数、双数"三个小项。附录四《汉语方言动词"体"调查表》是此类调查大纲的一个样品。这份表格是参照余霭芹设计的一份问题表,加以增删改制的。

二、调查语法的注意事项

(一) 忌用语法术语简单提问

发音人往往不懂语法,所以询问时要注意忌用语法术语。如不可直接问:"本地有无被动句? 有无把字句?"大纲上的语法术语只是供调查者参考的。调查时只能问某一句话或某一种意思用本地话如何表达,或请被调查者用本地话翻译书面语句子。

(二) 勿以直接翻译为满足

在用普通话语法例句调查时,不能以发音人的直接翻译为满足。因为书面语的句子往往可以逐字折合成方言。但是这样折合成的句子,在当地口语中往往是不用的,或不是最常用的。当地可能另有通常的说法。例如"把那只鸡杀了"用绍兴话直接翻译可以是"拨亨只鸡杀脱",但实际上更常见的说法是"亨只鸡杀脱伊"。语法例句只是为调查方便而设计的调查纲目或出发点,要提问的是:这样的句子或意思在当地通常怎么说? 有几种说法? 哪一种最常用?

(三) 注意表达方式的异同

调查语法不要局限于既定的调查大纲和例句,要注意收集除此以外的材料,特别要注意调查和记录本地特殊的表达方式,即同一个意思用本地方言表达,是否用不同的语法结构,或有多种不同的说法。例如"我收到了你的信"这句话用福州话来说,是"我有收着汝个批"。福州话是把"有"前置于动词,表示动词的过去状态。又如形容词的程度表达法,在闽方言里很特别,单音节的形容词可以重叠多次,重叠的次数越多,所表示的程度越高。如"红——红红——红红红",必要时甚至可以重叠五次之多。从表达方式的角度出发调查方言语法,往往可以发现较多的语法现象。

(四) 多作假设提问

可以用在别地已经发现的语法现象,在本地作假设提问,看看本地是不是也有这种语法现象。如甲地已发现有修饰语后置于中心词的词序,如"豆腐生、鞋拖、走先",就可以用反映这种词序的词或词组在乙地作假设提问。

（五）不要囿于已知的语法框架和成见

制订语法调查大纲和语法例句不得不从现成的语法框架和已知的语法现象出发。但是由于各地方言语法现象千姿百态，不甚相同，要随时准备发现新的语法现象，切不可囿于现成的语法框架，而忽略了特殊的语法现象。调查时最重要的是尽量多记语法现象和口语语料，记录时不必考虑所记材料是否属于现成的语法框架的范围。

三、语料的搜集和记录

"语料"是指有上下文（语言环境）的语言材料。记录和搜集语料的主要目的大致有二，一是作为描写和分析本地语法的材料，编写语法调查报告时也可以从中挑选例句；二是永久地保存一种语言或方言的样品，可以供后人作进一步研究用。语料可以分为以下几大类。

（一）自然口语，即日常生活中在各种场合口头使用的未经筹划的自然语言。搜集和记录自然口语的方法有二：一是随听随记；二是用录音机录制。用录音机录制一定要在说话人没有意识到被录音的情况下进行。用音标或汉字记录时，一定要逐字逐句按实际发音情况记，不必考虑语音是否准确、句子是否规范，重要的是如实记录。应在不同场合采集不同年龄层次、阶层、职业、性别的本地人的自然口语。

（二）民俗语料，包括本地的俗语、谜语、歌谣、绕口令、民间故事、曲艺或戏曲等。以采集口头语料为主，也应搜集现成的书面语料。

（三）广播语料，指用本地方言广播的节目。搜集此类材料的目的是比较经过筹划的语言和未经筹划的语言的异同。

为了比较各地方言语法特点和表达方式的异同，可以让各地发音人用自己的方言口头翻译同一个书面语故事，然后逐字逐句把各人讲的故事记录下来，逐字标音、释义，即所谓"字译"。

调查方言除了要勤问勤记、采集口头材料外，还应注意搜集书面材料，包括方言文学作品、方言《圣经》、方言课本、地方韵书、方言杂字、地方志等。

四、语法材料的调查和整理

（一）虚词的用法是方言语法研究的重点。必须在语法例句和采集到的各种语料中摘录全部虚词，反复提问，要求造字，搞清每一个虚词的各种用法。

（二）对采集到的自然口语语料加以整理，选取能反映当地语法特点的句子，用作说明语法规律的例句。

（三）在初步归纳出语法规律后，与已知的别地语法作比较，再作假设提问，来检查有无遗漏。例如已知广州话中某些词作状语时有后置现象（你去先；饮一杯添）；双宾语的位置，指人的宾语在后，指物的在前（我俾本书渠）。如果经比较这两项语法现象在本地语法调查中还没有出现。不妨用假设提问法作补充调查。

（四）注意语法现象和语音现象的关系。例如温州话的量词变读入声后，用作近指代词，如张凳＝这张凳、支笔＝这支笔。

（五）初步整理出语法规律后，先与普通话语法作比较，看看应该调查的语法项目有没有遗漏。例如可以从普通话中有"把字句"出发，检查有没有调查过"宾语提前"这个项目。

方言语法调查需要采集和分析语料，而对语料的采集和分析都需要较强的语感，所以调查方言语法最好能由受过训练的本地人或能说本地话的外地人担任，调查者至少应能听懂本地话。否则调查研究工作很难深入。

对调查所得的语法材料应该分门别类，制成卡片，以便撰写方言语法调查报告。报告可详可略，简略的调查报告可以只是粗线条地报告本地方言不同于书面语的语法特点，并附录若干标音的语法例句。详细的调查报告是对某一个地点方言语法的全面深入的描写，着重描写不同于普通话或书面语的语法现象。详尽的报告的内容至少应包括词法、句法和语料标音三大部分。撰写这种详细报告不仅要有长期深入调查某种方言语法的经验和大量语料，而且要有一般语法学的素养。

参考书目

　　丁声树撰文、李荣制表《汉语音韵讲义》,上海教育出版社,1984 年。

　　李荣《音韵存稿》,商务印书馆,1982 年。

　　李荣《汉语方言调查手册》,科学出版社,1957 年。

　　邢公畹《汉语方言调查基础知识》,华中工学院出版社,1982 年。

　　许宝华、汤珍珠主编《上海市区方言志》(重印本),上海教育出版社,1997 年。

　　曹剑芬《常阴沙话古全浊声母的发音特点》,载《中国语文》1982 年第 2 期。

　　平悦玲等著《吴语声调的实验研究》,复旦大学出版社,2001 年。

　　黄伯荣主编《汉语方言语法类编》,青岛出版社,1996 年。

思考与练习

　　1. 先用国际音标注出下列几对字的北京话读音。再比较每一对字在你家乡方言里是否同音? 最后请分别说明比较这几对字有什么意义。

　　　　九—救　台—待—袋　府—虎　精—经　资—知

　　　　衣—烟　贫—平　身—升　各—个

　　2. 记录一个方言的声、韵、调,整理后列成声韵调表,并各举出有代表性的例字若干。

　　3. 你的方言与普通话在声母、韵母、声调方面有哪些一对一的对应规律?

　　4. 举例说明语音对应规律在推广普通话中有什么作用?

　　5. 古声母怎样分系分组? 声母分系、组对韵母的演变有什么意义?

　　6. 古声母的清浊怎样影响今调类的分合?

　　7. 分别说明十六摄在你的方言里读哪些韵母?

　　8. 举例说明你家乡的方言在语法结构方面与普通话有什么不同?

　　9. 在你家乡的方言中找出 10 个在义项多寡方面与普通话不同的词汇。

第四章　方言地理研究

第一节　方言地域差异的调查和比较

一、调查和比较方言地域差异的意义

对方言地域差异的调查、比较和研究有三个方面的意义。

第一，有助于汉语史的研究。语言在不同地域的发展是不平衡的，即在某些地方发展得快些，在另一些地方发展得慢些。因此，观察语言的地域差异，可以了解语言历史演变的过程。例如中古蟹摄开口见系二等字（如鞋、街）的韵母在今四川各地方言中读音有所不同，从这些差异中可以看出它的发展过程大致是这样的：ɑi→iɑi→iɛi→niɛn→iɛ̃→iɛ。

第二，调查和研究各地方言的异同是方言分类或分区工作不可缺少的基础。方言分类或分区最根本的依据就是各地方言异同的事实。

第三，某一个地点的方言特点，只有通过与别地方言的比较，才能显示出来，所以归纳某地方言的特点，需要了解别地方言的特点。例如，我们说西安方言的特点之一是有[pfh]声母，这是因为我们了解别地方言中没有这样的声母。

二、调查或比较项目的设计

比较两个或多个不同方言有两大步骤。首先要调查记录这些方言，或者通过别人记录的现成的书面材料，了解这些方言。然后选择一些项目作为标准来比较它们的异同，以便条分缕析地说明它们的差异，或者指出某一种方言的主要特点。

方言现象是客观存在的，记录某一种方言只是要求真实、客观，但是选择什么样的项目作为比较的标准却是主观的。比较的项目不同会直接影响比较的结果和结论。例如，如果拿有无入声作为标准来比较晋语、老湘语、西南官话和吴语，那么晋语、老湘语和吴语同属一类，都有入声，西南官话则是不同类，没有入声；如果拿是否保留中古全浊声母作标准，那么吴语和湘语同属一类，都有全浊声母，西南官话则与晋语同类，都没有全浊声母，所得结果大不相同。所以用于比较异同的项目如何设计是至关重要的。

（一）语音项目的选择和比较

1. 语音项目的重要性

用于比较的项目以语音项目最为重要，应该多选语音项目。这主要有两个原因。

第一，在语言的语音、词汇和语法三个平面中，以语音的系统性和规律性最强，因此，两种方言语音之间的比较往往就是这两种方言的系统或结构之间的比较。而系统和结构之间的差异是实质性的差异。

第二，各地方言的今音和中古音系有大致的对应关系。例如切韵音系的明母，今厦门话读[b]，"马"字读[be⁵¹]；今南昌话读[m]，"马"字读[ma²¹³]。知母今厦门话读[t]，"猪"字读[ti⁵⁵]；今南昌话读[tɕ]，"猪"字读[tɕy⁴²]。所谓对应关系或对应规律，往往是一条就可以管住一批字的读音。所以可以以切韵音系作为出发点，来比较各地的方音，这样做便于控制各地方音的异同。在做实地调查工作时，每一个项目只需要选

些代表字来记音和比较,以便入手。例如要比较"麻韵开口二等字的今音"这一个项目,就可以选出"茶"和"沙"这两个常用的单音词,进行调查和记音。这两个字的韵母在北京读[a](除见系读[ia]外),在苏州读[o]。由此便可以知道一大批麻韵开口二等字。

2. 语音的记录和严式标音法(narrow transcription)

为了比较方言之间的异同,记录方言要尽量用严式标音法(或称"音素标音法")。方音之间的差别有时候较细微。如果用宽式标音法(或称"音位标音法"broad transcription),就不能比较出相互间的差异。例如北京话的"江"字和温州话的"斤"字,初听起来两者是很相近的,如果用宽式音标标音,北京音是[tɕiaŋ⁵⁵],温州音是[tɕiaŋ⁴⁴]。这样,表面上两者的差别仅仅是北京音声调稍高,但是实际上两者的差异除了声调的高低不同外,还有介音的不同,温州"斤"的介音很短,如果用严式标音是可以把这个特点表示出来的,即把温州音"斤"标为[tɕ'aŋ⁴⁴]。赵元任在调查记录各地吴语时,就是采用严式标音法的。他所著的《现代吴语的研究》是比较方言学名著,书中几张比较表上的音标即是严式的。例如肴韵宁波音记为[ɔɪ],温州音记为[ɔ],宁波音舌位较低,既反映了语言实际,也显示出两者的差别。严式音标可以在一般音标的上下左右添加别的符号,常用的此类符号见于国际音标表的附注里,不敷用时也可以自拟别的符号。

3. 重音类,不重单音

比较方言异同,音类比较比单音比较更重要。音类的异同关系到语音的结构或系统,单音的比较只有从音类的角度出发才有意义。例如,如果我们拿"香"这个字的字音来比较上海音和温州音,这实际上是从中古阳韵这个音类出发的。比较的结果是前者读[ɕia⁵³],后者读[ɕi⁴⁴]。实质上比较的结果说明中古阳韵在今上海话里读[ia]韵,在温州话里读[i]韵。如果不从音类出发,只是比较单个字音,那么比较的结果可能与音类无关,与语音结构无关。这样的比较意义不大。例如,如果拿汽车的"车"字,比较温州音和上海音,两者都读[o]韵。就音类来说,"车"字属麻韵(三等)。实际上麻韵(三等)的温州音普遍读[ei],"汽车"的"车"字读[o]韵是个例外。有的字音虽然也能反映整个音类,但是由于属于这个音类的字很少,因此拿它来比较意义也不大。例如中古迄韵(开口三等)只有"迄、乞、迄"三个常用字,这就不宜选用其中的字来比较。

选择哪些音类进行比较,因参加比较的方言不同而不同,并没有统一的标准。不过有两项一般性的原则:第一,尽量选用覆盖面较广的音类,即包含较多字音的音类,如歌韵、麻韵、豪韵等;第二,尽量选用能反映方言特点或差异的音类。例如长沙方言的入声不带喉塞尾或塞音尾,但是自成独立的调类。在比较长沙方言和别的方言时,就可以选一些入声代表字来比较。

4. 注意音类离合情况的比较

方言不同,音类离合的情形也不同。例如豪、肴两韵在多数吴语的地点方言里是同音的,但是在温州话里不同音,豪韵读[ə],肴韵读[uɔ],音类离合的差异既反映历史音变方向的差异,也反映方言语音系统的共时差异。

比较音类离合的最常用的方法是比字,即在同一种方言里,拿两个用于不同音类的字来比较,看它们是同音或是不同音。如果比较韵母,就选择声母和声调完全相同的字,如果要比较声母就选择韵母和声调完全相同的字。先在一种方言里比字,然后拿同样的项目在另一种方言中比字。例如,如果要比较中古止摄、齐韵和先韵在今苏州话和上海话的分混,就可以选择"衣"(止摄开口三等微韵影母)和"烟"(山摄开口四等先韵影母)这两个字来比字。比较的结果是在苏州话中这两个字不同音,在上海话中这两个字同音。

5. 语音比较结果的报告

语音比较的结果一般用表格的形式公布,比较简明。表格的主要内容可以包括方言点,用于比较的代表字和读音。对表格的内容可以作些文字说明。例如,对上海市及其十个郊县的语音异同的调查和比较的结果可以用表格来公布。参见许宝华、游汝杰《苏南和上海吴语的内部差异》(刊《方言》1984 年第 1 期)。这是一张设计得很合理的左右对称的蝴蝶表。

(二) 非语音项目的设计和比较

1. 语音项目和非语音项目的选择

一般而言,比较方言的异同,应以语音项目为主,在比较差异较小的方言时更应如此。例如比较同属一个方言片的相邻的地点方言的异同,往往只能比较几个语音项目,因为在别的方面几乎完全相同。但是在比较方言类属不同或差异较大的方言时,除了语音项目外,还可以选择一些词汇、语法等项目。

2. 词汇项目的选择和比较

一种方言中的词汇其系统性远没有语音强。不过各种大方言似乎都会有若干特殊的词汇是别种方言所没有的。例如闽语的特殊词汇:囝(儿子)、冥(夜)、舷(边缘)、秈(水稻)、喙(嘴)、沃(浇灌)、哺(咀嚼)等。

比较方言间词汇的差异,除了要找出某一种方言的特殊词汇外,还要注意比较别的方面的差异,例如词汇的源流、词汇的构造、词汇的用法、词汇的用字等。

词汇项目调查比较结果的报告采用表格的形式比较醒目。这种表格的内容可以从普通话词汇出发,列出各地方言的不同说法,再加上文字说明。表4.1是浙江绍兴一带各县若干词汇的异同比较。表上的第1、2项是调查词缀的,新昌的"难"是"囝儿"两字合音演变的结果;第7项是调查词的内部结构的,"客人"是偏正结构,偏前正后,"人客"也是偏正结构,但是正前偏后。其他几项是调查词汇源流差异的,字下有浪线的是方言同音字。"－"表示同上。

表4.1　浙江绍兴一带各县若干词汇的异同比较

方言点＼词目	1 女儿	2 灶	3 筷子	4 鸡蛋	5 事情	6 今天	7 客人	8 提
绍兴	囝	灶	筷	鸡蛋	事体	今朝	人客	拎
萧山	－	－	－	－	－	－	－	－
诸暨	－	灶头	－	－	－	亖朝	客人	－
新昌	难	－	箸	鸡子	事纪	质日	－	挈
嵊县	囝	－	筷	鸡蛋	事体	今朝	－	拎
上虞	－	灶	－	－	－	－	－	挈
余姚	－	－	－	－	－	记米	－	拎

3. 语法项目的选择和比较

比较不同方言在语法上的异同,应着重比较虚词、词序和若干句式的异同,调查的方法是通过问句子或短语,来了解有关语法特点。例如从问"不早了,快去罢"的本地说法,调查本地相当于"了、罢"的虚词及其用法;从问"给我一本书"来了解本地的词序特点等。语法比较的结果也可以用表格的形式公布。表格的内容可以包括从书面语出发的极简单的句子或短语,参加比较的各地方言及其说法。再加上必要的文字说明。表4.2是一份吴语区若干地点方言的语法比较表(节选)。"－"表示同左。表上第1、2项是比词序;第3项是比结构助词;第4项是比否定副词。

表4.2　吴语区若干地点方言的语法比较表

项目＼方言点	苏州	绍兴	金华	临海	温州
1 生豆腐	生豆腐	－	豆腐生	－	－
2 先走	先走	－	走起	－	－
3 轻轻地说	轻轻叫讲	－	轻轻能讲	轻轻氏讲	轻轻能讲
4 没有来	勿曾来	唔有来	未来	勿曾来	未走来

4. 特字的调查和比较

"特字"是指方言间语音对应关系不符合常例的字。特字往往是字音来历不同造成的。一般而言,比较方言间的异同,音类比单字音的比较更重要。不过,有时候特字也很能反映方言的差别,所以必要时可以选择特字用于比较。例如,赵元任等人调查湖北省的方言,就选用了"偏"这个特字作为调查项目。"偏"字按《广韵》是帮母字,但是当阳、随县(今随州)等地读[phie⁵],好像是来自滂母。他们在调查湖南方言时选用了"伺(声母)、绳(开合)、倾(开合)"这三个特字。

第二节　方言分区的多种可能性

除了使用地区很狭小、使用人口很少的语言之外，一般的语言都有方言的差异，这是一般人的常识。从社会心理学和语言学的角度来看，方言的存在也是不争的事实。

虽然方言的存在是毋庸置疑的公认的事实，但是对能不能根据各地方言的不同特点，把方言划分为不同的区域，却有截然不同的看法。

在方言学史上有的方言学家认为方言之间并没有分界线。方言在地理上是渐变的连续体，在这个连续体的中间并没有一处是截然断裂的。但是方言特点渐变的结果，使处于这个连续的链条两端的方言差别十分明显，而两端的中间是过渡地带，没有任何边界。这好像彩虹，从红色渐渐变为黄色，中间并没有分界线。法国语文学家 Gaston Paris 早在 1888 年就持这种观点，并且对此有过很生动的说明："实际上方言并不存在……语言的不同变种存在于难以观察的渐变之中。一个只会本村方言的乡下人，很容易听懂邻村方言，如果他向同一个方向继续步行，到了另一个村子，要听懂那儿的话就要难一点了，这样越走越远，越听越难，最后他才到达一个方言很难听懂的地方。"Gaston Paris 所谓"方言并不存在"（There really are no dialects）其实是方言的分界线并不存在的意思。瑞士方言学家 Gauchat 和法国方言学家 Gauchat Tuaillon 等人也持类似的看法。

另有一种意见以为不同方言之间存在截然的界线，而方言地理学的任务是去发现这些客观存在的界线。这种想法，大约是受纯粹的自然地理学观念影响的结果，以为方言的界线和自然地理的界线一样，是截然可辨的。这两种说法都有合理的成分。

不同方言的界线问题与方言分区问题有关，方言分区与方言分类相关，而方言分类又与民系分类相关。"民系"是民族的下位概念，一个民族可以再分为若干个民系。例如客家人、闽人、粤人等是汉族的民系。民系的特点之一是独立的方言，在特殊情况下，同属一个民系的人可以使用不同的方言，而分属不同民系的人也可以共同使用某一种方言，两者的关系与民族和语言的关系一样，即两者并不一定完全重合。

如果两个相邻的民系，方言并没有混化，那么这两种不同方言的界线是截然可辨的。在这种情况下界线两边的居民，对"方言"种类的自我意识是很明确的，即很明白本民系使用的方言和相邻民系所用方言完全不同，两者的分界线甚至不需要语言学家的调查研究，本地居民都可以分辨得一清二楚，而且答案是唯一的。例如浙江西北部的吴语和官话的边界；苏北靖江境内哪些村说苏北官话，哪些村说吴语都是明白无误的。狭义的方言岛与包围它的方言的界线也是非常明确的，方言岛的外缘往往是没有争议的。在上述情况下，方言在地理上并不是渐变的，而是突变的，所以划定这样的方言的边界并不是十分困难的事。

在下述两种情况下，方言在地理上则是渐变的，方言的划界或分区问题才显得非常复杂。本文要讨论的方言分区问题也主要是针对这两种情况而言的。一是两个民系的边界地区的方言已经混化，例如闽语和客家话在闽西地区已经混化，浙南苍南县内的蛮话是闽语和吴语混化的产物；二是在同一个民系内部使用的方言在地理上往往是渐变的连续体，内部下位方言的划界显得十分困难，并且往往有争议。例如官话内部次方言的划分问题。

方言分区跟方言划界不甚相同。方言划界是划定两种地理上相邻的方言的分界线；方言分区是试图把方言在地理上的分布划分成不同的区域。方言分区是以方言划界为基础的。

方言地理是一种人文现象，而不是自然地理现象。方言区划并不像地貌区划那样是有地物标志作为依据的，只要我们去发现就是了。给一种语言分成几个方言，各方言的区域如何划定，都是人为的。

赵元任曾指出归纳音位的方法有多种可能性。音位归纳的多能性原则也可以挪用到方言分区方法上。这就是说方言分区的标准和方法跟音位归纳法一样也有非唯一性，即可以用不同的标准和方法对方言进行分区。假定所依据的原始语料是完全相同的，由于采用的标准和方法不同，所得结果也可能有所不同。

例如《中国语言地图集》（中澳合作，朗文，1988 年）将汉语方言分为十大区：官话、晋语、徽语、吴语、闽语、粤语、客话、湘语、赣语、平话。丁邦新《评中国语言地图集》（见《国际中国语言学评论》第 1 期，1996 年）

主张晋语不独立,属官话,而平话独立理由不足。在官话内部楚语不应归江淮官话,东北官话不应独立。但是罗杰瑞《汉语概说》(Jerry Norman,Chinese,Cambridge University,1988.)却将汉语方言分为三大区:a.北部方言(官话)b.中部方言(吴语、湘语、赣语)c.南部方言(闽语、粤语、客家话)。不提晋语、徽语和平话。罗杰瑞用十条标准,包括语音和词汇项目,划分方言,见表4.3(＋表示有此项,－表示无此项,下同)。其中第5项"平分阴阳"指"只有平声分阴阳"。

表4.3　罗杰瑞方言分区特征表

	1 他	2 的	3 不	4 母鸡	5 平分阴阳	6 见母腭化	7 站	8 走	9 儿尾	10 房子
官话	+	+	+	+	+	+	+	+	+	+
湘语	+	-	+	-	-	+	+	+	-	+
赣语	-	-	+	-	-	+	+	+	-	-
吴语	-	-	+	+	-	+	-	+	+	+
客家话	-	-	-	-	-	-	-	-	-	-
粤语	-	-	-	-	-	-	-	-	-	-
闽语	-	-	-	-	-	-	-	-	-	-

我们如果将这十个项目略作调整,结果就会大不一样,即汉语方言分为两大区:北方话(官话、湘语、赣语、北部吴语)和南方话(闽语、粤语、客家话、南部吴语)。见表4.4。

表4.4　笔者方言分区特征表之一

	1 他	2 的	3 不	4 母鸡	5 平分阴阳	6 见母腭化	7 站	8 走	9 儿尾	10 房子
官话	+	+	+	+	+	+	+	+	+	+
湘语	+	-	+	-	-	-	+	+	+	-
赣语	-	-	+	-	-	+	+	+	-	-
北吴	-	-	+	+	-	+	-	+	+	+
南吴	-	-	-	-	-	-	-	-	-	-
客家话	-	-	-	-	-	-	-	-	-	-
粤语	-	-	-	-	-	-	-	-	-	-
闽语	-	-	-	-	-	-	-	-	-	-

如果将这十个项目另行设计,结果汉语方言虽然也可以分为两大区,但是北方话只包括官话。见表4.5。

表4.5　笔者方言分区特征表之二

	1 找	2 的	3 稻子	4 米汤	5 说	6 阴阳平	7 竖	8 这	9 圳	10 孩子
官话	+	+	+	+	+	+	+	+	-	+
湘语	-	-	-	-	-	-	-	-	+	-
赣语	-	-	-	-	-	-	-	-	+	-
吴语	-	-	-	-	-	-	-	-	+	-
客家话	-	-	-	-	-	-	-	-	+	-
粤语	-	-	-	-	-	-	-	-	+	-
闽语	-	-	-	-	-	-	-	-	+	-

方言分区虽然允许采用不同的标准和方法,但是在某一个地区采用什么样的标准和方法却有优劣之辨。

方言分区跟方言分类不同,它只是研究方言在地理分布上的区划。一般人都可以感觉到方言在地域上是有差异的,任何本地人不必经过调查研究也都可以就本地方言跟四邻方言的亲疏关系发表见解。换言之,一般人(包括语言学工作者)在未经研究之前,对本地区的方言分区就有模糊印象的,我们把这种印象称作"本地人的语感"。方法的优劣就是要看所得结果是否大致符合本地人的语感,即是否符合方言的地理差异的基本事实。不能想象一个好的方法会把本地人认为通话毫无困难的甲乙两地划分为两个区,而把通话困难很大的乙丙两地划归同一个区。例如不能想象把南京话和无锡话划归同一方言区,而同时把无锡话和苏州话划归两个不同的方言区;或者把泉州话和潮汕话归并在同一区内,而与厦门话分属两个区。

现在讨论几种现行的和笔者所提议的方言分区方法。

1. 特征判断法

特征判断法或可称为"同言线法"。方言地图上的同言线(isogloss,又译为"等语线")的两边,方言特征不同,也可以用同言线在方言地图上圈定一个地域,圈内的方言特征相同,例如方言岛上的方言。好几条同言线密集或重合在一起就成为"同言线束"(bundle of isoglosses)。传统上即以同言线或同言线束作为划分方言的界线。其实"同言线"或"同言线束"所反映的只是方言的一个或若干个特征,而不是方言特征的总和,所以我们把这种方法称作"特征判断法"。它类似于动物学上用有没有脊椎这个特征来判别是否是脊椎动物。

这种方法的优点是简便,在重要同言线单一化或同言线束密集的地区行之有效,例如可以根据"塞音有三级分法"这一条同言线把吴语和邻接的其他方言区划分开来。问题是有些地区的同言线十分离散,不仅不能密集成束,而且相距很远,主次又难以决定。这时候如果主观地选择其中一条同言线作为分区的界线,就难免失之偏颇。例如在吴语区内部,如果以"沙"字韵母(麻韵开口二等)读 a 这条同言线为标准,那么杭州和金华同属一个次方言区;如果以"看"字韵母(寒韵开口一等)读 ɛ 这一条同言线为标准,那么两地又要分属两区。"特征判断法"可行性差的缺陷是显而易见的。

"同言线"(isogloss)是仿照"等温线"(isotherm)制定的。表示两地气温的不同只可能用温度这一个指标,造成两地方言不同的因素却要复杂得多了。所以借用"等温线"这样的自然地理概念来研究方言分区问题本来就不很合适。

况且实际上方言地图上的语言事实往往表明,同言线两边的方言特征并不总是泾渭分明的。同言线两边的方言特征的相互关系大致有下述四种情况。兹以傅国通等《浙江吴语分区》(浙江省语言学会,1985年)中的 30 幅方言地图所提供的材料为例,加以分析说明。

第一,两边方言特征截然不同,井水不犯河水。假定这一边的特征是 A,另一边则一律是 B,此种情形极为少见,30 幅图仅见一例,即"生豆腐"这个词语,浙北叫"生豆腐",浙南叫"豆腐生"。

第二,假定同言线一边的方言特征为 A,同言线另一边的方言特征为 B,或 A 和 B 两可。例如"月"(山摄合口三等月韵疑母)浙西北读零声母,如湖州音:ɦiəʔ^8,其余地区读鼻音声母或零声母和鼻音声母两可。如云和音:ŋyəʔ^8;新昌音:ɦiyəʔ^8/ŋyəʔ^8。

第三,假定同言线一边的方言特征为 A,另一边则是 B、C、D 等。例如"房子"钱塘江以北,除三四个县外均称为房子,在其他地区则称为屋、房屋、处、屋宕等。

第四,同言线某一边的特征也散落在另一边,假定这一边的主要特征是 A,另一边的主要特征是 B。这一边的若干地方也出现 B,或反之。例如"周"(流摄开口三等尤韵章母)声母浙南读 tɕ,浙北大致是读 ts,但是浙南读 tɕ 的特点也散落在浙北的湖州、德清、昌化、萧山。

同言线两边的方言特征的互相关系,可以用图4.1来表示。

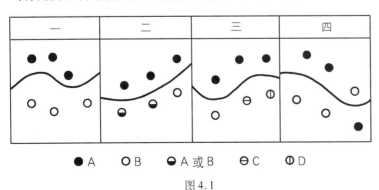

图4.1

图中的一个方框代表某一个地区,中间的曲线都是同言线,可见即使只选用单一的同言线(而不是同言线束)作为方言之间的绝对分界线,也不容易。

在使用特征判断法时也可以用"特例字"作为判断的标准。特例字又称为"特字",是指不符合历史音变的字。例如"铅"字(山摄合口三等平声仙韵以母)读音在粤、湘、闽、客等方言中符合音变规律,在吴语中不合规律。

广州	长沙	福州	厦门	梅县	苏州	温州
yn¹	yẽ¹	yɔŋ¹	iɛn¹	ian¹	khɛ¹	kha¹

2. 古今比较判断法

这个方法是试图从方言历史来源的角度来区分方言。我国至今还没有编制过大型的汉语方言地图集,目前将汉语大致分为七大方言区,实际上用的就是这个方法。判断的程序大致是:首先假定《切韵》是汉语方言的总源头,然后将各地的方音系统跟《切韵》比较,看保留了什么,失去了什么,再将特点相同的地点归并成同一个大方言区。所谓汉语各大方言的特点即是跟《切韵》比较所得的结果。例如广东话保留了切韵音系的－m、－n、－ŋ和－p、－t、－k韵尾,吴语保留了浊塞音和浊塞擦音;北方话失去了入声(大多数地点)等等。在同一个大方言区内部划分次方言区,也可以参用这个方法。例如吴语区内的温州次方言区,中古真韵读aŋ,元音低化;豪韵和肴韵今音不同韵等,都是别的次方言区所没有的。

丁邦新《汉语方言区分的条件》(载《清华学报》新十四卷一、二期合刊,出版于1982年)提出的方言分区的原则实际上是把此法贯彻得最彻底的实践。

他认为:"以汉语语音史为根据,用早期历史性的条件区别大方言;用晚期历史性的条件区别次方言;用现在平面性的条件区别小方言。早期、晚期是相对的名词,不一定确指其时间。条件之轻重以相对之先后为序,最早期的条件最重要,最晚期的条件也就是平面性的语音差异了。"

丁邦新用六个早期历史性条件把汉语方言分为七类:官话、吴语、湘语、赣语、客家话、闽语、粤语。六个条件是:①古今浊声母b、d、g的演变;②古塞音韵尾－p、－t、－k的演变(以上普遍条件);③古知彻澄母字读t;④古次浊上声"马、买、理、领、晚"等字读阴平(以上独特条件);⑤古舌根音声母k、kh、x在前高元音前的演变;⑥古调类平上去入的演变(以上补充条件)。

用第一个条件还有官话和粤语;赣语和客话分不开,加第②条可把七个方言分得很清楚。全浊声母在闽语和湘语里有类似演变,加第③个条件,分出闽语。又由于赣语和客话不易区别,加上第④条分出客家话。第⑤条把全国方言分成两大类,官话、吴语、湘语、赣语变tɕ、tɕh、ɕ;客话、闽语、粤语读k、kh、x。第⑥条有关声调,前5条有关声母和韵母。

丁邦新用晚期历史性条件分次方言。以官话为例,五个次方言是:北方、晋、下江、西南、楚,用四个条件划分:①古入声演变;②古泥来母的分混(以上普遍条件);③鼻音韵尾弱化消失;④古鱼虞韵知章见系字韵母读ʮ。①分出五个次方言,再用②分出晋语和下江官话,再用③、④分出晋语(鼻尾消失或弱化)和楚语(有ʮ韵)。

由于方言是不断发展的,方言间又是互相影响的,所以根据语音结构中的有限项目跟切韵音系比较的结果,来划定方言区,往往跟方言分区的事实不能密合。例如,如果仅根据浊塞音这一条标准,湘西北花垣、吉首、保靖、永顺、古丈、泸溪、辰溪、沅陵等县方言应划归老湘语,但是在其他方面,这些地方的方言跟西南官话接近得多。这个办法在处理边界方言的归属和方言内部的再分区时,往往遇到较大的困难。

这个方法所依据的原理实质上是跟特征判断法一样的,只不过没有画精确的同言线罢了。

3. 综合判断法

这个方法放弃同言线作为方言分区的基础,它设想首先列出成系统的语音、语法、词汇等方面的项目,然后就这些项目比较各点间的异同,再根据异同项目的多寡及其出现频率的高下,来划分方言区。

这个方法的优点是:能够反映方言特征的总和,缺点是计算过程太繁复。例如为了比较韵母的异同,先得列出《广韵》的206韵(暂不计声、等和出现频率),再就这些韵比较各地方言的异同,计算互相的接近率。设某地区参加比较的点有一百个,每点与其余点都比较一次,则一共要进行$C_{100}^2 \times 206 = 1017000$(次)比较。这种比较因为计算过程太繁复,必须借助计算语言学的方法,才能实施。

我们曾以广州话、上海话和普通话为例,提出方言间词汇接近率综合比较的新方法(详见游汝杰、杨蓓

《上海话、广州话、普通话接近率的计量研究》,刊《汉语计量和计算研究》,邹嘉彦等编,香港城市大学语言资讯科学研究中心,1998 年)。

这个新方法有两个特点:

第一,用加权(weight)法统计不同方言词汇的异同,以词频作为权数。

第二,以中心语素为基准比较词汇的异同,分级加权统计。

参加比较的词汇,包括少数词组,共 1230 条,取自北大中文系语言学教研室编《汉语方言词汇》(第二版,语文出版社,1995 年)。词频数据取自北京语言学院语言教学研究所编《现代汉语词频词典》(北京语言学院出版社,1986 年)。

我们采用下述两种权数。

(1)词频权数

在一种方言里,有的词汇常用,有的不常用,使用频率不同的词汇对于方言之间的词汇接近率的重要性是不同的。换句话说,词频对词汇接近率的计量统计应该是很重要的参数。所以我们将以词频为基础的词汇组的组频率作为权数。我们把一种方言里的所有词汇及其频率看作是一个系统,而不是单个不同的词的简单相加。在我们的词汇表中,列在表上的每一组的词汇都是经过挑选的,它们是这一组所有词汇(包括未列在表上的)的代表。词汇组的组频率即是以这些词汇为基础计算出来的。所以将词汇组的组频率作为权数更能体现词汇的系统性。

(2)语素重要性权数

单音节词中的语素负载这个词的全部语义和信息,语素重要性自然最大,权数也自然最大。

双音节词除了联绵词以外,是由两个语素(morpheme)组成的。前后两个语素,就所提供的信息而言,有的相等,即同义复词,如"休息";有的重要性不相等,例如"老虎"的全部语义信息在后一语素,前一语素"老"只有语法意义,而不含"老虎"的词汇意义。"逃跑"的信息重心则在前一语素,后一语素"跑"只含有附加的语义。所以我们以语素为加权的基本单位,又从语义、信息的角度出发判定语素的重要性。

在不同方言双音节词汇比较中,很多情况是两者可能只有一个语素是相同的,而另一个语素所提供的信息量不同。接近率的高低即由后一语素决定。例如"老虎"和"虎"的接近率比"逃跑"和"逃"的接近率高。因为"老"没有语义价值,而"跑"带有附加的语义。这就是说,双音节词内部的不同语素对词汇接近率的重要性是不同的。所以我们对双音节词内部重要性不同的语素,给予不同的权数。

我们根据上述原则给这一千多个词汇分类并按权数大小的顺序排列如下,每类各举两个例子:

a 单音节词:头、嘴

由一个语素组成一个词,这个语素负载这个词的全部词义和信息。权数应最大。

b 双音节单纯词:垃圾、蝙蝠

此类是双音节单语素的联绵词,一般不会分割使用。权数大小应跟单音节词相同。

c 双音节叠音词:星星、常常

由前后两个相同的语素合成,各负载这个词的一半词义和信息。在方言里往往不用叠音。权数应比 a、b 类小。

d 词根(root)+词缀(fix):

前加:老虎、老鼠

词义和信息的中心在后一语素。

后加:绳子、枣儿

词义和信息的中心在前一语素。

此类词在有的方言里不加词缀。权数应比 c 类小。

e 中心语素(head)+附注语素(modifier):

后注:月亮、露水、雷公

词义和信息的中心在前一语素。非中心语素的重要性比 d 类大。

前注:颜色、风景、女婿

词义和信息的中心在后一语素。非中心语素的重要性比 d 类大。

此类词中的中心语素在词义上是自足的,在古汉语或现代某些方言里常单用中心语素。权数应比 d 类小。

f 人称代词＋们:我们、他们

词义和信息的中心在前一语素。非中心语素的重要性比 e 类大。

方言之间的差别主要是表示复数的后一语素。此类权数应比 e 类小。

g 物主代词＋的:我的、你的

词义和信息的中心在前一语素。非中心语素的重要性比 e 类大。

方言之间的差别主要是表示领属的后一语素。此类权数应比 e 类小。

h 一般复合词:上午、扁担

词义和信息由前后两个语素共同负载。缺一不可。

权数应比 g 类小。

i 动宾式短语:点灯、种地

词义和信息由前后两个语素共同负载。缺一不可。

权数应跟 h 类相同。

以上各类应加权数大小依次为:a＝b＞c＞d＞e＞f＝g＞h＝i,

即:

a:0.9＝b:0.9＞c:0.8＞d:0.7＞e:0.6＞f:0.5＝g:0.5＞h:0.4＝i:0.4

将三地 1230 多条词汇加上权数,让计算机一一比较,计算的结果见表 4.6:

表 4.6　北京话、广州话、上海话之间书面语素接近率一览表

	北京	广州	上海
北　京	1	0.4824	0.6488
广　州	0.4824	1	0.41296
上　海	0.6488	0.41296	1

4. 集群分析法

集群分析法(analysis of clusters)最早是笔者在 1984 年讨论吴语分区时提出的(参见许宝华、游汝杰《苏南和上海吴语的内部差异》,载《方言》1984 年第 1 期)。

首先,根据对某一地区方言大致分成若干类的模糊印象,决定该地区方言最终要分成若干群。然后在每一个群中选择一个标准点,再选择较多但仍然是有限的项目,将任意一点拿来跟各标准点比较,最后根据每一个点与标准点的接近率来判断该点应归属哪一个群。

这个方法的主要困难是,一个区域内究竟分成几个群合适;如何选择各群的标准点。在这两个问题相对比较容易解决的地区,集群分析法是可行的。这样的地区大致有两大类。一类是方言差异跟旧时代的行政区划"府"或"州"关系密切的地区,如苏南、浙江,可以以府治或州治的今地方言作为标准点进行比较。笔者在给上海和苏南方言分区时就是拿四个旧府或州的治所,即松江(府)、苏州(府)、太仓(州)、常州(府)作为标准点,将其他各点的方音拿来跟这四个标准点作比较,看看它们各自比较接近哪一个标准点。比较的方法是:先取一个标准点,再拿其余所有 23 个地点,用 30 条语音特征跟标准点逐一比较,算出各点跟标准点相同的百分比。各点跟其他三个标准点的比较也如此进行。比较结果所得各点跟标准点的接近程度的百分比见表 4.7。表左端松江、太仓、苏州、常州是四个标准点,表上端是上海、苏南的 24 个参加比较的地点,表中的数字表示百分比,如上海和松江的会合点是 70,即表示在 30 条语音特征中,两者相同的百分比是 70%。

表4.7　上海和苏南各地与标准点接近率比较表

	上海	松江	莘庄	川沙	南汇	奉贤	金山	青浦	太仓	宝山	嘉定	常熟	苏州	昆山	吴江	无锡	常州	江阴	沙洲	宜兴	丹阳	金坛	溧阳	高淳
松　江	70	100	83	77	90	77	73	67	40	47	47	37	33	47	30	30	20	27	33	20	13	13	13	20
太　仓	60	40	30	30	27	20	27	33	100	87	83	50	53	63	57	33	30	40	53	40	37	27	23	33
苏　州	47	33	40	30	23	13	23	30	53	50	47	43	100	67	67	67	30	30	33	37	23	17	30	27
常　州	20	20	23	20	17	17	20	30	30	23	23	30	30	37	37	37	100	60	53	60	47	53	57	47

从表4.7可以看出,无锡更接近苏州(67%),宜兴、江阴和沙洲更接近常州(分别为60%、60%、53%)。根据这一集群分析的结果,我们把上海和苏南地区方言的东西两大区的分界线定在常州、江阴、沙洲—无锡、常熟之间,即以图4.2上的第四条同言线"慌"为分界线。

另一类是一个地区使用几种不同方言,各种方言的核心地带(focal area)明确,但是过渡地区(transitional area)归属难定。可以以中心城市作为标准点。如湖南全省使用新湘语、老湘语、官话和赣语(瓦话暂且勿论)四种方言,可以选定四个中心城市:长沙、城步、常德、平江作为标准点进行比较(见游汝杰、周振鹤《湖南省方言的区画及其历史背景》,载《方言》1985年第4期)。

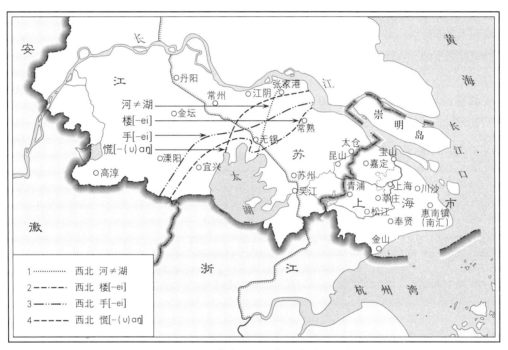

图4.2　上海、苏南吴语四条语音特征同言线

5. 可懂度(intelligibility)测定法

这个方法放弃从语言结构本身出发给方言分区,而试图从信息论的角度出发给方言分区。这个方法的优点是:只要设计得好,最能反映本地人的语感,本地人的语感实际上是来自对可懂度的模糊印象的。

在汉语各方言区,影响可懂度的主要因素是词汇,而不是语音或语法。譬如阳平、上声和去声的调值,四川话跟北京话大相径庭,但是只要词汇相同,尽管调型不同,相互间还是听得懂的。又如圆形中凹的铁制炊事用具,北方话叫"锅",吴语叫"镬",闽语叫"鼎"。就这个词说来,这三种方言间的可懂度就等于零。由于词汇必须借助语音得以表现,所以词汇的可懂度,实际上已经包含了语音可懂度的因素。可以选择一两千个基本词汇,按词义分成类别,由操甲种方言的人按类别读给乙种方言的人听,看他能听懂其中多少词汇,然后计算可懂度的百分比。计算词汇的可懂度在理论上应考虑每一个词在自然语言中出现的频率,不过实际上统计方言词汇的出现频率目前做不到,所以只能暂不考虑这个因素。

笔者曾设计一种测验可懂度的方法。先选取一两千个基本词汇,按意义分成若干类别。然后由以甲种方言为母语的发音人分类读给使用乙种方言的人听。读每类词汇前,应由测试者说明各类词汇的内容,如"天气"类、"服饰"类等。因为语言在实际使用时总是有一个语言环境,听话人也会有预设,所以预先告诉听话人每类词汇的内容或范围,更接近语言实际使用时的情景。不过应注意不能给听话人更多的别的暗示,例如按顺序排列数词或人称代词。根据听话人能听懂其中多少词汇,再加以词频和语素重要性分级加权统计,即可得出可懂度的百分比。

我们曾用上述方法测验广州话对上海人的可懂度。实践结果证明这个方法是可行的。(详见游汝杰、杨蓓《上海话、广州话、普通话接近率的计量研究》)

词汇材料采用《上海话音档》(上海教育出版社,1994 年)所录常用词汇,共 182 个。这些词汇共分 17 组,前 16 组按语义分,第 17 组是高频词,即频率在 0.5 以上的词。因为每组词汇数很少,如果某组高频词略多,组频率就会增大过多,所以把高频词集中起来另列一类。

被调查人是以上海话为母语,并且会说普通话的大学一年级学生,共 40 人。先请一位以广州话为母语的发音人黄新宁将 182 个词分类各读三遍,同时用录音机记录。然后播放录音带,请被调查人用汉字记录听懂的词。词汇是分类播放的,每播放一类前都说明此类词的内容,例如"房舍""植物"等。播放录音及记录的时间共 45 分钟。计算结果,粤语词汇与普通话和上海话的接近率,按口语可懂度统计为 67.21%。

上述方法虽然已经考虑到听话人的预设因素,但是毕竟没有实际的语言环境,又有同音词问题。为了克服这个缺点,可以设计一套类似"托福"(TOEFL)中的"听力综合测验"(listening comprehension)那样的测验题。

方言间口语可懂度测试的受试人在理论上应该只会说母语,没有任何别的方言、标准语或书面语知识,但是事实上很难找到理想的受试人。其结果是可懂度测试往往不能逆转,例如广东话对上海人的可懂度如果是 40%,那么上海话对广州人的可懂度有可能达到 60%,因为广州人多少有些普通话或书面语知识,而上海话比较接近普通话或书面语。

方言分区和音位归纳一样都只能是共时的,而不是历时的。但是大家在讨论汉语方言分区时都不可避免地跟《切韵》音系牵扯起来(本文也不能避免),这是因为汉语方言调查历来都是以切韵音系作为出发点的。因此在选择比较两地异同的项目时,大家都习惯于考虑它们在中古的音韵地位。好在供比较的项目本身都还是共时的。这六种方法中只有最后一种是完全不顾历史来源的。

方言分区虽然是共时的工作,但是如果分区所得的结果能够符合历时的情况,那当然是最好不过了。目前对汉语方言第一层次的区域划分,是跟历史来源相符合的。但是从可懂度的角度来看,其中一个最不合理的地方就是把新老湘语归并在同一个方言区内。新湘语跟老湘语通话很困难,而跟西南官话通话较容易。

不管采用什么方法,方言分区工作都有必要参考本地人对当地方言分类的意见,任何本地的成年人对于本地方言与四邻方言的差异往往都很敏感,他们常常向方言调查者指出邻近地区别种方言某些字音、词汇和句式的特点,并且意见相当一致。他们对于当地方言分类的见解往往与语言学调查结果一致。例如赣南客家话区居民和赣语区居民自己说的是什么话,别人说的是什么话,他们的见解和方言学调查的实际结果完全一致。在设计方言分区调查项目的时候很有必要参考他们的意见。

方言分区工作的结果要求在方言区划地图上表现出来。方言区划图上允许存在三种较为特殊的区划,一是方言岛,二是方言过渡区,三是语言飞地。

中外语言学著作常常述及各种方言岛,但是对方言岛的含义往往语焉未详。本书是在下述意义上使用"方言岛"(speech island)这个术语的。

在方言地理学上,被另一种方言或语言包围的方言称为方言岛。关于方言岛的含义有以下几点需要说明。

1. 介于两种或两种以上方言之间的方言不算方言岛。例如湖南省境内湘语和官话之间的乡话。也就是说,包围方言岛的方言必须是单一的,例如,福建南平官话方言岛的四围是单一的闽语。有一种特殊的情况是方言岛的部分边界与国界重合,界外说的是外国话,这样的方言岛可以作为准方言岛来研究。例如黑龙江的虎林方言,部分边界与中俄边界重合,国境以外说俄语。

2. 海岛上的方言不算方言岛。例如北部湾的涠洲岛是说闽语的,但是隔海相望的北海市说粤语;广西钦州沿海一带使用粤语,但是龙门岛说官话;江苏省长江上的扬中县使用江淮官话;浙江沿海若干海岛使用闽语,最北的一个是舟山的花鸟山。这些海岛上的方言不算方言岛。

3. 狭义的方言岛,岛上的方言与包围它的方言必须是分属系属不同的两大方言,如闽语包围中的官话;吴语包围中的闽语等。换句话说,岛内外的方言必须差别较大。广义的方言岛,岛内外的方言,在方言系属上同属一大类,但是分属两小类,例如四川西昌的河南话方言岛,岛内的河南话和岛外的四川话均属官话方言,但是下位分类不同,河南话属中原官话,四川话属西南官话。或者岛上的方言带有不同于岛外方言的明显而重要的特征,如大多数城市方言岛,城里人和乡下人的方言明显不同。

4. 方言岛的一个重要特征是岛的外缘明确,同时岛内居民所使用的方言有单一性。例如吴语区的杭州半官话方言岛的地域只限于城区,城内外方言迥异。方言岛的边界很容易确定。但是一般的方言边界往往难以划定,语言学家常常有不同的意见,例如湘语和赣语的分界。

5. 狭义的方言岛,作为一种语言飞地,岛内方言保持本土方言的显著特点。如果方言岛形成的时间较长,则岛内方言还会受到岛外方言的影响,吸收岛外方言的因素。例如吴语区的杭州半官话方言岛形成于宋室南迁时。今天的岛内方言词汇,人称代词,还是官话系统的,但是语音却是道地吴语系统的,例如,塞音和塞擦音声母分成浊音、送气清音和不送气清音三类,字音没有文白读的区别,只有一个例外,即"晚米"的"晚"字读 $m\varepsilon^{53}$。这是白读音,文读音是 $u\varepsilon^{53}$。这个白读音显然是从种植稻米的乡下人那儿学来的。又如闽语区的南平"土官话"方言岛,是明代从北方南下的军旅长期留驻造成的。今天岛内方言的词汇系统显然接近北方话,而与邻接的建瓯话大异其趣。

两种或多种方言区的交界地带的方言兼有两种或多种方言的特征,这样的地区可以划为这两种或多种方言的过渡区。例如江苏的丹阳,其城区是江淮官话和吴语的过渡区。在丹阳话里古浊声母文读音,平声读送气清音,仄声读不送气清音,类似江淮官话:白读音不论平仄都读较弱的不送气浊声母。如"糖"文读为[th –],白读为[d –];"荡"文读为[th –],白读为[d –]。这个过渡区面积很小。这种面积不大的过渡地带在方言边界两侧很常见。在大比例尺的地图上往往略去不计。也有面积颇大的过渡区,例如福建西北部的邵武、光泽、泰宁、建宁、将乐、顺昌六县市,南与客家话区接壤,东与闽语区接壤。这一地区的方言既有客家话的一些特点,又有一些与闽语相同的特点。可以把这个地区划为闽语和客家话的过渡区。介于官话和吴语之间的徽语区也有过渡性方言的性质,其声调分而声母没有浊塞音,又近官话。方言过渡区是方言在地理上的渐变性和不同方言相互接触和交融造成的。

方言飞地是指离开本方言区大本营,而被别种方言区分隔的方言片或方言点。方言飞地又可以分为两大类。一类是被两种以上别的方言所包围的飞地,例如闽语的大本营在福建和广东的潮汕,闽语有一块飞地在广东省的沿海,它被粤语和客家话所包围,雷州半岛的闽语飞地也为这两种方言所包围。在广西的闽语呈散点分布状,常被多种方言分割包围。另一类是只被一种方言所包围的,即形成方言孤岛。如官话在福州南平的飞地"土军话"方言飞地大多是迁离大本营的移民造成的,如闽语在海南岛的飞地是闽东一带闽人大约在明代渡海入岛后形成的,至今飞地上的方言还与闽东一带的闽语较接近。也有少数飞地是大本营的边缘地带被别的方言侵蚀后,残留下来的,例如浙南蒲门的温州话。

第三节　方言分区的依据和参考因素

一、方言分区的依据

方言分区最根本的依据是各地方言异同的语言事实。方言分区工作应该在调查和比较各地方言异同的基础上进行。方言分区工作对方言异同的调查材料有三个基本要求。

(一)项目和材料要求齐备

对所提供的调查材料,并不一定要求项目很多,而要求每一项目的材料整齐,即每一个调查点的项目必须完全一样,每一个项目必须有每一个调查点的材料。只有这样,才能进行有效的比较。例如赵元任等人调查比较湖北全省64个县的方言,只选用声母发音部位、次浊声母及影响等11个项目。各点调查项目统一,所得材料齐全,据此有效地比较各地的异同,把全省方言分为西南官话、楚语、赣语、湘语四区,并且举出各区的语音特征。

（二）要求调查点尽可能密集

方言分区工作的目标之一是在地图上画出方言的分界线。调查点越密,最后画出的分界线也越精细。在方言复杂的地区,往往一县之内有几种方言并存,例如浙南的苍南县。在这样的地区,至少要把调查点下设到乡级,最后画出的方言分界线才会有足够的精密度。

（三）要求提供方言边界地区和混杂地区的详细材料

不同种类的方言交界的地方,方言现象往往比较复杂,如果没有详细材料,就难以确定分界线。这里有两方面的困难或问题。

一是方言地理学上的问题。不同的方言在交界地区往往犬牙交错,例如江淮官话和吴语在江苏南通地区的错杂现象。另外,有的地方有几种方言杂处,例如皖南的广德县一县之内有官话、吴语、闽语、湘语、赣语五大方言分布。

二是方言分类学上的问题。两种方言的边界地区也往往是两种方言的过渡地带。交界地区的方言常常兼有两种方言的特点,如果没有详细的调查材料,就难以确定方言的类属。例如江苏西南角的高淳县和溧水县(县城以南),浊塞音有清化的倾向,即 b→ḅh,d→ḍh,g→g̣h 等,如果没有较为深入的调查材料,就很难确定这两地的方言应属吴语或徽语。

二、方言分区的参考因素

语言现象本身在地理分布上的异同,是方言区划的根本依据。造成汉语方言地理分布格局现状的原因,除了语言因素本身(方言内部演变、方言借用、方言交融)之外,还有下述三种主要的非语言因素:人口迁徙、行政区划、交通往来。

方言分区的根本依据是调查方言差异所得的语言材料,不过在实际的分区工作中还需要参考别的因素,只有正确利用这些材料,才能使分区工作取得令人满意的结果。这些影响方言分区的参考因素主要有以下几种。

（一）本地人的语感和对当地方言分类的见解

任何成年的本地人都会感觉到本地方言与四邻方言的差异,都可能对本地区方言的类别或分区有一种直觉的见解或模糊的印象。例如任何成年的上海人都能分辨出苏州腔、宁波腔、苏北腔等。本地人的语感或对本地方言分类的见解,有时在方言分区工作中能起到重要作用。

如江苏南部吴语区和官话区的本地人都很明白本区说的是什么话,另一区说的是什么话。他们的见解和实际上的官话和吴语的分区是完全一致的。

（二）通话程度

通话程度是指使用不同方言的人交谈时对对方方言的可懂度。方言间的可懂度在一定程度上能反映方言间的亲疏关系。很难想象通话毫无困难的两地方言会分属两区,而同时通话十分困难的两地方言会同属一区。如南京话和扬州话通话没有困难,而两者与苏州话通话就有困难。这三者在方言系属上的归类关系不可能是南京与苏州同属一类,而同时南京和扬州分属两类。

（三）人口流动

方言地理的演变和历史上的人口流动有种种复杂的关系,其中最为显著的是移民引起方言的地理转移或扩散。甲地的居民移居到乙地,会把甲地方言带到乙地。了解当地历史上的移民背景常常会给方言分类或分区工作带来方便。在给各地移民杂居地区的方言或方言岛上的方言归类时,了解移民的历史背景显得更为重要。例如今天的皖南地区杂有湖北话(西南官话)、河南话(中原官话)、安庆话(江淮官话)、赣语、客家话、吴语(温州话、浦江话、处衢话)、闽语(泉漳话)、湘语、畲话。使用这些方言的居民是太平天国战争以后,陆续从外地迁移而来垦荒的。如果不了解他们的历史移民背景,一时是很难分清他们的方言类属的。

(四) 行政区划

在历史上二级政区长期稳定的地区,现代方言的区划事实上与旧府的辖境关系甚为密切。这有两方面的原因:一方面府(州)是一群县的有机组合体,府治不但是一府的政治中心,而且一般也是该府的经济、文化、交通的中心。古代交通不发达,一般人又视背井离乡为畏途,除非有天灾人祸,离开本府的机会很少,社会活动大致在本府范围内进行。所以一府之内的方言自然形成一种向府治方言靠拢的凝聚力。另一方面许多府的属县往往是由本府中一两个最古老的母县析置的,由老县分出新县。新县往往是由老县的居民移居开发的,例如浙江温州府六县析自东汉永宁县,台州府六县除宁海外皆析自西汉回浦县。在这种情况下,同府属县方言相接近是很自然的。最典型的例子是:浙江吴语各小片和明清十一府辖境可以十分完整地相对应。即太湖片——嘉兴府、湖州府、杭州府、绍兴府、宁波府;婺州片——金华府;丽衢片——处州府;瓯江片——温州府;台州片——台州府。福建的方言区划,与北宋政区也大致对应。如闽语的闽北片,包括建瓯、建阳、武夷山、松溪、政和和浦城,相当于旧建宁府辖境。这一地区东吴时是建安郡,唐代是建州,南宋以后是建宁府,长期同属一个二级政区。

(五) 交通条件

方言区划和交通条件关系很大,如果两地交通便利,方言也容易接近,交通隔阂则方言也难相通。例如在古代交通中,河流占最重要的地位,河流不仅有舟楫之利,而且河谷平地自然会成为交通孔道。河流的沿岸往往是可以垦殖的山谷平地,所以一条河流的流域也常常成为一个经济区。同一个经济区的居民方言容易接近。这种情况以福建最为典型。福建的河流都较短,并且大多独流入海,在两条河流之间往往有高大的分水岭阻隔,所以同住一个流域的居民在社会、交通、经济、文化、语言方面具有鲜明的个性。现代福建省方言的区划事实上和流域大致重合。如闽东片相当于双溪流域和闽江中、下游;莆仙片相当于木兰溪流域;闽南片相当于晋江、九龙江、尤溪流域。而福鼎、连城、尤溪、清流等县地处山区,交通不便,周围五十里以内常有数种不能通话的方言。

又如吴语太湖片包括今苏南、上海和浙北,是平原水网地带,自古交通往来方便,所以方言大面积一致,不像交通阻隔严重的浙南,方言复杂难通。如果不加深究,往往误以为山川形势会影响方言区划。其实山川形势的作用是以交通往来为前提的。有舟楫之利的河流并不会造成方言的阻隔,大运河决不是方言的分界线。河流只有在不利航行时,才有可能成为方言的分界线,例如云南的澜沧江多急流险滩,所以江西的云县话与江东的景东话和巍山话分属两个土话系统。(见徐承俊《云南云话调查报告提纲》,载《方言与普通话集刊》第三本,文字改革出版社,1958 年)高大的山脉常常阻绝交通,所以常常成为方言分界线,如浙江临安县西北部的天目山是长江水系和钱塘江水系的分水岭,山岭多在海拔千米以上,阻挡南北、东西居民的交往,也是吴语太湖片和宣州片及徽语、官话的分界线。当代的交通线主要是铁路和公路。铁路或公路沿线的方言往往更快地向当地中心城市靠近。一方面中心城市的方言易于通过交通线向外扩散;另一方面沿线的居民自然有较多的机会接触中心城市的方言。例如广东英德以北本来是客家话的地盘,但是由于近代以来粤汉铁路的开通,广州和沿线城镇的交往日益加强,所以广州话也就扩散到这些城镇,韶关城里甚至已通行广州话。

第四节　方言地图的种类和绘制

常见的汉语方言地图主要有四种:方言特征图、同言线图、地点方言系属图、方言区域图。制作这四种方言地图都必须先画一张底图,然后将有关方言内容画到图上。对底图的要求是简明,一般只要有行政区的界线和境内的主要河流和湖泊。图上有政区界线和河流便于了解和说明方言分布的地理位置和地理背景。底图如果太复杂,再加上将要画上去的内容,图面就会显得喧宾夺主,驳杂不堪。除了方言地图本身以外,还需要有图例,最好还有比例尺。

一、方言特征图

方言特征图是把某一个用于比较的项目,在不同的地点方言中的异同,表现在图上。每一个项目画一张图,这一个项目在各地的差异有多少种,就设计多少种符号,在每一个地点上画一个符号。例如"塞音和塞擦音的三级分法"这一项目的江苏全省的差异有四种,就设计四种符号●○⊖⊕。全省的地点方言以各县市为单位,根据每一个地点的不同情况,各画上一个符号。见图4.3。(选自《江苏省与上海市方言概况》,江苏人民出版社,1960年)

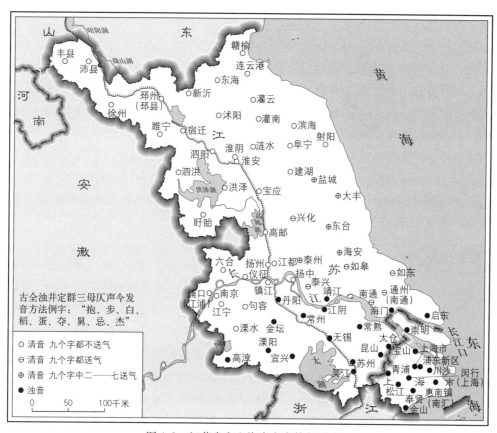

图4.3　江苏省和上海市方言特征图之一

二、同言线图

这种图上的内容主要有两项,同言线和已经调查过的地点。一条同言线表示一个项目调查的结果,图上被同言线分开的两部分,方言特征不同或者同一条同言线所圈定的地域,方言特征相同。一张地图上可以只画一条同言线,也可以同时画上几条不同的同言线,即同言线束。但同一张图上不同的同言线不宜超过五条,过多不便观览。如果一张图上要画不止一条同言线,那么各条同言线的符号应有不同,例如一条是实线,一条是虚线,另一条是中间加点的虚线等。或者各条同言线都用实线,但在各条实线的首尾标上不同的数码字,以示区别。多条同言线画在同一张图上,可以形成同言线束(bundle of isoglossis)。图4.2是上海、苏南吴语的四条同言线。"楼"字(侯韵的代表字)在第二条同言线的西部读[ei],东部读[ɤ];在第一条同言线的西部,"河"字(歌戈韵的代表字)和"湖"(模韵的代表字)不同音,东部则同音;在第三条同言线的西部"手"字(尤韵知照两组和日母的代表字)读[ei],东部读[ɤ];在第四条同言线的西部"慌"字(宕合一平唐晓)读[uɑŋ]或[ɑŋ],东部读 ã 或 uã。由这四条同言线划分出太湖片里的两个小片。

地图上的同言线只能是两分的,但是实际上有时候同言线的这一边的某个地点方言可能其方言特征与另一边相同,或者反之。例如假定"楼"字南汇读[ei]韵母,与西北部相同。也可能同言线同一侧的地点方言内部还有些微的差异。遇到上述情况,同言线图是无能为力的,补救的办法是把同言线图和特征图结合起来,图上既有同言线,又有表示地点方言特点的符号。为了便于读者阅读,也可以另列一张表格说明各地点方言的特点。例如可以用表4.8来补充说明。表上的方言地点有删节,只列出同言线束中间和边上的四个不便观览的地点。

表 4.8

	沙洲	常熟	无锡	常州
河—湖	=	=	≠	≠
楼	ei	ɤ	ei	ei
手	ei	ɤ	ɤ	ei
慌	uɑŋ	uɑ	uɑ	uɑŋ

对于方言调查点很疏朗的地区,例如每县只设一个调查点的省,不宜制作同言线图。因为根据互相距离很远的地点的材料来画同言线,势必不能准确。调查地点越密,同言线在地理上的准确度越高。实际上当一条同言线要划在两个调查点之间时,只能取这两个点的中点通过。如果两个点之间有行政分界线,如乡和乡的界线,也可以使同言线与行政分界线相重合。但是沿同言线两侧往往是广阔的中间地带,所以同言线并不是严格意义上的方言特点地理分界线。

同言线图在反映方言特点的地理分布上准确度不如方言特征图。方言特征图所反映的是每一个有调查材料作为依据的地点的特征;同言线图所反映的某一方言特征的地理分布,却包括大片没有调查材料的空白地带。不过同言线图有时能为方言分区工作提供重要的参考,如吴语和官话交界地带的同言线束有可能反映吴语和官话的重要差异,即是否保留中古的全浊声母。

三、地点方言系属图

这种图设计若干不同的符号,每一种符号代表一种方言,每一个地点用一个符号表示,如果同一个地点有多语现象,则同时用两个或多个符号表示。例如在新疆的地点方言系属图上哈密市的符号是◖,即兰银官话;吐鲁番市的符号是●,即中原官话;石河子市的符号是◍,即北京官话(见《方言》1986年第1期,p164 - 165)。这一种方言地图对于反映多种方言在一个地区错杂的方言地理现象是很有用处的,如广西的蒙山县错杂粤语、客家话、西南官话,还有壮语和瑶语。这种方言地图对于表现晚来的若干种方言在某一个地区散落的方言地理现象也是很有用处的。例如四川省就整体来说是说西南官话的,但是也有后来迁移而来的客家话、湘语、赣语、中原官话和江淮官话散落在各地乡间(少数在城镇)。已有崔荣昌《四川省西南官话以外的汉语方言分布图》(见《方言》1986年第3期,p187)反映这种方言地理现象。见图4.4。

四、方言分区图

方言分区图是根据方言特征图和同言线图绘制的,它是不同方言比较研究的结果。在方言地理上,一种方言区域的中心地带是很明确的,例如广州一带说粤语、苏州一带说吴语、厦门一带说闽语。但是边界地区的方言类属往往不明确。绘制方言分区图的困难点是如何正确或合理地画出方言的分界线。要解决这个困难,一是需要有边界地区方言调查的详细材料;二是需要对边界地区的方言性质进行研究和判断。边界地区往往是偏僻的乡村或山地,所以常常缺少方言调查材料。在这种情况下,在绘制方言分界线时,只能以行政上的乡甚至县的境界线为假设的方言分界线。例如已知甲县和乙县的县城分属 A 和 B 两方言,但不知两县乡下的方言系属,在绘制 A、B 两种方言的分界线时,只能以两县的行政分界线作为假设的方言分界线。

五、方言接近率图

地点方言接近率图是把一个地区之内任何相邻的地点方言之间的接近率,用数字直接标记在图上,检查图上的表示接近率的数字,可以比较任意两个相邻的地点方言的接近率,而且可以看出这个地区内哪些地带的方言互相较接近。图4.5是一张笔者所作湖南东北部地点方言接近率图。《湖南方言调查报告》(杨时逢,

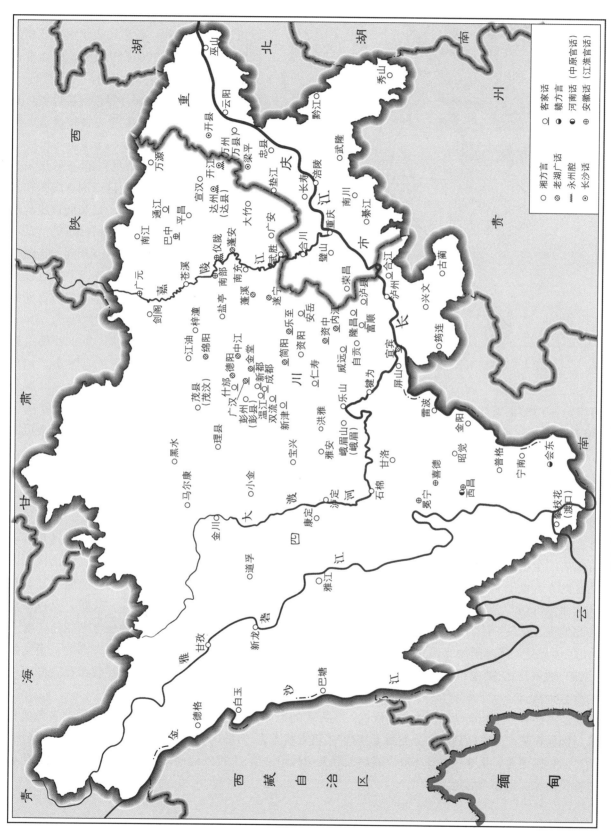

图 4.4　四川省和重庆市西南官话以外的汉语方言分布图

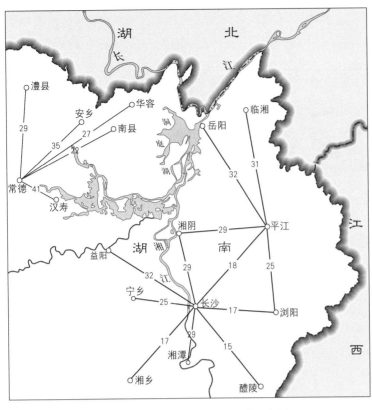

图 4.5　湖南东北部地点方言接近率图

1974年,台北)用52项方言特征(包括声母、开合、韵母及韵尾、声调、特字、词类)比较湖南各地方言的差异。图4.5即以这52项特点为标准,计算任意两点的接近率,图上的每一数字均表示用直线相连的两个地点方言特征相同数。例如常德和安乡有35项特征相同。为了便于观览,图中只是标出部分邻县的接近率。从这张图上可以看出哪些方言较接近。例如浏阳和平江较接近(25),而与长沙较疏远(17),所以浏阳更可能与平江归为一区,而与长沙分归两区。同言线图和方言区域图易使读者误会,以为同言线的同一边或同一方言区域的各种地点方言,不仅其特征都是相同,而且互相间的亲疏也是均等的。而地点方言接近率图可以避免上述问题,能够更准确地表示方言间的亲疏关系。

上述五种方言地图,每一种都可以由多幅地图汇集成方言地图集。例如《中国语言地图集》即是中国各地区语言和方言分区图的汇编。共分两册,共有 36 幅图。再如《苏州方言地图集》(叶祥苓著,日本龙溪书舍 1981 年出版),是一种方言特征地图集,并有 50 幅特征图,每图标有苏州市区和郊区共 263 个调查点的材料。

在西方传统方言学史上,方言调查的结果多以地图集的形式发表,如 E. Edmont 的《法国语言图集》(1902—1910);V. G. Wenker 的《德国方言地图集》(1926—1956);K. Jaberg 和 J. Jud 的《意大利方言地图集》(1928—1943);H. Kurath 的《新英格兰方言地图集》(1939—1943)等。

方言地图不仅是研究方言地理不可缺少的基础,而且有的时候还能反映方言特征历史演变过程。例如中古汉语的全浊声母 b、d、g、z、dz、dʑ 之类在现代只是完整地集中保留在吴语区,在赣语区、湘语区和西南官话区的方言地图上,全浊声母只是不完整地星散在若干交通较为落后的地方。笔者曾绘赣北及其周围地区全浊声母(以"茶"字为代表)的分布(参见游汝杰《汉语方言学导论》第 87 页)。从图上可以看出整个赣北地区,除了玉山、广丰、上饶三地与浙江吴语区相通,有全浊声母之外,大片地区"茶"字读 tsh 声母,全浊声母只是退守鄱阳湖北部沿岸的湖口、星子、都昌以及武宁一小片地方。往西则有湖北东南角的蒲圻、崇阳、通城三地,湖南东北角的临湘和岳阳。从方言地图上看,也可知全浊声母只是残留在这些交通不便的少数地点。

方言地图还有助于社会学和历史学的研究。从方言的地理分布地图上,可以看出本地居民的来源或移民背景。例如在皖南方言区划图和分类图上,有许多斑点状方言岛,岛内包括湖北话、河南话、安庆话、吴语、温州话、湘语、闽语等。从这些方言岛可以看出太平天国战争之后,大批外地移民进入皖南,并且可以一望而知这些移民的原居地和今居地。

第五节　方言地理演变的特点

汉语方言在地理上演变的特点从宏观看是不同类型的方言在地理上作波状推移;从微观上看则是方言特征的渐变。

一、方言类型的波状推移

先讨论方言类型的波状推移,假定有甲、乙、丙三种依次相邻的方言,则甲区中接近乙区的地段,其方言类型也接近乙区;而乙区中靠近丙区的地段,其方言类型则比较接近丙区。方言类型的波状推移较为典型的有以下这些例子。

官话中与吴语邻接的江淮官话次方言,在音系和词汇系统方面都较别的官话次方言更接近吴语。江淮官话跟吴语一样都保留带喉塞尾的古入声,而且入声韵尾的韵类分合也接近吴语。下面将扬州话和松江话的入声韵尾分合比较如下。

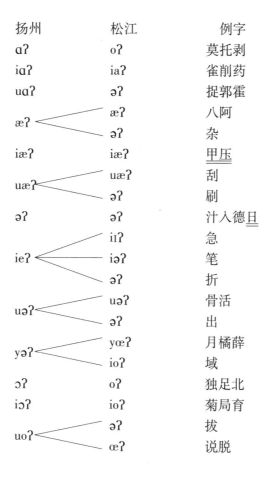

扬州	松江	例字
ɑʔ	oʔ	莫托剥
iɑʔ	iaʔ	雀削药
uɑʔ	əʔ	捉郭霍
æʔ	æʔ	八阿
	əʔ	杂
iæʔ	iæʔ	甲压
uæʔ	uæʔ	刮
	əʔ	刷
əʔ	əʔ	汁入德旦
ieʔ	iɪʔ	急
	iəʔ	笔
	əʔ	折
uəʔ	uəʔ	骨活
	əʔ	出
yəʔ	yœʔ	月橘薛
	ioʔ	域
ɔʔ	oʔ	独足北
iɔʔ	ioʔ	菊局育
uoʔ	əʔ	拔
	œʔ	说脱

在吴语里松江方言的入声韵的分类是分得最细的,例如 iɪʔ 和 ieʔ 这两个韵在苏州话里是不分的。如果用一般的吴语入声韵来比较,那么对应关系会显得更整齐。隋代的扬州江都人曹宪所撰《博雅音》,其中有些语音现象与今江浙一带方言相同,如"蟹"字注"呼买反"。今苏北官话在隋代之前应有更多的吴语特征。

吴语区的南极是以温州话为代表的瓯江片,它南连闽语区。瓯江片的词汇系统比任何别的吴方言更接近闽语。下面举出一些温州方言与闽南方言共同的词汇,这些词汇是不见于别的吴语区的。

词义	温州话	闽语
那	许 hi³	许 xi³(福州)
冰雹	龙雹 liɛ² bo⁶	龙雹 lam² pho⁶(福安)
早晨	天光 thi¹ kuɔ¹	天光 thĩ¹ k ŋɔ¹(厦门)
翅膀	翼 jai⁸	翼 ek⁸(潮州)
湿	滥 la⁶	滥 laŋ⁶(福州)
遗忘	拉爻 la⁶ ɦuɔ²	拉甫 lo⁶ po¹(永安)
丢掉	□爻 daŋ⁶ ɦuɔ²	□□toŋ⁶ thiɔ⁶(建瓯)

福建闽语沿海地区的闽南、莆仙和闽东三片具有显著的闽语特点;中部地区的闽中片和闽北片则常有客

家话成分,如古山摄开口一二等今音不同韵:乾≠间;第三人称单数说"渠"等。在福建内部从东到西,闽语的成分逐渐减弱,客家话成分逐渐增加(见张振兴《闽语的分区》,载《方言》1985 年第 3 期)。过了闽北片则是闽客过渡区,闽中片以西则是纯粹的客家话区。

湖南省的汉语方言从东到西,赣语的特征从很显著到逐渐减弱。湘东与江西交界的平江、浏阳一带方言的赣语特征很明显。杨时逢整理的《湖南方言调查报告》曾选择 52 项特征比较全省各地方言的异同。如果以这 52 项特征为标准,则湘江流域的湘阴和平江的共同特征高达 29 项,到资水流域的益阳已减至 22 项,西进到沅江流域的泸溪,则只有 8 项。

方言类型在地理上波状推移的原因有两方面,一方面是因为两种方言交界地区的人交往较多,方言自然容易接近;另一方面的原因则是人口变迁。方言类型波状推移的方向常常跟人口迁徙的方向相一致。例如,如果拿吴语区各地的方言与北方的官话作比较,那么很明显,越往南走,与官话的共同之处就越少,而与闽语的共同点则越来越多。苏南吴语中没有副词"添"后置的句式,到了浙北吴语(如绍兴话)则可以有这种句式,到浙南吴语则不仅可以有"吃碗添",而且有"你走先"(你先走)、"渠走起"(从他开始走)这样的修饰语后置句式。方言类型从北向南的波状推移跟吴语区开发程度和移民史实有关。吴语区在历史上大致是从北向南开发的。历史上郡县设置大致能反映开发和移民的历史。秦代在今吴语区设有 17 县,即丹徒、曲阿、阳羡、吴县、娄县、海盐、由拳、乌程、鄞县、余杭、钱塘、山阴、句章、鄞县、诸暨、乌伤、大末。除诸暨、乌伤在浙中、大末在浙西南以外,其余 14 县皆在苏南和浙北。西汉只在浙江中部沿海设置回浦县,东汉才在浙南沿海设置永宁县,一直到西晋太康年间,由于孙吴的刻意经营,才逐渐在浙中和浙南大量置县开发。北方来的人民也因此渐次南进。南进的人民越走越远,方言也就与北方距离越来越大。实际上,自从先周时代太伯、仲雍南迁至今,历代都有北方人民南移吴语区。不过苏南和浙北比浙中和浙南所接受的北方移民要多得多,如晋室南渡后移居浙江的北方大族多集中在会稽郡,近代以来大量苏北移民渡江南下,也只是定居在钱塘江以北。所以北方话对吴语区的影响以北部为甚。今天的吴语,北部比南部更接近北方话,在词汇方面更加明显。例如"抱",据明末《山歌》的记载,当时苏州话叫"㩎",但今天的苏州话和其他北部吴语都已变为"抱",与北方话一致,浙江中部偏南的黄岩、乐清和南部的温州仍叫"㩎",但是黄岩新派已改称"抱"。

二、方言特征的渐变

在长期没有大量外来移民冲击的地区,方言在地理上的变化也是渐变的,方言学家早在 20 世纪初年就已经观察到这种现象(见第一节),例如晋语地区,古入声今仍读入声的字是从北向南在地理分布上递减的。到了没有入声的地方就是中原官话区了。(见李荣《汉语方言的分区》,载《方言》1989 年第 4 期)即使是互相不能通话的种类不同的方言区,交界地区的方言也可能是渐变的。第二节曾述及客家话和闽语交界地区有一个闽语过渡区。吴语的北极是长江北岸的靖江话,其语音系统与吴语相同,但是词汇系统却是官话性质的。吴语的南极浙南平阳蛮话的情况也类似,在语音上塞音和塞擦音有三级分法,与吴语相同,但是词汇却至少有一半是与闽语相同的。如食(吃)、拍(打)、悬(高)、秞(稻)、喙(口)、团(儿)等。两种方言交界地区往往互相吸收对方的成分,以利交际。

方言在地理上是渐变的,而不是突变的,根本的原因是语言的社会作用在于便于人们交际和交流思想,如果方言是突变的,它就失去或减弱自身的作用。

除了上述根本原因以外,优势方言向劣势方言地区的扩散也是一个重要原因。所谓优势方言或称为权威方言(prestige accent)是指在一个地区方言中最有声望的地点方言,常常是当地的中心城市的方言。这个地区方言的居民在语言心理上往往都看重这个优势方言,甚至仿效它。相对于优势方言而言,该地区的其他方言都是劣势方言。例如厦门话在闽南地区,潮州话在潮汕地区,文昌话在海南闽语区,广州话在整个粤语区都是优势方言。优势方言是劣势方言的模仿对象,所以它的特点或成分就不断地向劣势方言扩散,邻近中心城市的地方或交通方便的地方,优势方言的影响就会大些,反之就会少些。例如上海近郊比远郊的方言接受市区方言成分多一些,而各城镇因为与市区交通较方便,来往较多,所以又比乡下受市区话影响大些。

一个地区的优势方言会因该地区的社会和文化背景的变化而变化,从而影响方言地理演变的方向。例如泉州是闽南开发最早的地区。唐开元时有五万多户,人口为当时福建六州府之最。隋唐后成为全国重要的对外交通和贸易中心之一。清代嘉庆年间出版的韵书《汇音妙悟》是闽南各地韵书的蓝本,闽南地方戏之一梨园戏也是以泉州音为标准音的。清末之前泉州音实是闽南地区的优势方言。闽南的漳州话的地位,曾因漳州月港成为闽南外贸的商业中心,一度提高,但始终未能取代泉州话。鸦片战争后厦门成了通商口岸,地位渐渐超过泉州和漳州,厦门话也因此取代泉州话,而成为优势方言。优势方言的改变是方言地理演变的重要原因之一。

第六节　古代方言地理研究

对于古代中国的语言或方言的区划,没有历史文献可供直接参考。前人也很少讨论和研究这个问题。实际上,除了有人曾利用扬雄《方言》的间接材料画过《前汉方言区域图》以外,还未见有古代方言区划图发表。

在历史文献中虽然找不到有关方言区划的直接记载,但是我们仍然可以依据下述几方面的材料,从现代方言区划出发粗略地拟测出不同历史时期的语言或方言的区划。第一,各类文献如史籍、字书、韵书、经籍注疏、笔记杂谈当中有关方言分类的零星材料;第二,历代方言学专著,如扬雄《方言》、郭璞《方言注》等;第三,历代移民材料;第四,地方志中的方言材料;第五,历代行政区划;第六,历史地名。本节利用上述材料拟测《诗经》时代和两汉时代的方言区划。

一、《诗经》时代诸夏语言区域的拟测

古代文献对先秦时代方言的地理差异有一些零星的简略记载,但是很难据以划定当时的语言或方言区域。如《礼记·王制》说:“五方之民,言语不通,嗜欲不同。”这“五方”的确切地域,不得而知。但是可以说当时肯定存在互相不能通话的不同语言或方言。《礼记》中的这一段话是我国古代文献中对语言地理差异的最早记载。

正因为有方言存在。所以当时流行类似于清代官话那样的“雅言”。《论语·述而》说:“子所雅言。诗、书、执礼皆雅言也。”“雅”字借为“夏”。“夏”是西周王畿一带的古名。所以当时的“官话”即是王畿一带的方言,也即周室所用的语言。士大夫所作的诗和外交场合上所用的语言都是“雅言”。当时的外交场合常常有赋诗言志的事,所以各国的士大夫不仅都会作诗,而且大家在诗中所用的语言必须相同才能相互“言志”。在朝、聘、令、盟等场合也必须有一种统一的语言。“雅言”对于周天子与各国的联系和各国间的交流是必不可少的。

流传至今的“雅言”的代表作品是《诗经》和《易传》《论语》等先秦文献。雅言的确立对于汉语的最终形成起到了决定性的作用。先秦时代虽然只有“雅言”,而没有“汉语”这个名称,但是现代语言学家通常把见于先秦文献的语言称为上古汉语(archaic Chinese 或 old Chinese)。“雅言”是以周代的主体民族周民族的语言为基础的,它的形成的文化背景是当时国内语言或方言分歧异出,妨碍交际,不利全国统一。

《诗经》是构拟上古汉语语音的最重要的材料,也是拟测先秦时代方言地理的最重要的材料。《诗经》的时代前后拉得很长,大约从西周初年一直到春秋中叶,共有五个多世纪。诗三百篇只有少数作品可以考见创作年代,其中最早的作品可以算是《豳风·破斧》。诗中说到的“周公东征”是公元前 1114 年的事。最晚的作品也许是《陈风·株林》,这首诗说到陈灵公和夏姬的暧昧关系,此事在《左传》宣公九年和十年有记载,发生在公元前 600 年或公元前 599 年。

《诗经·国风》是按产生的地域分篇的,包括以下十八个地域:周南、召南、邶、鄘、卫、王(东周)、郑、齐、魏、唐、秦、陈、桧、曹、豳、雅(即“夏”,西周)、鲁、宋。

二雅《小雅》和《大雅》都是西周王畿的诗。西周王畿在今陕西中部。三颂中《周颂》是西周王朝的作品,当产于王畿;《鲁颂》是今山东鲁国的作品;《商颂》是周代宋国的作品,地当今河南东部及江苏西北部。

二雅和三颂都产生于上述创作国风的十八个地域之内。《国风》诸篇中的《王风》《周南》和《召南》不是国名。《王风》是东周境内的作品,地当今河南中北部。“周南”是周公统治下的南方地区,大约北至汝水,南至今长江北岸的汉水和长江交汇处。因为《周南·汝坟》说:“遵彼汝坟”(“坟”是“堤”的意思)。又,《周南·汉广》说:“汉之广矣,不可泳思。江之永矣,不可方思。”“召南”是召公统治下的南方地区,大致南至武汉

以上的长江北岸。因为《召南·召有汜》说"江有汜""江有渚""江有沱"。此外的十五国风均出于各诸侯国,所以《诗经》的采集地域是可以大致推定的。

《诗》三百篇虽然是各地民间的诗歌,最初当然是用各地方言传唱的,但是后来编集时却是经过士大夫整理加工的,所用的语言是统一的雅言。正因为《诗经》的语言内部有同质性,所以今天我们研究《诗经》的语音系统,仍然发现三百篇的韵部系统是一致的。汉语上古音的研究到目前为止,主要的材料是《诗经》和谐声字。对上古音的系统虽然至今还没有一致公认的结论,但是各家对上古韵母系统的构拟已经趋向一致。《诗经》语言内部的同质性是没有疑问的。所以我们在《诗》三百篇内部并不能考见当时的方言歧异情形。

在先秦文献中对语言歧异有明确记载的地域是:楚、齐东、南蛮、戎。可见当时这些地方语言的歧异最引人注目。下述几条材料可以说明这些地方的人跟中原一带是不能通话的。

《左传·襄公十四年》,戎于驹支说:"我诸戎饮食衣服不与华同,赘币不同,言语不达。""诸戎"大约在今山西、陕西北部和甘肃地区。

《孟子·滕文公上》:"今也南蛮鴃舌之人,非先王之道,子倍子之师而学之,亦异于曾子矣。""鴃"是伯劳鸟。这是说南蛮人说话像鸟鸣,当然是不知所云了。春秋时吴人获卫侯,卫侯归,效"夷言"。这夷言就是吴语,大约也属于鴃舌之语。

《孟子·万章上》:"此非君子之言,齐东野人之语也。"齐东地当今山东半岛东部,是莱夷所居地(至今胶东方言仍较特殊)。又,《颜氏家训·音辞篇》:"夫九州之人,言语不同,生民已来,固常然矣。自《春秋》标齐言之传,《离骚》目楚词之经,其较之初也。"可见当时齐言的差异是很引人注目的。

《史记·齐悼惠王世家》载:"齐悼惠王刘肥者,高祖长庶男也。其母外妇也,曰曹氏。高祖六年,立肥为齐王,食六十城,诸民能齐言者皆予齐王。"《索隐》:"谓其语音及名物异于楚魏。"

《孟子·滕文公下》:"孟子谓戴不胜曰:'子欲子之王之善与?我明告子。有楚大夫于此,欲其子之齐语也,则使齐人傅诸?使楚人傅诸?'曰:'使齐人傅之。'曰:'一齐人傅之,众楚人咻之,虽自挞而求其齐也,不可得矣。引而置之庄岳之间数年,虽日挞而求其楚,亦不可得矣。'"这说明当时齐、楚语差别很大,非置身当地人之中不能学会。

《左传》也注意到楚语的差异。《宣公四年》说:"楚人谓乳谷,谓虎於菟。"这两个词都是基本词汇。据考证"於菟"是古代藏缅语言的汉字记音。古代巴蜀多楚人,与荆楚关系特别密切。秦灭巴蜀以后,蜀人始通中原地区,言语颇与华同。

西汉刘向所著的《说苑·善说》记载了一首春秋时代榜枻越人所唱的歌,这首歌当时曾用汉字记音,并且用汉文作了翻译。可见当时的越语不经翻译不得相通。据考证这首歌所使用的语言跟壮语关系密切。可见当时的越语并不是诸夏语言的一种方言,而很可能是壮侗语族的母语。《吕氏春秋·直谏》载:吴越两国"接土邻境,壤交道属,习俗同,言语通"。古代的吴越是异国而同族,两国的语言应该是相通的,都是古越语。这一点从先秦两汉的历史地名也可以考见。

总之,戎、吴越、南蛮、齐东、楚这些地方的语言是诸夏以外的民族语言,燕、狄、巴、蜀、淮夷等地的语言也很可能是非夏族语言。我们拿这些边远地域和十五国风采集范围相互考证,拟测了一张《诗经》时代诸夏语言区域图。见图4.6。

当时"楚"的地域应该是汉水和长江中游地区,其中长江以北地区跟《周南》所涉及的地域有重合之处,这一带很可能有民族和语言的混合。稍晚些时候屈原所作的《楚辞》所使用的就很可能是当时当地混化了的语言。从整体上看,《楚辞》的语言显然不是一种异族语言,但是《楚辞》中的不少成分也明显地跟同时代的古汉语不同。譬如《楚辞》中常用的虚字"兮",用法就很特别。《诗经》也用"兮"字,但是用得较少,并且用法跟《楚辞》不同。

《诗经》中的"兮"是叹词,在句中表示感叹的语气。例如《伐檀》:"坎坎伐檀兮,寘之河之干兮,河水清且涟猗。"译成现代汉语是:"坎坎地砍那檀树呀,把它放在河边哪,河水清清泛微波哪。""兮"字相当于"呀""哪"。

《楚辞》中的"兮"字用法跟《诗经》截然不同,大多不用作叹词。如《离骚》开头的几句:"帝高阳之苗裔兮,朕皇考曰伯庸。摄提贞于孟陬兮,唯庚寅吾以降。"又如《九歌·国殇》:"带长剑兮挟秦弓,首身离兮心不

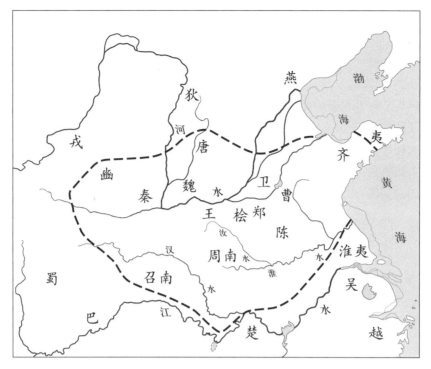

图4.6　《诗经》时代诸夏语言区域境界图

惩。"其中的"兮"字都不可作叹词解。

《招魂》中还有一个"些"字,用于句尾,可能是表语气的,不见于《诗经》。如"得人肉以祀,以其骨为醢些""增冰峨峨,飞雪千里些"。

楚辞中的一些特殊成分说明它的语言底子可能跟《诗经》有所不同。沈括《梦溪笔谈》说:"今夔峡湖湘南北江僚人,凡禁咒句尾,皆称'些',乃楚人旧俗。"现代彝族巫师的咒词和彝民的歌词每两句后都有"啊—梭—只"三个垫衬的音节。其中的"啊"和"梭"有可能跟楚辞中的"兮"和"些"是同源的。"兮"的古音据孔广森《诗声类·阴声附》的考证也是"啊"。下面是两段彝巫咒词和彝民歌词:

咒词:人畜清吉求葫芦(即求祖灵葫芦默佑),五谷丰收

祈土主(土主指南诏王细奴逻)。啊—梭—只!

歌词:两个斑鸠诉苦清,

满肚苦水吐不清。

啊—梭—只!

在我们所拟测的诸夏语言区域中应该是有方言差异的,不过很难在文献上找到直接的记录。《左传·文公十三年》中有一条材料可以证明当时秦、魏的方言难于相通。《左传》该处先述六卿谋划于诸浮,使魏寿余伪以魏叛者诱士会还晋,而后说:"秦伯师于河西,魏人在东,寿余曰,请东人之能与夫二三有司言者,吾与之先。使士会。"士会是东人,能说东边魏地的话。所以秦人不得不派他去。这一段话说明当时秦、魏之间的方言差异还很大,通话不便,所以魏人才有可能借要通话诱使"士会还晋"。

二、两汉时代方言区划的拟测

我们在上节中已提到在《诗经》时代周朝是以王畿的方言为雅言。"雅言"大致相当于现代所谓"民族共同语"。当时各国都以雅言作为标准语,所以方言的向心力增强了。在一个社会中如果存在一种标准的共同语,那么方言差异比没有标准语要少一些,这是一般的通例,但是到了战国时代周王朝已经衰微,周室也已失去了共主的地位,以周室的方言作为标准音的雅言就自然取消了。所以《说文解字序》说:"其后诸侯力征,不统于王,恶礼乐之害,已而皆去其典籍,分为七国……言语异声,文字异形。"各国都以本国首都的方言作为标准音。所以战国时代的方言比春秋时代更加趋于歧异。也就是说方言的离心力增强了。在《诗经》时代各国方言本来就是有差异的,《说文序》强调战国以后"言语异声",当指两方面的情形,一是战国以后雅

言不复存在,所以各国异声;二是本来就有的方言因雅言不复存在而愈演愈烈。

秦始皇兼并六国,实施"书同文"的政策。文字虽然统一了,但是由于方块汉字并不是拼音的,所以文字的统一并不能促使语言的统一,反而使方言的分歧产生惰性,因为使用不同方言的人们可以借助相同的文字表达和交流思想,朝廷对地方的政令,地方对朝廷的报告及各地间的重要交流都可以借助统一的文字进行。汉代的经师们只是热衷于解释先秦的经典,亦即周朝的雅言,并没有编辑韵书之类提供标准音的书。政府的语言政策可以说是任其自然,士大夫沿用先秦典籍的语言写作,而各地方的人仍使用各地的方言。

这种情况一直到魏晋南北朝才有所改变。《颜氏家训·音辞篇》说:"自兹厥后,音韵蜂出,各有土风,递相非笑,指马之喻,未知孰是,共以帝王都邑,参校方俗,考核古今,为之折衷。"出版了一些韵书。不过韵书的编者都是以所在国的首都方言为标准音,并不是制定通行南北的标准雅言。如晋吕静的《韵集》、南齐周颙的《四声切韵》等。可惜这些地方韵书都失传了。

关于汉代方言地理分布并没有直接的文献记载,只能根据扬雄的《方言》,还有许慎的《说文解字》中的方言材料作些推测。

《方言》的体例涉及方言地理者有以下三种:一是指明某词是通语、凡语、凡通语、通名、四方之通语;二是指明某词是某地语、某地某地之间语;三是指明某词是某地某地之间通语。

《方言》在许多地方提到"凡语、通语、凡通语、通名、四方之通语",这些概念只是指不受方言区域限制的词汇。我们并不能据以断定当时已经产生一种语音、词汇、语法同质的汉民族共同语。可以肯定的只是当时的各方言间存在许多共同的词汇。至于某地与某地之间的通语,是指通行范围较广的词语。

《方言》所引的地域名称有战国名,如韩、魏;有民族地区名,如朝鲜、东瓯;有州名,如幽、冀;有郡名,如代、汝南;有县名,如曲阜、巨野;还有以山水为标志的地名,如淮汝之间、海岱之间。它所提供给我们的是不同地理层次上的方言材料,并且各地的材料也远不是整齐的。从现代方言地理学的眼光来看,这些材料很不理想。所以我们不能仅仅根据这些材料来确定方言的亲疏,从而据以划分汉代的方言区划。林语堂曾根据《方言》所引地名的分合推测汉代方言可分为 14 个区域,即秦晋、郑韩周、梁西楚、齐鲁、赵魏之西北、魏卫宋、陈郑之东郊、楚之中部、东齐与徐、吴扬越、楚(荆楚)、南楚、西秦、燕代。

值得注意的是《方言》提供的材料以秦晋为最多,在语义的解释上也最细。这说明作者对以西汉首都长安为中心的秦晋方言比较熟悉,也说明秦晋方言在全国占最重要的地位。还有,《方言》是将秦晋视为同一个区域,但是在春秋战国时代,这两地的方言还是有很大差别的(见第一节所引《左传》有关秦魏方言材料)。可见到了两汉之交,由于秦人的东进,秦晋的方言已经糅合而一了。春秋之前诸夏语言的中心地区是成周(今河南洛阳)一带,那时候秦国的语言还偏在西方,在诸夏语言区域中并无重要的地位,到了两汉之交秦晋的方言一跃而占显要地位。在秦汉之后汉语的最终形成和后来的发展中,秦语起了关键的作用。后世的北方汉语就是以当时的秦晋和洛阳一带方言为基础逐渐定型的。

《说文解字》指出使用地点的方言词共有 191 条,每条的解说体例和《方言》相仿。这些条目中与《方言》重出的 60 多条,不过互有详略,并不尽相同。这些条目所提到的方言区域或地点共 68 个,列举如下(括号中的数字表示被提到的次数):楚(23)、秦(19)、齐(16)、关西、河内、北方(各 6)、关东、汝南、南楚、秦晋、周(各 5)、益州、蜀、朝鲜(各 4)、江淮之间、东方(各 3)、梁益、陈留、东楚、陈楚、吴、齐鲁、宋魏、沛国、东齐、江南、南阳、南方、西方、吴楚、海岱之间(各 2)、凉州、伊洛而南、江淮而南、晋、青齐充冀、南昌、宋齐、淮南、北道、弘农、宋卫、上谷、南越、陇西、韩郑、楚颍之间、青徐、河朔、吴楚之外、匈奴、宋楚、颍川、三辅、宋、陈宋、巴蜀、洛阳、崴貉、汝颍之间、九江、淮阳、东夷、宋鲁、晋赵、燕代、兖州、齐楚(各 1),另有"方语""俗语""通语"各一条。

《说文》所提供的方言材料远比《方言》少,提到次数最多的区域是"楚",共 23 处,这说明当时楚方言的差异可能是最明显的;其次是"秦",19 次(不包括秦晋并提的 5 次),这说明在许慎的年代秦晋方言也是很重要的;再次是"齐",16 次,也是很突出的。

《方言》和《说文》中的有些材料可能不是汉语的方言,而是当时少数民族的语言,如《方言》中提到的东齐青徐之夷、羌狄、瓯、东胡;《说文》中提到的朝鲜、南越、匈奴。

扬雄生活在两汉之际,许慎是东汉人。从两书都以秦晋为重点来看,两人生活年代可能相距不远。许慎的生卒年月虽然无考,但是不大可能是东汉后半期人,因为东汉的首都是在洛阳,而《说文》引洛阳一带方言的条目很少。

根据《方言》和《说文》的有关材料,汉代的方言区域不妨认为如图 4.7 所示。图中的朝鲜、北狄、西戎、越、东齐、淮夷是少数民族语言区域。

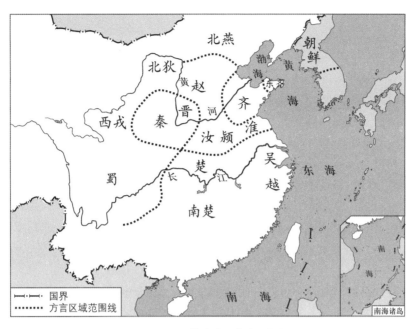

图 4.7　汉代方言区划拟测图

参考文献

中国社会科学院和澳大利亚人文科学院合作编制《中国语言地图集》,香港朗文出版公司,1988 年。参考各图及文字说明。

《江苏省和上海市方言概况》,江苏人民出版社,1960 年。

崔荣昌《四川省西南官话以外的汉语方言》,载《方言》1986 年第 3 期。

崔荣昌《四川乐至县"靖州腔"音系》,载《方言》1988 年第 1 期。

颜逸明《长江下游沿岸吴语和江淮官话的分界》,载《华东师范大学学报》1983 年第 6 期。

E. G. Pulleyblank. 1983. The Chinese and their neighbors in Prehistoric Times, The Origins of Chinese Civilization edited by David N. Keightley, University of California Press, Berkeley, Los Angeles, London, 1983. (中译本:《上古时代的华夏人和邻族》,刊《中国文化语言学引论》修订本附录,上海辞书出版社,2003 年。343—376 页。游汝杰译。)

林语堂《前汉方言区域考》,载《林语堂语言学论丛》,1933 年。

张永言《语源札记》,载《民族语文》1983 年第 6 期。

韦庆稳《"越人歌"与壮语的关系试探》,载《民族语文论集》,中国社会科学出版社,1981 年。

游汝杰《论台语量词在汉语南方言中的底层遗存》,载《民族语文》1982 年第 2 期。

游汝杰、周振鹤《方言与中国文化》,上海人民出版社,1986 年 10 月。1997 年修订本。

游汝杰《汉语方言学导论》(修订本),上海教育出版社,2000 年。

思考与练习

1. 谈谈你对汉语方言分区方法的意见。
2. 本节是如何构拟汉代方言地理的?
3. 汉语方言的地理演变有什么特点? 请举例说明。
4. 方言地域差异的调查研究有什么价值?

第五章　方言历史研究

　　研究方言的历史演变和古代方言可以根据记录古代方言的文献资料直接研究,也可以从现代方言来推论古代方言,或者把这两者结合起来。此外,移民史等非语言因素也可以作为研究古代方言,特别是历史方言地理的重要参考。

第一节　汉语方言的源流及其在地域上的发展

　　方言的地域差异在先秦诸子著作中已有很明确的反映。《荀子·儒效》说:"居楚而楚,居越而越,居夏而夏,非天性也,积靡使然也。"《荀子·荣辱》说:"越人安越,楚人安楚,君子安雅。"这里的"雅"是指"雅言",即"夏言",所以"越""楚"是指方言。《孟子·万章》说:"此非君子之言,齐东野人之语也。"看来先秦时代华夏语的地域方言差异最显著的是夏、楚、越、齐。

　　"夏"是西周王畿成周一带(今河南北部)的古名,夏方言即是王畿一带方言,亦即周室所用的"官话"。楚语是楚国所使用的方言,楚人的分布地域是汉水和长江中下游流域。越语则是吴越人的语言。先秦时代吴越是两个不同的国家,但是言语是相通的。《吕氏春秋·知化》说,吴越两国"接土临境,壤交道属,习俗同,言语通"。吴越两国都使用越语。齐语则用于今山东半岛,据《史记》的有关材料,甚至可以划定齐语的边界线。《史记·齐悼惠王世家》:"高祖六年,立肥为齐王,食七十城,诸民能齐言者皆予齐王。"此七十城,即汉初临淄、济北、博阳、城阳、胶东、胶西、琅玡七郡之地。相当于今山东巨野以东至即墨一带。这七郡之地应即是齐语分布区,当时邻接的鲁地方言当与齐语明显不同,所以能分辨"诸民能齐言者"。

　　汉代扬雄《方言》和许慎《说文解字》所透露的方言地理分布信息远较先秦文献为详细。《方言》是汉代方言词汇集,常指明某词是某地语、某地与某地之间语或某地与某地之间通语,所述及的地方以秦晋的次数为最多,在语义的解释上也最细。林语堂曾据《方言》所引地名的分合,拟测汉代方言的区划。《说文解字》指出使用地点的方言词共191条,涉及68个地区或地点。其中出现次数最多的地方是楚(23次)、秦(19次)、齐(16次)。

　　先秦时代汉语方言以夏、齐、楚、越的差异最为显著。从《方言》和《说文》的材料来看,与先秦时代方言地理比较,最值得注意的是秦晋方言在汉代的崛起,受到扬雄和许慎的高度重视。秦的首都在咸阳,西汉的首都在长安,皆在今陕南。秦晋方言的崛起是势所必然。从两汉之际到杨坚统一全国、建立隋朝五百年间,西汉末赤眉、铜马战争,东汉末黄巾、董卓战争,三国纷争,西晋末永嘉丧乱、五胡乱华,这些历史事件造成北方汉族大规模的迁徙,见于《后汉书》《三国志》《晋书》等史书。人口流动的宏观方向有二:一是大量北方人口南下,迁入长江以南;二是在北方内部无定向流动。

　　北方人口南下可以从两汉之际的户口变化看出。据《续汉书·郡国志》,长江以南的郡国有18个(地跨长江南北的不计),其中牂柯、益州、永昌三州地处僻远;郁林、交趾户口统计数字不详,其余会稽等十三郡的变化如表5.1所示。此表据《禹贡》四卷十一期陶元珍《两汉之际北部汉族南迁考》一文制作。

表 5.1

年　代	户　数	占全国	人口数	占全国
元始二年（2）	635492	5%强	3662097	5%强
永和五年（140）	2043322	21%强	7409139	15%强

从元始二年到永和五年的 130 多年间，南方人口大量增加，占全国人口数或户数显著提高，除人口自然增殖外，主要是移民所致。见表 5.2。

北方内部人口流动可以以三国末、晋初为例。

表 5.2

所自地	徙入地	户数	人数
四川	云南、湖南、湖北	十多万	当六七十万
陕西、甘肃	四川、河南	约十万	当二十多万
山西	河南	约十万	约三十万
直隶	山东、河南	约一万	五六万
汉中	四川、河北	当数万	当数十万

表 5.2 据刘掞藜《晋惠帝时代汉族之大流徙》（载《禹贡》四卷十一期）制作。晋惠帝在位年代是 290～306 年。从表 5.2 可见当时北方人口流动颇具规模，且无固定方向。

这一时期的移民浪潮造成各地北方汉语方言的混化、北方汉语的南下和南北汉语的接触交融。这三个结果可以在东晋郭璞《方言注》中观察到。郭璞注《方言》，述及使用地域的共 135 条，其中只有 4 条使用地域与扬雄时代一样，未有变化。其中有 11 条本来属于方言词汇，郭注变为通语。例如卷十："颔、颐，颔也。南楚谓之颔。（郭注：今亦通语耳。）"卷九："车枸篓，……南楚之外谓之篷。（郭注：今亦通呼篷。）"其中仍注为方言词汇，但使用地域有变化的有 45 条，地域变化包括北方和南方内部的变化，也包括东南西北四方互变。值得注意的是，其中有三条，郭璞注为"北方方言"。例如卷二："茫、矜、奄，遽也。吴扬曰茫。（郭注：今北方通然也。莫光反。）"卷十："谏、极，吃也。楚语也。（郭注：亦北方通语也。）"扬雄的《方言》和许慎的《说文解字》在述及方言地理时曾大量使用地区的名称，后者共有 68 个地名，但是都没有提到"北方"这个地名。可见当时北方内部各地方言分歧尚较严重，"北方"尚未形成内部较为一致的方言大区。在郭璞的《方言注》里"北方"首次作为一个孤立的方言地理单位出现，可见北方汉语经过长期混化内部已趋向一致，作为一个独立的方言区域已初具雏形。

南北朝以后，北方方言为单一的方言区的概念逐渐明确。如北齐颜之推《颜氏家训·音辞篇》载："南方水土和柔，其音清举而切诣，失在浮浅，其辞多鄙俗；北方山川深厚，其音沉浊而钝，得其质直，其辞多古语。"唐陆德明《经典释文·叙录》载："方言差别，固自不同，河北江南最为巨异，或失在清浅或滞于重浊。"北宋沈括《梦溪笔谈补》卷一："《经典释文》，如熊安生辈，本河朔人，反切多用北人音；陆德明，吴人，多从吴音；郑康成，齐人，多从东音。如'璧有肉好'，肉音揉者，北人音也……。"

唐代天宝、至德年间的安史之乱和北宋末年的宋辽战争，又促使北方人口和北方汉语大规模南移。例如安史之乱后，北方移民大量移入湘西北地区，北方话也随之取代了当地的固有方言。据《旧唐书·地理志》载："自至德后，中原多故，襄、邓百姓，两京衣冠，尽投江湘，故荆南井邑，十倍其初，乃置荆南节度使。"荆南是指荆州（江陵府）至武陵（常德）一带，当地户口暴增十倍，简直已成移民天下。

两宋之交，北方人民南迁的规模和数量之大也是惊人的。这从南宋初年人口猛增可见一斑。见表 5.3。从表 5.3 可知，南宋从绍兴三十年至乾道二年的六年间，增加 959717 户，6149676 人。但是从乾道二年至嘉定十六年的 57 年中，仅增 335351 户，2941401 人。前六年人口猛增显然是北方移民造成的，随时流亡未立户者或未住定者及逃匿人口尚未统计在内。

表 5.3

年　代	户　数	人口数
绍兴三十年(1160)	11375733	19229008
乾道二年(1116)	12335450	25378684
嘉定十六年(1223)	12670801	18320085

到了南宋时代汉语方言的宏观地理格局基本形成,后代变化不大,即北方有北方话,江浙有吴语,江西有赣语,福建有闽语,湖南有湘语,广东有粤语,广西有平话的前身,客家话则主要散处闽西、赣南和粤北。各大方言跨地理的演变历史应该作专题研究,可以写成《汉语方言地理发展史》这样的专著。这里只讨论汉语方言地理发展史的三个特点。

第一,北方方言区的范围越来越大。

北方话作为一个大方言区的概念到唐宋时代逐渐明确。宋代北方话的北界大致在今山西北部,西界在甘肃的河西走廊西极,东界在辽东。宋代郑樵(渔仲)《通志》载:"今宣尼之书,自中国而东则朝鲜,西则凉夏,南则交趾,北则朔易,皆吾故封也。故封之外,其书不通,何瞿昙之书,能入诸夏,而宣尼之书不能至跋提河,声音之道有隔阂耳。"这里所指的"隔阂"是指语言文字不同。也即指出当时汉语的大致流行地域。所说汉语东、西、北三面的极限大致上也代表宋代北方方言的北界,这条北方方言的北界在晋代就应该形成,与汉代比较,已向河西走廊和辽东一带扩展,宋代北方话的东界是黄河和渤海应无疑。西界应该是巴蜀。巴蜀被秦灭之后,通中原地区,语言也渐渐与中原汉语混化,到宋代大致已成为北方方言的一个次方言。当时巴蜀方言与中原方言的主要差别是平声和去声,调形与中原方言恰恰相反。宋代黄鉴《杨文公谈苑》载,"今之姓胥、姓雍者皆平声。春秋胥臣、汉雍齿、唐雍陶皆是也。蜀中作上声、去声呼之,盖蜀人率以平为去。"如果拿今天的成都话和北京话比较,蜀人依然是"以平声为去",即成都阳平是 31 调,去声是 13 调,与北京阳平 35 调和去声 51 调的调形恰好相反。

南界大致是以长江中下游为界。不过北方话已在东晋初年过江进入宁镇地区,中唐安史之乱后南进到今湘西北。

青海的原居民族是西羌。虽然从汉宣帝时赵充国的湟水屯田开始,已有北方汉人入居青海,但是一直到元代汉族还不是当地的主体民族。五胡十六国时期,鲜卑人自东向西大量迁入青海,从公元 4 世纪开始的百余年间,迁入青海的鲜卑人达几十万之多。另有些匈奴、羯、氐及东羌族移民。从 13 世纪开始,大量蒙古族军士及眷属随蒙军西征留居青海,他们曾一度成为青海的主体民族。明初洪武年间政府将移民屯田作为"强兵足食"的基本国策,大量北方汉人移入青海进行军屯或民屯。从明初开始,青海东部汉族人口已超过其他民族,汉语北方方言也因此深入并遍布青海。

北方方言是在元明时代扩散进入云南的。虽然从先秦时代开始,历代都有汉族人民不断移入云南,但是大致元代之前入滇的汉人绝大多数渐被各地少数民族同化,元代之后移入的汉人,特别是明代迁入落户的汉人则保持汉人的民族特征。明代初叶从洪武十四年(1381)开始曾由各省调来数十万大军分成云南各地,实行屯田,军士及其家属大都世代落籍云南。除了军士及其家属之外,还有大量因犯罪谪迁的官吏和流放的百姓以及工商业者,也在明代移入云南。所以云南的人口从洪武二十六年(1393)到万历六年(1578),从258693 增至 1290972,185 年间人口增加 5 倍。贵州的情况类似云南。

两广从秦代开始即有北来汉族移民。据《淮南子》载,秦略扬越,出兵 50 万,越平,置桂林、南海、象郡,以谪徙民,与越杂处。秦亡,赵佗以真定人称帝于越。赵氏治越有百年之久。东汉初马援出征南越,其士卒多留越不归。据《通鉴》载,东汉末士燮为交趾太守,兄弟雄踞两粤,中国人士多往归之。两晋之后南迁的北方人士更多,但在广西除桂、梧等郡之外,多没于蛮僚之势力。唐代柳宗元贬官广西柳州,所著《柳州侗氓歌》称"愁向公庭问重译",可见当时柳州一带还是少数民族语世界。

宋代狄青西征平侬智高之乱,随之而来的将士所使用的北方话,后世发展为平话。侬智高乱后,土酋羁縻制度改为土官制度,土官大半为汉人。当时汉人多居城厢之内外,依附于土官势力,至今县城所居多为外籍之汉人,尤其是边防一带,如宁明、明江、左县等居民之大半原籍皆为土官同乡之山东人。

明代北来汉族移民有两大宗,一是土官或土官属员之乡人。宋代所建立的土官制度是世袭的。二是屯田的士兵和百姓(据《明史·土司传》)。邕州屯兵 20 万,断藤屯兵 16 万。清代"改土归流",大量移民进一步深入到广西西部。此前广西东部实行流官制度,广西西部则实行土官制度,外人入境受到种种限制。据 20 世纪 30 年代的调查,明清两代移入广西的汉人几乎占全部汉人的十分之九。所以广西西南官话区应是明清时代最后形成的。

第二,南方方言地理格局在南宋奠定之后长期稳定。

中国南方的吴、湘、粤、闽、平、赣、客七大方言地理分布的格局是在南宋初年奠定的。

八九百年来,长期稳定,变化不大,上述南方七大方言,从方言发生学的角度来看,吴、湘、粤、平、赣是从北方汉语直接分化出来的,可以说是原生的,闽语、客家话则是次生的(secondly developed),即是由某一种南方方言派生出来的。

吴语的最早源头可以追溯到先周时代,以太伯和仲雍为代表的北方移民,南徙到当时尚较落后的江南地区(相当于今苏南无锡、苏州一带)。吴语作为一种独立的方言在以《世说新语》为代表的南北朝时代的文献中已经有非常明确的记载。吴语在地理上大致是由北向南扩展。先在苏南形成,继而扩展到浙北的杭嘉湖平原、宁绍平原,进而扩散到浙江中部、南部和西南部。北方移民浪潮涌入吴语区有三次高潮。第一次是三国时代,孙权对江南的开发和经营吸引了大批的北方移民。《三国志·吴书》所载孙权的谋臣猛将共有 21 位是北方人,如诸葛瑾(琅玡)、鲁肃(临淮)、吕蒙(汝南)、韩当(辽西)。第二次是两晋之交,北方移民浪潮不仅完全侵占了吴语区的宁镇地区,而且深入到浙东。据当时定居浙东的北方大族田园庐墓表,共有 22 个大族移居浙东,因天师道信仰的关系大多集中在会稽县(参见刘淑珍《三至六世纪浙东的发展》,载《历史语言研究所集刊》58 本 3 分,1987 年)。第三次是两宋之交,北方移民不仅造成杭州官话方言岛,而且侵入到浙南温州地区。据《太平寰宇记》,北宋初永嘉郡四县(永嘉、乐清、瑞安、平阳)合计不过四万多户。到北宋末徽宗、南宋初宁宗年间,前后不到 150 年,上升到 462000 多户。近代以后则不断有苏北人移居到苏南和浙江钱塘江以北。由于北方移民带来的北方话的影响,较古老的吴语特征是从北向南递减,而最古老的吴语特征则保留在今天的闽语中,或者说闽语的底子是古吴语。在今天的浙南吴语和闽语中还可以找到许多语音、词汇、语法方面的共同点。例如古澄母读 t 这一闽语的重要特征,也见于浙南的金华、丽水、温州地区十多个县的方言。例如"猪",龙游音 tuɑ³;云和音 ti¹;泰顺音 ti³。浙南吴语、闽语远指代词都用"许"。黄典诚曾举出闽语的特殊词汇 35 个(见《闽语的特征》,载《方言》1984 年第 3 期),其中至少有 10 个也见于温州吴语:嬭(母)、骹(脚)、涂(海涂)、塍(田埂)、蛏(长条形薄壳蚌)、卵(蛋)、徉(站)等。

第一批汉人从北南下入闽时代应是西汉末,当时在福州设置治县,这是中原政权在福建设置的第一个县,此外没有任何别的文献资料可以追索首批入闽移民的原居地、数量等问题。丁邦新认为闽语可能是两汉之间从汉语主流分化出来的。(见 *Derivation Time of Colloquial Min from Archaic Chinese*,载《历史语言研究所集刊》54 本 4 分,1983 年)如从此说,那么可以推断两汉间入闽汉人的数量应该是相当可观的。丁邦新提出的主要证据是今闽语支韵字读 - ia,而上古汉语支部读 - jar,一直保留到西汉,至东汉时演变为 - jei。例字请见表 5.4。今浙南吴语有些支韵字口音也是读 - a 或 - e 的,例如温州音:蚁 ŋa⁴、倚 ge⁴、支 tsei¹。两汉间入闽的汉人有可能是从吴语区去的。吴语区人大规模移居闽地应该是汉末三国晋初的百年之间。当时江南浙北的移民以福州为中途港从海路在沿海登陆,或者经浦城从陆路移入闽西北。政府在沿海地区新置罗江(福鼎)、原丰(福州)、温麻(霞浦)、东安(泉州)、同安五县;在闽西北增设了汉兴(浦城)、建安(建瓯)、南平、建平(建阳)、邵武、将乐六县,以与移民情势相适应。由于闽西北和沿海的移民原居地不同,加上长期以来内地和沿海交往不便,至今在闽语内部还是闽西北的闽北、闽中两片较多共同点,如近指代词皆用"者"[tsi],沿海的闽南、莆仙、闽东三片的特点较为接近,如一些古来母字今读[s]或[ʃ],"笠"字永安音 ʃye⁴,建瓯音 sɛ⁶。

表 5.4

	上古	中古	厦门	福州	潮州
骑	gjar	giě	khia^2	khie^2	khia^2
倚	gjar	giě	khia^5	khie^6	khia^4
寄	kjar	kjě	kia^5	kia^5	kia^5
蚁	ngjar	ŋiě	hia^6	ŋie^6	hia^4

到了唐宋时代,闽语作为一种独立的具有明显特征的大方言,才最后明确起来,为人所注意。"福佬"代表闽语居民的民系名称最早出现在唐代的文献里。福建泉州南安人刘昌言在宋太宗(976—997 在位)时曾任右谏议大夫,同知枢密院事。"昌言骤用,不为时望所伏,或短其闽语难晓。太宗曰:'惟朕能晓之。'又短其委母妻乡里,十余年不迎侍,别娶旁妻。"《集韵》收有明确指明是闽语的词汇,如上声弥韵九件切:"囝,闽人呼儿曰囝。"

闽语扩展到今广东潮汕地区,也应在宋代。韩江下游是沿海低地,不宜耕作,又偏于一隅,到唐代尚未开发,人口稀疏。官吏之谪此者,多视为畏途,到了宋代闽南的大力发展和泉州港的崛起,所带来的繁荣也波及到邻接的潮汕地区,当地修筑了三和溪等水利工程。经济和人口遂大有发展,闽人可能于此时大量涌入。

今海南闽语与福建厦门、泉州、漳州一带闽语较接近,但是什么时代从福建迁来,没有直接的文献资料可供参考。海南岛早在汉武帝平定南越后于元封元年(前 110 年)即置珠崖、儋耳两郡,不过这并不意味有很多汉人入岛。《后汉书·南蛮传》载:"虽置郡县,而言语各异,重译乃通。"对汉人入岛有明确记载是在王莽执政后,王莽使汉人"杂居其间,乃稍知言语,渐见礼化"。据《海南岛志》(1933 年神州国光社出版),海南的汉族人口唐前仅约二万,唐代十万。人口增长的主要原因显然是大陆移民入岛。不过从文献记载看,这些移民的原居地似乎多是北方,而非闽语区。宋代苏轼《居儋录·伏波庙记》:"自五代中原避乱之人多家于此,今衣冠礼乐班班然矣。"明丘濬《南溟奇甸赋》:"魏晋以后,中原多故,衣冠之族或宦或商,或边或戍,纷纷日来,聚庐托处。"在明清时代的文献,如《琼州府志》中,始多见粤、闽人入岛的记载。所以海南闽语区的形成当不会早于明初。

今粤语主要分布在广东,它在语音结构上有些特点与唐宋时代的中古汉语接近。清代陈澧《广州音说》云:"广州方音合于隋唐韵书切语,为他方所不及者约有数端。"陈澧共举了广州音与中古音相合的五条特征:第一,四声皆分清浊;第二,浊上独立不混入去声;第三,侵覃谈盐添咸衔严凡九韵皆合唇音,不与真谆臻文殷元魂痕寒桓删山先仙混读;第四,庚耕清青诸韵合口呼字不与东冬韵混读;第五,明、微两母不分。陈澧最后指出:"广中人声音之所以善者,盖千余年来中原之人徙居广中,今之广音隋唐时中原之音,故以隋唐韵书切语核之而密合如此也。"从粤语与中古汉语的密切关系来看,粤语的最后形成应有唐宋时代大量北方移民的背景。

唐代以前北方汉人南下移入岭南的概况,第一章第三节以及本节上文叙述广西官话历史时曾提及。宋代因北方辽金的侵袭,大量汉人南下广东避难。这些新来的移民被称为"客户"。据北宋《元丰九域志》记载,客户占广东总户口 39%。有好些州的客户数高于主户数。如南思州客户占 78%,雷州占 70%,广州和端州各占 55%,梅州占 52%。广东全境总户数为 584284 户,为唐代的 27 倍。在全国的人口比重也由唐代的 2.2% 增至 3.5%。看来正是宋代大量北方移民带来的北方方言最后奠定了粤语的基础。宋代朱熹《朱子语类》卷一百三十八云:"四方声音多讹,却是广中人说得声音尚好。"这说明当时粤语已有明显不同于别种方言的特点,而这些特点较符合中原的标准音。

秦诸子、汉扬雄《方言》、汉许慎《说文解字》和晋郭璞《方言注》等屡次提到楚语,或楚语的使用地域:荆楚、南楚、东楚、荆汝江湘、江湘九嶷、九嶷湘潭。这些古地名所代表的地域大致相当于今湖北、湖南两省。楚语在晋代之前的汉语方言中是非常突出的。《世说新语·豪爽篇》载:"王大将军(指王敦)年少时,旧有田舍名,语音亦楚。"又《轻诋篇》载:"支道林入东,见王子猷兄弟。还,人问:'见诸王何如?'答曰:'见一群白颈鸟,但闻唤哑哑声。'"楚语的可懂度很差,听起来像鸟鸣,不知所云。古楚语应该是古湘语的源头。古湘语因受到历代北方移民特别是中唐时代进入江湘的移民带来的北方汉语的冲击,演变到今天,尤其是长沙一带汉语反而跟官话接近起来,今天的北片湘语与西南官话通话并无困难。古湘语的特点较多地保留在南片湘语中。

赣方言和客方言的核心地区在今江西省。今江西地区在汉扬雄《方言》、汉许慎《说文解字》和晋郭璞《方言注》里从没有作为一个独立的方言地名,可见其地方言的特征并不显著。其地在《方言》中包含在"南楚"之中,又,所谓"吴越扬"也可能包括今江西一部分,在《说文解字》里包含在"吴楚"之中;在《方言注》里包含在"江南"之中,当时的江南相当于今湖北长江以南地区、湖南、江西一带。古江西在地理上被称为"吴头楚尾",在赣语和客家话形成之前,古代江西的方言可能接近吴语和楚语,或者说是一种吴语和楚语混化的方言。今天的湖南、江西、浙江三省南部地名用字的一致性,正是这些地区古代方言一致性的遗迹。这些地名通名用字常见的有:洋、漈、寮、圳、墟。古豪肴两韵的今音浙南有十多个县不同音,在今赣语高安话和南城话中也不同音。见表5.5。表中字音皆读阴上调,调类号略去。

表5.5

	温州	青田	缙云	高安	南城
宝	pə	poe	pa	pou	pau
炮	puɔ	pɔ	po	pau	pau

在唐初长安的标准音地位尚未形成的时候,大量北方移民进入赣北部鄱阳湖平原。到唐代天宝年间赣北人口密度已达每平方公里 10～50 人,其时赣南人口每平方公里仅 1～10 人。这些移民所带来的北方话和当地原有的方言接触形成原始北片赣语。

中唐和晚唐时代北方移民继续南进,逐渐从赣北深入到赣中和赣南。他们带来较接近首都长安话的北方话,和原始北片赣语接触后形成原始南片赣语。原始北片赣语的特点是保留全浊声母、覃谈两韵不同音;原始南片赣语的特点是全浊声母消失、覃谈两韵同音,与唐代长安话相同。这些特征至今犹存。例如永修音:潭 thon² ≠ 谈 than²。

唐代中期改革税收制度,原来是按人口纳税,改为按田亩和收成纳税。所以户口册上将有田地者称为主户,无田地者称为客户。外来的移民没有田地,自然列入"客户"。从北宋初至熙宁年间约百年之内,江西的客户从占总数40%降至30%。与此同时江西东南部的武夷山地区的人口大增,这自然大都是从当时人口稠密的赣中地区移入的"客户"所致。这些移民后来进一步西移至闽西和粤北。清代杨恭恒据客家各姓宗谱考证,认为粤北梅县一带客家人的到来多在宋末元初,"由汀来者十之八,由赣来者十之二"。"汀"指闽西汀州,可见客家人先进闽西后转粤北。他们原来所使用的原始南片赣语和赣东南、闽西和粤北的土著方言相接触,于宋明之间形成客家方言。在宋明人的著作(如周去非《岭外代答》、陈一新《瞻学田碑》、王世懋《闽部疏》)都提到汀虔南韶居民的语言近于汉音,而与南方其他汉语方言不同。这种方言应该是较接近原始南片赣语的,不过已经有了显著的个性。

赣客方言的形成及其相互关系可以列成表5.6来示意。

关于客家人和客家话的由来问题,方言学界传统上都是遵从罗香林《客家研究导论》(1933 年兴宁希山书庄出版)旧说,以上介绍的基本上是沙加尔的新说(见 Laurent Sagart, On Gan - Hakka, Tsing Hua Journal of Chinese Studies, Vo1. 18 No。1, June 1988)。

表5.6　赣客方言的形成及其互相关系

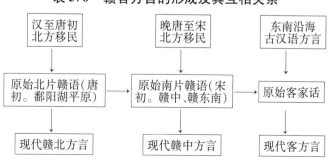

在各大汉语方言中徽语的形成时代和历史成因最为模糊,研究成果也最少。不过有一点可以肯定,即徽语的底子是吴语,从吴语分化的年代下限可能晚至明末。第三章已述及较古老的吴语特征保留在浙南吴语里。但是有些浙南吴语中的特殊成分不见于浙北、苏南吴语,却可以在徽语里找到。这些成分应该是徽语里的古吴语遗迹。试举例如下,浙南吴语以温州话为代表。

止摄和蟹摄开口见系字声母读舌尖音 ts tsh s,韵母读舌尖元音 ʅ。见表 5.7。

表 5.7　徽语和吴语止摄和蟹摄开口见系字声母读音比较

	鸡	骑	喜	记	起
温州	tsʅ^{44}	dzʅ^{31}	sʅ^{45}	tsʅ^{42}	tshʅ^{45}
绩溪	tsʅ^{31}	tshʅ^{35}	sʅ^{214}	tsʅ^{35}	tshʅ^{214}

用"吃"加表示早、中、晚的时间词表示"吃早饭、吃中饭、吃晚饭":

	吃早饭	吃中饭	吃晚饭
温州	吃天光	吃日昼	吃黄昏
休宁	吃天光	吃当头	吃乌昏

句末加"添"字,表示句中动词所述动作的重复:

	再想一下	再打点水
温州	想下儿添	舀厘儿水添
歙县	想一下添	打点水添

有大量儿尾词,用法大致相当于北京话的儿化词,儿尾读成自成音节的后鼻音 ŋ̍。见表 5.8。

表 5.8　徽语和吴语儿尾词比较

	囡儿	刀儿	牌儿	虾儿
温州	na^{31} ŋ̍^{31}	tə^{44} ŋ̍^{31}	ba^{31} ŋ̍^{31}	ho^{44} ŋ̍^{31}
休宁	n̠ien^{24}	ten^{44}	pan^{42}	xʒon^{24}
黟县	nan^{44}	tɔn^{33}	pan^{44}	hɔn^{33}

明末冯梦龙所辑《山歌》中包含大量苏州方言中的儿尾词,如筷儿、姐儿、钩儿、鱼儿、心儿等。从现代浙

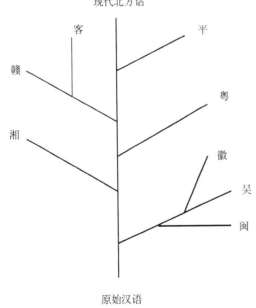

图 5.1　各大方言的形成与原始汉语的关系

北、苏南吴语中残留的极个别儿尾词来看,古吴语的儿尾词是读鼻音的,如上海话:囡儿 nø$^{23-22}$ ɦŋ̍$^{23-44}$。

汉语南方各大方言中吴语、湘语、粤语、赣语、平话的直接源头应是古代北方汉语,可以说是直接从古汉语分化的;闽语和徽语则是从吴语分化的,客方言是从赣语分化的,也可以说是次生的。各大方言的互相关系及其与原始汉语的关系可以用一张树形图示意,见图 5.1。

上述各大方言除了徽语形成的历史尚不明确以外,其他方言都是在南宋之前就形成了。南方各方言的宏观地理格局至宋末也已基本奠定。元明之后方言地理只是发生若干局部的或微观的演变。其中主要的有以下几次:北方官话在清代满洲开禁后涌入东北;闽语移入台湾、海南、浙南;客家话南进粤北;太平天国战争以后皖南吴语区被官话所侵占;赣语西进至湘东等。

第三,古代县的析置导致方言在地理上的扩散。

人口扩散是方言扩散的最直接最重要的原因,而古代的

人口扩散往往和二级政区——县的设置或析置密切相关。一个地区的居民说同一种方言，后来人口逐渐增加，就向临近地区扩散，政府也就设置新的县来管理这些移民，方言也因此扩散到新的县。下面举两个例子。

秦末浙南只有大末（今衢州）一县。东汉末大末人民溯乌溪，越仙霞岭，下松阴溪，开辟新家园。当时政府在松阴溪上游置遂昌县，在其下游置松阳县，以管理这些新移民。后来人口又扩散到瓯江中游，所以隋代在瓯江中游置丽水县。唐代则因人口的进一步向下游扩散，而置青田县。见图5.2。图上地名后用括号说明建县的朝代。至今这些地方的方言仍然较接近，自成吴语的次方言区。

古代县的析置往往意味着人口及其方言的扩散，即子县的人民及其方言是由母县迁移过去的。例如浙江东南

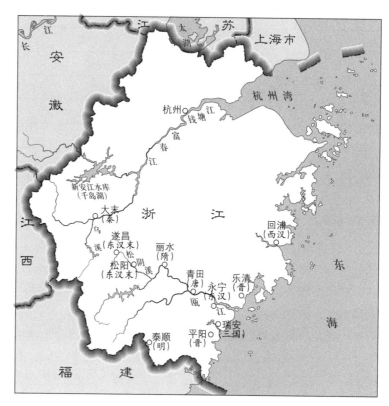

图5.2　古代浙南人口扩散和各县析置的关系

沿海一带的吴语，内部一致性很强，究其原因，与这一地区历史上县的析置关系极大。请参看图5.2和表5.9。瑞安和永宁（今温州）是从回浦析置的，平阳和乐清是从永宁析置的，泰顺则是由平阳和瑞安两县析置的。

表5.9　古代浙南母县和子县的关系

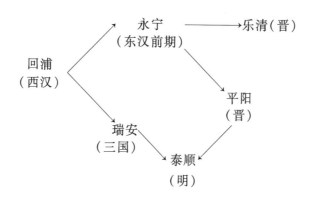

第二节　方言历史演变的观察

方言变异可分为四大类：地理变异、历史变异、语流变异和社会变异。方言的社会变异是指同一个地点的方言，因社会阶层或使用地点不同而发生变化。方言的社会变异是社会语言学研究的对象。例如在吴语永康方言里"哥、姐、叔、婶"这四个词，因背称和面称的不同，声调也随之变化。见表5.10。方言的地理变异，第四章已有较详细的讨论。本章着重讨论方言的语流变异和历史变异。

表 5.10

	背　称	面　称
哥	kuə^{44}	kuə^{24}
姐	tɕi^{35}	tɕi^{53}
叔	su^{35}	a^{44}su^{53}
婶	sən^{35}	a^{44}sən^{53}

　　任何一个地方的长住居民都不难感觉到方言在时间和空间上的变化。方言变异现象常常是一般人谈论的话题。城里人时或取笑乡下人的口音,老年人往往兴叹方言的历史演变。例如明末傅山说:"太原人语多不正,最鄙恼人,吾少时听人语不过百人中一人耳,今尽尔矣。如酒为九,九为酒,见为箭之类,不可胜与辨。"(见傅山《霜红龛全集·咳唾珠玉》补遗第 31 页,光绪二十二年刻)这说明在傅山的时代,太原的老年人还分尖音和团音,新派就完全不分了。傅山为此而烦恼,是他不明方言历史演变的必然性。

　　如果要较为深入地揭示方言的变异,就需要进行方言学的专业调查和研究。调查研究历史变异的途径大致有六:

　　一是地点方言的年龄层次差异,可以为历史演变提供活的证据。例如宁波老派单字调有六个:阴平、阴上、阴去、阳去、阴入、阳入,新派单字调只有五个:阴平、阴去、阳去、阴入、阳入。从老派到新派,阴上已并入阴去。

　　二是拿前人的方言学著作,如地方韵书、西洋传教士的著作,跟今方言比较。详见第八章。

　　三是拿历史文献上的方言材料和今方言比较。例如比较明末苏州一带的民歌集《山歌》和今苏州话,就会发现有些词汇已不用或已改用其他词汇。如下列几个句子中加着重号的词,今已废弃,而改用括号中的词。

　　一月子月黑夜暗攃(抱)子我就奔。(卷八)

　　我弗知你为啥个事干(事情)。(卷八)

　　渔船妇打生(陌生)人相骂。(卷九)

　　丢得团鱼(甲鱼)也烫得虾。(卷四)

这四个现代苏州话已不用的词,却仍然保留在吴语区南部的温州话里,可见历史变异也反映在地理变异中。

　　四是从地理变异发现历史变异。语言或方言在地理上的演变是不平衡的,有的地方变得快,有的地方变得慢。例如就城乡差异来看,乡下的方言特征往往较为古老,城里的方言发展得较快。所以调查乡下方言往往可以发现城里旧时方言的特征。例如长沙城区话没有卷舌声母 tʂ tʂh ʂ,郊区则有 tʂ tʂh ʂ 和不卷舌的 ts tsh s。

　　五是拿已经拟测的古代音系跟今方言音系作比较,也能发现语音的演变。例如帮滂明三母中古音已拟为 p ph m,将这三个拟测的音跟古帮滂明三母开口三、四等字在今山西闻喜方言中的读音比较,可以发现在口语里逢细音,p ph m 会变为 t th l。如碑 ti^1,病 thie^2,灭 lie^4。

　　六是比较长住本地的居民和长期作客他乡的同乡人的方言。本地居民和长住外地的同乡人方言常有差异。他们在互相接触交谈的时候,对方言差异会很敏感。例如 20 世纪 40 年代离别家乡移居海外的上海人及其后代,说的是一口老派上海话,例如会说出"吃饭哉""到快哉"这样的句子,仍将"哉"字用作句末助词。今天上海的老派也已很少使用这个助词。这说明本地方言发展较快,迁离本地的方言反而保留较古老的特征。从两者的比较自然可以看出方言的历史演变。

第三节　记录古代方言的材料

　　在记录古代方言的各类材料中,以古代的方言学专著最为直接,最为详尽。清末以前方言学专著可以分为三小类。一类是用汉字记录的材料,如汉扬雄《方言》,晋郭璞《方言注》,明李实《蜀语》等。第二类是外国学者的汉语方言学著作。例如 O. L. Wisner 编 *Beginning of Cantonese*（《教话指南》），广州，1906 年；冯世杰、野常三郎、高木常次郎《燕语新编》，日本积善堂，1906 年。第三类是用拼音文字记录的材料。主要是西洋传教士的著作（第八章再作详细讨论），也有中国学者用自制的拼音文字记录的材料，如陈虬《瓯文音汇》。方言词典、课本也是近似方言学的著作（详见第八章）。除了方言学专著以外，记录古代方言的材料散见于下述几种文献中。各种均举一两个例子。

第一，史书。史书中的方言材料往往是零星的、间接的、笼统的，需要经过判断、分析，才能成为有用的材料。如《资治通鉴》："其他有杨、李、赵、董等数十姓，各据一州，大者六百，小者二三百户，无大君长，不相统一，语虽小讹，其生业风俗，大略与内地同，自云本皆华人。其所异者以十二月为岁首。"今按：此段记唐代云南西洱河一带汉族流寓者情况。唐太宗贞观二十二年，唐将梁建方自越巂率兵讨西洱河蛮。越巂在今四川西昌东南。唐代南诏常侵扰今四川、贵州一带，掳掠大量汉人，如大和三年南诏陷成都，掠子女百工数万人而去。所以当时的云南与贵州、四川的人员交往和语言接触较多。所谓"语虽小讹"，当指云南的方言与四川一带方言差异不大。

第二，经籍注疏。郑玄注《礼记》，何休注《公羊传》，王逸注《离骚》常指出某字为某地方音。如《考工记》"沤其丝"，郑注："楚人曰沤，齐人曰涹。"

第三，字书韵书。例如汉代许慎《说文解字》指明使用地点的方言词有 191 条（见马宗霍《说文解字引方言考》，科学出版社，1959 年）。例如"䭌（馈），吴人谓祭曰䭌，从食从鬼，鬼亦声。""姐，蜀谓母曰姐，淮南谓之社，从女且声。"唐代慧琳《一切经音义》常辨秦音、吴音之别。唐代玄应《一切经音义》以长安音为标准，常标某地作某音，包括关中、山东、江南、关西、陕之西、蜀、幽、冀等地的语音。《广韵》《集韵》等韵书也间或注出方言用法。如《广韵》阳韵："枋，木名。可以作车。又蜀以木榐鱼为枋。"《集韵》换韵："煤，楚人谓火曰煤。"

第四，宗教学著作。包括《圣经》方言译本、方言课本、词典等。此类著作大多是西洋传教士的作品（详见第八章），中国人的作品很少，例如苗仰山等译的《方言备终录》（1906 年上海土山湾慈母堂排印）。此书序说，200 多年前利高烈曾著《备终录》劝人为善，山西田文都神父和江苏李问渔神父曾译为官话，于 1897 年印刷发售。苗仰山等再用松江土白译出。全书分 32 日，每日一个话题，内容为宗教劝善，皆以"想"字当头。如第 13 日为"想世俗的虚假"，第 26 日为"想地狱永苦"。共 328 页。所译松江话很道地，如第 22 日"想习惯的毛病"有一段："行海路个人，登拉一只破船上，碰着之大风，船上装拉个物事，又是重，侬想伊平平安安过海否。就是无得风浪，也怕要沉拉海底里。"

第五，笔记杂谈。此类文献常有关于古代方言使用情况的记载。《世说新语》"言语篇"和"排调篇"中的几则有关方言的轶事是常被引用的。如"排调篇"："刘真长始见王丞相，时盛暑之月，丞相以腹熨弹棋局，曰：'何乃渹（刘孝标注：吴人以冷为渹）？'刘既出，人问：'见王公云何？'刘曰：'未见他异，惟闻作吴语耳！'"晋室南渡后，大批北方士族迁入金陵一带，他们为了拉拢江东原居士族，也学说吴语，所以北来的丞相王导，说话间夹杂吴语。晋代葛洪《抱朴子·讥惑》讥议吴人"转易其声音以效北语，既不能便，良似可耻可笑。"可见当时人的语言态度，即鄙视吴语，而尊重北语（即洛阳话——当时的官话）。也说明晋室南渡以后金陵一带吴人的双言现象。明代郎瑛《七修类稿》述及杭州方言时说："城中语言好于他郡，盖初皆汴人扈宋南渡遂家焉，故至今与汴音相似。惟江干人言语躁动，为杭人之旧音。"今按：所谓城中语言好于他郡，是指杭州城内方言较接近北方官话，系北宋末年北方移民带来，是一种优势方言。江干指沿钱塘江一带，此地还保留土著吴语。

第六，文学作品。大致包括历代民歌，如明末冯梦龙《山歌》；诗词，如唐诗宋词；明清白话小说，如《金瓶梅》；清末方言文学，如方言小说、弹词、木鱼书、子弟书等。下面举两个例子。《金瓶梅》第十六回："那西门庆那里坐的住，赶眼错起身走了。"其中"赶眼错"是山东方言，"趁别人没看见"的意思（见董学章《元明清白话著作中山东方言例释》，山东教育出版社，1986 年）。清末方言小说往往只是部分内容用方言。例如张春帆《九尾龟》只是妓女说话用苏州话，如卷三第九回："金媛媛瞅了方小松一眼道：方大少，倪搭耐讲讲个道理看，耐搭二少是要好朋友，不比舍格别人，二少吃醉仔酒末，只有耐方大少劝劝二少，叫俚少吃两杯，勿要吃坏仔自家格身体，格末像格要好朋友哓。阿有朋友吃醉仔酒，再要灌俚两杯……"清末和民国时代的一些曲艺脚本倒是全用方言写就的，如《江鲍笑集》（江笑笑、鲍采采著，民国 30 年再版）全用苏州话写笑话、唱词。

第七，明清时代研究戏曲声律的著作，如明代魏良辅《南词引正》说："苏人惯多唇音，如冰、明、娉、清、亭之类;松人病齿音,如知、之、至、使之类,又多撮口字,如朱、如、书、厨、徐、胥。"苏人"是指苏州人,"松人"是指松江人。从这段话至少可以看出松江话的两个语音特点,一是没有舌尖后擦音或塞擦音声母,即没有 tʂ、tʂh、ʂ,只有 ts、tsh、s;二是鱼虞两韵读[y]不读[ɿ]。现代松江话仍有这两个特点。可见这两个特点最迟在明代已形成。又如清代王德辉、徐沅征所著《顾误录》,对南北方音也有所比较。

第八,地方志。旧时的地方志述及方言的大约占总数的一小半。不过详略不等,最简略的往往只是一笔带过,最详细的可达数十页。方志中的方言部分以载录方言词汇为主,间或述及方言地理、方言演变、当地方言种类、当地权威方言或本地与外地方言异同等。含方言材料的地方志多是清代或民国编修的,明代的很少,明代以前的还没有发现。关于地方志语料第八章再述,此处不赘。

第九,移民史料。移民史料可以作为研究方言历史的间接材料。人口的迁徙也就是方言的迁徙,方言跟着它的使用者流动,这是显而易见的。

第四节 古代方言语音的构拟

构拟(reconstruction)是欧洲历史比较语言学的术语,原指通过研究有亲缘关系的现代语言的对应关系,或通过确定一种语言在不同历史阶段的变化,来重建原始共同母语(proto-language)。本节将这个概念移用于汉语方言比较研究,指在比较现代地点方言的基础上,重建原始共同方言(proto-dialect),也指重建某一历史时期的地点方言。本节讨论构拟古代汉语方言的方法。先简介各家的构拟工作,并评论现有构拟方法,再提出改进构拟方法的建议。所谓古代方言包括两层意思,一是原始共同方言,简称原始方言,例如原始粤语;二是指某一历史时期的地点方言,简称古方言,如明末的苏州话。

一、古代方言构拟工作现有成果

(一)原始方言的构拟工作

原始汉语方言的构拟工作,是在20世纪60年代末期和70年代初期由几个研究汉语的美国语言学家发其端的。贝乐德(W. L. Ballard)、罗杰瑞(J. Norman)、余霭芹(Anne-Yue Hashimoto)先后构拟过原始吴语、原始闽语和原始粤语,张琨也曾构拟原始吴语。20世纪80年代李玉构拟了原始客家话,沙加尔(L. Sagart)构拟了原始赣语。现在分别略述他们工作。

贝乐德在1969年发表的博士论文中,全面构拟了原始吴语的声韵调系统。构拟的基础是当时已经发表的13个现代吴语地点方言的音系,这13个地点是:苏州、无锡、常州、常熟、海门、上海、嘉定、松江、温州、金华、绍兴、永康、温岭。所拟声母的特点是:有浊音和浊擦音;鼻音和边音只有一套不带音的;没有自成音节的鼻音或边音;没有卷舌声母。所拟韵母分三类,即开尾韵10个、鼻尾韵25个、塞尾韵2个。其特点是有中高元音 ɨ;鼻尾韵分 n 和 ŋ 两套;塞尾韵分-ʔ 和 -k 两套。所拟声调只分4类,只拟调形,未拟调值,即降调、升调、降升调、塞尾升调。(贝乐德,1969)

罗杰瑞曾比较各地闽语声母的对应关系,从而构拟原始闽语的声母系统。其特点是:塞音和塞擦音分为6套:清不送气、清送气、清弱化;浊不送气、浊送气、浊弱化。(罗杰瑞,1971)

余霭芹曾根据20个地点的现代粤语,构拟出原始粤语的浊塞音声母、浊塞擦音声母和复辅音声母。所拟复辅音声母有 kl - 或 gl -、tshl - 或 kl -、hl -、tl - 或 dl -、zl - 或 dl -、jl -。(余霭芹,1972)

以上三位美国学者都曾为普林斯顿大学的中国语言学工程工作,他们构拟原始汉语方言的理论和方法,称为"普林斯顿假说"。三人中以贝乐德的构拟工作最为全面详尽,最具代表性。我们暂且将采用这个学说的学者称为普林斯顿学派。

张琨在《温州方言的历史音韵》一文中,发表了他所构拟的原始吴语。对构拟的方法和过程未作说明。与贝乐德的原始吴语相比较,其特点是,有卷舌声母,即卷舌的 tʂ、tʂh、ʂ、ʐ、dʐ;韵尾有 m、n、ŋ,与 p、t、k 相配;声调分4类,但未拟调形或调类。(张琨,1972)

李玉曾构拟原始客家话的声调和声母系统,其特点是有成套的浊塞音、塞擦音声母;有成套的响音声母。李玉所掌握的现代客家话材料比较多,对客家话也有较深入的了解,但是他所采用的构拟方法,从根本上来说,与普林斯顿学派并无二致。

法国学者沙加尔在《论赣—客方言》一文中简述了他所构拟的原始南片赣语的声韵系统,其特点是:舌根声母未腭化,n-、l-声母不混;介音只有 i、u 没有 y;山摄、咸摄和效摄一二等有区别,侯韵读 eu;鼻音和塞音韵尾分三套,对构拟的方法和过程未作说明。(沙加尔,1988)

(二)古方言音系的构拟工作

全面构拟过某一个古代地点方言声韵调系统的成果罕见,笔者所知只有周同春构拟过 19 世纪的上海话(周同春,1988)。他利用西洋传教士研究上海话著作所见资料,拟定 19 世纪的上海话声母有 40 个,韵母 60 来个。此外对古苏州话的舒声韵和古泉州话的声母和韵母有过较系统的拟测。

胡明扬曾统计《山歌》和《挂枝儿》韵脚合用和独用的次数,运用构拟上古汉语惯用的系联法,归纳出见于这两部民歌集的 10 个舒声韵部:东钟、江阳、支思齐微鱼、皆来、真文庚青侵寻、寒山先天盐咸廉纤、萧豪、歌戈模、家麻车遮、尤侯。并且对照现代方音,构拟出明末苏州话 30 多个舒音韵母,一一拟了音值。(胡明扬,1981)

黄典诚曾根据《拍掌知音》中的 36 张韵图,推定清代泉州话文读音的声母和韵母系统,一一拟了音值。声母特点是不分浊鼻音和口鼻音;韵尾特点是 m/p,m/t,k/n 相配。(黄典诚,1979)

(三)古方言个别特点的拟测工作

对古代方言语音特点的零星拟测,散见于一些方言学论著中。例如李荣曾据今方言和古文献,推论《切韵》时代的福州话群母有一等。详下。

平山久雄曾构拟厦门话古调值(见所著《厦门话古调值的构拟》,刊美国《中国语言学报》1975 年 3 卷第 1 期)。

笔者曾据西洋传教士研究上海话著作所见资料,认定上海话在 19 世纪中叶仍保留塞音韵尾 -p-t-k。(游汝杰,1997)

西洋传教士艾约瑟 Joseph Edkins(1823—1905)所著 *A Grammar of Colloquial Chinese as Exhibited in Shanghai Dialect*(《上海话口语语法》,*Presbyterian Misson Press*,1853 年初版,1868 年第二版,共 225 页)是第一部汉语方言语法学著作。此书第一章第四节末尾论及当时上海话的塞音韵尾,此段文字不长,但对吴语塞音韵尾的历史研究很重要。先译述如下:

从韵母表中看到的一个最奇妙的事实,即是带 k(在阳调的字前变为 g)韵尾的促声韵,它们的元音相类似。这个特点在上海西南方向稍远一点地方就消失了,在宁波话里也没有人提到过。

将官话里的促声字(元音)的主要形式,按几种通用的正字法列表如下:

Morrison 和 Medhurst	ǎ	ě	eě	eih ih	uě	iu	ǔh	ǒ
Premare	ǎ	e	ié	ǐ	ue	ě	uh	ǒ
williams	áh	eh	ieh	ih	ueh	eh	uh	óh
本书	ah	eh	ieh	ih	iöh	uh	úh	óh

大多数以 k 收尾的促声字的元音是表中最后三个元音:u ú ó。别的促声字,例如包含 ih 的字,如果以 k 收尾,常常插入一个短的 u。例如"力"字听起来是 lik 或 liuk。情况相同的是:包含 uh 或 oh 的字,如果不以 k 收尾,那么 úh 或 óh 就变为 eh。所以"末"móh 就变为 meh。许多符合这一规律的字,韵尾皆如此变化,当避开 k 的时候就用 ah 和 e 配置;如果恢复以 k 结尾韵母则相应地变为 u ú ó。然而应该看到官话的 á 在促声调里变为 a,长的 a 只用作 u 的白读形式。例如"百",白读为 pák;文读为 puk。因此在上海话里在促声调中 á u ó o 配 k 尾,a e ö 不配辅音韵尾,i 则是普通的(即可配可不配——译注)。

相对于福建话和南方其他方言而言,这条规律还是比较简单的。在那些方言里,据韵书记载,有 p t k 三个韵尾,也能找出它们跟元音的关系。在福建话里三个韵尾除了都可以跟 a 相配外,各自只能跟某些元音相配。

促声调里的 k t p 跟(阳声调的)韵尾 ng n m 相配,这一条南方方言原有的规则不适用于上海以北的方言。就韵尾系统而言,确实有这种限制,但是也不是很严格的。有些以 t 收尾的字既列在以 ng 结尾的字之后,又列在以 n 结尾的字之后。另有些以 k 收尾的字列在以元音收尾的字之后。不过符合的字比例外字要多得多,所以这条规则还是不容置疑的。既然在上海话里只有韵尾 k 仍在使用,那么这条见于韵书的古老的语音规则在现代使用的中心地带一定是更远的南方。实际上使用范围包括从上海到广州的沿海省份以及江西和湖南。

兹从韵类的角度来分析见于该书的 k 尾和 h 尾字。从上述译文中可以看出:第一,艾约瑟对《切韵》音系的韵尾系统及其与当时方言的关系有相当的了解。第二,当时的上海话里仍有 k 韵尾。作者对它的描写和分析是十分仔细的。作者记录的入声字从韵尾来看分为两类:一类是以 h 收尾的,如"法"fah"瞎"hah "月"nioh"热"nyih;另一类则是以 k 收尾的。h 韵尾的存在应该是可信的。第三,当时上海话的 k 韵尾与元音的关系密切,它只跟某些元音相配。

艾约瑟未将它跟韵类的关系作分析。

见于此书韵母表及其他部分以 k 收尾的字及读音和所属韵摄见表 5.11:

表 5.11

字	若	略	郭	削	乐	作	霍	脚	虐	格
音	zak	liak	kwok	soak	lok	tsok	hok	kiak	ngok	kak
韵	药	药	铎	药	铎	铎	铎	铎	药	陌
摄	宕	宕	宕	宕	宕	宕	宕	宕	宕	梗
字	逆	百	划	射	额	革	毒	筑	熟	狱
音	niuk	pak	vuak	zok	ngak	kak	dok	tsok	zok	niok
韵	陌	陌	麦	昔	陌	麦	沃	屋	屋	浊
摄	梗	梗	梗	梗	梗	梗	通	通	通	通
字	屋	直	刻							
音	ok	dzuk	k'uk							
韵	屋	职	德							
摄	通	曾	曾							

"木"字在韵母表里有两读:mok 和 moh;"石"字在韵母表里记为 zak,但是在第 20 页"宝石"一词中记为 zah。此类韵尾有 k 和 h 两读的字及其读音和所属韵摄见表 5.12。

表 5.12

字	角	落	国	目	木	吃	读	薄	各	脚
音	kok	lok	kok	mok	mok	k'iuk	dok	bok	kok	kiak
	koh	loh	koh/kwoh	moh	moh	k'iuh	doh	boh	koh	kiah
韵	觉	铎	德	屋	屋	锡	屋	铎	铎	铎
摄	江	宕	曾	通	通	梗	通	宕	宕	宕
字	缩	约	独	学	石					
音	sok	yak	dok	hok	zak					
	soh	yah	dok	hoh	zah					
韵	铎	药	屋	觉	昔					
摄	宕	宕	通	江	梗					

从表 5.11 和表 5.12 来看,此书的 k 尾韵有 7 个:ak、ok、uk、iuk、iak、iok、uak。

见于全书的以 k 收尾的入声字一共有 37 个,包括 15 个收 k 和收 h 两可的入声字。其中"射"是个例外字,"射"字在《广韵》里属假摄祃韵,在今吴语里也有入声一读。其余 36 个字在切韵音系里分别属江摄、宕摄、曾摄、通摄、梗摄。属这几个摄的入声字在中古汉语里都是收 k 尾的。艾约瑟所记的韵尾 h 的实际音值应该就是喉塞音 ʔ,也即今吴语入声韵尾的读音。从"词汇扩散理论"来考察,这 15 个韵尾两可的字,可以认为是正处于变化之中的字,而另 16 个字则是已经完成变化的字,收 h 尾的字则是未变化的字。收 h 尾的字元音是 i、ɿ、ɔ、e、ø、æ;收 k 尾的元音是 ɔ 和 a。ɔ 和 a 是后低元音。后低元音发音时口腔和喉部展开较大,发音结束后接上一个舌根塞音较方便。从音理上来看,艾约瑟的记录是可信的。

差不多同时艾约瑟又出版了《上海方言词汇》,即 J. Edkins, *A Vocabulary of the Shanghai Dialect*, Shanghai:Presbyterian Mission Press. 151p,1869. 这是最早的上海方言词典。作者为配合所著《上海口语语法》而撰此词典。此书塞音韵尾也分为 -h 和 -k 两套。-h 前的元音短,如 -ih 必;-k 前元音长,如 ok 屋。

见于此书以 k 收尾的字(共 9 个)及读音和所属韵摄见表 5.13:

表 5.13

字	托	虐	若	宅	陌	学	录	熟	肉
音	thok	ngok	zak	dzak	mak	ok	lok	zok	niok
韵	铎	药	药	陌	陌	觉	烛	屋	屋
摄	宕	宕	宕	梗	梗	江	通	通	通

此书中韵尾有 k 和 h 两读的字(共 12 个)及其读音和所属韵摄见表 5.14。

表 5.14

字	恶	着	格	革	陌	隔	百	剥	读	独	毒	醒
音	ok	dzak	kak	kak	mok	kak	pak	pok	dok	dok	dok	ok
	oh	dzah	kah	kah	moh	kah	pah	poh	doh	doh	doh	oh
韵	铎	药	麦	陌	陌	陌	陌	觉	屋	屋	沃	烛
摄	宕	宕	梗	梗	梗	梗	梗	江	通	通	通	通

从艾约瑟的记录来看,在当时的上海话里塞音韵尾 k 和 ʔ 并存。在现代的某些汉语方言里也可以发现这两个塞音韵尾并存的现象。例如现代海南文昌方言有 4 种塞音韵尾:"纳、力、六、腊"分别收 -p/ -t/ -k/ -ʔ;现代的福州话塞音韵尾大多数人只有一种 -ʔ,但是也有一部分老年人和中年人是 -ʔ 和 -k 并存的,大致是 e、æ 和 ɔ 韵读 -ʔ 尾,其他韵母读 -k 尾。不过 -k 尾韵正在逐渐减少。所以从方言比较的角度来看,艾约瑟的记录也是可信的。

同时代的其他传教士有关上海话的著作也分塞音韵尾为 k 和 h 两类,就笔者所见,还有以下数种。

第一种

J. MacGowan, *A Collection of Phrases in the Shanghai Dialect*, Shanghai:Presbyterian Mission Press,193p,1862.

作者中文名为麦考文。此书是为初学者所写的上海话课本。也是最早的用西文写的上海话课本。全书按话题分为 29 课,如家长、数目、商业等。课文前有罗马字母标音说明,如 h 前的 a 很像 mat 中的 a,主要说明元音,对辅音只是简略交待很像英语,除 j 像法语外。每课先出中文,后出罗马字。不标声调。入声韵尾分为 -h 和 -k 两套。

见于此书的以 k 收尾的字(共 34 个)及读音和所属韵摄见表 5.15:

表 5.15

字	搁	落	恶	烙	络	作	霍	索	各	凿	酌
音	kok	zak	ok	lok	lok	tsok	hok	sok	kok	zok	tsak
韵	铎	铎	铎	铎	铎	铎	铎	铎	铎	铎	铎
摄	宕	宕	宕	宕	宕	宕	宕	宕	宕	宕	宕
字	略	着	约	觉	乐	戳	浊	角	齷	学	捉
音	lek	tsak	yak	kok	mgok	tsok	dzok	kok	ok	ok	tsok
韵	药	药	药	觉	觉	觉	觉	觉	觉	觉	觉
摄	宕	宕	宕	江	江	江	江	江	江	江	江
字	逆	射	石	麦	划	速	簏	读	屋	祝	烛
音	niuk	sok	sak	mak	vak	sok	lok	tok	wuk	tsok	tsok
韵	陌	昔	昔	麦	麦	屋	屋	屋	屋	屋	烛
摄	梗	梗	梗	梗	梗	通	通	通	通	通	通

韵尾有 – k 和 – h 两读的字(共 9 个)及其读音和所属韵摄见表 5.16。

表 5.16

字	药	筑	剥	国	直	测	木	六	福	督	玉
音	yak	tsok	pok	kok	tsuk	ts'ak	mok	lok	fok	tok	niok
	yah	tsoh	poh	koh	tsuh	ts'ah	moh	loh	foh	toh	nioh
韵	药	屋	觉	德	职	职	屋	屋	屋	沃	烛
摄	宕	通	江	曾	曾	曾	通	通	通	通	通

从表 5.15 和表 5.16 可知,此书的 k 尾韵有 6 个:ok,ak,uk,iuk,eak,iok。从韵类来看,麦考文的 k 尾韵比艾约瑟少了一个 uak,而且在字音分布上也有所不同,例如"学、各"两字,麦考文只收 – k 尾,艾约瑟则是 k 尾和 h 尾两可。

第二种

上海土白《马太福音》(罗马字本),1895 年此书收 – k 尾入声字共 61 个,在各摄的分布如下:

宕摄 15 字:约着博药若脚却摸弱雀缚薄膊削酌

梗摄 15 字:伯百石麦役白拍掰吓客隔拆只责赤

通摄 25 字:督牧束秃独伏服福狱役蓄木屋读族卜哭嘱祝渎六覆复仆录

江摄 1 字:剥

曾摄 3 字:国或惑

臻摄 1 字:实

山摄 1 字:活

其余入声字一律收 – h 尾。同一个入声字只用一种韵尾,没有有时收 – k 尾,有时收 – h 尾的两可现象。

第三种

Gilbert *McIntosh*, *Useful phrases in the Shanghai dialect*, with index, vocabulary and other helps, Shanghai: American Presbyterian Mission Press, 109p, 1906. 2nd ed. 113p, 19cm. 1908. 5th ed. 121p, 1922. 7th ed. 1927.

全书分 22 课,每课有若干英、中、罗马字对照的句子。书前有罗马字拼音说明。书末有英文和罗马字对照的词汇索引。从第四版(作者序于1921年)开始增加一课《新词语》(有轨电车和无轨电车)。增加的一课是 R. P. Montgomery 所写。不标声调。据第二版(1908年)序言,罗马字系统是参用 J. A. Silsby 创制的系统。此系统最初用于上海市政委员会出版的警察守则,于1899年为沪语社(the Shanghai Vernacular Society)所采用。初版时所写的罗马字拼音系统说明将入声分为 - h 和 - k 两套。- k 尾韵有三个:ak ok oak,比艾约瑟的记录少了两个,即 uak 和 uok。用例如下:邮政局 yeu - tsung - jok(p43);英国 Iung - kok(p5);著之(外罩衣裳)tsak - ts(p51);脚 kyak(p28);iak 韵未见用例。同一个入声字只用一种韵尾,没有有时收 - k 尾,有时收 - h 尾的两可现象。

第四种

Hawks Pott, D. D., *Lessons in the Shanghai Dialect*, Shanghai Presbyterian Mission Press, pp99, 1907; 151p, rev. ed., 1913; 174p, rev. ed., Mei Hua Press, Shanghai, 1939. (French Translation, Imprimerie de la Misson Catholique, Shanghai, 1922; 1939)

此书入声韵分为收 - k 和收 - h 两套,即 ah,eh,ih,auh,oeh,uh,和 ak,ok,iak。同一个入声字只用一种韵尾,没有有时收 - k 尾,有时收 - h 尾的两可现象。从1907年序刊的《前言》可知,此书拼写法采用上海传教士所用的罗马字系统(the Shanghai System of Romanization)。这个系统最初可能是 J. A. Silsby 牧师制定的。他曾于1897年出版上海话音节表,即 J. A. Silsby, *Shanghai Syllabary*, Arranged in phonetic order, 42p, Shanghai:American Presbyterian Mission Press, 1897.

第五种

D. H. Davis, D. D., *Shanghai Dialect Exercises*, *in romanized and character*, *with key to pronunciation and English index*, 278p., 上海徐家汇土山湾印书馆1910年印。共278页。

此书将入声韵分为收 - k 和收 - h 两套,即 ah,eh,ih,auh,oeh,uh 和 ak,ok,iak。与上述 Pott 课本一样。同一个入声字只用一种韵尾,没有有时收 - k 尾,有时收 - h 尾的两可现象。此书《前言》指出:"应该出现韵尾 k 的地方有时却用 h。"

第六种

R. A. Parker, *Lessons in the Shanghai Dialect*, Shanghai:Shanghai Municipal Council, Kwang Hsueh Publishing House(广学书局)1923。

书前《标音说明》将入声韵分为收 - k 和收 - h 两套,即 ah,eh,ih,auh,oeh,uh 和 ak,ok,iak。与上述 Pott 课本一样。同一个入声字只用一种韵尾,没有有时收 - k 尾,有时收 - h 尾的两可现象。作者并指出 h 也用于指示它前面的元音。ah 的发音好像英语 at 中的 a;ak 发音好像英语 what 中的 a。

结论

从以上八种文献,可以发现下述基本事实:

第一,西洋传教士的著作将上海话的入声韵分为收 - k 尾和收 - h 尾两套。

第二,收 - k 尾的入声韵属宕摄、江摄、通摄、梗摄、曾摄。属这几个摄的入声字在中古汉语里都是收 * - k尾的。

第三,宕摄、江摄、通摄、梗摄、曾摄字的韵尾分为三类,第一类只收 - k 尾;第二类只收 - h 尾;第三类收 - k尾或收 - h 尾两可。

第四,将上海话的入声韵分为收 - k 尾和收 - h 尾两套,最初见于艾约瑟的著作,也见于差不多同时代的麦考文的著作,但两者在韵类和字音分布上不甚相同。入声韵分为收 - k 尾和收 - h 尾两套的这一标音原则为后出的英美传教士所采用,并曾于1899年为沪语社所公认。

通过对上述八种文献的分析,可以得出几点结论。

第一,19世纪上海话的塞音韵尾分为收 - k 尾和收 - h 尾两套。前者相当于今粤语的 - k 韵尾,后者相当今吴语的喉塞音韵尾 - ʔ。

第二,带 - k 尾的入声韵主元音大多是低元音 a 或后元音 o。

第三,- k 尾正处于演变为 - ʔ 尾的过程中。

第四,艾约瑟和麦考文的记录比较可靠,20世纪初年的文献可能是因袭 J. A. Silsby 牧师制定拼音系统。

第五,上海话的塞音韵尾 –k 并入喉塞音韵尾 –ʔ 的年代下限是 19 世纪末至 20 世纪初。

二、现行构拟方法评议

现行构拟古代方言语音的途径有二:一是根据记录古代方言语音的文献资料,直接构拟;二是从现代方言推论古代方言。记录古代方言语音的资料主要有四类:第一类是地方韵书或韵图,如《五方元音》、《戚林八音》;第二类是地方志中的方言志;第三类是用方言记录的民歌;第四类是近代西洋传教士的方言学著作。根据古代韵书或韵图直接构拟古方言,与根据《切韵》时代的韵书或韵图构拟中古汉语,情况相似。由于所据材料内部有质的一致性,即所反映的是某一历史时期的某一地点方言的音系,所得结果应该比较可靠,如据《拍掌知音》构拟的泉州音。

明清时代的地方志中虽然也有些古今音变的条例,但是往往是举例性质的,并没有系统的说明,因此难能据以构拟音系,而只能据以拟测个别特征。例如明正德七年(1512)序刊的《松江府志》载:“以上声为去声,去声为上声。呼想为相,呼相为想之类。”据此可以推知,今上海话的阴上和阴去的合并,至迟在四五百年前就开始了。

此外,方言材料也散见于史书、经籍注疏、笔记杂谈、文学作品等。用这些零散的材料只能推测古代方言的个别特点。例如《晋书·乐志》:“《白纻舞》:案舞辞有中袍之言。纻本吴地所出,宜是吴舞也。晋《徘歌》又云:皎皎白绪,节节为双。吴音呼绪为纻,疑白纻即白绪也。”今按:纻字属鱼部澄母;绪字属鱼部邪母,中古皆属语韵。可见在晋代的吴语(指今苏南一带吴语)里,澄母和邪母已经合流。

构拟汉语上古音的主要材料是《诗经》韵脚和谐声字,如果能找到用方言记录的民歌,那么就可以如法炮制,用以拟测古方言的音韵,但是用文字记录的民歌,多用标准的书面语,并不能反映方言面貌。如李调元的《粤歌》实际上全用标准书面语记录。清末之前找不到纯粹用方言记录的民歌。只有少数用不很纯粹的方言记录的民歌,成为构拟古方言的极宝贵的资料,例如明末冯梦龙所辑《山歌》,前九卷基本上是用苏州方言记录的。统计这些民歌韵脚合用和独用的次数,运用古汉语惯用的系联法,可以归纳出《山歌》的十个韵部:东钟、江阳、支思齐微鱼、皆来、真文庚清侵寻、寒山桓欢先天盐咸廉纤、萧豪、歌戈模、家麻车遮、尤侯。(见胡明扬《三百五十年前苏州一带吴语一斑》,载《语文研究》1981 年第 2 辑)

从现代方言推论或构拟古代方言是指通过比较各方言语音之间的对应关系,来追溯方言语音历史演变的轨迹,从而论定某种方言在古代的语音面貌,或某些方言共同的原始母语(proto-dialect)。先举两个例子。

例一:

据李荣的研究,在《切韵》音系里群母只有三等,而无一、二、四等(见李荣《音韵存稿》,商务印书馆,1985)。但是从现代吴语、闽语、徽语等方言中若干群母字的今音来看,可以假定《切韵》时代,群母在有的方言里也有一、二、四等。李荣用 20 多处方言的 13 个字来论证。例如福州等四地 5 个字的读音,见表 5.17。在各地方言里,这些字的声母与相应的群母读音相同,韵母则与相应的一等字读音相同,例如福州话,“汗”字(山开一去翰匣)今音读 kaŋ²,今群母读 k,如“求”字(流开三平尤群)读 kieu²;山摄开口一等读 aŋ,如“安”字(山开一平寒影)读 aŋ¹。所以,可以推论古福州话群母有一等。

表 5.17　闽语四地群母字今音

	寒	汗	猴	厚	后
福州	kaŋ²	kau⁶	kau²	kau⁶	au⁶
厦门	kũã²	kũã⁶	kau²	kau⁶	au⁶
潮州	kũã²	kũã⁶	kau²	kau⁴	au⁴
海口	kua²	kua²	kua²	kau⁶	au⁶

《切韵》时代群母在有的方言里有一等的读法,还有古代文献的依据。《玉篇》:“隑,渠铠、牛哀二反。”《玉篇》的作者顾野王是吴郡吴人。《博雅音》里的群母也有一等。《博雅音》的作者曹宪是扬州江都人。这两本书都是依据作者自己的方言,语音系统与《切韵》不同。

例二：

罗杰瑞曾比较现代各地闽语声母的异同，归纳种类，比较其对应关系，追溯其演变的轨迹，从而构拟共同的原始声母。下面以原始声母 *lh 的拟测为例加以说明。先列表比较各地闽语有关声母的异同。见表5.18。

表5.18　各地闽语有关声母的异同比较

	卵	鳞	郎	两	聋	六
福州	$loun^6$	lin^2	$loun^2$	lan^6	lin^2	lin^8
隆都	$lɐn^3$	lin^2	$loŋ^2$	$laŋ^5$	$leŋ^2$	lek^7
厦门	$nŋ^6$	lan^2	$nŋ^2$	$nŋ^6$	$laŋ^2$	lak^8
潮州	$nŋ^4$	$laŋ^2$	$nŋ^2$	no^4	$laŋ^2$	lak^8
建阳	$snŋ^5$	$saiŋ^2$	$soŋ^2$	$soŋ^5$	$soŋ^2$	so^8
建瓯	$soŋ^6$	$saiŋ^5$	$soŋ^5$		$soŋ^5$	ly^8

从上述这些字音的种类和对应规律，即 l—n—s 来看，可以构拟一个原始声母 *lh。用 *lh 可以解释它在各地的现代形式：它在福州和隆都演变为 l；在厦门和潮州演变为 n 或 l；在建瓯和建阳则演变为 s。不过这一构拟并不完美，因为现代形式大都属阳调类，而原始形式属阴调。

上述两个例子正好可以代表从现代方言推论古代方言的两种不同方法。

第一种方法是比较研究现代各地方言的异同，联系以《切韵》一系韵书为重点的古文献，推论古代方言的某些特点，并不以构拟所谓原始方言为目的，所得结论应较可靠。不过就这个实例而言，也有不同的意见。反对者认为，表上这几个字中古皆属匣母，并非群母，方言中的这些读音可能是后起的，反切上字有时候也能反映韵母的介音，而"牛、渠"皆是三等字，都是有介音的。（见附注）

第二种方法是普林斯顿学派惯用的。他们并不参考任何古代文献，只是一视同仁地对待现代不同的地点方言的调查材料，包括文读音和白读音，比较其异同，寻求其对应关系，从而直接推论古代方言。他们不试图在互补分配的基础上，使原始音系音位化，而只是在语音系统对应关系的基础上，构拟原始音系。（贝乐德，1969）这一方法有两个主要的步骤，先是找出现代方言语音对应规律，再寻求一个原始语音形式，它在音理上应该可以解释其在现代的各种演变形式。这种方法的目的在于构拟原始方言，如原始闽语、原始粤语、原始吴语等。然后在各大原始方言的基础上，构拟上古汉语。不过至今还未见他们构拟的上古汉语。

汉语在各个历史时期都有丰富的书面文献，特别是有《切韵》一系韵书和《诗经》。对《切韵》的性质虽然还有争议，但是《切韵》音系与现代各地方音有大致严整的对应关系，却是公认的事实。在方言的历史比较研究中不利用这些文献资料，特别是《切韵》一系韵书，显然是不明智的。

实际上普林斯顿学派在构拟原始方言的实际操作中，也未能摆脱《切韵》音系的影响。在现代吴语里，鼻音韵尾只有一套，塞音韵尾也只有一套，即喉塞音。但是在贝乐德构拟的原始吴语里，鼻音韵尾分 n 和 ŋ 两套；塞音韵尾分 –ʔ 和 –k 两套。虽然贝乐德没有说明这样划分的理由，但是这显然是从《切韵》音系出发的，舍此无从解释。不过相比之下张琨却似乎是过分地依赖《切韵》音系了，他所构拟的原始吴语有卷舌声母，即卷舌的 tʂ、tʂh、ʂ、ʐ、dʐ；韵尾有 m、n、ŋ 与 p、t、k 相配，与中古汉语并无二致。实际上现代吴语除常州和苏州老派外并无卷舌声母。

这个方法在理论上的一个致命弱点是：从汉语方言形成的历史背景来看，所谓"原始粤语、原始闽语、原始吴语"等"原始方言"这个概念本身是令人怀疑的。这个概念，以闽语为例，是假设古代某一时期在某一地点存在一个内部一致的"原始闽语"，后来使用"原始闽语"的人民四散移居在不同的地方，久而久之"原始闽语"就分化成不同的支派。

移民是方言的主要成因。上述假设有悖于汉语方言区的移民史实，试以闽语为例说明之。第一批汉人入闽是在西汉末，移民只是集中在冶县（今福州）一带。大批汉人是三国时代从吴语区北部移居闽西北地区和今福建沿海一带。闽南方言于宋代传播到潮汕地区，于明初传播到海南。所以从移民史来看，各地闽语并不是从形成于一时一地的所谓"原始闽语"分化而来的。今闽语区最古老的汉语方言应是汉末冶县的方言，但是其他地方的方言并不是当时冶县方言分化的结果。

第二种方法的另一个出发点是,现代方言中的所有语音形式都是从原始方言逐渐演变至今的结果。假定某一现代方言里有a,b,c,d四种语音形式,则认为它们各是从原始方言里相应的A,B,C,D这四种形式演变至今的结果。但是实际上,现代的每一种方言,都是产生于各个不同历史时期的语言成分累积的结果。a和b可能是从原始方言中演变而来的。但c可能产生于上古,d也可能是中古才产生的。所以如果一视同仁地对待各种材料,用于构拟原始方言,显然是不合理的。

由于上述缺陷,用第二种方法构拟的原始方言是很不可靠的。如果试图在这样的原始方言的基础上,进一步重构上古汉语,其结果显然是不可信的。不过普林斯顿学派提出的构拟原始方言的设想还是可取的。欧洲的历史比较法本来只用于构拟原始共同母语,但是由于汉语各大方言之间的差异甚至大于欧洲有些不同的语言,所以也可以借用历史比较法构拟原始共同方言。不过在方法上要兼顾汉语方言的特点加以改进,才能取得更好的效果。

三、构拟原始方言方法的改进

构拟原始方言的基本工作是建立现代地点方言的语音对应规律,而基本要求是构拟的结果,对现代地点方言的语音对应具有解释力。这是没有异议的。除此之外,本节提出若干改进原始方言构拟方法的建议。

(一) 建立地点方言之间的语音对应规律

构拟一种地区方言的原始方言,例如原始吴语,最根本的依据是同属这个地区方言的若干地点方言的语音系统。在没有建立语音对应规律之前,即用这些相互之间关系不明确的地点方言的语音材料,来构拟原始方言,显然是草率的、不够慎重的。除闽语外,笔者还没有见到其他大方言内部语音对应规律的研究成果。建立语音对应关系应是构拟原始方言的基础。

笔者曾从《广韵》音系出发,根据吴语各片(太湖片、宣州片、婺州片、丽衢片、台州片、温州片)音韵特征,求出吴语内部各片的音韵对应关系,共14项,见表5.19。其中1~5项为声母,2~12项为韵母,13~14项为声调。在表上各项内容以例字为代表,具体所指请参见表后的“说明”。

表5.19 吴语内部各片的音韵对应

		绍兴	金华	丽水	临海	温州	高淳
1	交	k−/tɕ−	k−	k−	k−	k−	k−
2	猪	tsʅ	tɕy	ti	tsʅ	tsei	tsy
3	张	tsaŋ	tɕiaŋ	tɕia	tɕiaŋ	tɕi	tsaŋ
4	帮	pɔŋ	maŋ	poŋ	pɔŋ	puɔ	paŋ
5	担	tæn	na	ta	tɛ	ta	tie
6	举	tɕy	tɕy	ts	ky	tɕy	tɕy
7	甜	dien	diɛ	diɛ	diɛ	di	di
8	书	ɕy	ɕy	sʅ	ɕy	sʅ	sy
9	真	tsəŋ	tɕiŋ	tsəŋ	təiŋ	tsaŋ	tsəŋ
10	胸	ɕyoŋ	ɕyoŋ	ɕioŋ	hyoŋ	ɕyɔ	ɕyŋ
11	宝饱	pɔ	pao	pʌ	pɔ	pə≠puɔ	pɔ
12	仙先	ɕiɛn	sie≠siŋ	ɕiɛ	ɕiɛ	ɕi	ɕi
13	天	41	33	24	433	33	55
14	竹	ʔ	ʔ/0	ʔ	ʔ	0	ʔ
		文/白					

各项内容说明:

1. 见系开口二等文白读。例字:交。
2. 古知组字今音。例字:猪。
3. 阳韵知母今音声母舌位、韵母洪细。例字:张。
4. 古鼻韵尾帮母字今声母。例字:帮。
5. 古鼻韵尾端母字今声母。例字:担。
6. 鱼虞祭齐支脂微仙元先文阳东钟十四韵合口三等字今声母和韵母。例字:举。
7. 咸摄和山摄今韵母。例字:甜。
8. 鱼虞韵知组、章组和日母字今韵母。例字:书。
9. 真韵开口三等知系(知组、庄组、章组和日母)字今韵母。例字:真。
10. 钟韵(除非组和日母外)韵尾。例字:胸。
11. 效摄一二等今韵母异同。例字:宝—饱。
12. 山摄三四等今韵母异同。例字:仙—先。
13. 阴平调值。例字:天。
14. 入声韵尾。例字:竹。

(二)参考移民历史,分层次构拟

来自古代同一地方的移民,散居各地,形成现代不同的地点方言。在构拟原始方言的时候,这些地点方言应同属一组。先分组构拟,再在分组构拟的基础上构拟出一个大方言区的原始母语。例如根据移民史的研究成果(沙加尔,1988),汉至唐初的北方移民移居鄱阳湖平原,造成原始北片赣语。晚唐至宋的北方移民移居赣中、赣东南,造成原始南片赣语。因此应该以现代赣北各地赣语为基础,构拟原始赣北方言;以现代赣中各地赣语为基础,构拟原始南片赣语。然后以原始南片和北片赣语为基础,构拟出原始赣语。参见表5.6。又如吴语瓯江片居民源自处衢片,两片各自构拟后,再构拟原始温处方言。参见图5.2及表5.9。

(三)分析不同地点方言在构拟中的不同地位

在一个地区方言里,有的地点方言较古老,有的较晚近。在构拟原始方言的时候,当然是较古老的方言有较大的价值。所谓古老或晚近只是就方言特征而言,与方言形成的早迟不一定有关,例如吴语的发源地是先秦时代的今苏州、无锡一带,南部吴语是太湖流域人民历代南迁逐渐形成的,但是较古老的吴语却保留在南部吴语里。北部吴语因受官话的影响,变化发展较快。例如浊塞音北部吴语一般已经变得带清流,而南部吴语仍较重浊。还有,一般说来,乡村比城市会保留较多古老的方言特征。例如缩气塞音声母在上海市区已消失,但在上海郊县以及浙南永嘉、青田等县仍保留。在构拟原始方言的时候应该借重较古老的方言或乡村方言。例如效摄一二等、咸摄三四等南部吴语(温州、金华)有区别,北部吴语没有区别,构拟原始吴语时应根据南部吴语,从分不从合,又,塞音声母可以根据若干乡村方言,构拟成缩气塞音。

(四)分辨现代地点方言的历史层次,力求构拟所得音系内部质的一致性

所谓"地点方言的历史层次"主要有三方面的含义:一是新派和老派方言;二是白读音和文读音;三是本地方言固有词或字音和借自外地方言的词或字音。在构拟原始方言的时候,当然要借重较古老的层次,排除较晚近的层次。

方言中的白读音较古老,文读音是隋唐时代实行科举制度以后逐渐从官话借入的。字音分文读和白读两个层次是汉语方言非常突出的特点,构拟汉语的原始方言时,非分辨不可。文读音应排除在外,构拟所得的原始方言应属于白读音系统。排除文读音不仅是因为它产生的时代比较晚近,也是因为在大多数方言里它是不成系统的,而且在不同的方言里字音分布也不一定相同。例如见母开口二等字,北部吴语(如上海)有文白两读,即 k‑/tɕ‑。南部吴语只有 k‑读。如果用文白读杂糅的材料,来建立语音对应规律,所得结果难免混乱。例如贝乐德在构拟原始吴语时,取材不分文白读。在他的声母的语音对应例词表中有 z、l、n、 ŋ、ŋ 五个声母互相对应,他认为对应关系不规则,结果没有说明任何理由,任意用 ɲ 来构拟。

方言中的外来字音,除了借自官话的文读音以外,还有借自别地方言的字音,也是后出的,也应排除在外。例如温州话"车"字有两读:tshei 和 tsho,前者是固有音,后者是伴随"黄包车"从上海输入的。麻韵开口三等字除见系外在今温州话里皆读 ei,"车"读 o 韵不合音变规律。在建立麻韵开口三等的语音对应关系时,只能用固有音。

各大南方方言里或多或少残留古代少数民族语言的底层成分,这些底层成分属最早的历史层次,构拟原始方言时应予考虑。例如吴语中的缩气塞音声母 ʔ。

由于历史音变有的快,有的慢,同一音类的字今音可能不同。对这种同类不同音的现象宜作历史层次分析。例如歌韵字在今温州话里有四种读音,反映歌韵在温州方言的历史音变的四个阶段:ai(个 kai^5、饿 ŋai^6)→a(拖 tha^1)→u(哥 ku^1)→ɤu(锣 lɤu^2)。再如戈鱼虞模韵今读音有 u 和 øy 两种,前一种的历史层次应较早,u 正在向 øy 作"词汇扩散"(lexical diffusion)。

(五) 古代地点方言的描写和拟测是构拟原始方言的重要步骤

构拟原始方言最基本的材料是现代的地点方言,但是如果我们知道历史时期的地点方言的面貌,那么构拟工作自然会更加容易,更加可靠。对部分古代地点方言,除了上文已述可以利用历史文献资料所录方言资料拟测之外,还可以从西洋传教士的方言学著作中,直接了解。这些描写地点方言的著作,大多成书于 19 世纪后半期和 20 世纪初期。因为是用拼音文字记录的,所以不难从中整理出声韵调系统。例如有人曾利用这一类著作,整理出 19 世纪的上海语音。(周同春,1988)此类著作多至数百种,对它们的搜集、整理和研究是构拟原始方言的基本工作。

(六) 历史比较法和《切韵》音系参照法相结合

单纯地使用历史比较法,来构拟汉语的原始方言,有不少缺陷,上文已有评论。构拟工作如果结合《切韵》音系,应该会有更好的效果。构拟的大致步骤应该是这样的:先求出地点方言音系和《切韵》音系的对应关系;以《切韵》为纲,求出地点方言间的语音对应规律;根据方言语音对应关系,为《切韵》的每一个韵类构拟一个原始形式;最后归纳音类,整理原始音系。下面以构拟原始吴语的效摄为例,说明如何参照《切韵》音系。先列出各地吴语(以苏州、松江、温州三地为例)效摄一二三四等的古今对应和方言间的对应表,见表 5.20。

表 5.20　三地吴语效摄读音比较

	毛	猫	照	娇	条
温州	mɔ^2	muɔ^1	tɕiɛ^5	tɕiɛ^1	diɛ^2
苏州	mæ^2	mæ^1	tsæ^5	tɕiæ^1	diæ^2
松江	mɔ^2	mɔ^1	tsɔ^5	tɕiɔ^1	diɔ^2

三四等在三地皆从合,一二等温州从分,其余两地从合。考虑到南部吴语较古老,将一二等分别拟成两个音,三四等拟成一个音。将各韵摄的原始形式都构拟出来以后,再排比各韵摄的原始形式,加以归纳,整理出原始形式。

附注:作者曾于 2000 年 10 月在香港科技大学以"古代汉语方言的构拟"为题,作过一次学术报告,承丁邦新先生指教,知道这两种构拟的缺陷。

第五节　方言的历史层次

语言是历史的产物,任何一种方言都可以说是不同历史时期产生的语言成分的累积。语言的累积与地质学或考古学上的层次积压不同。不同时期产生的地质层或文化层,是较晚产生的积压在较早产生的上面,层次分明。而不同时代产生的语言成分都可以并存在同一个时间层面上,即并存于现代的方言中,也就是说,不同时代层次产生的成分杂陈于现代方言之中,颇难分辨其中的不同层次及其产生的时代。

现代方言的内部往往有年龄层次的差异,即所谓老派和新派的差异。老派和新派的特点可以并存于同一个时代,但是这种并存现象是短暂的,发展的趋势是新派特点完全取代老派特点。例如老派上海话 ã、ɑ̃ 有分别:打 tã ≠ 党 t ɑ̃,新派将此两韵合并为 ɑ̃,打 t ɑ̃ = 党,新老派的这一差异,并存于目前的中年上海人的口语中,但是 30 岁以下的上海人,已将此两韵完全混用。本节所谓方言的历史层次,不包括这种生命短暂的新派和老派特点并存的现象。

在语音、词汇、语法三个不同的层面上都可以发现不同时代产生的成分的累积。

汉语方言语音普遍有文白异读现象。文读和白读代表不同的语音层次。方言中的文读音是隋唐时代实行科举制度以后逐渐形成的,白读音代表较早的历史层次,文读音代表较晚的历史层次。例如厦门话的白读音较接近上古音系,文读音较接近中古音系。如"站"字,白读音是 tiam[5],文读音是 tsam[5]。"站"是知母字,知母读 t 是上古音系的特点,读 ts 则是中古音系的特点。

文读的产生虽然比白读晚,但是文读音并不是从白读音发展而成的,两者并没有直接的历史联系。就历史来源来说,方言区的文读音是从外地借来的,追根溯源,可以说都是来源于唐宋以后的北方话,白读音则是本地固有的。所以构拟古方言应以白读音为基础。

方音的文读和白读都可以包含多重层次,即同一个字的文读或白读可能有两个以上语音形式。例如海南岛澄迈话(一种闽南方言)就有新旧两个层次。下面举例说明(引自何大安《澄迈方言的文白异读》,载《历史语言研究所集刊》52 本 1 分,1981 年)。见表 5.21。

表 5.21　澄迈话文读的新旧两个层次

字	旧文读	新文读	白读
状	tuaŋ[33]	tsuaŋ[33]	to[33]
三	tam[22]	sam[22]	ta[22]
雪	tit[5]	sit[5]	tuai[55]
学	kiak	hiok[3]	o[33]

新文读音的特点较接近粤语,可见新文读音是澄迈闽语人口的祖先迁离闽南进入广东之后才产生的。

方言的语音虽然有文白两个层次。但不是所有字音都有文白异读。有文白读的字音在各方言中所占的比例也不同,例如在闽语中几乎占一半,在吴语中则不到十分之一。仅依据白读音不能整理出一种方言的完整的语音系统。方言的语音系统实际上是依据文读音整理而成的。一般来说,在同一个方言里面超出文读音系统的白读音不多见,这些白读音可以作为归纳方言语音系统的补充。例如"亩"字在吴语太湖片有文白两读,白读一般是自成音节的 [m̩],在文读系统里没有这个韵。

方言字音异读并不都是文白差异造成的,文白差异不过只是造成字音异读的最普遍最显著的原因。除此之外,移民和外地方言的借用也是很重要的原因。例如"车"字在温州方言里有三种读音。"车"作为象棋棋子之一读 [tɕy[1]];在下列词汇中读 [tshei[1]]:水车、风车、㑳车儿(供幼童站立的手推车)、车栾;在下列词汇中读 [tsho[33]]:黄包车、脚踏车、汽车、车床。"车"是麻韵开口二等字。麻韵开口三等在温州话中的普遍规律是读 [ei] 韵,如蛇 zei[2]、蔗 tsei[2]。在上海话中则读 [o],如蛇 zo[6]、蔗 tso[5]。在温州话中"车"字读 [o] 韵显然是从上海话借入的,这一类词所代表的事物也正是现代从上海输入温州的。"车"字读 [o] 这个层次显然是晚近才产生的。

上述字音异读是指同一个字有不同的读音,而不同的读音反映不同的时代层次。语音的时代层次也反映在音韵地位相同的一组字读音有差异,而这种差异是有规律的。例如闽语可以分成四个音韵层次(据张光宇《闽方言音韵层次的时代与地域》,载《清华学报》新 19 卷,1 期,1989 年),即唐宋文读层,此层的特点是韵尾保持完整,如四等是 -ing/k、-ien/t、-iɑm/p。同摄三、四等完全同音;吴楚江淮层(郭璞时代之前),此层的特点(以厦门话为例)是四等和三 A 韵的主元音都是前高元音,阳声韵带鼻化,入声韵带喉塞尾,如天

th ɿ⁵⁵、扇 s ɿ²¹、青 tsh ɿ⁵⁵、舌 tsiʔ;古中原层(西晋前),此层的特点是大体维持三、四等韵的三向对立形态,如厦门音,四等是 – an,三 A 是 – iã,三 B 是 – iɯ;客赣方言层,此层的特点是古透定两母读 h,凡古清从两母读 th。

划分语音的历史层次还是比较容易的,要确定各层次产生的时代,就不是轻而易举的了。在下述两种情况下,可以对某层次的产生时代作些推测。一是方言中的某一语音层次与某一历史时期的古汉语语音系统相似,例如上述闽语的唐宋文读层的韵尾与《切韵》音系相似,所以推测这个文读层产生于唐宋时代;二是有历史文献资料可以作为断代的依据,例如山西闻喜方言白读音的特点是《切韵》音系中的全浊塞音、塞擦音不管声调平仄,皆读送气,宕摄和果摄合流,曾摄和梗摄分立,通摄为 – uɐi < uen。这些特点与西夏文的汉语注音一致(据王洪君《闻喜方言的白读与宋西北方音》,载《中国语文》1987 年第 1 期)。所以可以推断这个白读层应产生于西夏文时代(公元 10—13 世纪)。

各种方言的词汇和语法也可以分出不同的层次,不过系统性不如语音,研究得也较少。例如"筷子"在苏南、上海一带吴语里明代之前称为"箸"。明末以后因避讳"箸"和"住"同音,改称"筷"(见明陆容《菽园杂记》)。但是放置筷子的竹笼,并不改避箸字,至今一直称为"箸笼"或"筷箸笼"。"箸"字属较古产生的层次,"筷"是晚近才产生的。不同的词汇中用不同的语素表示相同的词义,而不同的语素却代表不同的时代层次,这在各地方言里是很常见的。例如温州方言口语词汇,见表 5.22。

表 5.22　温州话口语词汇的两个层次

词义	较古层	较新层
眼睛	目膛(眼睛)	眼灵珠(眼睛)
	大目镜(放大镜)	眼厘毛(眉毛)
牙齿	牙床肉(齿龈)	齿轮
脸	洗面(洗脸)	大花脸
脚	江蟹骹(蟹腿)	凳脚
蛋	盐卵(咸鸭蛋)	皮蛋
哥哥	兄嫂	阿哥
看	眙戏(看戏)	近视
睡觉	睏(土白)	午睡
	眠(儿语)	

在同一种方言中有可能发现用不同的语法形式表达相同的语法意义。这些共存的语法形式一般来自不同的历史层次。

可以通过以下几个途径来判断方言中共存的语法形式的时代层次。

(1)有没有共同语的文献资料可以用于断代?

(2)有没有方言文献资料可以用于断代?

(3)从方言类型地理学的角度来看,哪些形式见于方言演变较慢的地区?

(4)对于同一个地点方言中的并存形式,则要看哪些形式用于老派,哪些形式用于新派,哪些形式较常用,哪些形式较少用。

例如吴语温州话未然体反复问句有两种并存的语法形式(V = 动词　F = 发问词　neg. = 否定词　conj. = 连词):

"V – conj. – neg."　　例如:走也不?(去不?)

"V – neg. – V"　　例如:走也不走?(去不去?)

在这两种形式中,应以"V – conj. – neg."来自较古老的层次,"V – neg. – V"来自较新的层次。

在未然体的三种类型中,应以"V – neg."为最古层,"V – neg. – V"为中间层,"F – V"为最新层。

在古代汉语文献中最早出现的反复问句即是"V – neg.",从先秦到南北朝,除了秦墓竹简较为特殊外,

"V－neg."是唯一的反复问句形式。(张敏,1990)

　　从方言类型地理学的角度来看,吴语在历史上不断受到北方官话的影响。这种影响是从北到南逐渐减弱的,也就是说官话对北部吴语影响深,对南部吴语影响浅。所以较古老的吴语特征在南部保留比较多,例如儿尾词在今南部吴语普遍使用,在明末辑录的《山歌》里也屡见不鲜,但是在今太湖片吴语里只能找到残迹而已。

　　"阿－V"型不见于南部吴语,只见于苏南吴语。在书面文献中"阿－V"型大量出现是在明末的白话小说《警世通言》里,在吴语文献中最早则见于明末的《山歌》。北部吴语中的"阿－V"型可能是晚至明代才出现的。在"阿－V"者前应该是用"V－neg."型的。至今苏南的有些地点,如常州,仍然是"V－neg."和"阿－V"并用。

　　上海话的"阿－V"型是晚近从苏州话借入的,上海旧属松江府,上海话的底子是松江话,旧松江府所辖地区除上海市区外今方言皆不用"阿－V"型。

　　已然体反复问句中用否定词"未"后置于动词的句型,只见于浙南的旧金华府、温州府和处州府的青田县。这种句型屡见于宋代的话本小说。这种句型应该是由两宋之交的官话区移民输入吴语区的,至今仍用于浙南吴语,在苏南和浙北虽然已不再用此类问句,但是在一般的陈述句里,仍残留"未咪"(意谓"未到一定时间,早着呢")这个词。如上海话:"三点钟看电影,直直未咪。"

　　能够反映某些温州方言语法特征的最古老的文献是宋代南戏作品《张协状元》,其中有"V－neg."型反复问句有6例,而"V－neg.－V"型反复问句却只有1例。在元本《琵琶记》(作者是温州人)里,"V－neg."型有13例,"V－neg.－V"型却只有3例。(张敏,1990)《全唐诗》吴语区作者的作品只用"V－neg."型,不用"V－neg.－V"型。这说明在当时的温州话里"V－neg.－V"还是新兴句型。在古汉语中"V－neg.－V"型的形成和发展是在唐宋时期。(张敏,1990)历史上北方移民进入今吴语区有三次大浪潮,先后发生在两晋之交、三国东吴和两宋之交。在第三次移民浪潮中,温州人口大增,南戏也正是在这个时期在温州形成的。"V－neg.－V"很可能于此时进入南部吴语。但是"V－neg.－V"在吴语中盛行应在明代之后,"二拍"中的反复问句仅用"V－neg."型,至今在有的地点方言里"V－neg."型仍用得极少,如天台、崇明、玉山。(游汝杰《吴语里的反复问句》,刊《中国语文》1993年第2期)

第六节　方言的历史音变

一、历史音变的原因和方式

　　方言历史演变的原因有外部的和内部的两方面。促使方言演变的外部动力主要来自优势方言、标准语、移民和方言接触。方言历史演变的宏观取向是劣势方言向优势方言靠拢。这包括三层意思:一是乡下方言向城里方言靠拢;二是地区方言向该地区权威方言靠拢;三是方言向民族共同语靠拢。城乡方言的发展是不一致的,一般是城里的方言发展快些。乡下的方言朝着城里的方言的发展方向向前发展。例如上海地区方言,缩气塞音ʔb、ʔd在城里只是残留在少数老派口语里,在郊县却是老派普遍的特征。而在郊县中年人中缩气塞音的字音分布和使用频率已趋低,新派则已不再使用,代之以与城里一模一样的p、t。包括若干城市的某一地区的方言向该地区的权威方言靠拢,以粤语区和广州话最为典型,例如广西南部桂南粤语,俗称白话,跟广州的粤语有别,但近年来加速向广州话靠拢,如南宁白话和梧州白话皆如此。

　　上述劣势方言向优势方言靠拢,可以说是一种社会心理现象,这与乡下总是追随城里的时髦风尚可以类比。下述现象则既是出于心理的要求,也是出于交际的需要,即来自同一大方言区不同地方的人互相交谈时,不用自己的家乡方言,而采用该地区的权威土语作为共同的交际语言。这也是检验权威土语的最有效的途径。例如吴语区的人相聚时有可能采用上海话交谈,但不可能采用苏州话交谈,这说明在当代吴语区上海话更有权威。海口市、韶关市和广西许多县城都通行广州话,这足以说明广州话在粤语区及邻近别的方言区的权威地位。这种地区性的共同交际语,自然会对该地区的方言演变产生影响。

　　在地区性的共同交际语之上,还有民族共同语或国家的标准语。民族共同语是各地方言历史演变的又一重要方向,最近几十年民族共同语对方言演变的影响越来越大,尤其是在词汇和新派音系这两方面。第一章曾述及,这里再举一例。"街、解、介、界"四字老派四川话读 kai⁵⁵,新派读 tɕiɛ⁵⁵;"研"字老派读 ŋiɛn⁵⁵,新派读 iɛŋ⁵⁵;"仰"字老派读 ŋiaŋ⁵¹,新派读 iaŋ⁵¹。很明显新派的字音向普通话靠拢,即"见母"腭化,"疑母"变读零声母。

在古代社会里,方言中的文读音的产生和演变都是离不开民族共同语的。方言中的文读音是隋唐时代盛行科举制度后产生的。文读音的发展变化也受到标准语的制约。如闽语建瓯话的文读音,对照《建州八音》和现代老派读音,可知乾隆时和民国时读音有别。清末民初新学兴起,今老派的读音显然是受标准语的影响形成的。见表 5.23。

表 5.23　建瓯话文读音的两个层次

	唇	罢	远	旬
原读	y²¹	pai⁴⁴	xi⁴⁴	tsy²¹
后读	sy²¹	pa⁴⁴	yi²¹	sy²¹

(此表据潘渭水《建瓯方言中的异读字例释》,1989 年汉语方言学会年会论文)

方言历史演变的现象有一部分是可以用上述的外部原因来解释的,另一部分却难以用外部原因解释,只能认为是内部原因促使方言演变。至于原因何在? 为什么旧的形式要让位给新的形式? 至今还没有令人满意的解释。丹麦语言学家叶斯丕森(Jespersen)认为语音演变是语音模仿误差逐渐累积的结果。这好像锯木头,以已锯好的木头作为长短的标准来量度第二段木头,又以第二次锯好的木头为标准锯第三段木头,每一次都会有误差。语音的演变过程就好像锯木头一样,是渐变的。霍凯特(Hocket)曾提供一幅按统计数字分布的语音演变图,实际上也持语音渐变论。

王士元的"词汇扩散理论"(lexical diffusion)认为语音是突变的,一个语音从某种形式变为另一种形式,是突然转变的,并没有连系两头的许多中间形式。但是词汇却是渐变的,即在语音上同类的词汇采用新的语音形式是逐步的缓慢的,有的先采用,有的后采用。这个理论只是说明语音演变的方式和过程,并没有指出语音为什么会演变。不过,既然认为语音突变和词汇渐变是互为因果的,那么,这个理论实际上还是否定了叶斯丕森有关语音演变原因的"模仿误差累积说"(这是笔者给它起的名称)。

现在暂且撇开语音演变的内在原因,先来看看语音演变的方式。语音演变的方式应该有突变和渐变两种。突变的一类是发音上很难有渐变过程的语音,例如 m→b;b→v;t→ts;k→t 等。渐变的一类是发音上允许有渐变过程的语音,例如 ts→tɕ;n→ɲ→ŋ;u→ʊ→v;ʔb→p;e→ɛ 等。笔者在吴方言的实地调查中常发现这些语音渐变的实例。例如上海南部地区老派分尖团,尖音读 tɕ tɕʰ ɕ,团音的舌位靠得很后,常是 c cʰ ç,例如精 tɕiəŋ¹≠经 ciəŋ¹;秋 tɕʰiɤ¹≠丘 cʰiɤ¹;箱 çi ɛ¹≠香 çi ɛ¹。中年人逐渐不分尖团,即将老派的团音舌位逐渐移前。移前的程度会因人而异。当舌位正在移前的过程之中,尚未稳定,比字的时候常常难以判断是否已分尖团,或者有的字已分尖团,有的字未分,有的字难以判定。也许可以用听觉和发音模仿误差,来解释这类渐变的语音形成的原因。

根据词汇扩散理论,新的语音形式在词汇中的传播是逐渐扩散的,即有的词汇先用新形式,有的后用,有的则新旧两种语音形式并存。见表 5.24(采自王士元《语言变化的词汇透视》,译文载《语言研究》1982 年第 2 期)。

表 5.24

词　　　　阶　　段	u	v	c
w₁			w̄₁
w₂		w₂ ~ w̄₂	
w₃		w₃ ~ w̄₃	
w₄	w₄		
w₅	w₅		

表中 w = 词,u = 未变,v = 共时变异,c = 已变,w̄ = 语音已变的词。

笔者虽然认为语音演变有突变和渐变两类,与"词汇扩散理论"有所不同,但是仍认为"语音演变的词汇扩散说"是可信的。此说对于突变或渐变的语音都是适用的。现在举例说明,温州方言中古戈鱼虞模诸韵读音从 u 韵变为 øy 韵的词扩散,见表5.25。

表5.25 温州话戈鱼虞模韵的词扩散

韵母	声母	未变	共时变异	已变
戈	帮组	波菠坡玻		婆魔磨破
	来母	螺脶啰裸		
鱼	来母			庐驴吕旅滤
	庄组	初锄蔬阻		
		楚础助疏		
虞	非组	肤敷俘扶	巫讣	夫符芙府
		无诬脯斧抚		父腐付赋傅
		辅武舞侮鹉		赴附务雾
	庄组	数		
模	帮组	菩普浦部簿		补谱布佈怖
				铺步埠
	端组		徒	都屠途图
				堵赌肚土吐
				杜妒兔度渡
				镀
	泥组	奴努怒鲁橹		卢炉芦鸬胪
				卤路露鹭
	精组	组做	素	租粗苏酥祖
				醋诉塑
百分比		38.70%	3.60%	57.70%

表5.25 所收字以《方言调查字表》为依据,字表中以下几类字不收,一是温州口语不用的字,如"跛";二是已读入他韵的字,如"募"读 o 韵,"梳"读 ʅ 韵;三是一字两调的只收一次,如"磨"作动词解读阳平或去声,作名词解只能读去声。不论文白读,只看实际读音,即读 u 的算未变,读 øy 的算已变。如"素"字文读是 su⁵,白读 søy⁵,即列入"共时变异"栏。

表5.25 可以说是表5.24 的一个实例。øy 正处于词汇扩散的过程中。从赵元任《现代吴语的研究》(1928)中的温州话材料来看,戈韵帮组当时还读 u 韵的,现在已有六个字读 øy 韵了。

音变的词汇扩散现象表明,有的词先变,有的词后变。现在要问:哪些词会先变? 哪些词后变? 有没有规律可循? 假定认为词的出现频率越高,变化越早。从表5.25 的实例来看,频率并不是决定因素。例如模韵的"做、组、簿、部"等字口语使用率是相当高的,但仍未变 u 韵。而虞韵的"赴、赋"两字口语几乎不用,只是读书时才会用到,却已变读 øy 韵。模韵的"屠、镀、谱"等字也是使用频率很低的字,但是已经变为 øy 韵了。

从这个实例来看,对音变在词中扩散的先后,至少有两个制约因素。一是同音词容易一起变,即同音词中有一个变了,其他词不管是否常用,容易跟着变。如"诉"字变了,"塑"字也跟着变;"卢"字变了,"炉芦鸬"也跟着变。二是同声符的字容易一起变,如"奴努怒"皆不变;"魔磨"皆变;"土肚吐"皆变。这是字形对词汇扩散的影响。在别的一些例子里还可以看出另一个制约因素,即发音机制作用。例如上海郊区金山缩

气塞音 ʔb、ʔd 变为 p、t 也处于词汇扩散的过程中。从词汇扩散的趋势来看,除阻时口腔共鸣器的空间越小的字音越早变读成 p、t 声母。如果从字音的韵母来看,即依次是 i＞u＞e＞o＞ɔ,即含 i 韵母的字音先变读p、t 声母,含 ɔ 韵母的最后变。这跟 ʔb、ʔd 的发音机制有关,除阻时口腔共鸣器越大的字音越容易缩气(详见游汝杰《老派金山方言中的缩气塞音》,载《中国语文》1984 年第 5 期)。

　　一个新的音变现象总是先在一群人中产生,先在某些词中立足。它能不能扩散到别的人群,以至整个方言社团? 能不能继续扩散到别的词,以至所有同类词? 其中的决定因素是什么? 这些是有待研究的问题。目前能够观察到的因素有两个。一是这个新的音变是否符合优势方言或民族共同语的发展方向,如果答案是肯定的,那么它会迅速扩散,如上述上海郊区的 ʔb、ʔd 变为 p、t 即是如此。二是这个新的音变现象能不能在社会心理上被当作新的时髦,如果答案是肯定的,那么它也会迅速扩散。例如据沈炯《北京话合口呼零声母的语音分析》一文(载《中国语文》1987 年第 5 期)提供的资料,北京话中"外、碗"一类合口呼字的声母有w(汉语拼音字母)开头和 v 开头两种读法。v 型是一种后起的音变现象。对社会各阶层的调查结果表明,女性读 v 型的比例高于男性;不管是男性或女性,都是青年的比例数高于中老年见表 5.26。女性和青年更倾向于追求时髦的社会风尚,这个新的音变已经被当作时髦来追求,所以女性和青年的比例数较男性和中老年为高。北京话中另一类似的音变现象是所谓"劈柴派"读音,即团音的尖音化,已成为知识女青年追求的目标。对这两个音变现象的最初记录是在 20 世纪 30 年代,它们后来的长足发展,都可以从社会心理的角度去解释的。值得注意的是,这两个新的音变现象至今仍是不符合普通话的规范的,但是并不因为不规范而停止发展。

表 5.26　北京话零声母合口呼读 v 型在各人群的比例

性　别＼年　龄	老年	中年	青年
男性	43.29	44.91	83.65
女性	39.39	70.40	81.48

二、历史音变的规律及其例外

　　一个方言中的任何一种语音的历史演变都是有规律的,不是杂乱无章的。其中的规律可以通过古今语音系统的比较来发现。例如中古豪韵今北京话读 au;中古平声清音字今北京话读 55 调,这就是两条历史音变规律。

　　新语法学派主张"语音演变的规律没有例外"(Phonetic laws have no exceptions)。"词汇扩散说"则认为语音演变有例外是很正常的常见的现象,这个论断针对新语法学派而言是非常正确的。不过"词汇扩散说"的所谓例外也可以说是成规律的。不同的只是从"词汇扩散说"的立场来看,一条语音演变的规律不会在所有有关词中一次性实现,有的词先按规律变,有的词则后变。如果说先变的词符合规律,那么就视后变的词为例外,或者反之。其实这两种情况都是有规律可循的。

　　本节所谓"例外"是指上述两种情形之外的"例外"。"例外"是指个别字音没有按照一般的语音演变规律变化。造成例外的原因可以分为方言内部原因和外部原因两大类。内部原因又可以分为回避忌讳字音、类推作用(感染作用)和古音孑遗三小类;外部原因又可分为字音来历、方言借用和误读三小类,一共是六小类。以下试分类举例说明之。

　　第一,回避忌讳字音。因民间忌讳心理的关系,而改变某些字的读音,改音的结果造成例外。各地民间的忌讳心理不甚相同,各地方言的语音和词汇系统也各不相同,所以在不同的方言里改音的字不一定相同。改音有两种改法,一是改忌讳字的音;二是改与忌讳字同音的字的读音。第一种改法如"蛇"字,在济南话中按音变规律应读作 ʂə¹,麻韵开口三等(章组)字在今济南皆读 ə 韵,但"蛇"的实际读音是 ʂa²。这个音节只用于"蛇"字,这样一来就可以与别的本来同音的字回避开,如"舌"字。也与原来同韵的字分开。表 5.27 是麻韵开口三等(章组)字今济南话的读音。第二种改法如"操"字,它在《广韵》里有平声豪韵七刀切和去声号韵七到切两读。今北京音操字去声一读,只用于一个粗俗的字。在别的词,如"操劳、操演、体操"中皆读阴平。有"糙"字见于《广韵》去声号韵七到切："米杂谷。"按音变规律今音应读作去声,但因回避与"操"同音,故改读平声 tshau^1,如糙米 tshau^1 mi^3。

表 5.27　济南话"蛇"字与同韵字读音比较

声母＼韵母	麻	马	
章	遮 tʂə^1	者 tɛə^3	蔗 tʂə^5
昌	车 tʂhə^1	扯 tʂhə^3	
船	蛇 ʂa^2		射 ʂə^5
书	奢赊 ʂʅ^1	舍 ʂə^3	赦舍 ʂə^5
禅	佘 ʂʅ^1	社 ʂə^5	

第二,类推作用(analogous creation 又称"感染作用")。语法上同属一小类的用法相近的字有时读音互相感染,取得某种一致性,从而造成某些字音读音的例外。最常见的例子是人称代词的类推作用。例如客家话人称代词:𠊎(我)、你、佢(他)。𠊎是方言字,字音来历不明;"你"字中古属阳上调;"佢"(渠)中古属阳平调。古阳上调和阳平调在今梅县客话中调值不同,前者是 31,后者是 21。但是"𠊎、你、佢"三字在今梅县客话中调值却相同,都是 12 调。"你"变读 12 调是受"佢"感染的结果,因而造成例外。五华客话的情况也类似。见表 5.28。人称代词声调的类推作用也见于别的许多方言,如吴语、晋语。

表 5.28　客家话人称代词声调调值的类推作用

方言＼人称	𠊎	你	佢
梅县	ŋai^{12}	n̠i^{12}	ki^{12}
五华	ŋai^{34}	n̠i^{34}	ki^{34}

第三,古音孑遗。有些口语词汇的读音,一直保留较古的读法,并没有跟着同类字音的演变而演变。从同类字音的今音来看,这些个别的古读似乎是例外。例如北宋时温州曾推广一年两季的"占城"新稻种。这种稻种源出古越南的占城,故以地名称之。自北宋以来温州一直沿种这一品种。光绪《永嘉县志》载:"占城稻种出占城国,俗名金城,九月熟。""占"字中古属开口三等盐韵章母,今温州读 tɕi^5,凡盐韵字韵尾皆已失落,韵母变为 i;"金"字中古音属开口三等侵韵见母,今读 tɕaŋ^1。"占"字的今音和古音相差悬殊,倒是"金"字今音较接近"占"字的古音,看来是"占"字在口语中相承至今的孑遗。这样一来,"占城"的"占"读作 tɕaŋ^1(写作"金"),就成了音变的例外。

第四,字音来历的历史层次不同。南方方言中的有些词汇是在不同的历史时期从北方输入的,输入这些新词的时候有可能连带输入当时北方的字音。方言的历史音变规律是将今音跟《切韵》音系相比较之后得出的结果,但是有些字的字音是晚近才从北方输入的。同一个字在北方方言中,在不同的历史时期有可能不同。所以这些后输入的词可能不合音变规律。例如"饺子"的"饺"本字是"角"。《正字通》释"饺"字说:"今俗饺饵,屑米面和饴为之,干湿大小不一。水饺饵即段成式食品汤中牢丸,或谓之粉角。北人读角如娇,因呼饺饵,讹为饺儿。""角"字中古属觉韵,是入声字,但至明代"北人"已读如平声的"娇"。按吴语音变规律此字今音亦应读入声。但是今吴语普遍将"饺子"的"饺"(本"角"字)读作宵韵,如上海音:tɕiɔ^3。可见此物系北方"入派三声"之后才传至吴语区,字音借自北方口语,故不合音变规律。

第五,方言借用。语音演变的规律是只适用于一种方言语音内部的。如果某个字音是从别种方言借入的,那么就有可能成为例外。例如"车"字中古属麻韵开口三等昌母,按温州话音变规律,麻韵开口三等字(除见组外)今韵皆读 ei,如遮 tsei^1,写 sei^3,社 zei^4 等。"车"字在"车栾、风车、㤏车儿(一种供小儿站立玩耍的小车子)"中读 tshei^1,这是符合音变规律的,但是,"汽车、黄包车、裁缝车、脚踏车"中的"车"字,却读 tsho^1。这些现代诞生的新事物是从上海输入的,它们把"车"字的上海音 tsho^1 也带进温州话,从而造成此字韵母读音的例外。又如"卸"字中古属开口三等祃韵心母,如按音变规律,今温州话读 sei^5(开口三等麻韵除见组外今韵皆读 ei)。但在"装卸"和"卸货"中"卸"字今音却读 çia[5]，不合音变规律。这两个词及"卸"字的例外音是近代从上海口语输入的。上海话开口三等麻韵(精组)读 ia 韵，如"写"çia[5]，"借"tçia[5]。

第六，误读。误读的最重要的原因是字形影响。字形相近或相同的字，容易相混淆而误读。误读一旦定型，并广为流行，就形成例外。"字形相同"造成误读是指一字多音误为一字一音，或者字形本来不同，读音也不同，但写成简化字，字形相同，也将读音误为相同。例如"复"字繁体本来有多种字形，两种读音，如在"复杂"中的"复"字繁体作"複"，来源于中古屋韵合口三等非母，《广韵》："複，重衣，方六切。""复活"的"复"繁体作"復"，来源于中古合口三等屋韵奉母，《广韵》："復，返也重也，房六切。"这两个"复"，本来读音不同，但今吴语新派已将两音皆读如"方六切"，如上海音 foʔ[7]。"字形相近"造成误读大多是字的偏旁相同所致。例如潮阳方言中的误读例："玫"字中古属明母灰韵莫杯切，因受偏旁"文"的影响，今音读如微母文韵无分切，即与"文"字同音 buŋ[2]；"燥"字中古属上声心母苏到切，因字形与"操"相近，今读如去声清母七到切，即与"操"字同音 tshau[5]。

以上分析了造成语音规律例外的六种原因，其中一、二、五、六项李荣《语音演变的例外》(载《中国语文》，1965 年第 2 期)曾述及。第一项"回避忌讳字音"，本是词汇层面的问题；第二项"感染作用"本是语法层面的问题；第六项"误读"本是文字层面的问题。可见语音演变不仅跟语音层面相关，而且跟词汇、语法、文字牵涉。就语音层面来说，又有不同语音系统互相借用问题。就是在同一种方言的语音系统内部还有字音来历的问题。这种种复杂的因素交织在一起，不时地干扰语音演变的过程，所以语音规律就难免有例外了。如果有一种方言，它的语音演变过程可以排除所有这些干扰，那么"语音规律没有例外"这个论断也许可以成立。但是事实上恐怕没有一种方言是绝对纯净的。

参考文献

W. L. Ballard. 1969. *Phonological history of Wu*, doctorial dissertation, University of California at Berkeley.

J. Norman. 1971. *Tonal Development in Min*, Unicorn (Chi-Lin), No. 7, Feb, 1971. 1973. *Tonal Development in Min*, Journal of Chinese Linguistics, Voll. No. 2. May, 1973. 1981 *The Proto-Min Finals*, 中研院《国际汉学会议论文集》。

Anne-Yue Hashimoto. 1972. *Two Features of Proto-Yue Initials*, Unicorn (Chi Lin), No. 9. Jun, 1972.

Kun Chang. 1972. *Wenzhou Historical Phonology*, 中研院民族学研究所集刊，第 32 期。

L. sagart. 1988. *On Gan-Hakka*, Tsing Hua Journal of Chinese Studies, New Series, Vol. 18, No. 1.

　　　　　　　1984　《原始客家话的声母系统和韵母系统》，华中理工学院硕士论文。

李荣　　　　1985　《从现代方言论古群母有一、二、四等》，载《音韵存稿》，商务印书馆。

　　　　　　　1988　《渡江书十五音序》，载《方言》第 1 期。

李玉　　　　1985　《原始客家话的声调发展史》，载《广西师范学院学报》第 4 期。

　　　　　　　1986　《原始客家话的声母系统》，载《语言研究》，总第 10 期。

黄典诚　　　1987　《拍掌知音说明》，载《方言》第 2 期。

周同春　　　1988　《十九世纪的上海语音》，载《吴语论丛》，上海教育出版社。

游汝杰　　　1997　《古文献所见吴语的鼻音韵尾和塞音韵尾》，刊《桥本万太郎纪念中国语学论集》，日本东京内山书店。

许宝华、游汝杰　1982　《方志所见上海方言初探》，载《吴语论丛》，上海教育出版社，1988 年。

　　　　　　　　　1998　《西洋传教士著作所见上海话的塞音韵尾》，载《中国语文》第 2 期。

思考与练习

1. 略谈你的母语所属方言形成的简要历史。如果母语是官话，可另择一南方方言。

2. 方言语音的历史音变为什么有例外？试举例说明之。

3. 举例说说你的母语的历史层次。

第六章　方言接触和方言比较

人们对方言的分歧比较敏感,有关记载也不绝于史,如"五方之民,言语不通,嗜欲不同"(《礼记》)、"古今言殊,四方谈异"(《论衡》)、"南染吴越,北杂夷夏"(《颜氏家训·音辞篇》)等。但是对于方言的接触和融合就较难观察和发现了。方言学史上也是对方言的分歧研究得较早较多,对方言接触的专门研究则是较晚近的事。虽然从汉代以来的经籍注疏类著作中,可以看出方言变通语或甲方言变乙方言的事实,但是它们毕竟还不是专著。

历史语言学上惯用谱系树图来说明同源语言的互相关系。实际上谱系树只能反映语言的分化,语言的融合也许可以用网状图来示意。方言的分化和融合与语言的分化和融合大同小异。不同方言的互相接触引起互相影响和渗透,从而使它们互相融合。分化的过程和融合的过程是同时发展并行不悖的。并不一定是先分化后融合,也并不是分化到一定的时候,分化的过程完全停止,再开始融合。只是在不同的历史时期分化和融合会有主次之分而已。所以谱系树图和网状图要互相结合起来,才能反映同源语言或方言历史发展的全貌。设有母语 A,后来分化成 a、b、c 三种方言,它们的互相关系可以用图 6.1 来示意。图中实线表示分化,虚线表示接触和融合。

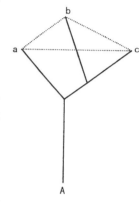

图 6.1　语言分化和融合网状图

方言接触(dialects in contact)是指不同的方言互相接触、影响、渗透。方言接触的原因可以分为两大类:一是移民因素,即说甲方言的居民移居乙方言区,造成甲乙两种方言的接触;二是非移民的社会文化原因,例如乙方言区输入甲方言区的新事物、新名词,优势方言对劣势方言的影响等等。

方言接触的表现或结果是方言的借用、萎缩、转用、混杂、兼用等现象。

第一节　方言的借用

方言之间的互相借用与语言之间的互相借用主要差别是:方言间的借用更经常、更容易、更难觉察。语言之间的借用常常通过文字翻译的途径,方言间的借用则主要是由口头接触造成的。两者都会涉及语音、词汇和句法结构三个层面,不过方言间的借用在语音上有可能形成借用的系统,例如方言的文读音系统,这里是指纯粹的语音借用现象,不是指因借用词汇而形成语音系统,如布依语中汉语来源的借词读音自成系统。方言间的借用在词汇上则有借用"使用频率"的现象。方言间的借用都用于口语,语言间的借用成分有的仅见于书面语,如汉语中从英语借入的句法结构"人称代词带修饰语",如"病中的她",仅见于书面语。

现在分别讨论方言的语音、词汇和句法的借用现象。

一、语音的借用

方言间的互相借用最值得注意的是文白异读现象,文白异读是汉语方言的特点。几乎各地方言都有文白异读现象,就各大方言来说,闽语的文白异读字最多,官话最少,各地吴语中的文白异读字大约在 200 个左右。也有的地点方言大多数字都有文白异读现象,如浙江的金华、义乌、寿昌。寿昌人对外地人说话用文读音,白读音则用于本地人之间。方言中的白读音大致是本地音,文读者则是从外地借入的。很多方言的文读音跟北京音较接近,白读音则差别较大。如吴语中许多见母和溪母开口二等字,白读音读 k、kh 声母,文读音读 tɕ、tɕh 声母。如上海音：交kɔ⁵³tɕiɔ⁵³；敲khɔ tɕhiɔ。北京话则相反，文读音是本地音，白读音是从外地借入的。如一些中古收 k 尾的入声字，在今北京音中白读音收 i 尾或 u 尾，文读音则是开尾韵。如：落<u>luo</u>⁵¹<u>lau</u>⁵¹；薄<u>po</u>²¹⁴<u>pau</u>²¹⁴；角<u>tɕyə</u>²¹⁴<u>tɕiau</u>²¹⁴。文读音可能借自江苏和安徽官话，详见赵元任 *Inter-lingual and inter-dialect borrowing in Chinese*（载 Aspects of Social Linguistics，Stanford University Press，U. S. A，1976）。

有些方言中的文读音自成系统，与白读音音系不同。如江苏丹阳方言，yao o iaŋ yaŋ ŋ̍ yaʔ 六个韵母只用于白读音，ieŋ iæ 这两个韵母只用于文读音。文读音的单字调只有平、上、去、入四个，白读音则多出两个，即阴入和阳去，古阳平、阳上、阴去同调，调值和文读音去声相同。

方言间语音的互相借用有成批字音借用和个别字音借用两类现象。成批字音的借用，除了上述的文白读外，多见于晚近各地新派方言借用北京音。例如新派四川官话将中古见母二等字白读音的声母腭化，读tɕ－。例见第五章所引。

外源音除了有来自标准语的文读音之外，还有来自外地方言的"旁读音"。例如吴语温州话麻韵开口三等本地音原读 ei 韵，例如在水车、风车、车栾等词中，都读 tshei¹。但是在脚踏车、裁缝车、汽车等词中，读 tsho¹。tsho¹ 这个字音来自上海话，因为这些新式的"车"都是从上海输入的。温州话里这个来自上海话的 tsho¹ 就是"旁读音"。这样一来，温州的麻韵三等就有两个历史层次，较早的层次是 ei，较晚的层次是 o。

"旁读音"的形成是方言接触的结果，例如上海郊区金山话，本来没有舌面的 ʐ 声母，只有舌尖的 z，近年来因与上海市区话频繁接触，产生新的 ʐ 声母。一部分原来读 z 声母的字，如"徐邪象情习嚼"改读 ʐ 声母。ʐ 声母对于金山话来说，是一个旁读层次。

字音的借用常见的是借声母或韵母，或同时借声韵母，只借声调不借声母的情况较少见。可能是因为声调比声韵母稳定的缘故。

新的语音成分借入之后，一般都是加以改造，将其纳入本方言固有的语音系统，并不增加额外的音位。这跟语言间的互相借用一样，只有个别地点方言的文读音音位系统跟白读音不同。

二、词汇的借用

方言词汇的借用是十分普遍的经常发生的现象，古今皆然。在晋郭璞《方言注》里可以发现许多汉代以来方言词汇的借用现象。

例如：

"晞、晒，干物也。扬、楚通语也。注：亦今北方通语耳。"

"箪，宋魏之间谓之笙。注：今江东通言笙。"

"贺，担也。关而西陇冀以往谓之贺。注：今江南语亦然。"

"籅，自关而西，秦晋之间，谓之籅。注：今江南亦名笼为籅。"

方言词汇借用的原因主要有三。第一，甲方言区所产生的新生事物为乙方言区所无，例如 T 恤衫（源自英语 T－shirt），产生于广州，后引进上海，这个词也从粤语借入吴语。第二，劣势方言放弃原有的词，借用优势方言中对等的词，如吴语放弃"影戏"，借用"电影"这个官话词。第三，甲方言里的词所表达的意思，在乙方言里没有对等的词，在这种情况下，乙方言容易借用甲方言的词，例如官话借用吴语词"尴尬"。

方言词汇借用的方式有两种。一种是只借义不借音。这些词是可以用各地方言通用的汉字记录的，字音仍按原有的读音读，只是借用词汇意义而已。例如官话从吴语借入的"货色""名堂"两词。另一种是音义兼借。例如北方官话从西南官话借入的代动词"搞"。"搞"字不见于《广韵》，其本字应是"搅"。"搅"字中古属开口二等巧韵见母，本来只有"搅拌"的意思，见于《广韵》巧韵古巧切："手动。《说文》乱也。"北京官话今音读 tɕiau³，西南官话今音读 kau³。后来此字在西南官话里词义引申为"做、干某事"，相当于"弄"。例如"搅好了，搅坏了，搅懂了"等等。北方官话将这个字的引申义和读音一并从西南官话借入了，并且新造了一个形声字"搞"来记录这个借词，读作 kau³。

三、句法的借用

因为句法结构比语音和词汇更稳定更保守，所以句法的借用不像语音和词汇那么容易。已经观察到的

句法借用现象多是南方方言向官话借用。例如官话"你先走",这个句子在温州话里有三种说法,即:

① 你走去先。

② 你先走去先。

③ 你先走。

第一种说法是原有的,副词"先"后置于动词,后两种说法是借用官话结构,"先"字可以前置于动词。第二个句子有两个"先",后边的"先"读轻音。第三个句子的词序跟官话完全一样。目前三种说法并存,第二种说法可能是第一种说法演变到第三种说法的过渡形式。再举一个类似的例子:"再吃一碗饭",这个官话句子在温州话里也有三种表达法,即:

① 吃碗饭添。

② 再吃碗饭添。

③ 再吃碗饭。

在第一个句子里"添"字后置。第二个句子既用"添"字后置又用"再"字前置,是叠床架屋。"再"字前置是借用官话结构。第三个句子将后置的添字完全取消,其结构变得跟官话完全相同,可能是将来的发展方向。

从别的方言借入官话的句法结构较少见。有一种特殊的情况是以方言为母语的人说普通话或国语的时候,有可能借用方言的句法结构。如"有"字在闽语里可以前置于动词或动词短语,表示动作的完成。所以以闽语为母语的台湾省居民所说的国语中出现下述句子:

① 昨天我有说你拿了钱吗?

② 我有叫你赔这笔钱吗?

③ 这锅饭有熟。

④ 我早上有在家里。

粤语区居民所说的普通话中也有借用粤语句法结构的实例,如"你知不知道他来了?",这是一个反复问句,其中的动词"知道"叠用,中间插入否定副词"不"。动词是一个双音节的复合词,第一次出现时只用了第一个音节。这是粤语句法的特点。这句话用北京话说,通常是"你知道不知道他来了。"其中第一个"知道"也是双音节的。

第二节　方言的萎缩和转用

方言的萎缩有两方面的含义:某种方言在地理分布上的萎缩,与之相应的是另一种方言的扩张;某种方言在方言特征上的萎缩。

汉语的几大方言在形成之后,在地理分布上的萎缩,最为显著的是湘语和吴语,而在地理分布上的扩张,最为明显的是官话和闽语。

古湘语区大致相当于今湖南省全境。从南朝至唐代中期大量北方移民带来的方言在今常德地区扎根。两宋时期的300年间又因沅水中上游在行政地理上纳入湖北地区,北方方言遂扩展到整个沅水流域。明清时因江西移民的大量迁移,致使湘东狭长地带沦为赣语区。吴语区则在两晋之交丧失了宁镇地区,为北方方言所侵占,在明末清初浙南的边境地带则沦为闽语区。在地理分布上呈扩张态势的官话和闽语,在历史上除了扩展到上述地盘外,官话在明清时代大规模地扩展到东北、西北和西南;闽语约在宋代扩展到潮汕地区,在明清时代扩张到台湾和海南岛。

方言特征的萎缩可以说是劣势方言的发展趋势。相对优势方言而言,所有劣势方言的方言特征都处于不断萎缩之中。

方言特征萎缩现象最典型最明显的是湘语。湘语特征的萎缩最重要的有两项,一是古全浊声母的衰退;二是古入声的衰退。全浊声母的衰退,从字音分布和浊度两方面来考察,从强到弱可以分成四级,即第一级是古全浊声母不管平仄都读浊音,而且浊度很强,属于这一级的地点方言只剩临湘、武冈、城步三县。第二级是虽然古全浊声母今音不管平仄都读浊音,但是浊度很弱,类似于吴语北部的清音浊流,可称为半浊音。属于这一级的只剩东安、洞口等七县。第三级是古全浊声母今音平声读浊音,仄声读清音。第四级是古全浊声母今音平声读半浊音,仄声读清音。逐级的衰退现象显而易见。至于入声多数地点方言已失去塞音尾,只是自成调类而已,即只是保留所谓"假入声"。少数地点则连调类也不再独立。竟没有一处跟多数吴语一样还保留喉塞尾,其衰微的痕迹至为明显。

再举一个句法特征衰退的例子。吴语武义话的名词小称本来是用变韵的手段来表达的。例如鞋 ɦia² →小鞋 ɦiŋ²。"鞋"的韵母本是 ia 时,"鞋"变小称时韵母相应变为 iŋ。这种表达手段已经萎缩,只是残留在一批老资格的小称名词里头,不再构成新的小称名词。目前普遍使用变调手段表示小称。如书 ɕy¹ →小书 ɕyʔ⁷。表示小称时将阴平调改为阴入调,或者借用官话的词汇表达法,即用"小"前置于名词。

甲方言特征的萎缩如果是因不断借用乙方言引起的,那么在萎缩的同时就会不断增加乙方言的特征。极端消长的结果,就会造成方言的转用,即原来说甲方言的人群,改说乙方言或跟乙方言相似的方言。因方言萎缩而造成方言转用,其过程是非常缓慢的,决不是一两代人可以完成的。最典型的例子是长沙一带的所谓新湘语。传统的方言分类法把湘语分为新湘语和老湘语两类。这种分类法是从历史来源的角度出发的,并不考虑现代方言的共时异同。实际上从共时的平面来看,新湘语更接近西南官话,两者通话很困难。可以认为长沙一带的方言由于长期受官话的影响和侵蚀,湘语特征极端萎缩,到现代已变成西南官话的次方言。现在拿长沙话跟汉口话(西南官话)、双峰话或城步话(皆老湘语)分别举例比较三者的语音和词汇。

语音的举例比较(比韵母开合),见表6.1。表6.1 共列出七个例字(字音据《汉语方音字汇》),从中可以看出在韵母开合方面长沙和汉口接近,相同的有四项,长沙和双峰没有一项是相同的。从这些例字也可以看出在声母方面也是长沙和汉口比较接近。事实上双峰有全浊声母 b d g dz dʐ,长沙和汉口都没有此类声母。

表 6.2 是若干常用词汇比较。表上列出封闭类词代词(三地相同的不列)、结构助词、否定助词。并选列了两个可以用于区别方言的典型的动词,词汇材料据赵元任等的《湖北方言调查报告》和杨时逢等的《湖南方言调查报告》。表中词汇除"这个、那个"以外,长沙和汉口完全相同,而长沙和城步的所有词汇都不同。妨碍通话的主要因素是词汇,所以新湘语与老湘语不能通话,而与西南官话通话无困难。实际上在词汇,甚至在语音系统上老湘语与吴语更接近,而与新湘语较疏远。

表 6.1

类别	例字	长沙	汉口	双峰
端系一等合口	对	tei⁵	tei⁵	tue⁵
精组三、四等合口	旬	sən²	ɕyn²	dzuən²
知系合口	船	tɕyẽ²	tɕhuan²	du ̄i²
庄组阳韵开口	床	tɕhyan²	tshua²	dzaŋ²
见系一等果韵合口	果	ko³	ko³	ku³
见系一、二等合口	光	kuan¹	kuaŋ¹	kaŋ¹
见系三、四等合口	决	tɕye⁷	tɕye²	tu²

表 6.2

词	长沙	汉口	城步
我们	我们	我们	我里
他	他	他	渠
这个	kei⁵ 个	这个	个项
那个	kə⁵ 个	那个	n̠i⁵ 项
谁	哪个	哪一个	tɕia³ 个
的	的	的	个 [kə⁷]
不	不	不	冒
说	说	说	讲
站	站	站	企

除了上述方言特征的极端萎缩之外,方言转用的原因也可能出于方言的兼用,即双言现象不能长久维持,详见第四节。

第三节　方言的融合

同一地区的两种或多种方言互相接触、交融,各自在语音或语法上的特点数量减少,方言之间的差异变得越来越少,而共同点越来越多。从言语交际的角度来看,方言趋同的原因是,会话双方都希望对方能听懂自己的话,也希望能听懂对方的话,这样在语言表达上就自然互相尽可能靠拢,达到互相适应的目的。这在社会语言学上称为"言语适应理论"(speech accommodation theory)。

"方言趋同"的结果导致方言差别缩小,进一步有可能形成新的混合型方言。

混合型方言有六大特点。

● 缩减 reduction:不同方言中具有标志性的功能范畴减少。最重要的是音系简化。

● 语音演变规律不整齐,多例外。

● 多元化 multiplication:语音上有可以辨识的来自不同方言的成分或层次;词汇和表达方式多元化。

● 同质化 identification:规则性加强,标志性减弱,音系稳定,形成同质的方言,成为当地居民的母语。

● 就方言类型来看,混合型方言缺乏典型性。

● 因为具有两种或多种语言的特点,而音系又较简化,所以在本地区较易为人接受,并流行。

在下列三类地方最有可能产生混合型方言:人口由各地移民组成的大城市;两个或多个方言区交界地带;广义的方言岛。现在分类举例说明混杂型方言的混合现象及其特点。

混合型方言有三大类。

第一类　移民型

短期内大量新移民与本地人杂居,语言互相接触,互相吸收,形成混合型的新语言。上海话、厦门话和汕头话是典型的移民型混合方言。这三地有相同的地理和人文历史背景,都是地处东南沿海的出海口,本是小地方,鸦片战争后开辟为商埠,短期内涌入大量移民,而成为繁荣的城市。它们的语言则都是由周边的方言与本地话趋同、混合而成,即:现代上海话←老上海话 + 苏州话 + 宁波话;现代厦门话←本地话 + 泉州话 + 漳州话;现代汕头话←潮汕地区各地方言。

人口由各地移民组成的大城市以上海最为典型。

上海于南宋末年建镇,元至元二十九年建县,历属松江府(苏州河以北小部分地区属太仓州)。自建县至 1842 年开埠前,人口一直徘徊在 50 万左右。这 50 万人口散居全县各地,其中县城(地当原上海南市区,现为黄浦区的一部分)居民最多不会超过 10 万。据 1947 年的统计,上海(市区)人口为 4375061 人。百年间人口增长 40 倍,大量苏南、苏北和浙北人迁移而来。据上海的人口统计,1934 年原籍外地的居民占 75%。据《上海年鉴》(1947—1948),上海人口 51% 为江苏省籍,38% 为浙江省籍。剩下的 11% 为本地人和其他省籍人。据 1949 年的统计,在闸北、虹口地区,外省籍人口占 95% 以上,其中大部分是苏北人。1950 年的统计原籍外地的居民占 85%。江苏省籍以苏州、无锡、常州地区为主,浙江省籍以宁波为主。这些移民的原籍方言主要是以苏州话为主的苏南吴语和以宁波话为主的浙北吴语。

自上海 1842 年开埠至今 160 多年,上海话的发展史可以分为四个历史时期。

第一期:19 世纪后半期至 20 世纪 20 年代。方言面貌见于艾约瑟《上海方言语法》(Joseph Edkins, A grammar of colloquial Chinese, as exhibited in the Shanghai dialect, Shanghai: London Mission Press, 248p, 1853.)、卜舫济《上海话教程》(F. L. Hawks Pott, D. D., Lessons in the Shanghai Dialect, Shanghai Presbyterian Mission Press, p99, 1907)等书。

第二期——老上海话:20 世纪 20 年代至 40 年代。方言面貌见于高本汉《中国音韵学研究》(Karlgren, Bernhard. Etudes sur la phonolongie chinoise. Imprint Leyde: E. J. Brill; Stockholm: P. A. Norstedt, 1915—1927)、赵元任《现代吴语的研究》(清华学校,1928 年)等书。

第三期——现代上海话:20 世纪 50 年代至 80 年代。方言面貌见于许宝华、汤珍珠主编《上海市区方言志》(上海教育出版社,1988 年)、《江苏省和上海市方言概况》(江苏人民出版社,1960 年)等书。

第四期——当代上海话:20 世纪 90 年代至今。

上海是个移民大城市,人口的流动性很大,特别是第一期和第二期,内部差异很大,可以说尚未形成一个稳定的内部一致的具有明显方言特征的音系。1950 年以后由于政府实行新的户口政策,只有较多人口迁出,而不再有大批移民迁入,人口的流动性大为减弱,人口的构成趋于稳定,上海方言也在第三期

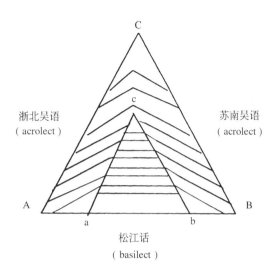

图 6.2　上海话杂交性质示意图

趋于稳定。这一时期的上海话,即四五十岁的上海人所讲的上海话,内部差异大为减少,语言结构趋于一致。就此而言上海(市区)话是在第三期才最后形成的。第四期的特点是青少年的上海话因受普通话的强劲影响,音系进一步简化,出现一批新的文读音,吸收更多的普通话词汇和句法结构。

苏南及浙北吴语与本地吴语相交融,形成混杂型的现代上海方言。

上海县原是从华亭县(后来的松江县)析置的,明清时代属松江府。县城方言与府城方言大同小异。嘉靖《上海县志》说:“方言视华亭为重。”同治《上海县志》也说:“方言语音视华亭为重。”上海话的历史源头应该是宋元时代的松江话,换句话说,上海话的底子是松江话。从 19 世纪后半期传教士的松江话和上海话著作来看,两者

是很接近的。现代上海话是一种混杂型方言(mesolect),它的基础方言(basilect)是松江话,上层方言(acrolect)是苏南及浙北吴语。见图 6.2。图中 ABC 是现代上海话。现代上海话的混杂性质将在下一节举例详说。以苏州话为代表的苏南吴语以它强劲的文化竞争力而成为上层方言,以宁波话为代表的浙北吴语则以它强劲的经济竞争力而成为上层方言。上海的外来人口中虽然也有不少苏北人,但是他们既无文化竞争力,又无经济竞争力,加上他们所使用的江淮官话与吴语差别也较大,所以江淮官话对上海话的形成不起作用。

现在从方言接触的角度来分析现代上海话形成和某些特点演变的原因。方言演变还可能有别的原因,例如普通话的影响。但是就现代上海话而言,普通话的影响力决没有浙北和苏南吴语强。普通话的大力推广和普及是 20 世纪 60 年代的事,而现代上海话在 20 世纪 60 年代已经形成。例如表 6.3 中的几项上海话的特征显然跟普通话无关。例如,声母 dz 变为 z 就不可能是普通话的影响。上海话的 z 是对应于普通话的 tsh 的。如果普通话的影响力较强,z 应读 dz 才对,因为 dz 和 ts 更接近,都是塞擦音。普通话的影响力到了当代上海话阶段,因学校教育和传媒的关系,才明显加强,超过苏南和浙北吴语。例如上述声母 z 又有重新变为 dz 的倾向,“政治”的“治”和“迟到”的“迟”的声母,许多学生已读作 dz。

上海话作为混杂型方言在结构上有以下特点。

1. 音系混杂

现在选择几个字,列成表 6.3,用以说明语音的混杂性质。表上所列地点方言除上海外还有松江、苏州、宁波。上海旧属松江府。旧松江府的方言是上海话的底子。本表以苏州话代表苏南吴语,以宁波话代表浙北吴语。比较此三地吴语与第一期至第三期的上海话的异同,可以看出上海话在发展过程中所吸收的浙北和苏南吴语成分。用以比较的项目共有 7 项。第 1、2、3 项是声母,其中第 1 项是比从母等今读 dz 或 z,第 2 项是比邪母等今读 z 或 ʑ,第 3 项是比尖团音的分混;余 4 项是韵母,其中第 4 项比咍韵与覃谈两韵的分混;第 5 项是比桓韵见母的今音;第 6 项是比先韵(合口四等)今音;第 7 项是比桓韵(帮组)今音。备考一栏注出各项在第三期上海话的发展是受苏南或浙北吴语影响。特别值得注意的是现代上海话里增生的声母 ʑ,上海话、松江话和苏南吴语向来没有此声母,显然是从宁波话学来的。

表 6.3 音系混杂例字表

序	例字	上海一期	上海二期	上海三期	松江	苏州	宁波	备考
1	从	dz	z	z	z	z	dz	苏南
2	袖	dz	z	ʐ	z	z	ʑ	浙北
3	千—牵	≠	≠	=	≠	≠	=	浙北
4	来—兰	≠	=	=	≠	=	≠	苏南
5	官	uẽ	ue	uø	ue	uø	ū	苏南
6	县	yø̃	yø	y	yø	iø	y	浙北
7	半	e	e	ø	e	ø	ū	苏南

另有些特点则是苏南和浙北两地共同影响的结果,例如缩气塞音声母 ʔb、ʔd 变为普通的塞音声母 p、t。又如入声韵,老上海话原有 yoeʔ 和苏州话或宁波话的 yəʔ 相对应。此韵在现代上海话里变为 yəʔ,见于血、缺、月等字。

据艾约瑟(Joseph Edkins)所著 *A grammar of colloquial Chinese,as exhibited in the Shanghai dialect*(Shanghai:London Mission Press,248p,1853)的记录,当时上海话的声调分为八类,平上去入各分阴阳,阴调类和阳调类调形相似,音高则都是阴调类高,阳调类低。艾约瑟没有记录调值,但据他的文字说明,各调调值应与今松江话相同。艾约瑟的文字说明,今松江话、苏州话、宁波话、老上海话、现代上海话的声调调值见表6.4。

表 6.4 六种吴语单字调调值比较表

	阴平	阳平	阴上	阳上	阴去	阳去	阴入	阳入
艾约瑟所记	高急降	低平	高平	缓低升	急高升	急低升	短高升	短低升
松江话	53	31	44	22	35	13	5	3
苏州话	44	13	52	归阳去	412	31	5	3
宁波话	53	24	35	归阳去	44	213	5	2
老上海话	53	归阳去	44	归阳去	35	13	5	2
现代上海话	53	归阳去	归阴去	归阳去	35	13	5	2

吴语的单字调一般是八类或七类,凡是七类调一般都是阳上和阳去合并。只有六类声调的情况是很少的,例如新派宁波话。现代上海话只有五类声调,这在吴语区是绝无仅有的。究其原因,应是方言杂交的结果。

现代上海话有五类声调,归并的情况见表6.4,其中"阳上归阳去"早见于老上海话阶段。这是符合吴语声调调类演变的一般规律的,并不足为奇。需要讨论的是为什么"阴上归阴去","阳平归阳去"。

阳平调调形松江话(即艾约瑟记录的上海话)是低降的31,苏州话是低升的13,宁波话是中升的24。上海话与苏州话及宁波话的调形恰好相反,后因受苏州话及宁波话的影响,到老上海话阶段也变为13,故与阳去13合并。阴上调调形老上海话是高平的44,后因受宁波话的影响,到现代上海话时代也变为35,故与原有的阴去调合并。就调形而言,阴平本是高降,与宁波一样,保持不变,即不采用苏州的高平调形。阳平放弃原有的低降调形,改用苏州的低升调形。阴上放弃原有的高平调形,改用宁波的高升调形。所以上海话单字调的调形和调类合并为五类,乃是老上海话、苏州话和宁波话杂交的结果。

当代上海话连读变调的一个突出的特点是"前字调形决定连调调形"。最早注意到这个特点的是美国学者司马侃(Michael Sherard),他认为上海话的每一个连调组合都是一个"语音词"(phonological word),每一个语音词都有一个首尾连贯的声调轮廓(tonal envelope),它的高低升降的走向与首字作为单字调的调形是一致的。美国学者贝乐得(W. L. Ballard)把这种现象称为 right spreading,意即前字调形向右延伸。就上海话的两字组变调而言,确实有"右向延伸"规律,例如单字调阴平的调值是53,而前字为阴平的两字组变调值是 55 - 31。笔者把这一规律称为"前字调形决定连调调形"。这一规律并不能普遍适用于北片吴语,例如杭州话、苏州话、常州话、绍兴话和宁波话的两字组变调都不符合这条规律。杭州话的单字调阳上是低升13,但是以阳上为前字的两字组变调却是先升后降的 12 - 42。所以"前字调形决定连调调形"并不是北片吴语连调的共同特点,而只是现代上海话的特点。笔者曾指出北片吴语(包括老上海话)连调的共同特点是"前字调类决定调式"。

那么上海话的连调是如何从"前字调类决定调式"进一步简化为"前字调形决定连调调形"的呢?比较老上海话、宁波话、苏州话和现代上海话,有助于解决这个问题。

先看老上海话的两字组变调调式。见表 6.5。表的上端所列为后字调类和调值,表的左端所列为前字调类和调值,表心所列为前后字的变调调值。下同。

表 6.5　老上海话的两字组变调调式

	阴平 53	阳平 23	阴上 44	阳上 23	阴去 34	阳去 34	阴入 5	阳入 12
阴平 53	44 - 53		55 - 21				4 - 53	
阳平 13	23 - 44						2 - 53	
阴上 44	34 - 53		44 - 44				34 - 53	
阳上 23	23 - 53						23 - 53	
阴去 34	34 - 53						34 - 53	
阳去 23	23 - 53		22 - 44				23 - 53	
阴入 5	4 - 53		4 - 44				3 - 5	
阳入 12	1 - 23						2 - 5	

此表据《上海市区方言志》改制,每一连读组只列出一种调式。

请注意老上海话阳去前字连读组的变调调型,当后字是平声时,调型为 23 - 53。当后字是上声或去声时,调型才是 22 - 44,即符合"前字调形决定连调调形"。阴平前字连读组的变调调型,当后字是平声时,调型为 44 - 53。当后字是上声或去声时,调型才是 55 - 21,即符合"前字调形决定连调调形"。

宁波话的两字组变调调式见表 6.6。

表 6.6　宁波话的两字组变调调式

阳入 12	阴平 53	阳平 22	阴上 34	阳上 13	阴去 44	阳去 13	阴入 5
阴平 53	44 - 53						44 - 5
阳平 22	22 - 44						22 - 5
阴上 34	44 - 44						44 - 2
阳上 13	23 - 44						23 - 4
阴去 44	44 - 44						44 - 4
阳去 13	22 - 44						22 - 4
阴入 5	4 - 44						4 - 4
阳入 12	2 - 44		2 - 35		2 - 44		2 - 4

此表据笔者调查结果制定,每一连读组只列出一种调式。

请注意宁波话阳去前字连读组的变调调型,当后字是平声、上声或去声时,调型都是 22 - 44,即符合"前字调形决定连调调形"。

苏州话的两字组变调调式见表 6.7。

表6.7 苏州话的两字组变调调式

	阴平 44	阳平 223	阴上 51	阳上 231	阴去 412	阳去 231	阴入 5	阳入 23
阴平 44				55 – 31				55 – 2
阳平 223				22 – 44				22 – 4
阴上 51				52 – 23				52 – 3
阳上 231				22 – 44				22 – 4
阴去 412				55 – 31				55 – 2
阳去 231				22 – 44				22 – 4
阴入 5				5 – 23				5 – 5
阳入 23				3 – 52				3 – 5

此表据钱乃荣《当代吴语研究》改制,每一连读组只列出一种调式。

请注意苏州话阳去前字连读组的变调调型,当后字是平声、上声或去声时,调型都是22 – 44,即符合"前字调形决定连读调形"。阴平前字连读组的变调调型,当后字是平声、上声或去声时,调型都是55 – 31,并不符合"前字调形决定连读调形",只是符合"前字调类决定连读调式"。

现代上海话的两字组变调调式见表6.8。

表6.8 现代上海话的两字组变调调式

	阴平 53	阴去 35	阳去 13	阴入 5	阳入 12
阴平 53		55 – 21			55 – 2
阴去 35		33 – 44			33 – 4
阳去 13		22 – 44			22 – 4
阴入 5		3 – 44			3 – 4
阳入 12		1 – 23			1 – 3

此表据许宝华、汤珍珠主编《上海市区方言志》改制。

请注意现代上海话阳去前字连读组的变调调式,当后字是平声、上声或去声时,调型都是22 – 44,变得与宁波话或苏州话完全一样。这样就阳去前字的连读组而言,就有了"前字调形决定连读调形"的特点。阴平前字连读组的变调调式,当后字是平声、上声或去声时,调式都是55 – 21,变得与苏州话一样。在苏州话里这一连读组的调式为55 – 31,本来只有"前字调类决定连读调式"的特点,但是到了上海话里,因为阴平单字调是51,就成为"前字调形决定连读调形"。其他各组可能是因类推作用(analogue creation)的关系,也有了相同的特点。上海话的连读变调本来与其他北部吴语一样只有"前字调类决定连读调式"的特点,后来因为前字阳去和前字阴平的连读组采用了宁波话和苏州话的调式,而形成"前字调类决定连读调式"的特点。

2. 音系简化

就韵母和声调的数量来看,现代上海话是明显简化了,见表6.9。

表6.9 六种吴语声韵调数量比较

	艾约瑟所记	松江话	苏州话	宁波话	老上海话	现代上海话
声母	33	27	27	29	27	28
韵母	57	45	45	50	51	43
声调	8	8	7	7	6	5

表上的声母一栏,现代上海话有 28 个,老上海话和松江话却只有 27 个,其中的原因是现代上海话因模仿宁波话,新增一个 ʑ 声母。艾约瑟所记虽然多达 33 个,但因包括 6 个所谓"独韵字母",即声化韵 m̩ n̩ ŋ̍ 等,实际上只有 25 个。总之,从数量上来看,声母并无简化,但从结构或系统来看,还是简化了,主要有两项。

一是从分尖团变为不分尖团。从第一期和第二期的文献记载来看,上海话是严格分尖团的,从 1960 年左右的文献记载来看,老年人分尖团,中年人有的分,有的不分,有的是基本不分。

不分尖团是在宁波话的影响下于 20 世纪 60 年代最后形成的。参见表 6.10。

二是缩气塞音声母 ʔb、ʔd 变为普通的塞音声母 p、t。第二期文献对 ʔb、ʔd 有所记载。这两个缩气塞音声母在苏南和浙北只见于旧松江府所辖地,今仍可以在上海南部郊区调查得到,它们是苏锡常地区和宁波地区所绝对没有的。

表 6.10　现代上海话和老上海话塞音韵尾的对应关系

现代上海话	老上海话	例字
oʔ	ɔʔ	薄木落
	oʔ	北剥福
aʔ	æʔ	八袜塔鸭
	ɑʔ	百麦客
ilʔ	ilʔ	急笔吸
	iəʔ	吃逆极
uəʔ	uɔʔ	扩
	uəʔ	骨活
əʔ	əʔ	汁入德旦出
	uœʔ	说卒撮
	œʔ	夺脱掇

与苏州话和宁波话比较,现代上海话的入声韵也趋简。

上海话	苏州话	例字
aʔ	æʔ	八袜塔鸭
	ɑʔ	百麦客

上海话	宁波话	例字
əʔ	ɥœʔ	出室十
	ɐʔ	特突脱

声调调类简化上文讨论声调的混合时也已述及。现在将松江话(即艾约瑟记录的上海话)、老上海话和现代上海话的调类作一比较,以见上海话的调类简省的情况,见表 6.11。

表 6.11　五种吴语调类和调值比较表

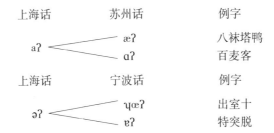

松江话	老上海话	现代上海话	宁波话	苏州话
阴平 53	阴平 53	阴平 53	阴平 53	阴平 44
阴上 44	阴上 44		阴上 35	阴上 52
阴去 35	阴去 35	阴去 35	阴去 44	阴去 412
阴入 5	阴入 5	阴入 5	阴入 5	阴入 5
阳平 31			阳平 24	阳平 13
阳上 22				
阳去 13	阳去 13	阳去 13	阳去 213	阳去 31
阳入 3	阳入 2	阳入 2	阳入 2	阳入 3

变调的简化和归并即是从"前字调类决定连调调式"演变为"前字调形决定连调调式"。

3. 音变规律的不规则现象

在现代上海话里一字两读或多读特别多,除了文白异读外,共有220多个。一字两读或多读可能是历史层次不同,也可能是字音来历(一字有两个或多个反切)不同,本来就可能是两读或多读的。但其中有一部分应该是方言接触造成的,这些又读音自然不在本地方言音变规律之内。现在举几个例子,见表6.12。

表6.12 音变规律的不规则例字(1)

字	婿	仔	筷	宣	云
韵口等声	霁开四精	之开三精	夬合二见	仙合三精	文合三影
苏州话	sy^5	$ts\eta^0$	$khue^5$	sir^1	$\hbar y\eta^2$
宁波话	ςi^5	$ts\eta^0$	$khue^5$	sy^1	$\hbar y\eta^2$
上海话	$\varsigma i^5/\varsigma y^5$	$z\eta^0/ts\eta^0$	$khua^5/khue^5$	$\varsigma i^1/\varsigma y\phi^1$	$\hbar y\eta^2/\hbar io\eta^2$
备注	ςy^5 来自苏南	$ts\eta^0$ 来自苏南、浙北	$khue^5$ 来自苏南、浙北	$\varsigma y\phi^1$ 来自浙北	$\hbar y\eta^2$ 来自苏南、浙北

比较音韵地位相同的字就可以知道这些又读音不合音变规律。例如与表6.12上的"婿、筷、宣"三字音韵地位相同的字读音跟这三个字不同,见表6.13。又读音显然是外来的,"筷"是后起字,从"快"字得声,其字始见于明代文献。此两字在各地方言都同音,但在上海话中,"筷"却有两读:kua^5/kue^5,前一音与"快"同音,后一音明显是外来的。"筷"有两读并非文白异读所致。"筷"在其他吴语里都无两读现象。此类并非文白异读的又读音,在上海话同音字表里可以找出200来个。

表6.13 音变规律的不规则例字(2)

仙合三精平	夬合二见	霁开四精去
宣 $\varsigma i^1/\varsigma y\phi^1$	筷 kua^5/kue^5	婿 $\varsigma i^5/\varsigma y^5$
全 zi^6	快 kua^5	济 $t\varsigma i^5$
泉 zi^6		砌 $t\varsigma hi^5$
旋 zi^6		剂 $t\varsigma i^5$
		细 ςi^5

4. 同义异形结构并存并用

同义异形结构在语音、词汇和语法三个层面都可以发现。上文提到的大量一字多音现象即是同义异形在语音层面的反映。在词汇层面的更为明显。例如各种代词几乎都有不止一种用法,经常被提到的是复数第一人称"我们"有三种表达法:伲、我伲和阿拉。前两种形式是原有的,在日常口语中今已基本不用,但仍多用于广播语言和戏剧语言。"阿拉"是从宁波话引进的。下面是现代上海话中的几个代词和邻近方言的比较。见表6.14。

表6.14 上海话和邻近方言指示代词比较

	这个	那个	这儿	那儿
上海	箇个、迪个、特个	伊个、哀个	箇搭、迪搭、特搭	伊面、伊搭、伊头、伊块、哀面、哀搭、故面、故搭、故头
松江	箇个	伊个、哀个	箇搭	伊搭、伊面搭
宝山	箇个、特个	伊个	箇搭、迪搭、特搭	一郎、一郎向、伊搭
苏州	箇个、哀个、该个	归个、该个、弯个	哀搭、该搭、箇搭	弯搭、该搭、箇搭
宁波	宕个、$\hbar o\eta^8$、$\varsigma o\eta^8\eta o\eta^8$	该面一$\hbar o\eta^8$、该个	该点、宕头、宕点	该面

上海话表示"那儿"的词还不止表上所列的这9个,例如还有:伊面搭、伊搭里、伊搭块、哀面搭、哀搭块、哀搭里、故边、故块、故面搭等。从表6.14来看,上海话的指示代词跟宁波话关系不大,而跟苏南吴语关系很密切。每一种代词的不同形式在用法上并无区别,是同义异形结构。众多的同义异形结构的存在可能是方言接触的结果,上海话原有的远指代词是"伊","故"和"哀"都是后起的。"故"可能来自苏州一带吴语,"故"用作远指代词见于苏州方言文学作品,今口语仍有"故歇"(那时候)一词。又,"故"用作远指代词还见于今无锡、江阴、常州、靖江、溧阳,其地皆在苏州以西,上海郊县此词不用。"哀"也用于苏州,但是用作近指代词"哀个"(这个)。如果也借自苏州,那么它是从近指代词变为远指代词了。对"哀"的语源可以有另一种解释,即"哀"可能是"还有一个"的合音形式。详见第六章第五节。

句法层面的同义异形结构,也不难发现。例如表示动词进行体和持续体的副词有"辣辣、辣海、辣该"三种用法完全相同的形式。例如:

　　　　伊辣辣/辣海/辣该○吃饭。(他在吃饭。进行体。)

　　　　电灯点辣辣/辣海/辣该。(电灯点着呢。持续体。)

在下面将有更好的例子。

5. 句法结构的杂糅现象

反复问句在上海话里有四种等义的句式。例如"你去不去?"用上海话表达,可以有四种句式:

①V＋哦:　　　　侬去哦?

②V＋neg.＋V:　　侬去勿去?

③阿＋V:　　　　侬阿去?

④阿＋V＋哦:　　侬阿去哦?

这四种句式是同义异形结构。其中第三种句式借自苏州话,第四种则是由第一种和第三种句式杂糅而成。

第二类　边界型

闽西北的邵武话是一种包含闽语和客赣方言成分的混合型方言。今邵武居民的先民十之八九是从江西迁去的。移民大部分来自宋代,又以南宋初年比北宋多。江西人带来的客赣方言和当地土著的闽语杂交形成独特的邵武话。拿今天的邵武话与江西的南城(古抚州建昌)话和闽北建瓯话比较,可以分辨出其中的客赣方言成分和闽语成分。如邵武和南城古全浊声母今音不论平仄皆读送气清音,这是客赣方言的特征。例如"坐、蚕、贼"三字邵武读:thoi^3 thon^2 thə^7;南城读:hɔ^6 than^2 theʔ^7。但是邵武和建瓯古来母读s,这又是闽语的特征。见表6.15。

表6.15

	卵	露	螺	李	鳞
邵武	son^3	so^5	suei^7	sə^5	sæn^5
建瓯	sɔŋ^6	su^6	sɔ^5	sɛ^6	sain^5

平阳蛮话分布于浙南的鳌江南岸(原属平阳县,今属苍南县,1981年从平阳县析置苍南县)。据《平阳县志》,蛮话是土著方言,使用人口20多万。平阳蛮话的特点是兼有吴语和闽语的特征。其主要的吴语特征是:古全浊声母今读浊音;入声韵尾只有一个喉塞音;鼻韵尾只有一套,即－ŋ。其主要的闽语特征是部分古舌上音知彻澄三母字读如舌头音,如猪 ty^1、虫 doŋ^2;有许多词汇与吴语不同而与闽语相同。与温州吴语和福建闽语比较,蛮话的音系有所简化。如不分尖团、喉塞尾消失等。

据易家乐的研究(见 S. Egerod《南雄方言记略》,刊《方言》1983年第2期),粤北南雄县城关镇的南雄方言白读音接近闽语,文读音接近湘语:在语音上兼有闽语、湘语、粤语和赣客方言的特点。南雄邻近粤闽湘赣客五大方言区,多种方言在历史上的不断接触,造成今南雄方言的混合性质,这是不难理解的。

方言岛上的方言往往兼有岛内和岛外方言的特征,而具有混合方言的性质,如杭州话、南平话、麻话等,第三章已述及。

第三类　柯因内型

柯因内语(Koine)本是公元前 4—6 世纪希腊的通用语,Koine 的希腊文含义是"普通"。所谓柯因内语是共同语(或称高层语言)和方言互动和融合的结果,最后形成同一个地区的同质的通用语。古代的杭州话、现代的台湾国语、新加坡的华语和中国大陆各地的地方普通话都可以说是柯因内语。

现在以杭州话为例讨论柯因内型混合语的特征。

两宋之交,金兵南下占领北宋京城汴梁,宋室南迁。《建炎以来系年要录》载:"窃见临安府(即北宋时杭州)自累经兵火之后,户口所存,裁十二、三。而西北人以驻跸之地,辐辏骈集,数倍土著。"临安城内北方移民的人口比原住的吴语居民多出几倍,其中大部分是王室成员、京官及其家属、随从和仆人,还有大批文人学士和从事各行各业的能工巧匠。大多在杭州城里居住。他们带来的北方话与当地吴语交融,形成日后的杭州话方言岛。使用地域仅限于杭州市上城区、下城区、江干区,以及西湖区和拱墅区的一部分。换言之,只是城里人说杭州话,周边的乡下人都说当地的吴语。使用人口约 120 万。

今天的杭州话,它的语音结构,即保留全浊声母、保留入声、鼻韵尾只有一套、古咸山两摄韵尾失落等,这些特点与今天各地吴语的共性一致;但是它缺少文白异读现象;词汇系统的若干特点,如人称代词用"我、你、他;我们、你们、他们"、结构助词用"的"、否定词用"不"等,这些特点与今天的官话一致。故人称"半官话"。

杭州话是一种典型的混合型方言,是由吴语和官话融合而成的。杭州方言音系既有中古吴语层次,又有中古中原官话层次。杭州话语音有 11 项特征来自宋代中原官话。(游汝杰,2012)

与周边吴语比较杭州话的音系具有简化的特征,见表 6.16。

表 6.16　杭州话与周边吴语韵母音位数量比较表

	阴声韵	阳声韵	鼻化韵	入声韵	声化韵	总计
杭州	16	7	2	12	3	40
绍兴	17	11	9	15	5	57
苏州	21	12	0	12	4	49
嘉兴	21	6	3	10	3	43

韵母音位杭州周边的绍兴有 57 个,苏州有 49 个,嘉兴有 43 个,而杭州只有 40 个。

杭州话的词汇则有多元化特征,即有来自官话的词汇(与周边吴语不同),也有来自吴语的词汇,也有将吴语和官话的语素合在一起组成的合璧词。见表 6.17、6.18、6.19。

表 6.17　杭州话的官话来源词举例

北京官话	桌子	帆	畜牲	晚上	洗脸	东西	事情
杭州话	桌子	帆	畜牲	晚上	洗脸	东西	事情
嘉兴吴语	台子	篷	中牲	夜里	潮面	物事	事体
湖州吴语	台子	篷	中牲	夜里	潮面	东西	事体

表 6.18　杭州话的吴语词汇举例

北京官话	脖子	鼻子	左手	咳嗽	慢慢地走
杭州话	头颈	鼻头	借手	呛	慢慢叫走
嘉兴吴语	头颈	鼻头	借手	呛	慢慢叫走
湖州吴语	头颈	鼻头	借手	呛	慢慢叫走

表 6.19　杭州话里的官话和吴语合璧词

北京官话	脸	锅铲	新郎	傍晚	郎中	这会儿
杭州话	脸孔	枪锅刀	新郎官	晚快边儿	郎中先生	格歇毛
嘉兴吴语	面孔	枪刀	新官人	夜快边	先生	格歇
湖州吴语	面孔	镬枪	新官人	夜快边	先生	介歇

在方言类型上,杭州话被称为"半官话",它不是典型的吴语,也不是典型的官话。

还有些混合方言的来历尚未深入研究和了解。例如湘西北的瓦乡话(后改称"乡话"),地处湘语和西南官话的包围中,但是跟这两种方言难以联系。从它的语音系统来看,有明显的混杂性质,详见王辅世《湖南泸溪瓦乡话语音》(载《语言研究》,1982 年第 1 期)。又如伶话,这是广西龙胜县北区太平塘村伶族使用的一种汉语方言。伶族有人口 200 多人。此外,在龙胜东区有苗族一万余人,他们所使用的方言跟伶话基本相同。现在的伶话是一种混杂方言,以本族原有方言为主,夹杂一些其他方言的成分。伶话的特点是同一中古声母或同一中古韵母往往有两种读法。如非奉微三母在口语常用词中读重唇音,在书面语和新词中读轻唇音。豪韵有 u 和 ɔ 两种读法,如毛 mu²²、帽 mɔ⁴⁴。详见王辅世《广西龙胜伶话记略》(载《方言》,1979 年第 2—3 期)。这两种方言的混杂性质虽然能确定,但是是由哪些方言混杂而成却难以确定。

方言或书面语中的"合璧词"是方言杂交在词汇上的反映。"合璧词"是笔者提出的一个概念和术语,指一个双音节合成词的两个语素分别来自不同的语言或方言。这里是指来自不同方言的语素组成一个同义复合的合成词。这样的合成词在方言和书面语中都有。"合璧"是汉语词汇从单音节向双音节发展的原因之一。现在挑选一些合璧词列成表 6.20。表中列出八个词在各地的不同说法,词汇材料取自《汉语方言词汇》(文字改革出版社,1964 年),个别词汇有所修正。下面举表中三个词为例,略为说明。"剪刀"北京、长沙等地称为"剪子"或"剪刀",厦门和福州称"铰刀",温州和广州的"铰剪"是"铰"和"剪"的同义合璧;"翅膀"是北京、长沙等地的说法,梅县、广州、厦门、福州称"翼",温州的"翼膀"是"翼"和"膀"的同义合璧;"咳嗽"温州、厦门、福州称为"嗽",广州称"咳",官话的"咳嗽"是个合璧词。这类合璧词还有池塘、绳索、坟墓、宽阔、寻找、光亮、传递、潮湿、饥饿、玩耍、关闭、哄骗、破烂、冷冻等。这些词在书面语中都是双音节的,或者可以是双音节的,但是它们在许多方言口语中是单音节的,只用其中一个语素。

表 6.20

方言	池塘	绳索	剪刀	坟墓	宽阔	翅膀	咳嗽	寻找
北京	池子	绳子	剪子	坟	宽	翅膀儿	咳嗽	找
成都	池塘	绳子、索子	剪刀	坟	宽	翅膀儿	咳嗽	找
合肥	塘	绳	剪子	坟	宽	膀子	咳嗽	找
西安	池塘	绳子	剪子	坟	宽	翅膀儿	咳嗽	找
苏州	池塘	绳子	剪刀	坟	阔	翅膀儿	咳嗽	寻
温州	池	绳、索	铰剪	坟	阔	翼膀	嗽	寻
长沙	池塘	绳索	剪刀	坟	宽	翅膀	咳嗽	寻
南昌	池塘	绳索	剪刀	坟	阔	翅膀	咳嗽	寻
梅县	池塘	索	剪刀	地	阔	翼	咳嗽	寻
广州	塘	绳	铰剪	坟墓	宽	翼	咳	揾
厦门	池塘	索子	铰刀、剪刀	墓、风水	阔	翼	嗽	揮
福州	池	索子	铰刀	墓	阔	翼	嗽	讨

第四节　方言的兼用

方言的兼用即一般所谓"双言现象"（diglot），指同一个社会里的居民在日常生活中，在不同的场合口头使用两种或多种不同的方言。这些能够熟练地兼用两种或多种方言的居民，称为方言兼用人或双言人（diglot）。广义的"双言现象"也包括兼用方言和标准语。狭义的双言现象不包括标准语，这里只讨论后者。

双言现象的形成有一个前提，即两种（或多种）方言相互的差别较为明显，以致影响通话。如果差别小，在交际上就没有必要使用双言，双言现象不能长久维持，其结果是方言的同化或融合。例如宁波人在上海说宁波话可以通行无阻，就不必采用双言制，或者改说带宁波腔的上海话，到了第二代就可能被上海话同化。在上海的双言现象只存在于差别较大的方言之间，例如上海话/粤语、上海话/官话、上海话/温州话。

在下述四种环境中，才有可能产生双言现象。

第一，杂居双言制。母语不同的居民杂居在同一个地方。例如福建的龙岩、南靖、平和、诏安的西部有一个长条地带是福佬人和客家人杂居的地区，当地居民兼用闽南话和客家话。永泰、福清南部、惠安北部的沿边地区居民既说本地话（闽东话和闽西话），又说莆仙话。

第二，城市双言制。城市中来自别的方言区的居民及其后裔往往兼用母语和这个城市的方言。例如上海人在北京，广东人在上海等。

第三，边界双言制。一个地区居民内部互相交际时使用本地方言，当跟邻接的方言区的居民交际时，则使用外地人的方言。在这种情况下，本地话往往是劣势方言，外地话往往是优势方言。例如浙南的丽水人内部交际时用丽水话，跟温州人交谈可以用温州话，这种关系不能逆转。再如湘南的嘉禾、蓝山、临武、宁远、宜章、桂阳、新田、道县、江华、江永等县居民兼用两种方言，本地人日常交谈用本地土话，跟外地人交际或读书时则用一种接近郴州话的西南官话。湘南各地的官话差别颇大，各地居民互相交际也用这种西南官话。

第四，方言岛双言制。方言岛在产生的初期一般使用单一的方言，久而久之，也可能使用岛外的方言。例如浙江慈溪的闽方言岛，双言现象是很普遍的，目前的情况是"街面"上使用吴语，闽语只是在家庭内部使用。

双言人获得双言的环境并不完全一样，大别之有两种不同的情况。一是从小生长在双言社团或环境中的双言人，他们是在语言学习的最佳年龄习得双言的。他们对双方言的熟悉程度几乎是相等的。二是双言人长大以后因交际的需要，如迁入别的方言区或出于跟邻接的方言区居民交往的需要，才学会第二方言的。从理论上说，双言人应该可以同等熟练地使用两种或多种方言。但是事实上，上述第二种双言人使用母语和第二种方言的熟练程度，显然是有差别的。第二种双言人使用第二种方言是被动的。他的"内部语言"，如沉思默想、心算、默读的时候所用的语言，是他首先习得的方言，即他的母语。第一种双言人使用双言则是完全自由的。在人数上第二种双言人可能大大超过第一种双言人。

双言现象一旦在一个社会中形成之后，其发展趋势如何？会长期维持双言制或变为单方言制？在杂居双言制的环境中，如果两种方言势均力敌，并无优势和劣势之分，那么双言制可能长久维持。如浙南的苍南县吴语和闽语的双言制。如果两种方言有优势和劣势之分，那么以劣势方言为母语的居民经过若干代之后，可能放弃母语，即放弃双言，而转用单一的当地优势方言。例如苏南的溧水县太平天国战争后曾有河南移民移居，他们既说家乡的河南话，也会说当地的吴语，双言制已维持100多年。但是由于在人数、经济和文化上长期处于劣势地位，到今天新一代几近放弃母语，老一代的河南话也因借用许多吴语成分，而变得不纯粹。在城市双言制的环境下，移民的双言现象一般都难以长久维持。因为移民的母语对于这个城市的方言来说，往往处于劣势，除非移民在人口上占多数。如20世纪四五十年代移居香港的上海人，他们的第二或第三代所说的上海话已经支离破碎了，但是粤语却说得很流利。在边界双言制的环境下双言现象一般可以长久维持。

第五节　方言的共时比较和历时比较

方言的比较研究可以包括五方面：某一种方言内部的比较；不同方言之间的比较；方言和民族共同语的

比较;某一种方言的现状和历史的比较;方言和古代汉语的比较。其中第一项又包括同一种方言内部的新派和老派之间的比较;不同阶层或场合的方言的比较;一个音系内部的字音比较;个人方言的比较等。前三项比较是共时的比较,后两项比较是历时的比较。本章着重讨论方言比较研究的某些方法及应注意的问题,方言比较与方言学研究的关系及其对方言历史研究的意义等。

一、方言的共时比较

本节主要讨论共时比较应注意的几项原则问题,语音对应规律,方言间亲疏程度比较,而不列举各大方言的实际差异。

1. 先讨论语音比较、词汇比较和语法比较应注意的问题

音类比较重要或是音质比较重要? 这要看比较的目的。如果要比较不同方言的差异,给方言分类或分区提供证据,那当然是音类比较重要,因为音类关系到语音系统,况且一个音类往往涵盖许多字音,如果为了寻求语音对应规律而比较方音,更非比较音类不可。音质比较只是在进行方言内部比较的时候才显得非常重要。音类比较实质上是不同的音位系统的比较。如果要进行不同方言的语音学上的比较则非比较音质不可。

音类比较在理论上应该首先分别归纳出不同方言的音类,然后一类字一类字地逐一比较。但是在实际操作中可以从《广韵》音系出发,选出若干能代表音类的字,初步比较在不同方言中的读音,例如用"天"字比较阴平调的调值,用"茶"字比较古全浊声母在今方言中的异同,用"因、音、英"三字比较鼻韵尾的分混等。经过初步比较后,再将那些有价值的项目挑选出来,进行深入细致的比较。撰写比较结果的研究报告,可以用《广韵》的音类、声母、韵母等名目来说明方言的异同,再举出代表字。比如说长沙方言老派和新派的差异之一是"通摄舒声不跟深臻曾梗四摄的开齐韵混合",如老派音:东 $toŋ^1$、门 $mən^2$;新派音:东 $tən^1$、门 $mən^2$。在制作比较表时通常都用代表字代表音类,以收到以简驭繁的效果。这种实际操作的简便方法之所以可取,是因为各地现代方言与《广韵》音系的音类都有成规律的对应关系。

以方言的分类或分区为目的的方音比较,一般来说,音类的比较比单字的字音比较重要得多,但是有时候个别字音的比较也能反映方言的差异,这些字往往是音变规律不合常例的字,称为"特字"。"特字"也可以用作比较的项目。例如"偏"字在《广韵》属帮母,就湖北方言而言,光化、襄阳等处读 $pien^8$,合于音变规律,但是当阳、随州等处读 $phie^5$,不合音变规律,似来自中古滂母。有的特字符合《广韵》一系韵书另一反切的读音,如"踏"字在《广韵》属透母,但是吴语一般读若定母,即 d–,合于《集韵》达合切一读。也有些特字在古韵书里找不到来源。例如"赐"字在《广韵》属心母,但是许多方言读如清母。

不同方言的词汇比较应在语音系统的比较的基础上进行。不同方言中的同源词(cognate)应建立在语音对应规律的基础上,只有这样,才能准确地建立同源关系。因为历史音变的关系,在不同方言里,同源词可能面貌迥然不同,而非同源词也可能语音面貌相似,例如"嫁"这个词在福州称为 ka^5,在闽北的建瓯称为 xa^5,在温州称为 ha^5。如果光凭这三个词的语音形式的异同来判断,似乎建瓯和温州的 xa^5 同源,福州的 ka^5 不同源。但是如果比较语音对应规律,则发现这个词建瓯和福州同源,温州不同源。见表 6.21。这个表上所列的字只是举例性质的,目的在于说明古见母在这三种方言中的对应情况,即福州 k–、建瓯 x–、温州 k/tç–。从这条对应规律来看,很明显福州的 ka^5 和建瓯的 xa^5 是同源的,即来自古见母字"嫁",温州的 ha^5 声母不是规律之内的 k 或 tç,所以不是古见母来源的,其语源也不可能是古"嫁"字,应另有来源。

表 6.21

	肝	橘	救	教	韭
福州	$kaŋ^1$	$kiʔ^7$	kiu^5	ka^5	kiu^3
建瓯	$xueŋ^2$	kiu^5	$xiau^5$	xau^1	xiu^3
温州	ky^1	$tçai^7$	$tçau^5$	$kɔ^5$	$tçau^3$

不同方言中的同源词完全等义的只有一部分,很多是不等义的,尤其是形容词和动词。在比较同源词的

时候要深入、细致,才能发现其中的差异。同源词有下述四种不等义值得注意。

第一,词义范围不同。例如官话的"相信"在上海郊县松江话中有"喜欢"一义,如"郭友松是松江一个才子,性格蛮诙谐个,相信开玩笑。""助(你)相信去哦(吗)? 相信去就去,勿相信去就勿去。"又如"水"在粤语和闽语中兼指"雨";"雪"在粤语中兼指"冰";"蚊子"在长沙话中兼指"苍蝇"。

第二,搭配关系不同。例如在汉语各大方言里,"食、喫、吃"跟"饭"搭配构成动宾词组:"食、喫、吃、喝"跟"茶"搭配构成动宾词组,因方言不同搭配关系也不同。见表6.22。每种搭配关系仅举一例。

表 6.22

	客	官	赣	吴(上海)	吴(温州)
饭	食饭	吃饭	吃饭	吃饭	喫饭
茶	食茶	喝茶	吃茶	吃茶	喝茶

第三,使用频率不同。有的词在不同的方言里都用,但是口语中出现的频率大不相同。例如,官话多用"说",少用"讲、话",吴语除杭州话外多用"讲、话",少用"说";官话多用"打",闽语多用"拍";官话多用"下",粤语多用"落"(落车、落水、落去等)。

第四,指称对象不同。同源词在今不同方言中词义转移,指称对象不同。如"客气"在赣语中指"漂亮";"冤家"在闽语中指"吵架"。

方言语法的比较研究可以从造词法、虚词、语序、句式等几方面着手。方言语法内部或外部各方面的比较最忌套用西洋语法框架,否则往往弄巧成拙,既不能揭示汉语方言语法的特点,更不能究明这些特点的来龙去脉。现在举两个例子。

许多方言的各种人称代词复数形式,往往本身即是实词或由实词音变而来,如不加深入比较研究,极易误认为这些复数形式是"构形成分",或认为人称代词有形态变化。例如山西临汾市郊方言的人称代词的复数和单数语音形式,见表6.23(见田希诚《临汾方言语法的几个特点》,载《语文研究》1981年第2期)。如果不经细究,套用西洋语法的分析方法,很可能认为 a 是人称代词复数的构形成分。但是事实上这三个复数的人称代词只不过是"我家、你家、他家"的合音而已。临汾方言分尖团音,见母在齐齿呼前读 d 声母,溪母和群母在齐齿呼前读 t 声母。合音的变化如下:我家 ŋuo + dia→ŋua;你家 ni + dia→nia;他家 na + dia→naya。用"家"字后置构成人称代词复数,在别的方言里也很容易找到旁证,如吴语的常州话和江阴话。

表 6.23

	一	二	三
单数	ŋuo(我)	ni(你)	na(他)
复数	ŋua	nia	naya

温州方言近指代词"这"可以称为 ki^7,"这里"可以称为 kau^7,远指代词"那"称为 hi^3,"那里"可以称为 hau^3。如果只是根据泛泛的观察,而套用西洋语法概念,可能会认为这是用"内部屈折"的语法手段构成近指和远指。但是事实上 ki^7 是"个"kai^7 的弱化结果,hi^3 的本字是"许"(比较朱熹诗句"问渠那得清如许")。kau^7 只是"个屋宕"(这个地方)的合音和省音,即个屋宕 kai^{7}u^{7}duɔ^6 →kau^7;hau^3 只是"许个屋宕"(那个地方)的合音和省音,即许个屋宕 hi^{3}kai^{7}u^{7}duɔ^6 →hau^{3}duɔ^6 →hau^3。

2. 语音对应规律

第五章曾讨论方言的历史音变规律,现在讨论方言的语音对应规律。历史音变规律是就同一种方言内部古今的语音演变而言的,是历史的现象;方言的语音对应规律则是就不同方言间的语音系统的异同而言的,是共时的现象。方言和方言之间,在语音上往往有成系统的有规律的关系。这种关系叫作方言语音对应规律。先举两个例子。

例一,北京音系中的 au 韵对应于温州音系里的 ə 韵、ɔ 韵或 iɛ 韵,如(斜线前是北京音,斜线后是温州音）：毛 mau²/məˈ；包 pauˈ/puɔˈ；烧 sauˈ/ɕiɛˈ。

　　例二，北京音系的 au 韵在上海音系里是 ɔ 韵，如（斜线前是北京音，斜线后是上海音）：宝 pau³/pɔ³；茅 mau²/mɔ²；炒 tshau³/tshɔ³。

　　方言语音对应规律是对不同方言的音类进行比较研究的结果，而不是对个别字音及其音质比较研究的结果。所以在归纳语音对应规律之前，要先行整理两个不同方言的语音类别，将所有常用的字分派在各个类别中，即先要做好同音字表，然后寻求类与类的对应关系。语音对应的规律可以是一对一的关系，也可以是一对多的关系，即甲方言中的一类音可以只对应于乙方言中的一类音，如上述例二，也可以对应于乙方言中的多类音，如上述例一。语音对应规律分有方向性和无方向性两种。有方向性，即如果某条规律是适应于从甲方言出发的，那么倒过来不一定能成立。例如上述例一，不能倒过来说温州的 ə 韵、uɔ 韵和 iɛ 韵对应于北京的 au 韵。事实上温州的 iɛ 韵有时也对应于北京的 iau 韵，如"挑"字，温州音是 thiɛˈ，北京音是 thiauˈ。

　　无方向性即倒过来也能成立，如南昌音系的阴平 42 调对应北京音系的阴平 55 调。这条规律倒过来也能成立。

　　语音对应可以是两种方言相对应，也可以是多种方言之间互相对应。如同属闽南方言的几个地点方言之间的一条对应规律：厦门 i—晋江 ə—尤溪 i—揭阳 k。例字见表 6.24。

表 6.24

	厦门	晋江	尤溪	揭阳
猪	toˈ	təˈ	tiˈ	təˈ
去	khi⁵	khə⁵	khi⁵	khə⁵

　　方言语音有文白读的区别，因为文读音和白读音之间也有对应规律可循，所以方言语音对应规律并不排斥白读音。只是在说明规律的时候，最好将文读音和白读音分而述之。例如北京音系的 iau 韵对应于上海音系文读音的 iɔ 韵，也对应于上海音系白读音的 ɔ 韵。如"教"字北京音是 tɕiau⁵，上海音是t̠ɕiɔ⁵ k̠ɔ⁵。

　　方言语音之间存在对应规律的原因有两方面，一是不同的方言是从某一种共同的母语分化发展而成的，即本来就是同根的。二是就某一种方言内部而言，古今的音变都是有规律的，所以演变到现代，在各方言的横向比较中也可以有对应规律。例如中古的明母 ＊m 在今广州话中仍读 m，但是在厦门方言里经历史演变，今音读 b。所以今广州的 m 声母和今厦门的 b 声母相对应。

　　方言语音对应规律也有例外，其原因即是方言的历史音变本身有例外。方言语音对应的规律和例外，都是由历史音变的规律和例外所规定的。

　　揭示语音对应规律是一种共时的研究，只要求进行同时代的方言语音系统或音类的互相比较，可以完全不必顾及语音的历史。方言中有些口语词的音节无字可写或本字未明，只要这些音节所包含的音位已经进入方言的语音系统，这些音节本身也合于方言的音节结构，也都可以参加比较。换言之，语音对应规律对这些方言口语词的语音也是适用的。例如温州方言的 taŋˈ 这个口语词是鸡鸭类的"嗉子"的意思，无字可写。但是这个音节（包括声韵调），与"灯"字同音，已经进入温州音系。所以在语音对应研究中可以与"灯"字同样对待。

　　将此类词纳入语音对应规律还有助于通过横向联系追索这类词的词源。例如"柚子"这个词，温州音读 phəˈ，绍兴音读 phɔˈ，福州音读 phauˈ，本字未明，究竟是否同源？通过这三种方言语音对应规律可以检验，即温州 ə—绍兴 ɔ—福州 au，所以此三词可能同出一源。

　　3. 方言亲疏程度的计量分析

　　通过数量统计来判断不同方言的亲疏程度或接近率，目前已经采用的方法有三种。

　　第一，算术统计法。

　　算术统计法将两种或多种方言中的各种成分或特征的异或同，用加减法进行统计，从而以百分比计算接近率。这里介绍一项词汇接近率的统计法。詹伯慧和张日升曾据他们所编《珠江三角洲方言词汇对照》（广东人民出版社，1988 年）的材料，分类比较北京话和珠江三角洲粤语词汇的接近率。参加比较的共有 1001 个常用词,两者完全相同的只有 140 多个,仅占 10.4%。这些相同的词在各类词中所占百分比如下:自然 8.3,时令 5.3,农事 0,植物 23,动物 15.7,房舍用具 9.1,称谓 6.6,人称 5,疾病 1,服饰 15.5,饮食 10.7,起居 4.76,交际 0,婚丧 14.8,商业 2.7,文化 9.3,动作 0,性状 2.2,方位 4.2,指代词 2.8,副词 3,介词 5.5,数量词 25.4。

在没有此项统计之前,对北京话和粤语的词汇差别究竟有多大并不明确,此项统计令人信服地说明两者差异很大,完全相同的词汇只占十分之一强,而常用动词竟没有一个是完全相同的。

简单的算术统计法对于比较常用词的异同,还是很有效的,但是对于比较声母、韵母等项目,则有一个致命的弱点,即不能区别"权重",即难以对主次作出分析或数量说明。如每个声母或韵母所包含的字有多寡,并且每个字的使用频率又不同,等等。

第二,语言年代学方法。

M. Swadesh 提出的语言年代学(glottochronology)假设用 200 个基本词汇比较各语言,其结果可以说明亲疏关系,并假设每过一千年同源词的保留率为 81%。

日本学者王育德 1960 年发表用语言年代学方法研究汉语方言接近率及其分化年代的成果(见《中国五大方言的分裂年代的言语年代学的试探》,载《言语研究》三十八号,1960 年)。参加比较的方言有北京话、苏州话、广东话、梅县话和厦门话,分别代表官话、吴语、粤语、客家话和闽语五大方言,所用的方言材料是平山久雄、桥本万太郎等五位日本学者调查的。先用 Swadesh 设计的包含 200 个基本词汇的词汇表,比较五大方言的异同。将五大方言两两搭配,共得十组,计算出各组方言词汇相同数的百分比,见表 6.25。从此表可以看出共同率最高的组是北京和苏州,达 73.47%,最低的是北京和厦门,仅 51.56%。

表 6.25

	苏州	广州	梅县	厦门
北京	73.47	70.77	65.1	51.56
苏州		71.05	64.43	54.12
广州			70.53	57.77
梅县				59.9

语言年代学认为可以从语言间词汇的共同率来推算各语言的分化年代。Swadesh 提出的计算公式是 $d = \log c \div 2\log r$,其中 d 是分化年代,c 是共同率,r 是每千年后词汇的不变率,即 0.81。根据这个公式计算的结果,这五大方言的分化年代如下。

厦门/北京 1699—1572 年前 魏东晋间

厦门/苏州 1579—1457 年前 东晋梁间

厦门/广州 1405—1344 年前 梁隋间

厦门/客家 1270—1216 年前 唐初

梅县/北京 1068—1019 年前 唐末五代

梅县/苏州 1093—1043 年前 唐末五代

梅县/广州 857—848 年前 北宋末

广州/北京 841—821 年前 北宋末南宋初

广州/苏州 838—811 年前 北宋末南宋初

苏州/北京 756—732 年前 南宋初

王育德所使用的统计方法包括两部分,第一部分是比较 200 个基本词汇在各方言中的异同数,所用的方法即是算术统计法。第二部分所用的公式最大问题是保留率或不变率的设定。并且这种假设的出发点是方言分化后各自独立单纯发展,同源词因时间推移逐渐减少。这种假设把方言的演变过程想象得过于简单,所以所得结果也难以置信,例如吴语和官话的分化年代为南宋初,显然太晚,再如好几对方言并不存在分化问题,如粤语和吴语、闽语和粤语等,何来分化年代? 研究方言分化的年代,仅仅依据今方言的异同事实显然是不够的。各种方言的历史演变千姿百态,演变的快慢迟速也不相同,在分化过程中又有接触和融合的关系,许多复杂因素造就今天方言的不同面目。此外,方言的分化从宏观看是移民造成的,所以研究方言分化的历史必须参考移民史实,才不致乖谬太甚。

第三,相关系数统计法。

这种方法是采用"皮尔逊相关"和"非加权平均系联法"来计算不同方言的亲疏程度,同时提供方言分区的方法。这种方法是郑锦全从 1973 年开始建立的(详见郑锦全《汉语方言亲疏关系的计量研究》,载《中国语文》1988 年第 2 期)。现在以词汇统计为例介绍这种方法。数据库是《汉语方言词汇》(文字改革出版社,1964 年)所收的 18 个方言点的 6454 个词语(共 905 条词目)。先用计算机来统计,某词在某地出现的,就用 1 标示,不出现的用 0 标示。例如"太阳"和"月亮"这两个词在各地方言中共有 12 个不同的说法,它们在北京、济南、沈阳这三种方言中的反映如表 6.26 所示。

表 6.26

	太阳	日头	爷	热头	太阳佛	日头公
北京	1	0	0	0	0	0
济南	1	0	0	0	0	0
沈阳	0	1	0	0	0	0

表 6.26(续表)

	月亮	月光	月	月娘	亮月子
北京	1	0	0	0	0
济南	1	0	0	0	0
沈阳	1	0	0	0	0

再用"皮尔逊相关"的有关方程,计算出北京和济南的相关度是 1.0000,北京和沈阳的相关度是 0.8888 等。可以用相同的方法把 18 个方言两两搭配的相关系数全部算出来。这些系统即可看作是方言亲疏程度的指标。现在选几对列成表 6.27。

表 6.27

	苏州	广州	梅县	厦门
北京	.2891	.2401	.2149	.1987
苏州		.1841	.1821	.1658
广州			.3022	.1707
梅县				.1658

对照表 6.25 和表 6.27,可以看出两者所得结果相差无几。就北京与其他四地方言的亲疏程度的顺序来看,情况完全相同,即苏州、广州、梅县、厦门。

为了用更直观的图表表示它们之间的亲疏程度,可以用非加权平均值系联法,对这些系数作聚类分析。先找出差距最小的一对方言,即北京和沈阳 0.6983,定为一集,再与差距次小的方言相系联、类归。分析所得结果可以用树形图来表示,见图 6.3。

相关系数统计法的主要优点有二,一是对众多的方言的亲疏程度可以用树形图作出直观而细密的描写;二是因为利用计算机可以准确处理数量庞大的方言材料,所以有可能让更多的有价值的项目参加比较,例如比较声调时,可以统计某一中古调类在现代各种方言中演变为哪些类别,各类调值、字数等。显然相关系数统计法比算术统计法和语言年代学方法要精确和合理得多。

第四,可懂度加权统计法。

有两种加权统计法是新近提出来的。

郑锦全曾对各大方言间的可懂度进行计量研究,提出沟通度(即可懂度)的计算,必须建立方言间语言成分对当的类型。再根据不同类型对沟通度的重要性不同,决定不同的权重,然后进行加权统计。他还只是对语音沟通度进行理论上的而不是口语上的计算。计算结果,北京话对广州话的可懂度是 0.475(郑锦全《汉语方言沟通度的计算》,载《中国语文》1994 年第 1 期)。

笔者和杨蓓曾用加权统计法计算上海话对广州话的口语可懂度,计算结果粤语对上海话的可懂度是 67%(见邹嘉彦、游汝杰《汉语与华人社会》,复旦大学出版社,2001 年)。

二、方言的历时比较

方言的历时比较包括两方面,一方面是某一种方言内部异同的比较;另一方面是方言与古代汉语书面语的比较。

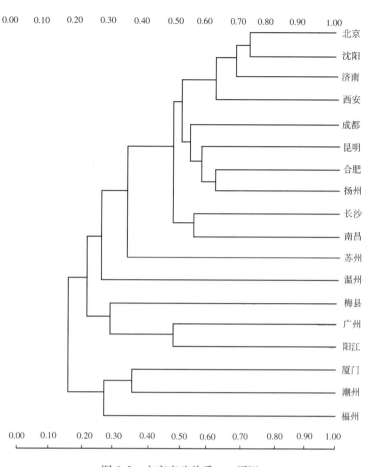

图 6.3　方言亲疏关系——词汇

方言内部古今异同比较所据的材料,除了现代新老派口语的调查材料外,还有一些书面材料,包括前人所作专著、字典以及文学作品等。比较的目的在于研究方言的历史变迁,例如寻求历史音变的规律、分期、趋势,研究方言词汇和语法现象的发展变化等。

研究方言的历史变迁,若是研究晚近两三代人的变化,最可靠的办法,自然是就地调查研究老派和新派方言。

若要研究较长时间跨度(如 100 年以上)的语音演变,最好的途径是拿记录和分析不同历史时期的本地方言的专著或字典互相比较,再跟今音比较。因为这些著作已经提供当时的音系,或从中得出音系不很困难。而从文学作品,即使是韵文,也难以求得完整的音系。所以研究方言历史音变的著作,大多是拿现成的历史时期的方言学著作作为依据。例如比较《戚参军八音字义便览》(所记可能是 16 世纪中叶的福州话)、《林碧山珠玉同声》(所记是 16 世纪后半叶的福州话)、《闽音研究》(所记为 20 世纪 20 年代福州话)和今福州语音,可以看出声韵母的历史演变,又可以根据它们的演变过程,将中古以来福州话语音的历史发展划分为四个时期。第一期:中古至明后半期,以戚书为代表,第二期:明末至清初,以林书为代表;第三期:清至上世纪前半期,以 1930 年出版的《闽音研究》为代表(详见赵日如《闽音斟疑》,载《中国语文》1980 年第 3 期)。前三期韵母的合并情况举例见表 6.28,从表中可知第二期将第一期的金韵并入宾韵(im→iŋ),三期除金、宾两韵仍合并外,又将秋韵并入烧韵(ieu→iu)。第四期为上世纪后半期,特点是韵母进一步合并。

各大方言区都有产生于历史时期的方言学著作,包括 19 世纪后半期至 20 世纪前半期西洋传教士的大量著作。利用上述方法研究方言的历史演变是大有可为的。

表 6.28

	*iu	*ieu	*im	*iŋ
第一期	烧	秋	金	宾
第二期	娇	周		京
第三期	烧秋			金宾

利用历史上的方言文学作品中的韵文,摹仿利用《诗经》韵脚构拟上古音的方法,参考方言的今音,自然也可以构拟古方言的韵母系统,再进而跟今方言作比较研究,例如胡明扬曾利用《山歌》韵脚构拟明末苏州话韵母系统。可惜材料充足可用的方言韵文材料很少。

现代方言的语音系统跟《切韵》一系韵书所代表的中古音系有成规律的对应关系。无论拿哪一个地点方言的音系跟这个中古音系统相比较,都可以发现两者之间有许多整齐的关系。所以从这个古音系统出发,去调查方音和整理今方言音系,有许多便利之处。换言之,可以仰仗这个中古音系拟测古方言。如果要问为什么两者会有如此密切的关系,这就要研究《广韵》这本书的性质。这是一个复杂的音韵学史上的问题,暂不讨论。这里只是将现代方音与《广韵》音系在事实上的关系,从方言调查和研究的角度,加以概述。

方言的声母与中古三十六字母有成规律的分合关系。《广韵》本身虽然没有标明三十六字母,但是从反切上字仍可分析出跟三十六字母相应的类别。虽然从《广韵》的反切上字不能分辨帮组(重唇)和非组(轻唇),但《集韵》将此两类声母分开,在今方言中也常有分别;照组按《广韵》反切上字可分为章组(照三)和庄组(照二),现代有的方言也有区别;喻母的反切上字也分为两类,所以可以分为云母(喻三)和以母(喻四),现代有的方言也有区别;泥母和娘母现代方言无区别,所以调查今方言时可以合并为一类。为了便于古今声母的比较,根据上述情况,可以将古声母调整为 40 类,从这 40 类声母出发,调查、比较今声母。

古今声母的发音部位的变化,大致跟韵母的等呼有关,如汉口话古见母在细音前读 tɕ,如结 tɕie^5;在洪音前读 k,如干 kan^1。发音方法的变化大致跟古调类有关,例如古全浊塞音和塞擦音今官话平声送气,如逃 thau^2,仄声不送气,如道 tau^6。

古声母发音方法的不同也会影响到今声调的变化,例如常见的平声因清浊不同分为阴平和阳平两调。有些方言如苏南的吴江话、浙北的平湖话,古全清和次清的不同会造成今声调的分化。

古声母的发音部位对今韵母的变化影响很大,所以为了便于比较,就按发音部位将古声母分成"系、组","系"是较大的类,"组"是"系"下的小类。

基于上述认识,为了便于从古声母出发,作古今声母的比较,可以列出一张供古今声母比较用的声母表,见表 6.29。这张表采自赵元任等《湖北方言调查报告》第 9 页。

表 6.29

部位＼系　　方法＼组		帮		端　　知							见		
		帮	非	端	泥	精	知	照二(庄)	照三(章)	日	见	晓	影
清浊(清)	全清 次清 全清	帮滂	非敷	端透		精清	知彻	照二(庄) 穿二(初) 审二(生)	照三(章) 穿三(昌) 审三(书)		见溪	晓	影
清浊(浊)	全浊	并	奉	定		从邪	澄	床二(崇)	床三(船)禅		群	匣	
	次浊	明	微		(娘泥)来					日	疑		喻四(以) 喻三(云)

今各地方言的韵母与《广韵》的韵母通常有对应关系。《广韵》把韵母分成 206 个,并没有进而把 206 韵再归并成较大的类别。为了调查和研究方言的方便,一般都采用"摄"这个后出的概念。摄是韵的类别,206 韵分成十六摄。古摄跟今韵母的类别、读音关系很大,如广州音舒声字咸摄和深摄韵尾是 −m,山摄和臻摄韵尾是 −n,宕摄、江摄、曾摄、梗摄、通摄的韵尾是 −ŋ。为了调查和研究今方言的方便,又采用等韵学上的"等、呼"这两个概念,把《广韵》的韵母分为一二三四等,分为开口和合口两类。今韵母的读音与古代的"等"关系甚大。如北京音古一等字全是洪音,没有细音,如"歌、高、当、得、来、才";古四等字除蟹摄合口(齐韵)是洪音(如"桂、惠")外,一律是细音,没有洪音,如"低、料、念、片、见、决、敌"等。今韵母读音与古韵母的开合口关系也甚大。例如北京音唐韵开口一等舒声字读开口呼,如邦 paŋ^1、康 khaŋ^1,唐韵合口一等字则读合口呼,如光 kuaŋ^1、汪 uaŋ^1。

关于今方言与《广韵》音系的关系,深入的讨论可以参考丁声树、李荣《汉语音韵讲义》(载《方言》1981年第4期。上海教育出版社有单行本)。

不同方言的比较研究有助于方言本字考证或词源研究。有些方言词只是在一个方言内部研究,往往难以确定它的本字或词源,如果与别的方言比较,则有可能豁然而解。现在举几个例子。

"肥皂"在温州方言里称为 $ji^2 z\vartheta^4$,其中后一音节是"皂"不成问题,但是前一音节是"洋"或是"胰"颇难判定,因为此两字在今温州话里是同音的。闽语建瓯话和福安话称"肥皂"为"胰皂",前一音节写作"胰"不写作"洋"。此两字在这两种方言中都是不同音的,即福安音:胰 $ji^2 \neq$ 洋 $jio\eta^5$;建瓯音:$i^3 \neq io\eta^5$。所以温州的 $ji^2 z\vartheta^4$ 应写作"胰皂"。《广韵》脂韵羊善切:"胰,夹脊肉也。"音义皆合。

吴语太湖片多以"啥"作为疑问代词,相当于"什么"。官话区有的方言也有这个词。章太炎《新方言》认为"甚么"是"啥"的音切,即认为"啥"是"甚么"的合音。也有人认为"啥"是"什么"的合音。但是没有进一步考证。"甚"和"什"中古皆属禅母,是浊声母。古浊声母今吴语仍保留,这两个字单念仍读浊声母 z。所以将"啥"的词源跟"甚么"或"什么"联系似未妥。现在比较这个词在不同吴语里的各种读音,每种仅举一地为例。温州 $ga^2(\eta i^2)$ 或 ζa^7;乐清:$ga^2(m^2)$;苏州:sa^3;金山:ha^3;松江乡下:ha^3 或 sa^3。各地的这些语音形式可能是同出一源的,其音变过程可以拟测如下:

通过上述比较和拟测,看来"啥"的本字或词源应是"何"。"何",上古属匣母鱼部,可拟为 $^*ga$,正与今温州和乐清称"什么"的词的首音节相同。

远指代词"那个"在上海松江各乡方言中有六种不同说法。见表6.30。这些说法也见于吴语太湖片其他方言。

表 6.30

县城	泗泾	佘山	新桥	洞泾	泗联
威个	哀个	伊个	哀伊个	哀夷个	还有一个
$ue^1 k\vartheta^0$	$\varepsilon^1 k\vartheta^0$	$i^1 \vartheta^0$	$\varepsilon^1 i^1 k\vartheta^0$	$\varepsilon^1 fii^2 k\vartheta^0$	$fie^6 fiiy^4 ii\zeta^7 k\vartheta^0$

初看起来似乎纷繁复杂,理不出头绪,或者误以为松江话里至少有三个远指代词:威、哀、伊。但是经过较为深入的比较,即可发现所有这些形式都源出"还有一个",只是"还有一个"的音节合并的结果,见表6.31。可以说松江话并没有专用的所谓"远指代词"。

表 6.31

现代方言语法与古代汉语语法的比较研究,有互相阐发之功。古代文献上的语法现象可以与现代方言口语的语法现象相印证,一方面现代方言语法现象可以在古汉语中找到源头;另一方面现代方言也能为汉语语法的历史演变过程提供活的证据。下面举一个例子。

反复问句在吴方言中有四种最常见的句式,即:

(1) Vp 否 Vp? 例:走否走? 喝茶否喝茶?

(2) Vp 也否? 例:睏也否? 吃饭也否?

(3) Vp 也未? 例:熟也未? 煮饭也未?

(4) 阿 Vp? 例：耐阿晓得？阿要吃酒？

前三种句式见于温州等南部吴语，其中句式(1)如果改写作"Vp 勿 Vp"则见于大多南部吴语；最后一种见于苏州等北部吴语。温州还有一种句式是由句式(1)和(2)混合而成的，即"Vp 也否 Vp?"。如果将其中"否"改为"勿"，则这种混合型的句式也见于别的吴语。这四种句式都可以在古汉语里找到来源。例如(转引自朱德熙《汉语方言里的两种反复问句》，载《中国语文》，1985 年第 1 期)：

(1) 春草年年绿，王孙归不归？(唐，王维《送别》)

(2) 那个人还吃不？(《祖堂集》2.10)

(3) 行者还曾到五台山也无？(《祖堂集》2.30)

(4) 你可认得你丈夫么？(《西游记》12.152)

将这四个例句写成句式是：(1) Vp 不 Vp? (2) 还 V 不? (3) 还 V 也无? (4) 可 Vp? 吴语句式(2)与古汉语句式(2)略有不同，前者是由古汉语句式(3)和(2)混合而成的，即"还 V 也无？" + "还 V 不？"→"Vp 也否？"

现代吴语中的这四种句式产生的先后层次，也可以通过与古汉语的比较确定下来。在古汉语中，句式(1)"Vp 不 Vp"最早见于南北朝时代的文献，如"今我欲问，身中之事，为常不常?"(《杂宝藏经》大正藏44936)。古汉语句式(2)(3)见于《祖堂集》甚多，共 500 例，而句式(1)仅八例(据朱文)。《祖堂集》是南北朝至唐末的禅宗语录，看来口语中以使用句式(2)(3)为常。古汉语句式(4)的大量涌现则是在明清的白话小说之中。对照吴语的形成历史，大致可以确定，句式(2)(3)是最古老的层次，次古的层次是句式(1)，最新的层次可能是句式(4)。北方移民进入今吴语区在历史上有三次大浪潮(见第五章)，第二次浪潮发生在三国东吴，南部的温州方言即是在这一时期奠定最初的基础的。当时北方汉语中盛行的反复问句句式(2)(3)可能即于此时在南部吴语扎根。在两宋之交的第三次浪潮中，温州外来人口剧增，北方逐渐流行的句式(1)可能于此时借入南部吴语。吴语区是从北部向南部发展的，但是今天较古的吴语成分却是在南部保留较多。在北部吴语的历史上应该有过句式(1)(2)和(3)，至明清时期在苏州一带始被新兴的句式(4)所替代。句式(4)至今仍未深入到吴语区南部。

三、现代方言竞争力比较

各大方言在古代的竞争和发展的情况，可以参看第四和第五章。就最近 20 年的情况来看，除了官话之外，汉语各大方言以粤语的竞争力最强。人口竞争力并无变化，大大提高的是文化和经济竞争力。当今以广州话为代表的粤语，相对于其他方言是强势方言，这主要表现在五方面，一是以别的方言为母语的人学习粤语越来越多，特别是在两广的非粤语地区，例如粤北各市县的城里人，不管母语是什么方言，都乐于学一些广州话。二是广州话在地理上的使用范围越来越广，例如广东的韶关本来不说广州话，近年来改说广州话；广西南宁的白话近年来越来越接近广州话。三是近年来普通话所吸收的现代生活常用词汇，来自粤语的比其他方言多，如的士、巴士、饮茶、发廊、麦当劳、肯德基、必胜客、牛仔裤、大哥大。四是有较多的社会功能，例如用于教学、新闻报道、公共交通等。粤语歌曲、录像带和影碟流行全国和海外华人社会。五是粤语是最时髦的方言，为其他方言区部分人士，特别是青少年看重、羡慕或模仿。

但是从稍为久远的近代和现代的历史来看，情况就不一样了。

粤语、闽语和吴语有共同的历史来源，因此有许多共同的成分，不过在现代它们相互间不能通话，在地理上各处一个地区，除交界地区外，甚少直接的接触。大量的间接接触是通过普通话或书面语(即狭义的"现代汉语")进行的。所以可以从它们对现代汉语的影响的大小，来比较它们的竞争力。

中国各地区的平民百姓接触西方文化以粤语区为最早，18 世纪在广州一带开始产生洋泾浜英语。鸦片战争以后有一批新事物和新词从粤语区输入全国各地和汉语书面语。例如各地方言有一批以"广"字开头的词，表示从广州输入的舶来品或仿造的舶来品：

广货，指百货。用于吴语区、西南官话区。

广针，指别针。用于云南。

广线，指线轴儿。用于武汉。

广疮,指梅毒类性病,由外国传入,先流行于广州。用于西南官话区。

广锁,指片簧锁。用于西南官话区。

广货店,指百货店。用于吴语区、西南官话区。又指文具店,用于湘语湖南吉首话等。

50 多年前中国只有上海有股票交易所,当年产生的一批股票市场用语,在 20 世纪 90 年代重新起用,通行于包括北京、深圳、台湾等全国各地的股民,重新进入现代汉语。例如:

多头,资金较多的一方,专做买进。

空头,资金较少的一方,专做卖出。

套牢,股票的价格下降至低于入股时的价格("牢"用作动词的后补成分是上海方言的特点)。

开盘,每天开市的最初价位。

收盘,每天收市前的最后价位。

一只股票。"只"在上海话里是泛用个体量词。"只"用于股票对普通话来说是不合常例的。

牛市,股票看涨。

熊市,股票看跌。

跳水,股票指数急剧下降。

有时候仅根据书面形式很难判断某一个词是在哪一种方言产生的,例如"自助餐、飞碟、自选市场"。也可能一开始就是书面语。比较容易判断的是音译的外来词。因为方言的音系不同,所以可以从外来词的书面形式及其读音,并对照外语原词的有关音节,来判定它是通过哪一种方言吸收的。例如英语 cookie[kʻuːki]译作"曲奇",符合广州话音系,"曲"音[khut⁷],"奇"音[kei²],与英语原音相合。"曲奇"上海话读作[tɕyəʔ⁷dʑi²],与英语原音大相径庭。又如英语 sofa[soufə]译作"沙发",符合上海音系,"沙"音[so¹],与英语原词第一音节相合。此字广州音作[sa¹],与英语原音相差悬殊。根据上述原则,下文分别列出从粤语和上海话进入现代汉语的外来词。

现代汉语里来自粤语的外来词举例:

广州话	英语
卡曲[kha¹khut⁷](皮外套)	car coat
比基尼[pei³ki¹nɐi²](女式游泳衣)	bikinis
T恤(衫)[ti¹sœt⁷]	T – shirt
快巴[fai⁵pa¹](一种纺织品)	fibre
的确凉(靓)[tik⁷khɔt⁷lœŋ²](一种织物,挺括不皱)	decron
曲奇饼[khut⁷kei²](小甜饼)	cookie
克力架[hak⁷¹ek⁷ka⁵](薄而脆的饼干)	cracker
啫喱[tsɛ¹lei²](果子冻)	jelly
威士忌[uɐi¹si⁴kei⁵](洋酒)	whisky
麦当劳[mɐk⁷tɔŋ¹lou²]	MacDonald
肯德基[hɐŋ³tɐk⁷kɐi¹]	Kentucky Chicken
的士[tik⁷si⁴]	taxi
巴士[pa¹si⁴]	bus
泵[pɐm¹]	pump
鸦片[a¹phin⁵]	opium
结(吉)他[kit⁷ta¹]	guitar

现代汉语里来自上海话的外来词举例:

上海话	英语
沙发[so¹faʔ⁷]	sofa
引擎[ɦiŋ⁴dʑiŋ²]	engine
马达[mo⁴daʔ⁸]	motor

太妃糖[tha⁵fi¹dã²]　　　　　　　　　tofee

白兰地[ba⁸¹ɛ²di⁶]　　　　　　　　　brandy

香槟酒[çiã¹piŋ¹tçiɤ⁵]　　　　　　　champion

加拿大[ka¹na⁶da⁶]　　　　　　　　Canada

卡片[kha⁵pi⁵]　　　　　　　　　　card

卡车[kha⁵tsho¹]　　　　　　　　　car

加仑[ka¹ləŋ²]　　　　　　　　　　gallon

拷贝[khɔ¹be⁵]　　　　　　　　　　copy

模特儿[mo²dəʔ⁸¹²l̩]　　　　　　　model

安琪儿[ø¹dʑi²l̩²]　　　　　　　　angel

茄克衫[dʑiaʔ⁷khəʔ⁷sɛ¹]　　　　　jacket

高尔夫球[kɔ¹l̩²fu¹dʑiɤ²]　　　　　golf

有的外来词在上海的写法与在广州或香港不同,现代汉语采用的是上海的写法:

上海写法	广州或香港写法	英文
色拉	沙律	salad
巧克力	朱古力	chocolate
三明治	三文治	sandwich
白兰地	拔兰地	brandy
车胎	车呔	tire
迪斯科	迪士高	disco
开司米	茄士咩	cashmere
盎司	安司	ounce
马达	摩打	motor
卡片	咭片	car
冰淇淋	忌廉	cream
沙发	梳化	sofa
高尔夫球	哥尔夫球	golf

广州或香港的写法与上海不同,而现代汉语采用的是广州或香港的写法,这样的外来词寥寥无几:

广州或香港写法	上海写法	英文
泵	帮浦	pump

在上海、广州或香港及一些沿海城市还有许多外来词只在民间流行,尚未进入现代汉语书面语。这样的外来词在香港更多,其中有许多是常用词汇,略举数例:

外来词	词义	英语原词
爹地	爸爸	daddy
妈咪	妈妈	mammy
贝贝	婴儿	baby
拜拜	再会	bye - bye
晒士	尺寸	size
士多	杂货店	store
麦	牌子	mark
(一个)骨	(一刻)钟	quarter
花臣	花样	fashion
菲林	胶片、胶印	film

20 世纪三四十年代在上海流行的外来词数量多达好几百条,如《上海通俗语及洋泾浜》(上海通编辑部,1945 年),收外来词 200 多条,仍未称完备,如司的克(手杖 stick)、苹果攀(苹果馅饼 apple pie)、罗松帽(俄式呢帽 Russian hat)等大量外来词未收。其中有些词的写法与现在不同。这些词多半早已不用,这是 1949 年以后英语的政治竞争力衰颓的结果。这些上海久已不用的外来词其中有一些仍见于今香港,例如:

旧上海	今香港	词义	英语原词
反身	花臣	花样	fashion
法依尔	快老	卷宗	file
开麦拉	开麦拉	照相机	camera
配生	巴仙	百分比	percent
一瓜得	一个骨	四分之一	quarter
三道头	沙展	警长	sergeant
佩佩	贝贝	婴儿	baby
大令	打令	亲爱的人	darling
普鲁	普罗大众	平民	proletarian
白司	巴士	公共汽车	bus

值得注意的是,当年吸收外来词,上海和香港各行其是,写法也各不相同,但是近年来上海吸收外来词多从香港转驳,如巴士(用于"巴士公司"。此词旧上海写作"白司",久已不用)、麦当劳、牛仔裤、T 恤衫。这是上海方言的文化竞争力减弱的表现。

闽语地区有些外来词来源于马来语,显然是东南亚的华侨带回来的。例如厦门话和潮汕话(最后两例只用于潮汕):

外来词	雪文	洞葛	亚铅	五脚忌	加步棉	ba^{1}u^{53}	ku^{33}li^{53}
词义	肥皂	手杖	洋铁	街廊	木棉	气味	伙计
马来语	sabon	tongket	ayan	gokhaki	kapok	bau	kuli

从外来词进入现代汉语的比例来看,上海话的竞争力比广州话要强些,比闽语更强。就文字竞争力而言,以粤语为最强,其次为闽语。粤语、闽语和吴语的方言字在 19 世纪后半叶到 20 世纪初年,曾大量地用于方言《圣经》,以及西洋传教士的方言学著作。吴语的文字化在清末民初曾有过一次高潮,苏州话小说曾流行一时。但是现代吴语在文字化方面几无竞争力可言。

香港和台湾的粤语和闽语目前都有文字化的倾向,即用通行的方块汉字、方言字或另行创造的方言字记录方言口语,造成方言书面语,并且见于出版物。另行创造的方言字也以粤语为最多,香港政府在因特网上公布的方言字 3000 多个。不过这些方言文字只是有限地通行于方言区内部,对别的方言区或汉语书面语几无影响可言。

第六节　现代方言比较与方言历史研究

现代方言的比较研究有利于了解方言形成的历史及各方言在历史上的相互关系。

现代南方的吴闽粤湘客赣方言虽然相互差别很大,但是与官话比较,它们内部还是有某种一致性的。例如它们有一批共同的词汇,与官话绝不相同。这些共同的词汇可分三类:第一类是在历史文献上找不到证据的,可以说它们只是南方方言的词汇;第二类是历史文献明确记载是南方方言词汇;第三类是南方的地名用字。

第一类词汇举例见表 6.32。表中词汇除"他"外,皆采自《汉语方言词汇》一书,"注"是笔者所注。从此表可以看出南方和北方所用的词的主要语素迥然不同,南北分歧大致如下(斜线前是南方词,斜线后是北方词):饮/米汤、谷/稻子、粉/面、企/站、讲/说、光/亮、渠/他、许/那。否定词"不",北方用双唇塞音声母,南方用鼻音声母或唇齿音声母。南方的长沙和南昌有些北方的词汇,可能是后起的。以苏州为代表的吴语区北部是南北的过渡地带,以温州为代表的吴语区南部则完全属于南方型。

表 6.32

	米汤	稻谷	粉	站	说	亮	他	那	的	不
北京	米汤	稻子	面儿	站	说	亮	他	—	的	不
成都	—	谷子	面面儿	—	—	—	—	—	—	—
合肥	饮汤	稻子	面	—	—	—	—	—	—	—
西安	米汤	—	面面儿	—	—	—	—	—	—	—
苏州	饮汤	谷	粉	立	讲	—	渠	归	个	勿
温州	饮	—	—	企	说	光	—	许	—	否
长沙	米汤	—	粉子	—	—	—	—	那	—	不
南昌	饮汤	—	粉	站、企	话	—	—	许	—	—
梅县	饮	—	—	企	—	—	—	kɛ	—	m̩
广州	—	—	—	—	—	—	—	kɔ	—	—
厦门	—	粟	—	—	—	—	—	许	—	—
潮州	—	—	—	—	旦	—	—	—	—	—
福州	—	—	粉粉	—	讲	—	—	—	—	ŋ̩

注：① "站"南昌有"站、企"两种说法。

② 一表示同上。

③ "企"的本字是"徛"，这里写的是俗字。

④ "米汤"苏州话又称"饮"。例如"他……把仙方煎好,却暗暗把糯米饮搀在里头。这糯米饮是解巴豆毒的。"(《九尾龟》76 回)

⑤ 否定词温州话又用自成音节的鼻音[n̩]或[m̩]。例如"n̩胚"(不成样子、不像样)、"mə²"(不好、坏)。mə² 当是合音,由 m̩² hə³(好)合成。

现在举例讨论第二类词汇。这些词汇曾被罗杰瑞作为闽语里的古方言字(见《方言》,1983 年第 3 期 202 页)或被李荣作为吴语本字(见《方言》,1980 年第 2 期 137 页)所论及,笔者旧作也曾讨论过其中一些词。

渠,见于《集韵》去声鱼韵:"傶,吴人呼彼称,通作渠",求于切。这个"渠"字有的方言区写作"佢""伊""俚"等。读音和写法不一,实则同源。"渠"除表 6.28 所列地点使用外,徽语也用。徽语与吴语关系密切,它的底子可能即是古吴语。

箬,一种似竹的南方野生植物的叶子,南方民间用以包粽子,做笠帽。《说文解字》:"箬,楚谓竹皮曰箬。"《广韵》:"箬,而灼切,竹箬。"此词在吴、闽、客方言中的今音举例如下:温州 ȵia[8]、福州 nioʔ[8]、厦门 hioʔ[8]、邵武 nio[7]、梅县 niok[7]。"箬"字的词义在闽语中有所扩大,也泛指一般树的叶子。如"桑叶"厦门称为"娘仔箬",建阳称为"桑箬",永安称为"蚕子箬"。

藻,南方常见的水上浮萍,民间自古用以喂猪和家禽。《方言》:"江东谓浮萍为藻。"此字《广韵》收在宵韵符宵切。此词在今南方方言中的读音见表 6.33。表 6.34 列出此词在壮侗语中的读音,以资比较。罗杰瑞和梅祖麟曾认为越南语中的 bèo,和孟语中的 bew,跟此词同源。

表 6.33

温州	福州	厦门	梅县	广州	新干(江西)
biɛ²	phiu²	phio²	phiau²	phiu²	phau²

表 6.34

壮语	水语	毛南语	仫佬语
piu²	piːŋ⁸ pieu²	puk⁸ pjeu²	piːŋ⁶ pjieu²

第三类是地名通名用字。有些地名通名用字只见于南方方言区,不见于北方。其中最为典型的是:圳、寮、际、墟、坪、洋、尖、嶂。这些地名字的地理分布北缘线是浙南、赣南、湘南。濑字、峇字、浦字、溪字地名北缘稍靠北。例如"际"字地名:广东龙门有十二～、福建永泰有下～寺、华安有～头;浙江临海有潮～溪、永嘉有白水～。这个"际"字有的地方字形从水旁,有的地方从石旁。"洋"字偏旁浙南多从"土"。对此类地名用字笔者曾有较详细的讨论,并绘有地图,见拙著《方言与中国文化》(上海人民出版社,1986 年)。上述南方方言词汇的内部一致性对汉语方言学有两点启示。

第一,如果以这些词汇的有无作为标准来划分汉语方言区划,那么汉语方言的分区,第一层次可以分为南、北两大区,第二层次再在南区内部分出吴、闽、粤、赣、客五区,也许徽语也应该包括在南区之内。

第二,南方方言词汇内部一致性的原因,有三种可能解释。一是古代南方各方言互相接触十分频繁,因此词汇互相借用而趋同。但是古代南方的交通条件和社会发展水平似不允许各地频繁地交往。所以这种解释颇难成立。二是南方几大方言最初可能是同一批从北方某地出发南下的移民带来,他们后来分散到各地,所以词汇仍有一致性。这种解释会碰到两个困难:南方方言虽然都源出北方,但是并不是来源于一时一地,第五章已有详述;这些词汇不见于北方,历史文献没有记载,在现代北方话中也找不到。三是这些词汇可能是南方方言共有的底层词。看起来第三种解释或假设较为合理。

在南方方言内部,各方言的相互比较,有助于了解各方言相互间的关系及其历史。这里以吴语与闽语词汇的比较为例,加以说明。

有些词汇历史文献明确记载是古代吴语,在现代却见于闽语,而不见于吴语。现在举出四个字为例。这四个字曾被罗杰瑞作为闽语里的古方言词提出来讨论。

袆,《方言》:"褕襦谓之袖。"郭璞注:"衣标音褕,江东呼袆,音婉。"今各地闽语中"衣袖"一词的读音可与这个词相类比。福州 uoŋ³ 厦门 ŋ³ 建瓯 yeŋ³。

瀸,《集韵》:"瀸僟淘,楚庆切,冷也,吴人谓之瀸。"今各地闽语中称"(天)冷"的词的读音可以与之类比。福州 tsheiŋ⁵ 厦门 tsin⁵ 建瓯 tsheŋ⁵ 邵武 tsin⁵。

栀,《方言》:"扅,陈楚宋魏之间或谓之箪或谓之栀,或谓之瓢。"郭璞注:"今江东通呼勺为栀,音羲。"《广韵》:"桸,许霸切,杓也。"《广韵》和《方言》中的这两个字是异字同指。今各地称"勺子"的词的读音即源于此。福安 he¹ 厦门 hia¹ 潮阳 pu² hia¹。

㹰,《尔雅》:"未成鸡,㹰。"郭璞注:"江东呼鸡少者曰㹰,㹰音练。"《集韵》狝韵注其反切为力展切。此词厦门今音读 nuã⁶。

有些词汇只见于以温州为代表的南部吴语与闽语,第五章曾举例,这里再举几例,见表 6.35。

表 6.35

词	方言字	温州	福州	厦门	潮州	备注
菜肴	配	phai⁵	pui⁵	mĩʔ⁸ phe⁵	mueʔ⁸ pue⁵	
柚子	抛	phə¹	phɐu¹			绍兴 phɔ¹
宰	刣	thai¹	thai²	thai²	thai²	
口水	瀺	la⁴	la³	n̄uã⁶	n̄uã⁴	梅县 lan¹
面颊	颔	gø⁸		am⁶	am⁴	

表中的"颔"见于《方言》:"颔、颐,颔也。南楚谓之颔,秦晋谓之颔,颐其通语也。"郭璞注:"亦今通语也。"

有些词汇据历史文献记载是古吴语,今见于南北吴语和闽语。例如:

侬,《切韵》(五代刊本):"侬,奴冬反,吴人云我。""侬",是古今吴语著名的人称代词。今福州自称为侬家 nøiŋ² ka¹,称"我们"为各侬 kauk⁷ nøiŋ²,厦门自称为侬 lan²。峇,或写作澳、隩、嶅,《尔雅》郭璞注:"隩隈,今江东呼为浦嶅。"今吴语区和闽语区用作山谷地名的通名甚为普遍,浙南吴语也用作名词,指"山谷",如"山头峇窟"。

濑,臣瓒注《汉书·武帝纪》"甲为下濑将军"句说:"濑,湍也,吴越谓之濑,中国谓之碛。"今闽语仍称浅滩急流为濑,如福州 lai⁵ 厦门 lua⁶ 建瓯 suɛ⁶。今吴语区仍有濑字河名,如铜濑,闽语区则有洪濑。

吴语和闽语词汇的上述三种关系对我们有三点启示。

第一，今闽语保留郭璞的江东吴语词汇，可以跟三国东吴人移居闽地的事实相印证。三国孙吴用 15 年时间征服越人。此后东吴人从会稽（今浙北、苏南）由陆路经浦城移居闽西北，或由海路经福州移居沿海一带，这是汉人第一次大规模入闽，他们带到闽地的即是当时的吴语。

第二，江浙地区因长期受北方官话的侵蚀，自北而南古吴语的特征渐次减少。所以今浙南吴语与闽语有较多共同的词汇。两者在语音上有两个明显的共同点，一是古知母今仍读舌头音，如"猪"字：厦门 ti^1 福州 ty^1 丽水 ti^1 龙泉 $tɔ^1$ 龙游 tua^1；二是浙南吴语和闽语的两字组变调都是以后字为重心，即与单字调比较，后字调形较稳定，多不变，前字则多变动。这跟北部吴语前字较后字稳定大不相同。

第三，最古老的吴语特征不是保留在今吴语中，反而保留在今闽语中，可以说闽语有一个古吴语的底层，或者说今闽语中有古吴语的底层遗存。

如果拿南方吴、闽、粤语的词汇与壮侗语言比较，我们会发现两者有一批词音义相似。两种不同的语言中的词音义相近的原因，如果排除偶合的因素，无非有二，一是同源，二是借用。同源词和借用词有时难以分辨。借用词本身又有从汉语借入壮侗语或壮侗语借入汉语的问题。我们暂且试用下述标准来判定哪些词是从壮侗语借入的：在汉语内部本字或语源无考；据史籍记载这些词只用于南方，这些词至今只用于南方；这些词不是文化词。文化词从汉语借入壮侗语的可能性较大。例如"剪刀"一词，壮语作 $ke:u^2$，临高话作 keu^1，它们很可能是从粤语（广州）的 $kau^5 tʃin^3$（铰剪）的 kau^5 借去的。"剪刀"在古粤语里很可能是单音节的"铰"，"铰剪"则是后起的南北方言的合璧词，下面按上述标准举三个从古壮侗语借入吴、闽、粤语的例子。

蟑螂：广州 $ka^6 tsat^8$　厦门 $ka^1 tsua ʔ^8$　温州 $ku ɔ^3 za^8$　壮语（武鸣）$θa:p^7$　傣语（西双版纳）$mɛŋ^2 sa:p^8$ 傣语（德宏）$mɛŋ^2 sa:p^9$。这些语音形式中的第一个音节是词头，请比较第二个音节。虫类名词这种词头在吴、闽、粤语中还有别的例子，如蚯蚓：温州 $khu ɔ^3 çy^3$　福州 $ka^3 uŋ^3$　莆田 $kau^2 oŋ^3$　潮州 $kau^3 uŋ^3$　阳江 $khau^5 nɐn^3$。其他如喜鹊、跳蚤、八哥、苍蝇、蚂蚁等词皆带词头。此类词头可以跟壮侗语中的虫类或鸟类的词头（类名）相比较。例如仫佬语：萤火虫 $k ɤa^1 miŋ^3$ 蜈蚣 $k ɤa^1 k ɤp^7$。其中第一音节 $k ɤa^1$ 即是虫类的类名；拉珈语，蟋蟀 $kja^3 ŋjit^7$，kja^3 是虫类的类名；傣语：鸽子 $ka^6 ke^6$ 乌鸦 $ka^{61} an^6$，ka 是鸟类的类名。

盖：广州 $kh ɐm^3$ 潮州 $kham^5$ 漳州 kam^3 厦门 $kham^5$ 福州 $khaiŋ^5$ 福安 $kaŋ^5$ 温州 $kaŋ^3$ 傣语（西双版纳）kom^1 侗语 qam^3 仫佬语 $k əm^6$。从这个词在汉语方言的音韵地位来看，其本字可能是"龕"。《集韵》感韵古禫切："龕，盖也。"此字不见于《广韵》之前的字书，也不见于其他历史文献或北方口语。这个词只用于南方方言口语。所以龕字可能只是用以记录南方方言的这个口语词而已。古汉语只用"盖"。"盖"在今广州、潮州、厦门与"龕"兼用，这应该是从北方借入的词，在方言中是后起的。温州方言至今只用龕，不用"盖"作为单音节的名词或动词。仫佬语也将 $k əm^6$ 和 kai^5 并用，kai^5 即是汉语"盖"，应是后来借入的，$k əm^6$ 则是本族语固有的。

藻：《广韵》宵韵符宵切载："《方言》云'江东谓浮萍为藻'。"现代的一些吴方言和闽方言仍称浮萍为"藻"。例如：

温州	建瓯	建阳	政和	潮州
$bi ɛ^{31}$	$phiau^{33}$	$phyo^{334}$	$phio^{33}$	$phio^{55}$

"藻"这个字的上古音可拟作 $^*bjiaw$，中古音可拟作 $^*bi æu$。现代一些壮侗语言中称"浮萍"的词的语音，可以与上述汉语方言的语音相证合。例如（音节右角的数字表调类）：

壮语	水语	毛难语	临高话
piu^2	$pi:ŋ^6 pieu^2$	$puk^8 pjeu^2$	fiu^2

浙闽一带在汉代以前是古越族所居地，在汉语进入浙闽一带之后，古越语（现代壮侗语的前身）在当地的汉语方言中留下底层词是很自然的。上述这个例子是很典型的。浮萍可作猪和家禽的饲料，尤其是在江

南。元代王祯《农书·畜养篇》载:"尝谓江南水地,多湖泊,取萍藻及近水诸物,可以饲之。"江南在新石器时代就开始养猪,浙江余姚河姆渡遗址(距今六千年至七千年前)有家猪骨骼出土。浮萍是猪的主要饲料,在古代农业居民的生活中就占重要地位,"藻"这个词的产生应该是很早的。

还有些古壮侗语词汇只是借入个别方言中,或者说只是残留在个别方言里。例如滑落:厦门 lut^7 壮语(龙州)lu:t^7 傣语(西双版纳)lut^7。竖放:温州话称为 taŋ^5,音与壮语、傣语、布依语相同。这个温州方言词本字无考,用例最早见于南宋的早期南戏作品《张协状元》,写作"顿",见于"路平地尚可,那堪顿着一座高山,叫五矶山"。这个"顿"字显然只是一个同音字。柚子:广州 luk^7 jɐu^2 壮语 luk^8 puk^8。广州的 luk^7 kɐu^2 是个合璧词。jɐu^2 是汉语"柚",luk^7 则是从壮语借入的。壮语的 luk^8 是词头或类名,指小而圆形物。屈大均《广东新语》说:"自阳春至高、雷、廉、琼,地名多曰那某、罗某、多某、扶某、过某、牙某、峨某、陀某、打某。"此类地名跟广西今壮族聚居区地名同一类型,即是古壮语地名的遗存。如"那"在壮语中是"田"的意思,读音作 na^2,写成汉字即是"那"。如今徐闻县有那社、那策、那管,吴川县有那梁、那罗、那邓等。

这些从古壮侗语借入汉语南方方言的词可以看作是底层词。有些语言学家反对语言底层学说(substratum theory),反对者的主要理由是:底层说不能像历史比较法那样,用严格的语音对应规律来论证同源词。对于这种批评是无可指责的。问题是底层词与历史比较法上的同源词的概念不一样,底层词只是一种语言残留在另一种语言中的词汇,底层词的论证自然不能采用历史比较法。虽然底层词的论证不能做到像历史比较法论证同源词那样严密和令人信服,但是也决不是仅仅根据现代语音面目的相似。底层词的确定除了依从以上提出的几项原则外,至少有一部分还可以通过古音的构拟和比较,逐一论定。如"盖"这个词温州今音是 kaŋ^3,今韵来自中古登韵、真韵、文韵、侵韵,以及桓韵和魂韵部分字。从这个字可以上溯到《集韵》感韵的"鳡"来看,它的中古音属侵韵见母,按李方桂的中古音系可拟为 *kjəm。对原始壮侗语中的"盖",李方桂曾拟为 *gum(见 A Handbook of Comparative Tai,University of Hawaii,1977)。那么中古温州的 *kjəm 和原始壮侗语的 *gum 是相当接近的。

在一种语言中残存着另一种语言或方言的底层成分,这并不是不可捉摸和难以理解的,语言接触产生语言借用,是很常见的现象。底层成分的残留只是语言借用的特殊形式而已。两者的主要区别仅在于前者必须要有民族地理学的前提,后者不必有此前提。如果甲民族移居乙民族聚居区,并且甲民族语言成为"上层语言",乙民族的语言成为"下层语言",那么乙民族的语言有可能在甲民族语言中留下底层遗迹。在秦汉之前中国南方少数民族的语言当然不是汉语。后来汉语跨过长江南下之后,南方古代少数民族语言在南方当地汉语方言中留下一些底层成分,这是不难理解的。通过汉语南方方言与少数民族语言的比较研究,可以发现这些成分,它们也不是不可捉摸的。

语言之间可以有底层残留现象,方言之间也可以有此现象。上文曾提到闽语中保留了一些古吴语的特征,也可以理解为今闽语中有古吴语的底层成分。在江淮官话中也可以找到吴语的底层成分。如丁邦新指出:"如皋方言是以吴语为基本,加上下江官话的部分影响而成的,所以吴语色彩较浓,下江官话的色彩较淡,成为这两个方言区域之间的中间方言。"这句话可理解为今苏北如皋方言中有吴语的底层成分。如如皋话和苏州话都是 n、l 分别,入声分阴阳,韵母单音化,而南京官话则 n、l 不分,入声不分阴阳,韵母复元音化(详见《如皋方言的音韵》,载《历史语言研究所集刊》三十六本,1966 年)。

本节讨论南方方言中非汉语的底层成分问题,只述及古壮侗语底层词,南方方言中还可能有别种语言的底层词。例如罗杰瑞和梅祖麟曾讨论过古代南方方言中"江、虎、牙、弩"等 15 个澳泰语(Austrosiastics)词,详见 The Austrosiastics in ancient South China—Some lexical evidence,载 Monumenta Serica 32,1976。

第七节　方言同源词的判别原则

"同源词"(cognate words)是历史语言学的术语,指有亲属关系的不同语言中的两个或多个词汇,如果有相同的词根(root),则构成同源词。论证词根相同应有语音对应规律作为依据。中国语言学界一般都认为汉语的各大方言,例如吴语、闽语、粤语不是不同的语言,但是就语言本身的特点而言,汉语各大方言之间的差别有甚于欧洲某些不同的语言,例如德语和荷兰语。所以从历史语言学的角度出发,也可以将汉语的各大方言视为不同的语言。

　　就汉语方言而言,同源词是指不同方言中的两个或多个词汇,包含因语言接触和词源来历关系形成的音义相同或相近的语素(morpheme)。这里用"语素"替换"词根",因为单音节语素是汉语的重要特点,古汉语和方言尤其如此,不像印欧语词根是构词的基础。论证汉语方言同源词也应以语音对应规律为基础,但因借用关系等形成的同源词不在此限。

　　汉语方言同源词的研究重点是研究一时难以辨认的同源词,如广州话的"企"和吴语的"徛"是否同源,而不是显而易见的各方言中来历相同的基本词汇,如"天、地、水、手"。

　　以前的方言词汇研究偏重于个别的地点方言词汇的记录、释义和研究,较少不同方言的比较研究和综合研究。结果往往是仅仅根据表面上的语音形式或方言字的字形的不同,片面强调地点方言词汇的特殊性,而忽略了不同方言词汇的共同性。也造成本字考证和词源研究的分歧和混乱,不利于方言史研究。

　　同源词考证是寻求方言特征词的基础。对不同方言中的词汇见异易,求同难。语音形式和书面形式的差异往往掩盖了同源的本质。如果不加深究,就容易为表面现象所误导,误认同源词为特征词。所以在研究的程序上应该先求同,后求异,这样才能得出较可靠的结论。

　　例如,黄典诚曾举出闽语的特殊词汇35个(见《闽语的特征》,载《方言》,1984年第3期),其中至少有10个也见于吴语温州话:嫲(母)、骸(脚)、涂(海涂)、胖(一半)、塍(田埂)、蛏(长条形的薄壳蚌)、伏(孵)、卵(蛋)、徛(站立)、瘶(瘦)。又如,"毒"有去声一读,用作动词,罗杰瑞《汉语概况》认为是粤、闽、客的特征词,实则吴语也用。如温州话"毒"有入声和去声两个读音,其中去声一读($[d\gamma u^6]$)为动词。

　　汉语方言同源词研究的第一步功夫是要求撰写一本《汉语方言同源词谱》。此处所谓"汉语方言"主要是指吴语、闽语、客话和粤语。各大方言限选一两种地点方言作为代表。这本同源词谱主要包括两大部分:一是同源词的语音对应规律。用以论证语音对应规律的词汇可以是任何同源词。二是按词义分类的同源词词表以及逐词考证文字,词表只包括一时难以辨认的同源词。现在举例讨论判别汉语方言同源词的一些原则。

　　1. 应以语音对应规律为基础

　　不同方言中的同源词的考证应建立在语音对应规律的基础上,只有这样,才能准确地建立同源关系。因为历史音变的关系,在不同的方言里,同源词可能面貌迥异,而非同源词也可能语音面貌相似。第五节曾以温州话、福州话、福安话和建瓯话中的"嫁"为例加以说明。这里再举一例。

　　粉松(疏松,松脆)

温州	宁波	梅县
$phaŋ^{42}soŋ^{33}$	$phəŋ^{53}su^{53}$	$phun^{2}suŋ^{1}$
喷松	喷酥	蓬松

　　杨恭桓《客话本字》:"蓬松:蓬字俗呼盆上声,蓬盆乃一声之转。"今按:此词今客家话读作$phun^{2}suŋ^{1}$,但是"蓬"音$phuŋ^{2}$,两者语音不相合,客家话里的$-n$韵尾和$-m$韵尾也不相混。所以作者认为此词的第一个音节的本字是"蓬"不对。"蓬松"应作"粉松",形容像粉一样松。今客家话"粉"字文读作fun^{3},白读正作$phun^{3}$。文读为轻唇,白读为重唇。此词也见于温州话,读作$phaŋ^{42}soŋ^{33}$,《温州方言词典》写作"喷松"。"喷"和"松"皆阴平字,两字组合,变调应作11-33,与此词的实际变调42-33不合。如认为此词的来源是"粉松",则变调也相合。非母重唇存古还有别的例子,如"粪箕"读音是$paŋ^{42}tsɿ^{33}$。

　　此词第一音节如依《客话本字》,写成"蓬",则与温州话的$phaŋ^{42}$也不能对应,"蓬"属通摄合口一等平声东韵并母,今温州音为$boŋ^{2}$,声韵调皆不合。今温州的$ph-$为透母,决非并母。

　　宁波话有"喷酥"一词(见《宁波方言词典》),读音是$phəŋ^{53}su^{53}$。其中第一个语素的词源也应是"粉"。如是"喷",则词义与原词不合。

　　2. 语音对应优于语义对应

　　不同方言中的同源词完全等义的只有一部分,很多是不等义的,尤其是形容词和动词。例如"乌"在闽、客、粤方言里有"黑"的意思。"拍"在闽语里有"打"的意思。

　　只要语音对应有规律可循,上述语义对应的不完整性不应妨碍建立词汇的同源关系。例如吴语和闽语里的下述两个词应是同源词。

例一

	温州	建瓯	厦门	福州	永安
箬	ηa^8	$ni\mathfrak{o}^8$	$hio\mathfrak{P}^8$	$nio\mathfrak{P}^8$	$\eta\mathrm{u}^4$

此字属药韵,各地语音可对应。此词在吴语里仅指箬的叶子,用于"粽箬"(裹粽子的箬叶)、"箬笠"(一种旧式雨帽)和"箬壳"(旧时用于衬垫鞋底),而在闽语里泛指一般的叶子。

例二

	温州	潮州	厦门	福州
塗	$d\emptyset y^2$	$thou^2$	$th\mathfrak{o}^2$	thu^2

此字属模韵,各地语音可对应。此词在吴语里仅指海边的某一种泥土,在闽语里泛指一般的泥土。

3. 语音对应和语义对应优于方言字字形异同

例一

搌(揩,拭)

温州	扬州	《白兔记》	《山歌》
$t\mathrm{ci}\varepsilon^3$	$t\mathrm{ci}\tilde{e}^3$		
幧	搌	展	缴

表示"揩,拭"这个动作的词在一些吴语和江淮方言里是同源的,但是写法不同。至少有四种写法。

《扬州方言词典》:"搌 $t\mathrm{ci}\tilde{e}^3$,抹擦器具。"又有"搌布、搌身子"两词。所据应该是《集韵》线韵陟线切:"搌,卷也,拭也。"

《温州方言词典》:"幧 $t\mathrm{ci}\varepsilon^3$,抹;拭。"又有"幧桌布、幧身体"两词。所据是《广韵》小韵子小切:"幧,拭也。"又,《集韵》筱韵子了切:"幧,拭也。"

《白兔记》(《六十种曲》本)将此词写作"展"。例如:

身上衣服展干了吧。(58 页)

与妈妈借脚盆不肯,把身上衣服展干净了吧。(58 页)

明末冯梦龙所辑《山歌》(中华书局,1962 年)将此字写作"缴"。见于卷九《陈妈妈》:"霍在肉上个样物事在上缴了缴。"

在现代吴语中此词还普遍见于婺州片、丽衢片、瓯江片和台州片的黄岩。

"幧"字今扬州话应读作 $t\mathrm{ci}\mathfrak{o}^3$,与"搌"$t\mathrm{ci}\tilde{e}^3$ 不同音。就扬州方言而言,将此词的本字写作"搌"是对的,只是调类不同,此词是上声,本字是去声。

"展"字今温州市区话读作 $t\mathrm{ci}^3$,与"缴"$t\mathrm{ci}\varepsilon^3$ 或"幧"$t\mathrm{ci}\varepsilon^3$ 不同音,颇疑当时此两字是同音的。"展"字今瑞安话和永嘉话读作 $t\mathrm{ci}e^3$。就温州方言而言,将此词的本字写作"幧"也是对的,声韵调皆合。

此两词本应同源,可能到宋代因方言差别,《集韵》将其分列两个不同的韵里。幧的读音和字形应是后起的,是"搌"韵尾脱落后形成的。

例二

"搵"在粤语(广州音:$w\mathrm{en}^{35}$)里义为"寻",在吴语(温州音:$ua\eta^{35}$)里义为"色鲜;言不多"。粤语用俗字,与词源无关;吴语用本字,与词源相关,来源于《集韵》恩韵乌困切:"说文没也。"因此粤语和吴语里的这两个词不同源。

4. 方言字形不能作为考证同源词的唯一标准

例一

顿(颠簸)

温州吴	清溪客	秀篆客	陆川客	香港客	宜丰赣	邵武赣

（车）颠簸	taŋ⁵	tun⁵	tun⁵	tun⁵	tan⁵	tən⁶	tən¹
	顿	扽	扽	扽	扽	扽	□

"扽"字见于《玉篇·手部》都困切："扽，引也，撼也。"温州话称"押"为"扽"[taŋ¹]（见《温州方言词典》）。音义皆不能合。客家话称"颠簸"为"扽"，声调和词义皆密合。"顿"是臻摄合口一等去声慁韵端母字，今梅县话读 tun⁵。

此词虽然在不同的方言里有两种不同的写法，但实际上来源相同，是一个同源词。

例二

敠

《广东俗语考》载："声喉破曰喉敠。"广州音：[ʃat⁷]。《集韵》入声盍韵悉盍切："敠，破声，一曰持也。"吴语研究著作用此字指用薄物塞进空隙处，如上海音 saʔ⁵。此两词风马牛不相及，决非同源词，但竟用同一字写。吴语此词应写作敠。《广韵》入声盍韵悉盍切："敠，抧也。出《新字林》。"

5. 同源词的词源与方言本字的字义有同也有异

方言本字只是方言词的最初的书面形式，本字和词源不完全是一回事。例如绍兴话称牛犊为 ã³，其本字是犑，见于《集韵》上声梗韵："吴人谓犊曰犑，于杏切。"武汉话也有"牛犑子 niou²¹³ ŋən⁴² tsʅ⁰"这个词，即指"牛犊"。"犑"字并不能说明这个词的词源。为了追索词源，需要另作考证。《广韵》上声梗韵："瞖，清洁，乌猛切。"可见《集韵》中的这个字是个形声字，只是借"瞖"这个字的字音来记吴语中"牛犊"这个词。《玉篇》牛部："犑，唤牛声。"所以这个词的词源应该是牛犊←唤牛声←牛鸣声。

6. 无字词的语音也可能对应

寻求语音对应规律是一种共时的研究，只要求进行同时代的方言语音系统或音类的互相比较，可以完全不必顾及语音的历史。方言中有些口语词的音节无字可写或本字未明，只要这些音节所包含的音位已经进入方言的语音系统，这些音节本身也合于方言的音节结构，也都可以参加比较。换言之，语音对应规律对这些方言口语词的语音也是适用的。

例一

温州方言的 taŋ¹ 这个口语词是鸡鸭类的"嗉子"的意思，无字可写。但是这个音节（包括声韵调），与"灯"字同音，已经进入温州音系。所以在语音对应研究中可以与"灯"字同样对待，即其音韵地位为曾摄开口一等平声登韵端母。客家话也有此词。此词《温州方言词典》暂且写作"膯"。《集韵》登韵他登切："吴人谓饱曰膯。"温州话有"饱膯膯"一词，形容胃部饱胀的感觉。又有"鸡膯鼓儿"一词，指"鸡的嗉囊"。鸟的嗉子像袋子，与人的胃部饱胀时相似。两者词义上似有联系。

例二

弸（凸出）

	温州	阳新	宿松
凸出	poŋ¹	pəŋ³	pəŋ³
	弸	□	□

阳新话和宿松话为江西赣话，əŋ 为东韵，与温州的 oŋ 韵相对应。三地此词应同源。

7. 追索同源词应注意择对问题：文理词和土白词

方言词汇有文理和土白两个层次之分，追索同源词应注意选择土白词。

例一

罗杰瑞《汉语概况》认为相等于普通话"不""没有"的否定词读自成音节的鼻音是粤闽客的特征，实则浙南吴语土白层里的否定词也读自成音节的鼻音。这些方言里纯粹的否定词本来是自成音节的 m̩ 或 n̩，今仍有遗留，例如温州话：n̩胚（不成样子）、n̩胆（没胆量）、n̩起讲（很难说、无从说起）、n̩要紧（不要紧）、mə（不好、坏）。mə 是 m̩ 和"好"的合音，即 m̩ + hə = mə。这些方言中"V – neg. – V"型反复问句，当其中的动词是"有"时，"neg."仍用自成音节的鼻音，例如"有没有？"乐清话是"有 mau̩"；平阳话是"有 nau̩"；温州话是"有 nau̩"；

临海话是"有m有"。乐清的 mau 是 m 和 jau(有)的合音;温州和平阳的 nau 是 n 和 jau(有)的合音。比较客家话:m + xie = mie(不是);m + oi = moi(不要)。

例二

□(喷射)

	温州	上海	醴陵	平江	香港	宜丰	邵武
喷射	piɛ¹	piɛ¹	piau¹	piɛu¹⁰	piau¹	piɛu¹	piɵu¹
	标	标	猋	猋	猋	猋	猋

上述吴语里的这个词是土白词,"标"是同音字,相应的文理词是"喷"。如客家话的"猋"选择吴语的"喷"来比较,当然不能构成同源关系。

《集韵》宵韵纰招切:"飙、猋,《说文》回风也,或作猋。""猋"实是"飙"的异体字,音义与上述表"喷射"的词音义皆不合。此词武鸣壮语读作 pjo⁵,可以类比。

8. 因借用关系形成的同源词不一定符合语音对应规律

同源词中有一小部分是不符合语音对应规律的,其原因与造成语音对应规律例外的原因是一样的,最常见的是方言借用或底层遗留。

例一

刣(宰)

宰杀牲体、鱼类在一些吴语和闽语里称为"刣",这是一个方言俗字,不见于古文献。

各地的语音如下:

温州	福州	厦门	潮州	莆田	建瓯	永安
thai¹	thai²	thai²	thai²	thai²	thi⁵	thi²

此词冯梦龙《山歌》(苏州话)写作㓾,今客家话也写作㓾。闽语的"刣"字显然来源于"治"。"治"是止摄开口三等平声之韵澄母字,在福州、厦门、潮州三地白读音皆是 thai²。"治"在古汉语中本来就有"切割"义。例如晋干宝《搜神记》卷一:"玄复书符掷水中,须臾,有大鱼数百头,使人治之。"又如《吴越春秋》:"子胥归吴,吴王闻三帅将至,治鱼为脍。"闽语的"刣"字来源于"治",不成问题。但是止摄开口三等平声之韵澄母字在温州话里应读 dʑ²,不可能读 thai¹。换言之,这个词在温州话里的读音不合规律。对其中的原因,一种可能的解释是这个词借自闽语;另一种可能的解释是这是一个底层词。

"杀"或"死"在一些壮侗语、苗瑶语和南岛语中的语音可以类比:

壮语	临高话	黔东苗语	勉语	印尼语	阿眉斯语	回辉话
taːi¹	dai¹	ta⁵	tai⁵	mati	pataj	taːi³²

此词原始台语李方桂拟为 *trai,原始苗语王辅世拟为 *daih。吴语和闽语、壮侗语、苗瑶语、南岛语里的"宰"或"死"这个词应该是同源的。

例二

瀩(冷)

《集韵》映韵楚庆切:"瀩偬淘,冷也,吴人谓之瀩。或从人,亦作㵾。"现代一些吴语和闽语仍然用此词指"凉"或"冷":

吴语

开化	江山	遂昌	龙泉	青田	文成	泰顺
tshən⁴⁴	tshĕŋ	tshəŋ³³	tshəŋ¹¹	tshaŋ³³	tshaŋ⁴³	tshɐŋ²²
瀩	瀩	瀩瀩	瀩瀩	瀩	瀩瀩	瀩

闽语

福州	厦门	建瓯	顺昌	邵武	苍南	潮州
tshein^5	tshin^5	tshein^5	k $\tilde{e}^5$	tshin^5	tçhien^{11}	tsjon^5
清	清	清	根	清	淘	清

此词粤语阳江话读作 kan^5，与"涧"同音，声母不送气，读如见母。又，顺昌的 k$\tilde{e}^5$ 也是如此。两处都不合语音对应规律，可能是借用的结果。

一些现代壮侗语和苗瑶语里的"冷"或"凉"这个词的语音可以类比：

布依语	毛难语	勉语
tçian^4	swaːŋ^3	tçwaŋ^3

吴语和闽语里的"瀺"是同源词，又是一个底层词。与之相对应的上层词是"冷"或"凉"。

本章方言词汇引用文献

《新编刘知远还乡白兔记》（明成化本），北京永顺堂刊刻。

北京大学中文系《汉语方言词汇》（第二版），语文出版社，1995 年。

李如龙、张双庆主编《客赣方言调查报告》，厦门大学出版社，1992 年。

傅国通等《浙江方言词》，浙江省语言学会，1992 年。

福建师大中文系《闽北方言词汇对比手册》，1882 年。

北京大学中文系《汉语方音字汇》（第二版），文字改革出版社，1989 年。

参考文献

Peter Trudgill, Dialects in Contact, Basil blackwell Ltd, Oxford, 1987.

Siegal, J. 1985, Koines and koineization, Language in society. 14:357—378.

邹嘉彦、游汝杰《汉语与华人社会》，复旦大学出版社，香港城市大学出版社，2001 年。

邹嘉彦、游汝杰主编《语言接触论集》，上海教育出版社，2004 年。

游汝杰《汉语方言同源词的判别原则》，载《方言》2004 年第 1 期。

游汝杰，2012，方言接触与杭州话的"柯因内语"性质，《中国语言学会》编委会编《中国语言学报》第 15 期，商务印书馆，2012 年 7 月。13—26 页。

思考与练习

　　1. 举例说明方言接触在宏观上和微观上的后果。

　　2. 试比较两种不同方言在语音或语法上的差异。

第七章　方言的社会语言学研究

社会语言学是方言学发展的新阶段。

社会语言学和方言学的研究对象都是方言。社会语言学强调其研究对象是社会生活中实际使用的语言。语言是抽象的,方言是具体的,实际使用的语言即是方言。所以两者的研究对象是相同的。欧洲传统方言学的初衷是试图从语言地理的角度,来研究语言的历史演变,从而验证新语法学派"语音演变没有例外"的论点。方言学对历史语言学起到了极大的推动作用。传统方言学的初衷是研究语言的历史演变,故与社会语言学的最终目标是一致的。

两者的不同之处有以下几方面。

1. 传统方言学以研究地域方言为主,社会语言学以研究社会方言为主。

2. 传统方言学以描写方言及其内部结构为己任,社会语言学则强调结合社会和文化因素来研究语言。

3. 传统语言学认为语言是同质有序的,社会语言学认为语言是异质有序的。"同质有序"是指一种语言或方言的系统在内部是一致的,在同一个语言社团里,所有的人群在所有的场合,他们所使用的语言或方言的标准是统一的,忽视方言内部的差异,而其结构和演变是有规律的。"异质有序"是指一种语言或方言的系统在内部是不一致的,会因人群、因场合而异,不同的阶层有不同的标准,内部是有差异的,但其结构和演变仍然是有规律的。

4. 传统方言学全面调查一种方言的语音,以归纳音系为目的。社会语言学并不全面调查语音、归纳、研究语音系统,只着重调查研究不同阶层、不同年龄、不同场合的语言差异,即语言变项。

5. 传统方言学从描写语言学的立场出发,调查一种方言的时候,要求尽可能全面记录这种方言,从而归纳这种方言的音位、声韵调系统等,目的是描绘这种方言系统的全貌。社会语言学注重语言变异的调查和记录,从而研究语言的层化特征,建立层化模型,它并不以全面描写方言系统为己任。例如特鲁吉尔在英国诺里奇市调查 16 个语音变项。拉波夫在纽约调查 r 的变项。社会语言学认为分层的社会方言比地域方言更重要。注重带有层化特征的语言变项(variable)调查。

6. 方言学家和社会语言学家都采用实地调查的方法,但是因为理念不同,所以具体做法也大相径庭。方言学的被调查人是经严格的程序人为选定的,并且是一地一人调查定标准。社会语言学家也从事实地调查,其特点是多阶层和多人次的随机抽样调查。拉波夫在北美抽样调查达数千人之多。然后进行定量分析,用概率统计来说明语言规则。实际上是借用社会学和统计学的方法来调查、研究语言。

7. 方言学醉心于偏僻的乡下方言的调查,希望能找到古老的演变缓慢的语言现象。社会语言学一般致力于调查和研究大中城市或城镇的方言,因为城市里有更丰富的社会现象,有更纷繁的社会阶层,有更为多姿多彩的社会方言。

第一节　年龄差异的调查和比较

调查、记录和比较方言的年龄差异是研究语言微观演变的极其重要的途径。它能为语音的历史演变、词汇更迭、语法成分和结构的兴替,提供活的证据,并且能为语言规划提供依据。

一、方言的年龄差异现象及其观察

方言处在不断变化发展之中,方言在时间上的差异造成方言的年龄差异,即使用同一种方言的同时代的人,因年龄层次不同,方言的特点也有差异。方言的历时变化是缓慢的、渐变的,所以方言的年龄差异只是表现在个别特征上,并不妨碍不同年龄层次的人互相自由地交谈,如果不加特别的注意,一般人在日常口语中也不一定会觉察到年龄差异。一般说来,汉语方言的年龄差异比地域差异要小得多。

方言年龄差异的大小因地因时而异。在生活节奏较快、趋新心理较强的大城市,年龄差异较农村地区大一些。在社会变革剧烈的年代,年龄差异也会大一些,特别是在词汇方面会有较多的不同。

年龄层次一般可以分成老年、中年、青少年等。一般是通过对老年人和青少年口语特点的比较,来观察方言的年龄差异。在年龄差异比较中,老年人称为老派,青少年称为新派。中年人的方言特征往往在老派和新派之间游移不定。新派和老派之间没有绝对的年龄界限。一般说来老派的年龄至少应在 60 岁以上,新派大约是 30 岁以下的居民。老派方言的特点是保守、稳定;新派方言的特点是有较多新生的方言成分,特别是新的词汇。在新派中产生的某些成分有可能被老派吸收,特别是词汇。例如在吴语区,"电影"和"越剧"老派原来称为"影戏"和"戏文"(或绍兴戏、的笃班),现在通称为"电影"和"越剧"。由于教育水平的不断提高和公共传播媒介的强有力的影响,各地新派方言有越来越靠拢普通话的趋势。

新老派方言的差异,除了若干新旧词汇和语法成分有所不同外,最引人注目的是语音成分或语音系统的差异。例如宁波方言老派有六个或七个声调,新派只有五个声调,其中阳上并入阳去,阴上并入阴去。又如老派广东韶关方言鼻音声母[n]和边音声母[l]是两个不同的音位,在新派方言中[n]已经并入[l]。

二、年龄差异调查和比较的方法

方言的年龄差异如果不经过深入的调查,不易觉察或者难以全面了解。调查方言年龄差异的方法,一般是用相同的项目记录新派和老派的用法,然后加以比较。老派发音人的年龄要求在 60 岁以上,新派发音人的年龄最好在 20 岁至 30 岁之间。20 岁以下的发音人对一些字音的读法往往不稳定,或者他们可能会有尚未最后形成的新近产生的成分,这些成分即使对于新派来说也是不典型的。对中年人的方言可以作些补充调查,以便进行新老两派比较时参考。

在分别掌握老派和新派音系的基础上,一般是用对比字音的方法来发现新老派的差异。所谓"对比字音"是指用代表音类的相同的字,分别请新、老派发音人读,加以记录和审辨,比较异同。如"夺"字上海老派读 œʔ 韵,新派读 əʔ 韵,从而发现新派音系中 œʔ 韵已并入 əʔ 韵;或者用两个代表不同音类的字分别请新、老派发音人读,审察分合情况是否有别。如"李、连"两字上海老派不同音:李 li²³ 连 liɿ²³,新派同音,都读 li²³。由此发现在新派音系中 iɿ 韵已经并入 i 韵。

在进行新老派比较研究时,从老派出发比较方便,一是因为方言演变本身是从老派向新派发展;二是各地方言的演变倾向是老派语音的音类较复杂,新派往往合并若干老派音类。例如许多方言老派分尖团音,新派则合并为一类。

年龄差异调查结果的报告一般可以包括下述内容:老派和新派的音系,老派和新派的特点(语音、词汇、语法),老派和新派语音差异比较表。在这种比较表上列出若干代表音类的字音,然后加以文字说明。讨论和比较新、老派的语音差异可以从现代方言的音韵结构出发。例如,表 7.1 是上海老派和新派语音差异比较表(节选)。表上的第 1 项说明新派已将 e 韵并入 ø 韵。第 2 项说明老派的 ue 韵在新派已变成 uø 韵;第 3 项说明新派已将 iɿ 韵并入 i 韵;第 4 项说明老派分尖团,新派不分尖团;第 5 项说明新派已将 œʔ 韵并入 əʔ 韵。新老派的声调没有差别,表上不注调值。

表 7.1

字 派别	1 南	2 碗	3 面	4 雪	5 脱
老派	ne	ue	miɿ	siʔ	thœʔ
新派	nø	uø	mi	çiɿʔ	thəʔ

第二节　双言现象的调查和研究

本书所谓"双言现象"(diglossia)包括两种情形,一是指一个人在日常口语中能使用两种以上方言;二是指一个人在日常口语中在不同场合分别使用民族共同语或方言。前者又称"双方言现象"(bi-dialectalism),后者又称"双层语言现象"。第二种双言现象在南方方言区是很普遍的;第一种双言现象在不同方言的交界地区、混杂地区或大城市,也是十分普遍的。调查双言现象对于研究语言和社会的关系、语言和文化的关系、语言的宏观演变、语言接触等是很有好处的;对于语言规划和语言教学工作也有应用价值。

一、双言地区及其文化背景

双言地区是指普遍使用两种或两种以上方言的地区。例如湖南临武、江华等十来个县的居民一般都能说两种话,一种是当地土话,一种是西南官话。确定双言地区的范围,可以采用社会学的方法,调查了解当地方言的种类和使用情况。

研究双言地区的历史文化背景,首先需要了解哪一种方言是当地居民的母语,哪一种是后来学会的。例如湖南临武的土话是当地居民的母语,西南官话一般人是入学之后学会的,没有上过学的人则是在社会交际中逐渐习得的。其次,要调查当地居民的移民历史,包括原居地、迁离的年代、迁移的路线、大规模迁居的次数、历次移民的人数等。调查的方法除了社会学常用的收集当地口碑材料、谱牒材料和地方文献进行研究外,很重要的是应该用语言学的方法研究当地方言的特征,并且与别地方言进行比较,从中发现当地居民的历史来源,例如临武方言有赣语特征,可以证明临武县的居民历史上是从江西迁移而来的。

二、双言场景的调查和研究

双言场景是指在日常生活中使用双言的各种场合。研究双言场景即是研究在什么场合选择使用什么方言。

日常生活中的场景是非常丰富复杂的,不可能遍举,这里举些例子,如家庭生活、朋友交际、学校生活、公共场合、工作单位、买卖交易、沉思默想等。要是深入调查一个地区的双言现象可以把场景的类别区分得更细致。调查的方法除了询问当地人之外,很重要的是注意观察,实地记录人们在什么场合是使用什么方言的。

对双言场景的调查有助于了解当地双言现象的发展趋势,即双言现象将维持下去或趋向消亡。双言现象萎缩的过程也就是其中某一种方言退出越来越多的双言场景的过程。吴语和江淮官话交界地区的一些地点的双言现象正在萎缩中,吴语逐渐退缩,最后只在家庭生活中使用。

三、语码转换的调查和研究

语码转换(code switching)是指说话者从使用一种方言转换到使用另一种方言。影响语码转换的因素很多,最常见的有以下几种。

(一)双言场景的转换引起语码转换。例如教师上课时用普通话讲课,下课用方言与同学聊天。

(二)角色关系制约语码转换。谈话中的一方如果是尊长(上级、长辈、教师),另一方往往要服从对方的语码转换。当求人帮助的时候(如问路),也常常要服从对方的语码转换。

(三)双言熟练程度不等制约语码转换。双言人当需要表达个人的思想感情的时候,一般是使用母语更熟练。为了更直接、更细微、更生动、更便利地表达思想,往往转而使用母语。例如吵架、骂人的时候一般都改用母语。知识界因为所受教育的关系,对于学术问题反而觉得使用普通话更熟练,所以在谈话涉及学术问题或学术术语时,常常转而用普通话。

(四)语言感情制约语码转换。一般人对故乡的方言带有特殊的感情,两个陌生人在外地相遇,用非母语交谈一阵后,如果互相发现是同乡,往往会转而使用家乡方言,这是语言感情的影响。

语码转换的调查方法是用问题表询问和实地观察、记录相结合。语码转换的调查,也可以深入到一个双言家庭中进行。

四、语言态度的调查和研究

语言态度(language attitude)是指个人对某种方言的价值评价和行为倾向,例如一个会说普通话的人对粤语的价值评价和他实际上使用粤语的行为倾向,即他在什么场景使用粤语、使用粤语的实际频率。

影响语言态度的因素主要有三方面,一是这种方言的社会地位。例如广州话在两广以至华南地区是优势方言,地位较高,所以对广州话的价值评价自然也较高。二是使用这种方言在实际生活中的必要性。例如在以前的上海,在买卖交易的场景中,如果不用上海话,有可能会因为"语言歧视"的关系,而有种种不便,这就自然导致会说上海话的双言人,在购物时宁愿使用上海话。三是语言感情倾向有时候可能导致提高对家乡话的价值评价。

调查语言态度除了可以用询问和观察、记录的方法,还有一个特殊的方法,即"配对变法"(matched guise)。这种方法是:预先录制两段内容相同的话语,请同一个双言人分别用两种不同的方言讲述,再请受试的若干双言人听这两段话的录音(发音人不露面),然后请受试人根据所得的印象分项目作出评价,并且分别给分。这些项目包括容貌、品行、才智等。最后统计总分。根据对这两段用不同方言说的话的总分的高低,判断双言人偏爱哪一种方言。例如闽语莆仙话和普通话的"配对变法"试验结果是:莆仙话总分得 90分,普通话得 76 分。这说明莆仙人对普通话尚缺乏语言归附心理(据陈泽平的实验)。

语言态度的调查和研究有利于语言规划工作。

第三节　社会方言的调查和研究

一般所谓"方言"是指"地域方言",即通行于某一地区或地点的方言,它是这个地区或地点的全体居民所共同承认、共同使用的。"社会方言"则是指只通行于全体居民中的某一个社会阶层的方言。除了特殊情况外,社会方言一般只有若干特点与全民方言不同。两者没有质的区别。社会方言的调查必须在一般方言的调查研究的基础上进行。调查必须分社会阶层进行。以下讨论与社会方言有关的几个问题。

一、性别变异

男子和女子在语言习得、语言能力和语言运用上都有一定的差别。两者的差异是有关生理、心理和社会三方面的原因综合作用的结果。女孩学会说话比男孩一般要早三个月左右。女子的语言表达能力比男子强,也就是说女人比男人更善于说话。女子还更善于运用眼神、表情、手势、身势等有声语言以外的手段来增强语言的表现力和感染力。

男人说话比较关心内容,较少注意措词,多平铺直叙;女子说话比较注意情感表达、措辞、语气和语调。在日常谈话中女子比男子较多使用带征询口气的疑问句、感叹句和多种委婉的表达方式。例如上海的女子比男子更多用希望得到肯定回答的问句:"对哦?""是哦?""好哦?"更喜欢用"要死!"(表示娇嗔)"瞎嗲!"(表示赞叹)之类感叹句。骂人的话男子和女子也有明显的不同。例如上海话中的詈语,"神经病!"(女子对男子挑逗行为的斥责)"死腔!"(对挑逗、反悔、拖延、拒绝等行为的斥责)"十三点"(举止、言谈不正常)几乎为女子所专用。在吴语温州话中男人骂人称为"谓马颏",女人骂人称为"懺",各有一套骂人的话,互相不会倒错。有些地方的女子还自有一套有关人体生理卫生的隐语,仅仅通行于女子中间。教育程度较低的男子口语中常常出现粗鲁的口头禅,女子一般没有此类口头禅。

在语音上女子比男子更具有性别角色的自我意识。赵元任在《现代吴语的研究》(1928 年)中曾提到苏州话"好、俏"等字(效摄),女子多读[æ]韵,男子的读音比[ɐ]略偏后。黎锦熙曾在 20 世纪 20 年代提到北京的女国音(又称"劈柴派读音"),即有文化的女性青少年把声母[tɕ tɕh ɕ]的发音部位往前移,发成一种近似于[ts tsh s]的声母,如把"尖 tɕiɛn⁵⁵"字读成 tsiɛn⁵⁵,"鲜 ɕiɛn⁵⁵"字读成 siɛn⁵⁵,"晓 ɕiau²¹⁴"字读成 siau²¹⁴。"女国音"在今天的北京话里仍然存在。上述语言的性别差异是就一般情况而言的,在女子或男子内部个体之间的差异有时候也可能超过性别之间的差异。

二、职业变异

　　人们因职业不同,语言也会有变异。职业性变异最突出的表现是使用不同的行业语。行业语可以分成两大类,一类是没有保密性质的职业用语,例如戏剧界的行业语:客串、票友、下海、亮相、扮相、打出手、打圆场等。这些产生于京剧界的行业语,已经进入书面语,还有一些地方戏曲的行业语仍带有方言色彩,例如越剧术语:路头戏(随编随演的小戏)、册板(打出节奏的鼓板)、行头(戏装)、的笃班(越剧戏班)等。另一类是对非本行业的人保密的,即秘密语。各地秘密语的种类很多,名称也很纷繁。如山西省理发社群的行业语丰富多彩,对外保密。扇苗儿—电烫、水鱼儿—刮胡子用的小刀子、水条—湿毛巾、隔山照—镜子。

　　行业语自有语音特点的不多见。大致只有戏剧界和曲艺界的行业语有些明显的语音特点。如沪剧咬字分尖团,但是今天的上海话已不分尖团;苏州评弹分[ts-tsh-s-]声母和[tʂ- tʂh- ʂ]声母,但是今天的苏州话这两类声母已经合并。戏剧界或曲艺界的语音特点实际上是老派方言或旧时代方言语音特点的遗存,所以调查研究这些特点有助于了解方言语音的发展过程。

　　各地的民间反切语种类很多,每一种大致只流行于某一个或某一些社会阶层,所以可以算是一种特殊的行业语。反切语又称倒语、切语、切脚、切口等,它是用改变正常的方言语音的方式构成。改变语音的方式大致有以下几种。一是声韵分拆式,即把一个字拆成声母和韵母两部分,在声母后加一个韵母,在韵母前加一个声母,组成两个音节。例如 ma(妈)—mai ka。二是加音式,即用增加音节的方式构成反切语。例如广西容县的一种反切语,“飞”字原音是[fei⁵⁴],加音变成[fei⁵⁴ fen⁵⁵]。三是改音式,即改变原音的声母、韵母或声调。例如广东梅县客家人的一种反切语,“广州”原音是[kuɔŋ³¹ tseu⁴⁴],改音作[kuɛ³¹ tsɛ⁴⁴]。四是比音联想式,即以拟声词摹拟事物的声音,指代事物本身。例如山西理发业,以“幽”指代“钟”、“哼哼”指代“猪”。

三、语用变异

　　在不同的语用环境,方言也会有变异。语用环境的种类很多,例如方言新闻广播、方言广播讲话、课堂用语、办公室用语、家常谈话、与幼童谈话等。在不同环境所使用的方言会有不同特点。例如广播语言的特点有二:一是尽可能接近书面语或普通话;二是倾向于保留老派方言的特点。上海人民广播电台的沪语节目所用的方言,在语音上仍分尖团;第一人称复数用“我伲”;被动句用“被”字引出施事。以上第一、二两项是老派上海话特点;第三项是书面语的表达方式,上海口语被动句通常不用“被”字引出施事。家常谈话的特点是:句子成分不完整,主语常常不出现;少用书面语词汇;在说话的节奏、速率、腔调等方面都呈极自然的状态。与幼童谈话时使用的方言的特点是模仿幼童的说话语气、语调、词汇等,例如成年的上海人与幼童谈话时使用平时不用的叠音名词:草草、肉肉、鞋鞋;平时不用的带词头的名词:阿鱼、阿肉。亲属称谓在各地方言中普遍有直称(面称)和叙称(背称)的区别。直称用于听话人和被称呼人为同一个人时;叙称用于被称呼人是说话人和听话人之外的第三个人时。例如吴语嘉兴话对“兄、弟、妹”的直称和叙称分别为,阿哥——大老;弟弟——兄弟;妹妹——妹子。

四、忌讳词和吉利词的调查研究

　　在各地方言中都有一批忌讳词,特别是在旧时代,使用得更普遍。北京口语忌用“蛋”字,在以下几个词里都避用“蛋”字,鸡子儿(鸡蛋)、炒木樨肉(炒鸡蛋)、松花(皮蛋)。“蛋”字只用作贬义:浑蛋、坏蛋、捣蛋、滚蛋、王八蛋。上海口语却不忌用“蛋”字,而忌用“卵”字。“猪肝”的“肝”字跟“乾”字同音,因此广州话、阳江话改用“乾”的反义词,称“猪肝”为“猪润”“猪湿”。猪舌的“舌”字跟“折本”的“折”字音同,所以不少地方改用“折”的反义词,如猪利钱(梅县)、猪利(广州)、招财(南昌)、猪口赚(温州)。

　　以上这些忌讳词所用的回避法是改用别的词。另一种方法是只改音,不改词。例如苏州和上海一带吴语忌“死”[sɿ]这个字音,口语改称“死”为[ɕi]。又因[ɕi]和“洗”字同音,遂不用“洗”这个词,改用“汰”或“净”表示“洗”的意思。

　　与忌讳词相反的是吉利词。各地民间多有利用谐音而取吉利的风俗。如北方民间旧式风俗,结婚时由年长的女方亲属向洞房寝帐撒枣栗,并唱《撒帐歌》:"一把栗子,一把枣,小的跟着大的跑。"这是利用"枣"谐"早","栗子"谐"立子"而取"早立子"的吉意。

忌讳词和吉利词在各地并不完全相同,其中的原因除了跟各地心理、文化差异有关外,跟各地方言的语音和词汇系统不同也显然是有关的。在上海话里,忌"鹅"字与"我"字同音,所以将"鹅"改称"白乌龟"。在这两个字不同音的方言里,就不会有这个忌讳词。厦门话"枣、早"不同音,所以在洞房撒帐时并不用"枣子",而用花生,谐"生育"之意。在闽南话中称"萝卜"为"菜头",所以闽南人年夜饭要吃"菜头"以与"彩头"相谐。

调查和研究忌讳词和吉利词,不仅需要熟悉当地方言的语音系统和词汇系统,而且需要了解当地的民间心理和文化背景。

亲属称谓中的讳称是一种特殊的忌讳词。讳称相对于常称而言,因出于民间的忌讳心理,不用通常的称呼,而改用别的称呼,如浙江乐清有人称"父亲"为"阿叔",称"母亲"为"阿婶"。浙南和福建许多地方都有类似的讳称,其背后的忌讳心理是,父母较年轻,怕叫重了,孩子不好养。有的是父母自认命不好,担心把厄运传给孩子。有的是担心父母和孩子命中相克,所以不能用常称,只好用讳称。讳称实际上被当作避邪的方法。

五、社区词和方言词的调查研究

社区词是仅在一个言语社区(speech community)或几个社区人们共同使用的词汇,而不是同一种语言所有言语社区共同使用的词汇。生活在同一个社区的人,方言母语可能不同,但在相互交往中共同使用不受母语限制的词汇,这一类词汇就是社区词。例如台湾社区词"干泳":打麻将。因搓麻将牌的姿势类似游泳而得名。上海社区词"马大嫂":戏称每天忙于家务事的人。原是上海方言词,音[mo⁶ da⁶ sɔ⁵],与上海话"买、汏、烧"谐音。香港社区词"一口价":不二价,售价设定后不再改变。

社区词是从言语社区(speech community)的角度划分出来的词汇。同一社区的居民方言母语可能相同,也可能不同。方言词是从方言区或方言类别的角度划分出来的词汇。社区词不受方言母语的限制。同一社区的居民方言母语可能相同,也可能不同。以上海为例,虽然市民方言母语并不相同,不少人的方言母语并不是上海话,特别是新移民,但是大家都能听懂或使用,例如"掏浆糊、大兴货、黄鱼车、马大嫂"等词汇。上海是一个方言社区,这些词汇也就是上海社区词。社区词可能来源于方言词,例如"买单",源自粤语"埋单",也可能来源于外语,例如"打的",或当地的书面语,例如"高企"。社区词都有相对固定的书面形式,为本社区居民共同认知,例如上海的"平改坡",许多方言词没有正式的书面形式,本社区的非方言母语居民一般不认识也不使用这些方言字。例如方言词:广州话"咁",音kam³³,"这样、那样"的意思。方言俗字是最典型的方言字。又如粤语的埗(步)、瞓(睏)、佢(渠)、脷(舌)、膶(肝)、嘢(东西)、軚(电梯,lift)。闽南话的呾(潮州:说)。闽南话的酘(厦门:thau,毒死)。客家话的𠊎(我)。吴语的垟(田野)、嗰(便宜)。还有些方言词是没有书面形式的。

当代社区词的形成和传布主要依靠媒体,方言词的形成和传布主要依靠人口流动或口头的方言接触。改革开放以来人口流动大大加剧,各种媒体空前繁荣,社区词也因此大量产生,并广泛传布。

第四节　方言地名研究

地名是一类特殊的词汇,是人们在社会生活中给地理实体、行政区域或居民点所起的专有名称。地名中包含着丰富的社会生活和文化历史的内涵。调查、记录和研究地名不仅有助于语言学研究,而且也是人文地理和人文历史研究的重要组成部分。地名研究(onomastics)有多学科交叉的性质,这里只是从方言学的角度出发,讨论地名的区域特征和语言层次。

一、地名的区域特征

地名用字,尤其是地名的通名部分的用字,往往因地区不同而不同。一个地区的地名用字常常自有特点。例如浙江和福建普遍用"溪"字称较大的河流,如浙江的苕溪、松阴溪、大溪,福建的建溪、崇溪、双溪、木兰溪等;也用"浦"字称河流,如黄浦江,原称"黄歇浦",后改名"黄浦江"。"浦"和"江"同义,这个地名的构造是叠床架屋。江南一带常用"港"称较小的河流,如苏南的张家港、上海的拦路港,钱塘江上游称为常山港。北方惯常不用"溪、浦、港"三字称河流。

地名的区域特征主要是由于四方面的原因造成的:各地方言特点不同、自然景观不同、文化景观不同和命名习惯不同。以下以浙江省地名为例加以说明。

方言特点成因。同指"山间平地",浙北叫"坞",浙南和浙东叫"岙",例如桐庐的华障坞、黄场坞,宁波的合岙,慈溪的金夹岙,诸暨的塘坞、廊坞,温岭的吴岙、林岙,永嘉的河岙、西岙。"圩"是湖州地区特有的方言用字,也写作"兜"。同治《湖州府志》卷四十三引《水利备考》:"凡田之在污(停积不流的水)下及当水之冲者,必有圩岸,围之如斗之状,其名曰圩。"湖州有一大批"兜"字地名,如庙兜、尹家兜、草船兜等。

自然景观成因。浙南多山区,所以多"尖"字、"际"字、"垟"字地名。"尖"是山峰的意思;"际"在地名中多写作水字旁,也写作石字旁,指"山间水滨";"垟"指山间平地或田地。例如庆元县有塘掘尖、黄秀尖、香炉尖、吾际下、高际、小际头、菖蒲垟、荷垟、后垟等。

文化景观成因。浙北的杭嘉湖平原、宁绍平原、金衢盆地是大面积的水稻区,所以地名用字多与稻作有关。例如"畈"字,又写作土字旁,指水田或田间;"埭"字指挡水的堤坝,是稻作区的一种水利小工程。例如东阳的黄田畈、长畈、白牛畈;在1:200000的平湖县地图上可以找到18个含埭字的地名,其中乡一级的有新埭、钟埭、林埭、徐埭。

命名习惯成因。浙北的小地名有一种命名习惯是在姓氏后加"家",或在"家"字后再加"浜、埭、坝"等,如湖州的李家、石家、孙家埭、吴家浜。浙南的命名习惯则是在姓氏后加"寮、垟、岙、坑"等字,"寮"是小屋的意思,如青田县的黄寮、汤垟、周岙、吴坑。

根据各地地名的特征,可以在地图上画出地名通名部分的"同名线"。"同名线"的概念相当于方言学上的"同言线",即用同一条同名线圈定的地区,某一个地名通名相同。例如可以在浙江省地图上画出"垟"字、"畈"字、"坞"字、"岙"字地名同名线,见图7.1。几条同名线密集在一起,可以成为一条同名线束。可以从方言特征、自然景观、文化景观、命名习惯这四个不同的角度出发,来设计同名线的项目。根据同名线或同名线束,可以把地名分成不同的区域。从不同角度出发的分区,所得结果可以不同。例如从文化景观出发划分的地名区,可以与从自然景观出发划分的地名区不同。不过就浙江的地名来说,从上述四个角度划分出来的地名区,大致可以相同,因为在浙江,因文化景观、自然景观和命名习惯不同而使用的不同地名用字,最终都可以与方言特点不同相统一。例如"畈"字用于

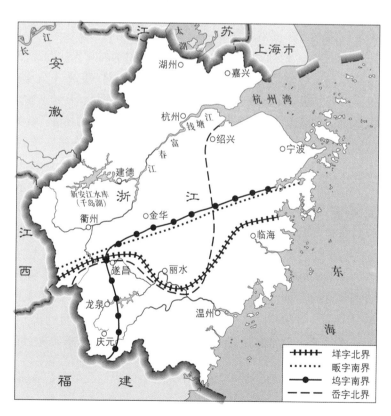

图7.1　浙江省地名同名线略图

浙北,是从文化景观出发划定的,实际上"畈"同时也是浙北吴语的方言用字,浙南是称"畈"为"垟"的。浙江的地名可以大致分为南北两区,温州地区各县、台州地区各县、丽水地区各县是南区,其余为北区。

地名的分区结果可以与方言分区不一致,但是也可以作为方言分区的参考。

与方言的分区一样,地名的分区也可以有层次性。有些地名用字只通行于较小的地域。如浙江北区的"浜"字只通行于嘉兴一带,如西神浜、油瓶浜;"碶"只通行于舟山海域,如新碶、大碶。

在文化历史悠久的地区,现代的地名往往是从古代一直沿用至今。尽管这个地区的居民成分已经发生变化或方言已经发生变化,但是地名可以依然故我。所以地名的分区往往与现代方言分区不一致,它所反映的是古代民族地理和方言地理面貌。如果一个地区的居民和方言的类型古今没有变化,那么地名分区应该与方言分区一致。例如现代的浙南,除苍南县与福建邻接的地区外,是属吴语区的;而闽北,除浦城县部分地区外,是属闽语区的。但是这两地的地名系统属于同一类型,而与浙北明显相异。这说明这两地的方言在历史上应该曾经是非常接近的。

二、地名的语言层次特征

地名的语言层次特征是指一个地区的现代地名,从语源的角度来看,可能包括两种或多种不同的语言或方言。汉族地区的地名至少包括两重层次,即书面语地名和方言地名。方言地名往往是较小的地方的名称,大多不见于历史文献记载。

南方、东北和西北的一些地区在历史上曾是少数民族的居住区或民族杂居区。这些地方的地名至少包括三重层次:少数民族语言地名、汉语方言地名和汉语书面语地名。这些地区的少数民族语言地名产生较早,可以称为"底层地名"。地名的语源层次是以居民成分的历史层次为前提的。下面以东北和粤西的底层地名和方言地名为例,说明地名的语言层次。书面语地名没有方言或地域特征,各地皆有,如西安、福州等,不必详说。

东北在历史上是满族的原居地,东北的底层地名,除了小部分来自蒙古语外,主要来自满语。如吉林来源于"吉林乌拉"。"吉林"是"沿"的意思,"乌拉"是"江"的意思,合而言之是"沿江的地方"。黑龙江的宁固县,史称宁阿县,满语意为"六",因为当年有六个部落生活在当地。黑龙江的依兰意为"三",因为当年这里有三个部落。珲春则是"边远的城"的意思。一些大河名也是满语来源的,如松花江,满语原称"松加乌拉","松加"意为"天",因为它发源于高耸入云的长白山。除了满语地名外,在靠内蒙古一侧还有些蒙古语底层地名,如嫩江,初见于《北史》,写作难河,《新唐书》和《旧唐书》写作那河,《元史》写作脑木伦、揉河、纳兀河,《明史》写作脑温江、偌尼江,明《一统志》写作脑温河。这些名称都是蒙古语译音。蒙古语此词为四音节"脑温木伦","脑温"意为"青碧","木伦"意为"江河",合而言之意为"青碧之江"。东北的满语和蒙古语底层地名有一个特点,即如果原名是多音节的,译成汉语时一般缩短为双音节,以适合汉语地名的习惯。上述嫩江即是一例。

东北的大量汉语方言地名,是20世纪初来自山东和河北的移民命名的,带这两地方言色彩。例如"某某窝棚"地名,黑龙江肇源县有张家窝棚、赵家窝棚、邱家窝棚等。"窝棚"原是本世纪初山东灾民闯关东时,临时搭建,聊以栖身的。起初只是一户择一地,或有亲属关系的数户择一地搭建,所以通名"窝棚"前冠以专名"某家"。现代地名中的"窝棚"相当于"村"。

人名(尤其是小名或奶名)和地名相类似,也有方言特征和区域特征。例如吴语区一种很普遍的人名结构是取姓名的最后一个字,前加词头"阿"。如某人姓名是"王金龙",即称他为"阿龙"。这种称呼法男女都适用,不过限于称呼下辈或同辈。浙南的温州话另有一种人名的构词法是,取姓名的最后一个字再加上"嬭"("孩子"的意思),如某人叫李明尧,即称他为"尧嬭"。这类人名多用于奶名,年长后少用。

第五节　方言文字研究

记录方言的词汇和语法例句都离不开方块汉字。在记录方言词的时候,全国通用的方块汉字往往不敷应用,这时候就要借助方言杂字。方言杂字是指见于方言学著作、方言词典、地方报纸、文学作品、地方文献(地方志等)、方言人名、地名、账目、信札等的方块汉字。有的地方旧时编有载录当地方言杂字的小册子,如闽南的《五音杂字》,大多是手抄本。这些在民间流传的小册子对方言杂字起到非正式的规范作用。方言学工作者除了在考证本字和词源的基础上,寻求或确定方言用字以外,也参用在当地流行的方言杂字。不是所有的词都有方块汉字可写。在方言学著作中对这些有音无字的词,即有语音而无本字或同音字可写的有意义的音节,一般用方框表示,后边再用国际音标标音,如武汉话:□[tɕhiŋ⁵](近视)。用于记录方言的文字有的跟全民使用的方块汉字没有区别,有的不一样。需要讨论的记录方言的文字有以下几类:方言本字、方言训读字、方言俗字、方言杂字和方言拼音文字。

一、方言本字和方言训读字

方言词在历史文献中最初的书面形式,即是这个词的方言本字。例如宁波方言称用手按住东西为"tɕhiŋ⁵",本字是"捻",初见于《集韵》去声沁韵丘禁切:"捻,按也。"方言本字往往需要经过考证才能获知、确认。"方言本字考"即是对方言词的最初书面形式的追索和考证。确定本字的关键是方言词和本字在语音上相对应,在词义上相同或相近。本字考应分四个步骤来进行,第一步是确定今方言词的音韵地位,按古今音变规律,确定其在《广韵》一系韵书中的声韵调地位。第二步即在《广韵》一系韵书的相应韵目之下追索音义相合的字。第三步是寻找其他文献材料以为佐证。第四步是与其他方言参酌比较,互相印证。例如"以舌舔物"温州话称为 dzei⁴。今温州音 ei 在中古可以是麻韵或支韵,因声调是上声,所以本字有可能在马韵里或纸韵里。假定先在《广韵》马韵字里追索,结果找不到音义相合的字,转而在纸韵里寻找,终于找到"舓,神纸切,以舌取物。"音义皆合。再在别的文献里寻找佐证,发现此字见于《集韵》纸韵甚尔切:"舓,甚尔切,《说文》以舌取物也。"所谓别的文献中的佐证,也包括方言词在字书或韵书之外的文献中的实际用例。最后再看看别的方言是否也有此词,本字是否相合。结果发现广州话中"以舌取物"称为 sai³,本字也应该是"舓"字。这样就可以完全确认温州话的 dzei⁴ 本字是"舓"。

上述这个考本字的例子中,文献佐证部分只是找出别的韵书中的材料。用于佐证的材料,除了字书和韵书之外,最好是能说明这个字实际用法的有上下文的文献材料,例如各地吴语普遍使用的"敨"这个词,意思是"展开",苏州音 thɤ³,温州音 thau³。本字见于《集韵》上声厚韵:"敨,展也。"他口切。文献用例如《水浒传》第二十六回:"看何九叔面色青黄,不敢敨气。"但是许多方言本字在古代文献里是找不到实际用例的,因为一般的古代文献所用的是标准的书面语,不用或很少用方言词。大量的方言本字只是收录在古代的字书或韵书之类工具书里,又因为各地方言词汇并未普遍深入调查,考证某一地方言本字的时候往往难以顾及跟其他方言的全面比较,所以考本字的工作常常只是停留在第一、第二两个步骤上。扎实的考本字工作还是应该遵循上述四个步骤的程序。

有的方言本字可能有两种甚至三种写法。例如吴语普遍称"折枝"为"挽",如乾隆《宝山县志》载:"挽,音乌欢切,音剜,俗称揉物使折也。"又光绪《嘉定县志》:"俗称直者曲之曰挽。"此字见于《集韵》上声桓韵乌丸切:"挽,挼也,或作挐。"又,梁乐府有《胡吹歌》说:"上马不捉鞭,反拗杨柳枝。"这里的"拗"是"折枝"的意思,显然与"挽"是同一个词。这样看来,"挽"字又有"挐"和"拗"两种不同的写法。

不是所有方言词都有本字可考,有的方言词历来没有文字记载,本字当然无从查考。有的词的今音跟《广韵》音系难以联系,也不容易推求本字,如南昌方言的 khau¹¹,是混杂到一起的意思,本字无考。对于这类词不必强求考本字,以免弄巧成拙。

方言本字只是方言的最初的书面形式,本字和词源不完全是一回事。例如绍兴话称牛犊为 ã³,其本字是犙,见于《集韵》上声梗韵:"吴人谓犊曰犙,于杏切。""犙"字并不能说明这个词的词源。此例详见第六章第七节。

现在讨论方言训读字。用汉字记录方言词,有时不用这个词的本字或原字,而借用一个同义字或近义字来记录,这个被借用的字即是训读字,这个字的读音仍按本字或原字的读音读,称为训读音。如琼州方言借用"怕"字记录"惊"这个词。"惊"字即是原字,"怕"字即是训读字。其读音仍按原字读作 kia²³,不按"怕"的本音读作 fa³⁵,kia²³ 即是训读音。现在举几个方言中的训读字的例子,见表 7.2。

表 7.2　方言训读字音举例

方言点	训读字	训读音	原字或本字
梅县	柴	tshiau^1	樵
梅县	伞	tsa^{44}uɛ^0	遮子
潮州	欲	ãi^5	爱
厦门	脚	kha^1	滰
温州	要	i^5	爱
温州	人	na^{2}ŋ	农

训读字的特点是皆有原字或本字与之对应,而这些原字或本字在现代汉语里已不用或不常用或词义与方言词有所不同,如表 7.2 中的"樵、遮、滰"已不常用,即这三个字在现代汉语里已不再作"柴、伞、脚"的意思。"骹"字见于《广韵》平声肴韵:"骹,胫骨近足细处。"口交切。"爱、农"的词义有所不同,不指"欲、人"。

二、方言杂字

记录方言词的方块汉字见于文学作品和语言学著作,也流行于各地民间。对于这些方块汉字向来没有系统地整理,也没有做过正式的规范化工作。不过方言区民间历来对这些汉字有大致约定俗成的写法和用法,有的地方旧时还编有专门载录这些所谓方言杂字的小册子,如闽南的《五音杂字》,大致以手抄本为多,目的在于流传,在于向"童蒙"传习。方言杂字主要用于人名、地名、账目、信札、地方文艺作品、地方志等。方言词典和方言文学作品对方言杂字也起到非正式的规范化作用。方言学著作对民间的方言杂字似乎不起规范作用。

现在把这些方块汉字总称为方言杂字,分成以下四类,略加讨论:方言专用字、方言同音字、方言俗字、方言合音字。这四类方言杂字的共同特点有三个。一是它们只用于记录方言,或者用法跟标准的书面语不同。二是这些字未经正式规范,写法不稳定,同一个词在各地写法可能不同,就是在同一个地方,写法也可能因人而异。三是开放性。一方面新的杂字不断产生;另一方面旧的杂字可能流行一时后就废弃了,自生自灭。

方言专用字是指为古今辞书(兼括字书、韵书)所认可的标准方块汉字中专门用于记录方言词的汉字。有的辞书标明这些字的使用地域,如《说文》刀部:"剚,楚人谓治鱼也。"又如"囡"字,《辞源》引王应奎《柳南随笔》说:"囡者吴人呼女之辞。"又说:"按吴语男孩也称囡。"但是有的辞书不标明使用地域,如同一个"剚"字,《广韵》入声宵韵:"剚,割治鱼也。古屑切。"现代的辞书如《新华字典》《现代汉语词典》对方言专用字往往注明"方言"字样。又如《现代汉语词典》:"囡 jiǎn〈方〉①儿子。②女儿。"未指出此词用于闽语区。

方言专用字虽然是为辞书所认可的汉字,但是并不用于规范的汉语书面语,这是这一类字的特点。如"擨",这是一个方言字,温州音 tso^3,江西新干音 tsa^1,载于《广韵》平声麻韵侧加切:"擨,以指按也。"《集韵》写作"摣",见平声麻韵庄加切,"《说文》又取也。"此字似未见于辞书以外的文献。

在记录方言词的时候,如果这个词本字不明,或者本字太生僻,就选用一个声韵调完全相同的字来记录。这个被选用的字即是"方言同音字"。在方言学著作中一般在同音字下加浪线表示。如河北昌黎话称"害怕、发慌"为 mau^{24},写作毛,"毛"即是同音字。这种方言同音字在民间一般称为别字。别字的声韵调有的与所代表的词完全一样,有的略有不同。如严芙孙《上海俗语大辞典》(1924 年)载:"老脚鱼,犹言老乌龟也,骂人语。"这里用"脚鱼"代替"甲鱼","脚"和"甲"声韵调完全相同。再看同一本辞典的另一条:"赞,称人之美曰赞。如甚美曰赞(读作上声)来。赞,又写作崭。"这里的"赞"本是去声,作者特地指出"读作上声",可见当时阴上和阴去还有分别。用"赞"字记录,与原词上声不合。如写作"崭"则声韵调皆合。

用同音字代替的原因有二:一是本字无考或未明,上述用"脚鱼"代替"甲鱼"的例子,即是因为作者不明本字,"甲"字很容易写,本来不必用同音字的。二是本字太生僻,故意回避。如上海话谓孩童鲜丽活泼为

"趣"tçhy³⁵,本字当作黼,见于《广韵》上声语韵创举切:"《说文》曰:会五彩鲜貌,引诗云:衣裳黼黼。"今浙江嘉兴话谓人与物鲜丽皆为"趣"。

有的字因相承已久,一般已不觉得或不再认为是同音代替字。例如许多方言把猪的瘦肉写作"精肉"。"精"的本字应该是"腈",见于《集韵》平声清韵咨盈切:"腈,肉之粹者。"

方言同音字所用的字是规范的汉字,并不是生造的,这是它跟方言俗字的不同之处。

方言俗字是生造的方块汉字,为辞书所认可的标准汉字库所不容。例如民国《揭阳县志》卷七《方言》载:"尺牍诗文中字体之变殊难悉数,如坐为坴(音稳),短为矞(音矮),瘦为夭(音芒),山之岩洞为岾(音勘),水之矶激为泵(音聘),蓄水之地为'氹'(图锦切),通水之道为圳(屯去声),水之曲折为氹(音囊),潴水之处为堀(即窟也),路之险隘为卡(音汉),隐身忽出为閄(音闪),截木作垫曰丕(敦上声),门上横木曰闩(音拴),物之脱者曰甩(伦粒切),子之晚生者曰屘。此皆随俗撰出者也。按此文郡志所录,然方言俗字大江南北亦同之,不独潮中为然,大抵音本有古字,因音略异遂别撰字以实之,虽中土皆然。"这段话共写录 14 个记录潮州方言的字,其中"闩"是规范汉字,"圳"可视为方言专用字,"泵、卡、甩"可视为方言训读字,其余均是方言俗字。徐珂《清稗类钞·方言类》有关的一段话,所录方言俗字略多。

创制和使用方言俗字有三个主要原因。其中最主要的原因是方言词的本字无考或无合适的现成的汉字可写。如广州方言词"蟑螂 ka tsat"因本字无考,写作"甲由"。来源相同或词义相同的方言词在不同的方言区,习惯的写法可能不同。例如"站"这个词,在粤语区写作"企"(广州音:khei²³),在吴语区写作"徛"(温州音:ge²³);"房子"这个词在闽语区写作"厝"(厦门音:tshu¹¹),在浙西南吴语区写作"处"(云和音:tshy³⁵)。二是原字笔画太繁,如重庆把"磁"字写作"矿"。三是用于外来词,如粤语:广州方言字"咭"kap⁷←英语 card(卡片)、"嘜"mak⁷←英语 mark(商标)。

记录同一个词的方言俗字各地的写法可能不同,例如"山间平地"在浙江吴语区写作岙或礜,在闽语区则写成岙、坳或垇。闽语区的地名词同是指磁窑,闽东写作"硋窑"(福州音 xai² iu²),闽北写作"垇窑"(建瓯音 xo⁵ iau⁵)。

同一个方言俗字在不同的地方所指也可能不同。例如"杬"武汉指"楼",长春指"柳"。"嬲"上海指嬉扰不已,广州指生气,潮州指奇怪或玩耍。

方言俗字的造字方法和通常汉字的造字法基本一样,以形声造字和会意造字最为普遍。如形声字:闽语地名用字"碶"(厦门音)意指小山谷。"埕"(福州音 tiaŋ²、厦门音 tiã²)意指庭院。会意字:岾(岩洞,潮州);孖(两个,广州)。近年来新产生的一种方言俗字是把原字中笔画较多的声旁用同音字、近音字或简化字替换。如闽南把地名用字"澳"写作"沃"(比较"棉袄"的"袄")、杭州把"菜"写成"芽"、重庆把"磁"写成"矿"。

吴语区有一个特殊的方言俗字"掱",越出了汉字造字的传统方法。这个字的意思是"小偷、扒手",旧时上海惯用。《上海俗语大辞典》载:"掱,音手,字典并无此字,惟沪上电车及商场中常标悬谨防掱字样。"此字由三个"手"字组成,来源于熟语"三只手",即指小偷。此字读音注为"手"是不对的,实际上是读作"三只手",上海音是 sɛ⁵³⁻⁴⁴ tsaʔ⁵ sʏ²⁴⁻²¹。汉字造字的一个原则是一个字代表一个音节,但是这个方言俗字却包含三个音节。

方言俗字产生于民间,初起时不为辞书所承认,但是流行既久,也有可能被辞书所收录,成为方言专用字。如南方地名词"圳"原字是"甽",见于《集韵》去声谆韵朱闰切:"沟也。"写作"圳"是俗字。但是后出的《字汇补》已收录此字:"市流切,江楚间田畔水沟谓之圳。"

合音字是一种特殊的方言俗字。常用的双音节词,在口语中合成一个音节,而用一个字来记录,这样的字称为合音字。合音字的形体是将前后两个字合写在一起,占一个方块汉字的空间,即相当于一个方块汉字,前字多写在左边,或将前字写在后字的上边。

合音字的读音都是由前后两个音节紧缩而成,大致声母与前字关系较大,韵母及声调与后字关系较大,但具体如何紧缩,因各方言音节结构规律不同,而有不同,并无统一的规则,不过有一个总的原则是共同的,即合音字的读音必须合乎各方言的音节结构。以下分析几个合音字的读音紧缩法。

苏州话合音字"嫑"[fiæ⁵¹³]由"勿"[fɤʔ⁴]和"要"[iæ⁵¹³]紧缩而成,即取前字声母和后字韵母及声调合成。苏州话除这个合音字外,f 声母虽然不拼带 i 介音的韵母,但是可以拼 i 韵母。对此字及下文"齆"字的分析详见谢自立《苏州方言的五个合音字》(载《方言》1980 年第 4 期)。

西宁话合音字"嫑",由"不"[pv²¹³]和"要"[iɔ²¹³]紧缩而成,如果按苏州话"覅"的例,西宁的"嫑"要读成 piɔ²¹³,但是实际上是读成不带 i 的 pɔ。因为在西宁话的音节结构里 p 声母不跟 i 韵母拼,虽然可以与带介音 i 的 iɔ 韵相拼,但是 piɔ 这样的音节只有阴平(44 调)和上声(53 调)字,没有去声(213 调)字,而 p 和 ɔ 相拼的字四个声调都有,如去声字报[pɔ²¹³]。所以这个合音字读 pɔ²¹³,而不是 piɔ²¹³。

北京话的合音字"甭"pəŋ³⁵,是"不"pu³⁵和"用"yoŋ⁵¹紧缩而成的。在北京话音节结构里,p 声母可以与 əŋ 或 iŋ 韵母相拼,但是不跟 yoŋ 或 oŋ 韵母相拼,所以这个合音字读成 pəŋ³⁵或 piŋ³⁵,后一读较少见。声调取前字不取后字。

苏州话合音字齆[aŋ⁴⁴]是由"阿"[aʔ⁴]和"曾"[zən³¹]紧缩而成。前字是零声母,只好取其主元音 a,因为已有元音,后字只能取韵尾,但是在苏州话音节结构里 a 韵母不能后接 n 韵尾,而可以后接韵尾 ŋ,所以变成 aŋ⁴⁴。又因为 aŋ 是零声母,声调只能是阴调。前字本是阴调,后字是阳调,所以取前字的高调层,变成阴平 44 调。整个合音字的语音 aŋ 仍能符合苏州话的音节结构。

潮阳方言合音字獪[boi²¹³]是由"唔(不)"[m̩²¹³]和"会"[oi²¹³]紧缩而成。为什么声母变成 b 而不取前字的 m 呢?因为潮阳话的音节结构 b l g 只拼口音,m n ŋ 只拼鼻音,所以不允许有 moi²¹³这样的音节。另一个合音字"孬"mõ 是由"唔"(不)[m̩²¹³]和"好"ho⁵³紧缩而成。合音字不读 mo⁵³,而读韵母是鼻化音的 mõ⁵³,也是受这个音节结构规律制约的。

从上述实例来看,合音字的读音受到各方言的音节结构的制约,并不是简单的前字声母和后字韵母相拼合。但是如果音节结构许可的话,合音字一般还是取前字声母和后字韵母及声调合成。如潮阳话:唔(不)m̩²¹³ + 爱(要)ãi³¹→嫑(不要)mãi³¹;唔(不)m̩²¹³ + 畏 ũi³¹→㞒(不怕)mũi³¹。

不是所有的合音都有相应的合音字。合音是语流音变现象。许多合音是在快说时即语速加快时才出现的,慢说时仍分成两个音节。有相应的合音字的合音,大致都是已经凝固的语流音变现象,至少是出现频率较高的合音。

三、方言拼音文字

方言的拼音文字大别之有两大类:罗马字拼音和切音字拼音。罗马字母或拉丁字母的方言拼音文字最早是西洋传教士创制并且大力推广的。如果暂且勿论明末耶稣会士的罗马字注音等为官话创制的拼音方案,只讨论南方方言的拼音文字,那么各种教会罗马字的兴盛期是 19 世纪后半期至 20 世纪 20 年代。最早流行教会罗马字的地方是厦门一带,1850 年已有厦门话的罗马字拼音方案,1852 年即有罗马字《圣经》译本,这也是中国第一本方言《圣经》罗马字译本。厦门的教会罗马字不仅用于翻译和学习《圣经》,并且也用作民间书信来往的工具。继厦门之后,宁波、兴化、温州三种方言也分别于 1851 年、1890 年和 1903 年创制教会罗马字。此外,至少还有下述六种方言也有教会罗马字:福州、汕头、客家、广州、上海、台州。

传教士创制教会罗马字的主要目的是翻译《圣经》,便于在当地传教。各种方言的罗马字《圣经》在 1890 年至 1920 年间的销售量见表 7.3。此表据《中华归主——中国基督教事业统计》一书所提供的材料制成。30 年间合计销售 141516 本。从此表可知方言拼音在闽语区最为流行,又以厦门为最。在宁波和广州也相当流行。

表 7.3　方言罗马字《圣经》销售量(1890—1920)

方言	广州	厦门	福州	海南	汕头	宁波	台州	温州
销量	15350	63323	16895	4900	13424	16310	8914	2400
排名	4	1	2	7	5	3	6	8

教会罗马字的使用范围大致局限于教会和教友之间。除了西洋传教士创制方言拼音方案外,清末的中国学者也有为方言创制用拉丁字母及其变体或别的符号拼音的文字的,他们志在向社会推广,并不局限于教

会。他们的工作被称为切音字运动。切音字运动的肇始者是卢戆章。他为厦门话、漳州话、泉州话等闽语创制的方案见于所著《一目了然初阶》(《中国切音新字初阶》,1892 年)。卢戆章是中国第一位为汉语创制拼音方案的学者。此前已有西洋传教士利用罗马字母制成所谓"话音字",用来拼写闽南话,翻译《圣经》,其拼写方法是音素制。卢戆章认为每字长短参差,太占篇幅,欲改为双拼制。遂用拉丁字母及其变体,制定 55 个记号用于拼写闽语,其中厦门音只用 36 个字母,漳州音另加 2 个,泉州音加 7 个,一共 45 个;其余 10 个用于汕头、福州等地闽语。他的方案曾由京官林格存呈请都察院代奏,后因戊戌政变而搁置。他个人曾在厦门一带推行这种切音新字,但成绩不如教会罗马字。卢戆章卒于 1928 年,去世后其方案也不再有人过问。后出的切音字命运大同小异,有的甚至只有方案,而未能推行。没有一种切音字是推行成功的,其成绩远不及风行半个多世纪的教会罗马字。

兹将清末卢戆章以后至 1910 年的各种南方方言切音字方案列成表 7.4。此表据倪海曙《清末汉语拼音运动编年史》(上海人民出版社,1959 年)。

表 7.4　南方方言切音字方案表

制作者	年代	著作	符号	方言	推行
沈学	1896	盛世元音	速记	苏州	个人
方捷三	1896	闽腔快字	速记	福州	未推行
王炳耀	1897	拼音字谱	速记	粤	个人
陈虬	1903	新字瓯文七音铎、简字丛录	汉字笔画	温州	个人、办学
劳乃宣	1905	增订合声字简谱、简字丛录	汉字笔画	南京、苏州、闽粤	个人、办学
朱文熊	1906	江苏新文字	拉丁字母	苏州	未推行

切音字的拼音方法除朱文熊方案外,皆用双拼制。朱文熊的江苏新字母用音素制。

切音字方案与教会罗马字方案有两点重大区别,一是前者多用双拼制,后者只用音素制;二是前者多用非拉丁字母的汉字笔画或速记符号,后者只用拉丁字母。

切音字运动虽然以失败告终,但是此后因受国语罗马字运动的影响,用拉丁字母(或称罗马字)拼写方言的方案仍然层出不穷。不过这些方案的目的不再像切音字那样要向全社会推广,而只是为了编写方言词典、课本的方便,为了撰写方言学论著的需要。方言学界创制此类拼音方案较早的有:赵元任,所制吴音罗马字用于《现代吴语的研究》;罗常培,所制厦门音罗马字用于《厦门音系》。此类方案甚多,其共同特点是多用音素制,兹不缕析。

记录汉语方言的文字除了上述的方块汉字和拼音文字两大类外,据赵丽明等人的研究,在湖南省江永县还流行一种奇特的"女书",略述如下。

湖南省江永县的汉语方言有西南官话和本地土话两大类。湘南土话在汉语方言分类中的归属尚未确定,江永土话内部又有分歧。用以记录其中肖江土话的文字有两种,一种即是通常的方块汉字,当地妇女称之为"男字",另一种是"女书",或称为"女字"。

"女书"是一种音节文字,一个女字代表一个或几个同音的方块汉字。基本用字有 700 个左右。其形体三分之一为改借的方块汉字,系将汉字的形体稍加变更而成;三分之二为大致呈菱形的自制字,又分为独体字和合体字两种,合体字有的有音符性质的偏旁构件,基本上没有表义的偏旁构件,见表 7.5。表中五个字都是自制字,第四个是合体字,余皆独体字,第三、四个各代表一个音节,第一、二个各代表两个音节,第五个代表三个音节。

女书的主要用处是创作自传体长诗、记录民歌和民间故事、翻译汉族民间文艺作品、记述重大历史事件、书写书信、书写祭祀祈福的文句等,只用于妇女之间。

从女书的社会功能来看,它与方块汉字的关系,类似于民间秘密语(如反切语)与方言口语的关系,只是流行于一定的社会阶层。

表 7.5　女书音形义举例

序	女　书	音　节	汉　字　义
1		φi^{35} $\varphi i \vartheta \mathrm{u}^{35}$	起喜 少
2		$\mathrm{ma\eta}^{51}$ $\mathrm{m\vartheta\eta}^{51}$	忙茫 眉嵋眠
3		$\mathrm{t\varphi i\varepsilon}^{33}$	今真襟金针斟
4		$\mathrm{xa\eta}^{51}$	寒黄皇凰行韩含衔
5		$\mathrm{t\varphi hiau}^{33}$ $\mathrm{t\varphi iau}^{33}$ tsau^{51}	交州教 抽 愁

第六节　方言的人文历史和文化背景的调查和研究

调查研究方言的人文历史和文化背景,对于深入研究方言形成的历史、方言演变、方言传播、方言接触、方言地理等问题,是非常重要的。所谓方言的人文历史和文化背景,意即使用某一种方言的地方的人文历史和文化背景。

调查地方人文历史和地方文化的手段有三:一是利用文献资料。除了一般的文献之外,应特别注意查考地方志和收集家谱,这两种文献能为当地的政区沿革、移民历史、人口变迁和民情风俗等提供可靠的材料;二是到当地收集口头材料;三是在当地作文化人类学的考察。

一、人口变迁和方言的宏观演变

历史上的移民运动是语言宏观演变的最重要的原因。移民造成语言分化,这也是显而易见的。欧洲的语言学家在上个世纪后半期,以印欧语为基础,创立了语言分化的谱系树说。这个假说认为原始印欧人的迁徙造成原始印欧语分化为不同的语族,每一个语族又分化为不同的语言。这一理论是比照达尔文的生物进化论建立的。其实语言的演化不像生物那样脉络清楚,人口变迁与语言演化的关系比"谱系树说"的假设要复杂得多。移民运动造成汉语方言的宏观演变,至少有下述几种后果。

(一) 方言分化

移民将原居地的方言带到新地以后,如果移民和原居地的人民很少联系,也即新地和旧地的方言很少接触,那么两地的方言因演变的速度和方向不一样,会分化成两种大不相同的方言。例如现代广西说平话的居民有 200 万左右,他们是宋代平南战争时从北方来的移民的后代。据《宋史》,宋王朝曾派狄青南征今广西一带。平定侬智高起义后,平南军在今广西驻守、屯田。这些在当地落户的军士及其家属,祖籍很可能在今山东一带。一直到 20 世纪 40 年代,他们还是每隔几年派代表到山东祭祖扫墓。除此以外,他们很少跟原居地人民交往,其方言演变的结果也跟北方官话面貌迥异。不管是桂南平话或桂北平话,都有若干特点不见于北方官话。例如桂北平话的下述特点,知组字有的读如端组:猪 ty^{24};有后高不圆唇元音 $[\mathrm{w}]$:杯 pw^{24}、读 tw^{21};没有鼻韵尾 $[\text{-m-n}]$:男 nuo^{41}、津 $\mathrm{t\varphi iai}^{24}$ 等。

(二) 方言更替

方言更替有两种可能:由移民方言取代土著方言;或由土著方言取代移民方言。两种方言从开始接触到最终完成取代,中间有一个双语阶段。

　　如果外来的移民在人数上大大地超过土著,在文化上又占较优越的地位,同时移入的时间又相对集中,那么移民带来的方言有可能取代土著的方言,成为当地唯一的方言。最典型的例子是西晋永嘉衰乱后,北方移民带来的方言,取代了江南宁镇地区原有的吴方言,从此宁镇一带沦为官话区。大批移民主要来自苏北和山东,人数估计在百万以上,超过了土著,东晋先后在建康地区设置的侨郡和侨州多达20多个。移民中有不少是大族,如跟随晋元帝司马睿从琅琊(今山东临沂一带)来的千余家中,就有大族上百家。这些大族在政治、经济、文化地位上,自然会超过土著。《颜氏家训·音辞篇》载:"易服而与之谈,南方士庶,数言可辨;隔垣而听其语,北方朝野,终日难分。"这是说南方的士族说北方话,庶民说吴语,所以数言可辨;而北方的官民都说北方话,所以朝野难分。这一段话道出了两个重要的事实,一是在江南做官的是说北方话的移民;二是庶人即土著当初还是说吴语的。南方的书生对土著的吴语跟北方话的差别,应该是很敏感的。所以山西闻喜人郭璞大约在侨居江东时所作的《尔雅注》和《方言注》中,称举最多的方言地点即是江东,共170次。可见移民和土著方言起初曾有过并行相持的阶段。

　　如果新来的移民人口相对较少,而散居于土著之中,经济和文化地位又较低,那么移民就有可能不得不放弃旧地的方言,改用新地的方言。中国历史上的若干少数民族放弃本族语,改用汉语或别种语言,就是如此。例如满族、回族和唐宋以来移居中国的犹太人,改说所居地的汉语方言。到今天满语只残留在极个别满族聚居的小地方,如据笔者的调查,黑龙江省爱辉县蓝旗营的老人还说满语,部分中老年人满汉双语,青年人能听懂满语,但已不会说;回族的本族语残迹只是保留在回族常用姓氏纳、速、丁、忽、哈、赛、马等阿拉伯语的音节读音(汉译)之中;犹太人的后裔放弃母语以后,只有掌教的神职人员,还会用希伯来语诵读和讲解犹太经文,最后一位通希伯来语的掌教人是清代中叶在甘肃去世的。至于浙闽两省的畲族改说客家话或类似于客家话的汉语方言的原因和过程,还有待进一步调查和研究。

(三) 方言融合

　　如果移民和土著在人口、经济、文化等的综合力量上,大致平衡,并且移民和土著杂居在一起,交往又很频繁,那么两者的方言有可能互相融合,而不是互相替代。互相融合的结果是产生一种混杂型方言。"混杂型方言"这个概念相当于混杂语或克里奥耳语(creole),只是层次不同。

　　混杂型方言的特点有四:一是它已经定型,自有区别于他种方言的明显特征;二是它不是临时性的,在其使用的地点或地区,它是当地居民世代相传的母语;三是可以分辨出它所包含的不同方言的成分或层次;四是给方言分类或分区时,混杂型方言往往成为有争议的问题。

　　在下列三类地方有可能产生混杂型方言,人口由各地移民组成的大城市,例如今天的上海话是由苏南、浙北和本地的吴语混杂而成的;两个或多个方言区交界地带,例如闽西北的邵武话是一种包含闽语和客赣方言成分的混杂型方言,浙南的平阳蛮话兼有吴语和闽语的特点;方言岛上的方言往往兼有岛内和岛外方言的特点,因而具有混杂型方言的性质,例如杭州话、福建的南平话、广东的麻话等。

(四) 双方言现象

　　"双方言现象"(bi-dialectalism)是指同一个社区里的居民在日常生活中,在不同的场合,使用两种或多种不同的方言。双方言现象的形成有一个重要的前提,即两种或多种方言的差别较为明显,以至影响通话。如果差别甚少,在交际上就没有必要使用双方言。例如宁波人在上海说宁波话,可以通行无阻,就不必采用双方言制,到了第二代宁波话就可能被上海话同化。

　　就使用环境看,双方言制可以分为三种,即杂居双方言制、城市双方言制、边界双方言制和方言岛双方言制。母语不同的居民杂居在同一个社区,有可能产生杂居双方言制,例如福建的龙岩、南靖、平和、诏安的西部是福佬人和客家人杂居的地方,当地居民兼用闽南话和客家话,城市中来自别的方言区的居民及其后裔,往往兼用母语和这个城市的方言,如在北京的上海人,在甲乙两种不同方言交界地区,以甲方言为母语的居民内部交际时用甲方言,与以乙方言为母语的居民交际时则用乙方言。这种情况下,甲方言往往是弱势方言,乙方言则是优势方言。这种关系不能逆转,即只能是弱势方言兼用优势方言。例如浙南的丽水人内部交际时用丽水话,跟温州人交谈时有可能用温州话。

　　双方言制一旦在一个社区形成后,其发展趋势如何? 在杂居双方言制的环境中,如果两种方言势均力敌,并无优势和劣势之分,那么双言制可能长久维持,如浙南苍南县的吴语和闽语的双言制。如果两种方言有优势和劣势之分,那么以弱势方言为母语的居民,经过若干代以后,可能放弃原先的母语。例如苏南的溧水县太平天国后有大批河南移民涌入,河南官话和当地吴语的双方言制已在他们中间维持100多年,但是因为在人数、经济和文化上长期处于劣势地位,到今天新一代几近放弃河南话,即使是老一辈的河南话,也因受吴语的影响,而变得很不纯粹。城市里的双言制,如果移民散居在原住民中间,没有形成独立的社区,又不忌与原住民通婚,一般都难以世代长久维持。例如20世纪四五十年代有大批上海人移居香港,他们的第二三代所说的上海话已经支离破碎,粤语却说得很流利。

　　在吴语方言区有一种很特殊的双言现象,即文读和白读的双言现象。例如浙江寿昌方言有很发达、很完整的文白读系统,当地人不论男女老少都会说文读和白读两套话,内部交际用白读系统,与外地人交际则用文读系统。

(五) 多种移民杂居的社区选用共同话

　　移民操多种不同的母语,生活在同一个社区里,需要有一种为大家接受的公共交际语,即共同语。如果在各种不同的方言中有一种带有绝对的权威性,那么这种方言就会成为共同语。方言的权威性主要与方言的政治竞争力、经济竞争力和文化竞争力相关。例如大陆人民移居台湾起初以泉州人为多,后来闽南和粤东其他地方的人民也相继大量移入。台湾的闽南移民社区选择厦门话,而不是以泉州话为共同语,这是因为厦门话是闽南的绝对权威土话。再如香港是一个由大陆移民组成的社会,移民的来源相当复杂,他们带来的方言也是多种多样的。据1983年的统计,香港总人口为5344400人,其中中国人占98%。中国居民以原籍广东粤语区的最多,主要来自宝安、东莞、中山、四邑、广州,还有客话区的惠阳、梅县等地(占14.5%)。另有福建人(6.3%)、潮州人(1.5%)、上海人(2.7%),此外还有疍民十万多人。广州府城(市区)人在人口总数中并不占多数,但是由于它在华南的权威地位,它还是成为香港社会的共同语。类似的情况还有粤语在吉隆坡、潮州话在柔佛州和厦门话在槟榔屿的共同语地位。

　　如果各种移民方言中没有一种占有绝对权威地位,那么共同语的选择就可能转向民族标准语。例如东北的移民来自关内各地,而以山东和河北为多,但是现代的东北官话却更接近北京话。

　　新加坡华人的母语以闽语、客家话和粤语为多。据1957年的统计,华人中广东人占18.9%,海南人占7.2%,客家人占6.7%,潮州人占22.5%,福建人占40.6%。据1984年的统计,新加坡人口总数为252.9万,华人占76.4%。各种方言人口以闽语为最多,占57.4%(其中闽南话为30%),而官话人口只占全国人口千分之一。见表7.6。但是新加坡华人社会却选择以官话为基础的华语为共同语。这是因为官话的文化竞争力大大超过闽语。

表 7.6　原籍各地华人母语及其占全国总人口百分比(1957 年)

母 语	人 口	占全国人口%	占华人人口%
闽 南 话	433718	30.0	42.2
潮 州 话	246478	17.0	22.4
福 州 话	14232	1.0	
莆 田 话	7866	0.5	
海 南 话	74498	5.2	7
粤 语	217640	15.1	17
客 家 话	66597	4.6	7
官 话	1275	0.1	
其 他 方 言	13716	0.9	

　　另一种可能是多种方言融合成一种混杂型方言,用作共同语,例如上海话即是一种混杂型方言。详见第

六章。

（六）移民方式和方言地理分布类型的关系

现代汉语方言在地理分布上的不同类型，是古代汉族人民移民方式不同造成的。历史上五种不同的移民方式，造成五种不同的现代方言地理类型。

1. 占据式移民和内部一致的大面积方言区

本来使用同一种方言的居民大规模地占据地广人稀的新地，有可能造成方言大面积一致性。北方方言区地域辽阔，内部相当一致，各地居民可以互相通话，其中的根本原因要从移民史实中去寻找。自汉代以来北方方言的地盘大致限于长城以南长江以北，六朝之后北方方言大规模越过长江。在长城以北和西南地区，则一直到明清时代，北方方言才随着大规模的移民运动，占据了东北的大片土地和云贵各地大大小小的中心城市，席卷大半个中国。

2. 墨渍式移民和方言的蛙跳型传布方式

移民如果不是遍布成片的广大地区，而只是先后选择若干不相连属的地点定居下来，然后逐渐向周边移居，好像滴在白纸上的墨水慢慢浸润开来。他们的方言也因此各自向四周扩散。不过从整体来看，他们还没有连成一片，而被别的语言或方言分隔开来。移民方言的传布好像青蛙跳着前进。官话在广西、贵州、云南的传布即是蛙跳型的。在城镇和某些农村地区通行的官话，常常被平话或少数民族语言隔离开来。

3. 蔓延式移民和渐变型方言

方言相同的居民本来聚居在一个地区，后来逐渐从中心地带向四周较荒僻的地带蔓延渗透，久而久之，离中心地带越远的地方，方言的变异也越大。这有三方面的原因：一是移民越走越远，与中心地带方言的接触也就越来越少，这在交通不便的古代是很自然的。二是移民方言和土著方言难免接触和交融。三是这个方言区的两头又难免受邻区方言的影响。就整个方言区来看，方言在地理上是渐变的。今天的吴语区在历史上是从北向南开发的。春秋战国时代汉人的活动中心只是在今苏南的苏州、无锡附近和浙北的绍兴、诸暨一带。秦汉时代整个苏南和浙北地区渐次得到开发，三国西晋以后又开发浙南，唐代以后才扩展到浙西南及边境地区。吴方言伴随着开发过程，不仅逐渐向南蔓延，也逐渐变化，以致今天浙南吴语跟苏南吴语不能通话。

4. 板块转移式移民和相似型方言

移民离开祖辈生息的家园，大规模地迁移到与原居地不相连属的大片土地，他们的方言至今仍与原居地的方言基本相似。这种板块转移式的移民运动，一般来说历史不会太长。例如闽南人向外移居，使闽语传播到台湾、海南、广东南部沿海和东南亚，造成闽语的新板块。各板块的闽语除海南的琼文话外，皆与今天的闽南话很相似。如果此类移民运动的历史过长，那么新地和旧地的方言就可能变得不再相似。例如现代南方客家话居民的祖先，本是唐宋时代中原一带的人民，他们南下时带来的是当时的北方话，但今客家话和今北方话却相差甚远。由此也可推知，闽语从福建本土迁往海南比迁往别地的历史应早些，因为只有海南的琼文话跟今闽南话差异较大。

5. 闭锁型移民社会和孤岛型方言

移民到达新地之后，聚居在一个较小的地域内，他们自成社区，与周边的本地人很少接触交流，那么这些移民的方言就有可能长久保留原有的面貌或某些特征。与周围大片本地方言相比之下，这种外来的方言就像大海中的孤岛。因闭锁型移民社会造成的方言岛有一个共同的特征，即岛内外方言分属两大类或差别较大，不易相互交融。例如闽语包围中的官话方言岛——福建南平话；吴语包围中的闽语方言岛——浙江余姚观城卫里话；官话包围中的湘语方言岛——四川中江、金堂、简阳、乐至四县交界的老湖广话。

二、方言演变的文化原因

制约方言历史宏观演变的最重要的因素，即是上述的移民运动。在没有大量外来移民、人口相对稳定的条件下,还有别的文化原因造成方言地理和地点方言的宏观演变和微观演变。

(一)方言历史演变的宏观取向

地点方言在宏观上的演变是有方向性的,特别是现代方言更是如此。方言历史演变的宏观取向是弱势方言向优势方言靠拢;方言向共同语靠拢。所谓"优势方言"是与"弱势方言"相对而言的,优势方言是指在文化地位和语言心理上占优势地位的方言。城市方言相对于乡下方言而言是优势方言;一个地区方言里的权威土语相对于其他方言是优势方言;两种不同的方言互相接触的时候,往往其中一种占有优势地位。一般说来城里的方言发展快些,乡下的方言总是朝着城里方言的发展方向向前发展。包括若干城市的地区方言,则有向该地区方言的权威土语靠拢的倾向,以粤语区最典型,例如广西南部桂南粤语,俗称白话,本来跟广州的粤语有别,近年来加速向广州话靠拢,如南宁白话和梧州白话皆如此。宏观取向可以通过微观演变来观察,下文讨论微观演变时将详细举例。两种方言互相接触的时候,还可能因地位悬殊,造成方言更替,例如海口市和韶关市本来都不是粤语的地盘,近年来却通行广州话。

(二)人文地理和方言地理

方言分区是一种人文现象,它受到历史人文条件的制约。历史人口地理、行政地理、交通地理、城市地理、商业地理、宗教地理、风俗地理、戏曲地理等,对现代汉语方言地理的形成,都有制约作用,而前三项的作用尤其明显。上文已涉及人口变迁跟方言地理宏观演变的关系,这里着重讨论行政地理和交通地理跟方言地理的关系。

现代方言区划在事实上与历史上的二级行政区划的辖境关系非常密切,即方言、次方言或土语的边界往往与旧府、州的边界重合、或大致重合、或部分重合,在历史政区辖境长期来相对稳定的地区,如浙江、福建,更是如此。例如吴语的瓯江片大致相当于旧温州府,台州片大致相当于旧台州府。旧府的管辖范围相当于现代省属的地区,每一个府由府城和若干县组成。同府居民往往有相同的移民历史背景。各府以府城为中心,在政治、经济、文化、教育、交通等方面有一种内聚力。同府居民相互之间有强烈的认同感。他们内部的互相交往一般也比与异府居民交往频繁得多。所以府内居民的方言趋向一致是很自然的。见表7.7。

表7.7　浙江省政区沿革与今方言区关系表

隋	唐	北宋	南宋	元	明、清	今方言区
吴　郡	苏州	苏州	平江府	平江路	苏州府	太湖片
	秀州	秀州	嘉兴府	松江路	松江府	
				嘉兴路	嘉兴府	
余杭郡	湖州	→	→	湖州路	湖州府	
	杭州	→	临安府	杭州路	杭州府	
会稽郡	越州	→	绍兴府	绍兴路	绍兴府	
	明州	→	庆元府	知元路	宁波府	
东阳郡	婺州	→	→	婺州路	金华府	婺州片
	衢州	→	→	衢州路	衢州府	丽衢片
永嘉郡	括州	处州	→	处州路	处州府	
	温州	→	→	温州路	温州府	温州片
	台州	处州	→	台州路	台州府	台州片
遂安片	睦州	→	严州府	建德路	严州府	徽语区

→表示同左。"今方言区"一栏除徽语外,余皆属吴语区。

交通往来的便利和频繁是造成不同地点方言互相接近的重要条件。交通便利的地区,方言容易保持一致,而交通系统不同的两个地区,即使相邻,方言也往往相异。湍急的河流不利航行,往往成为方言的分界线。有舟楫之利的河流并不会造成方言的阻隔。高大的山脉常常阻绝交通,所以往往成为方言的分界线。例见第四章。

其他人文地理因素,对方言区划的形成和稳定也或多或少有些影响。例如数以百计的地方戏大多是以当地的方言和民间小调为基础的,每一种地方戏的听众往往只限于该方言区,或包括邻近的地方。所以地方戏的地理分布境界线和方言分界线有大致重合的关系,例如广东四大剧种的流行地区大致与广东省境内的方言区相重合,即粤剧——粤语区、潮剧——潮州方言区、琼剧——海南和雷州半岛的闽南方言区、汉剧——客家方言区。城市范围的扩大会使本来属于郊区的乡下方言变得像城市方言,例如一百多年来上海市区的范围不断扩大,市区方言也相应向原来的郊区蔓延。

现代汉语方言区划是多种历史人文条件综合作用的结果,不能只强调其中一个因素而忽略别的因素,只是在讨论的时候,分别举例分析,比较方便而已。

(三)权威土语变易的社会文化原因

权威土语是一个地区里最有权威的地点方言,它常常成为其他地点方言仿效的对象,来自不同地方的人相聚的时候有可能将它用作共通语。一个地区的权威土语并不是一成不变的,它会随着它所使用的地点的社会文化地位的变化而变化。下面举两个例子,例一着重说明行政区首府变易引起权威土语变易,例二说明经济中心变易引起权威土语变易。

例一:对于今上海地区来说,权威土语从明代至今已三易其主。明正德《松江府志》和《华亭县志》在述及方言时都说:"府城视上海为轻,视嘉兴为重。"从明志看当时的嘉兴话,最为人所器重,最带权威性。这是因为松江府是元代以后才从嘉兴府独立出来的,此前长期以来在行政上是隶属于嘉兴的。但是清嘉庆《松江府志》却说:"府城视上海为轻,视姑苏为重。"这不仅因为松江府从嘉兴府独立出来已经有三四百年的历史,而且因为清代的苏州在文化上占有明显的优越地位。到了现代由于上海在经济和文化上的崛起,上海市区话才逐渐取代苏州话的权威地位。

例二:泉州是闽南开发最早的地区,唐开元时人甲已有五万多户,隋唐后成为全国重要海外交通中心之一。清嘉庆年间出版的闽南地方韵书《汇音妙语》,即是以泉州音为标准的。梨园戏是闽南最古老的剧种,至今仍以泉州音为标准音。一般说来戏剧语言是比较保守的。漳州话在闽南的地位,曾因漳州月港成为闽南外贸中心,一度有所提高,但至清末仍未能取代泉州话的权威地位。鸦片战争后,厦门成为通商口岸和经济中心,它在闽南的地位急剧上升。厦门话也因此取代泉州话,成为权威土语。

(四)方言微观变异的文化原因

方言微观变异的初始原因不是唯一的,只有部分微观演变可以从文化上找到它的初始原因,借用和模仿是其中两大主要原因。

借用是指出于表达的需要,从别的方言或民族共同语,输入本地方言原先没有的成分。借用一般限于词汇层次,借用词汇的时候有可能同时借入外地的字音(例见第五章第六节)。在中国的历史上,政治和文化重心向来是在北方方言区,南方方言中的借词大多来自以北方方言为基础的民族共同语。

模仿是指出于语言心理上的欲望,仿效民族共同语和优势方言中的语音、词汇或语法成分,造成与之相近的形式,同时完全放弃或部分放弃本地方言中相应的成分。模仿的结果有可能改变一种方言的语音和语法结构,从而造成方言的宏观演变或类型渐变。

方言中的文读音即是模仿官话的结果。文读音形成以后还会因官话标准音的变化而变化,例如闽语建瓯话的文读音,对照《建州八音》和现代老派读音,可知乾隆时和民国时读音不同。清末民初新学兴起,今老派的读音显然是重新模仿当时的官话标准音的结果,如"唇"原读(yŋ,今读soeŋ,"远"原读xiŋ,今读yiŋ。语法层次上的模仿也不乏其例,如温州方言的反复问句本来只有"动+否"这一种形式,后来模仿北方话,又有了"动+否+动"这种新的形式。这两种形式长期共存,而所表达的意义完全相同。例如"去不去?"在温州方言里有两种并存的表达方式,"走也否?"或"走否走?"。因模仿共同语而造成方言演变,在现代社会里,愈演愈烈,例如各地新派方言音系越来越接近普通话。以四川官话为例,见母(开口一等)老派读 k 声母,新派读 tɕ 声母,如街 kai tɕia 疑母老派读 ŋ 声母,新派读零声母,如研 ŋiɛn/iɛn。不断模仿共同语及其基础方言——北方话,可以说是贯穿南方方言发展史的全过程,以致南方方言在类型学上越来越接近北方话,在地理上越是靠近北方的地方,其方言越是接近北方话,造成所谓语言地理类型学上的南北推移。

模仿优势方言的例子也俯拾皆是,如天津话声母本来没有平舌音和翘舌音的区别,只有平舌音,而没有翘舌音。但是近年来越来越多的天津人模仿北京音,也有了翘舌音。与模仿优势方言类似的是在同一个社区里,模仿地位较高的社会方言。例如在旧时代上海的宁波人大多经商,他们的经济地位较高,所以本地人乐于用宁波人常说的"阿拉",来替换"我伲"(我们)。这种借用的初始原因并不是出于表达的需要,因为本地话并不缺少复数第一人称的代词,而是出于仿效地位较高的社会方言的语言心理。这个新的形式产生之后,与旧的形式并存竞争,最后取而代之。

(五) 趋新的语言心理和微观变异的扩散

方言微观变异不一定都是出于社会文化方面的原因,但是每一种微观变异一旦产生以后,会不会通过词汇扩散、口头流传得以发展巩固,往往要从社会文化方面去寻找原因。换句话说,方言变异的初始原因不一定与社会文化有关,但是对变异的选择则与之相关。

一种新的变异总是先在一群人中产生,它能不能扩散到别的人群,以至整个方言社团? 决定的因素有两个。

一是新的变异是否与优势方言或民族共同语言更加接近? 如果答案是肯定的,那么它就可能迅速扩散。例如上海郊区方言音系中的缩气塞音 ʔb、ʔd 近年来迅速变成不缩气的 p、t 就是如此。

二是新的变异能不能在语言心理上被当作新的时髦? 如果答案是肯定的,那么它也可能迅速扩散。语言心理的特点之一是趋新,这与一般人总是追求时髦的风尚可以类比。方言中的一些新词、新的表达方式或句式,往往很快在全社会扩散。例如上海话中本来没有"不要太好噢!"(很好呀!)这样的表达方式,其中的"好"可以用别的形容词替换。近年来这种句式在青年人中间产生以后,很快就扩散到各个年龄层次。

三、方言的历史层次和外来文化浪潮的遗迹

方言是历史的产物,不同历史时期发生的文化浪潮,都有可能在方言中留下痕迹。分辨这些痕迹不仅能使我们发现方言的历史层次,也能使我们了解历史上的文化浪潮对方言演变的影响。除了混合型方言外,在一般的方言中至少可以分辨出以下几种历史层次。

(一) 文白异读

字音有文白异读这在南方方言里是很普遍的现象。文白异读反映历史层次不同。在方言里白读音较古老,文读音是唐宋时代开始实行科举制度以后,受到当时考试取士的文化浪潮的冲击而逐渐产生的。所以方言中的白读音代表较古老的层次,文读音代表较晚近的层次。例如厦门话中的文读音较接近汉语的中古音,白读音较接近上古音。上古音系端、知声母不分,中古音系则分立,这种历史音变现象明显反映在今厦门话的文白异读上。见表7.8。

表7.8　厦门话文白异读举例

	店——站	短——转
文读	tian⁵ tsam⁵	tuan³ tsuan³
白读	tai⁵ tiam⁵	te³ tŋ³

文白异读在字音上的层次关系也渗入到词汇中,在方言中晚近出现的词汇或晚近才在口语中流行开来

的书面语词汇倾向于用文读音。如厦门方言中用白读音读的词较古老,用文读音读的词较新。"家"在旧词"家官"(公婆)中白读作[ke],在新词"家长"中文读作[ka]。

(二)一字多音

除了文白异读之外,方言中还有别的类型的一字多音现象,其中有一部分是历史上外来的文化浪潮或文化事件造成的。例如温州方言"车"字除了在"车马炮"中读 tçy^{33} 外,还有两读,即 tshei^{33},用于"风车、水车、车栾"等词;tsho^{33},用于"板车、黄包车、脚踏车、裁缝车、汽车"等词。"车"字读 ei 韵是旧读;到了现代,温州从上海输入"钢丝车、黄包车"等新式的交通工具,同时也输入车字的上海音:tsho,从此温州话的车字多了一个读音,这个新的读音正是现代交通文化的遗迹。

(三)等义异词

所谓"等义异词"不是指一般的"等义词",等义词在方言中并存并用往往是临时性的,在经过一段时间的竞争以后,其中之一取得胜利,另一个则成为历史词汇。例如在上海话中"风潮"和"台风"曾并存,但现在已不用"风潮"。"等义异词"是指在同一种方言里,产生于不同时代的意义相同的语素,长期并存在不同的词汇中。例如在温州方言里,"兄"和"哥"并存于"兄嫂"和"阿哥"这两个不同的词中;"卵"和"蛋"并存于"鸡卵"和"皮蛋"(松花蛋)中,"蛋"这个概念除了在"皮蛋"中用"蛋"外,在别的较旧的词中都用"卵",如"盐卵(咸鸭蛋)、鸭卵、卵汤(鸡蛋汤)、石板卵(鹅卵石)"等。可见"皮蛋"是晚近从外地输入的。

参考文献

祝畹谨编《社会语言学译文集》,北京大学出版社,1985 年。

陈松岑《社会语言学导论》,北京大学出版社,1985 年。

陈原《社会语言学》,学林出版社,1983 年。

游汝杰《中国文化语言学引论》(修订本),上海辞书出版社,2003 年。

潘渭水《建瓯方言中的异读字例释》,汉语方言学会 1989 年年会论文。

思考与练习

1. 你家乡的社会方言有什么特色?
2. 调查记录某一种社会方言。
3. 就你所熟悉的方言谈谈方言演变的文化原因。
4. 就你所熟悉的方言举例说明"一字多音、等义异词、叠义复合"。

第八章　汉语方言学史概要

汉语方言学史应该包括四大方面,即清末之前的传统方言学研究;19世纪后半期至20世纪初期的在华西洋传教士对汉语方言的描写、记录和研究;民族学者的研究;以描写方言为主的现代的方言学。不过这四方面并没有明显的先后传承或互相影响关系。就现代方言学来说,它的直接源头是西方的方言学,在语音的调查和研究方面则借鉴中国传统音韵学的研究成果。因此,本章除了讨论汉语方言学史本身的四大方面以外,在最后一节大略介绍西方方言学史。

第一节　传统方言学时期

传统汉语方言学是传统的中国语言学的组成部分,不过它在传统语言学中并不占显著的地位。传统的中国语言学大致相当于所谓"小学",由音韵、训诂、文字三大部门组成。小学是经学的附庸,方言学则是训诂学的附庸。在体现中国古代学术分类思想的《四库全书》中,方言学著作只收扬雄《方言》一种,它是附在小学的训诂之属中的。

传统方言学的历史可以分为四个阶段:勃兴期、衰微期、振兴期、鼎盛期。

一、勃兴期

传统方言学的第一部专著是西汉末扬雄所撰的《方言》。此书原名《輶轩使者绝代语释别国方言》,《旧唐书·经籍志》略作《别国方言》,又称《殊言》,从汉末应劭始,简称为《方言》。南宋庆元六年(1200年)浔阳太守李孟传刻本,是现存最早的版本。

《方言》旧题汉扬雄撰,但《汉书·扬雄传》和《汉书·艺文志》皆无关于扬雄编《方言》的记载,汉末应劭在《风俗通义·序》中首次提出为扬雄所撰。宋人洪迈曾怀疑《方言》非扬雄所作,清人戴震则认为出于扬雄之手。后来卢文弨、钱绎、王先谦、王国维、罗常培等皆以应劭所说为是。

扬雄(公元前53—公元18),字子云,蜀郡(今四川)成都人。汉代文学家、哲学家、语言文字学家。成帝时以大司马王音的推荐,召拜为给事黄门郎。王莽称帝后,校书天禄阁,官为大夫。少好学,博通群籍,精于文字之学,多识古文奇字。早年喜作辞赋,有《甘泉赋》《河东赋》《长杨赋》《羽猎赋》等传世。后转而研究哲学和语言文字之学。撰有哲学著作《法言》《太玄》。语言文字学著作,除撰《方言》外,还曾续《仓颉篇》,编成字书《训纂篇》,已亡佚。生平事迹见《汉书》卷八十七。

实际上调查和记录方言的工作早在周代就形成高潮。从这个意义上说,传统方言学是在距今2500年前的周代兴起的。附在《方言》书末的扬雄《答刘歆书》说:"尝闻先代輶轩之使,奏籍之书皆藏于周秦之室。"汉代应劭《风俗通义·序》说:"周秦常以岁八月,遣輶轩之使,求异代方言。"从这两段记载可知,周代政府已设有调查方言的专职官员,他们每年秋收后乘着轻车到各地采集民歌、童谣和方言异语等,并将调查记录的方言材料收藏保存,以供朝廷作为考察民情的依据。可惜周室东迁之后,这个制度便废止了。周秦时代语言与方言颇多分歧。周朝统治者因政治上的需要,很重视语言交际问题,所以专门组织调查方言工作。再者,调查方言也是统治者观风问俗,了解民情的一个途径。不过汉代的学者关心这些调查所得的材料却只是为了研究训诂,并不是为了研究语言或方言本身。《答刘歆书》说,严君平、林间翁孺"深好训诂,犹见輶轩之使所奏言"。

周室所收藏的方言调查资料后来散逸了,只是西汉末年的严君平得到1000多字的残编;林闾翁孺则得到编辑体例。他们将所得传给了扬雄。其事见于《答刘歆书》:"少而与雄也,君平财有千言耳,翁孺梗概之法略有。"

扬雄得到这些前人留下的材料,在首都继续调查方言。调查的对象是来自各地的知识分子(孝廉)和士兵(卫卒)。他一边问,一边在绢上笔录,回来加以整理,用铅粉登录,事迹见于《答刘歆书》:"雄常把三寸弱翰,赍油素四尺,以问其异语;归当以铅摘次于椠,二十六岁于今矣。"这种请发音人发音,由调查人即时笔录的方法跟现代方言学的田野工作相仿。经过26年的调查整理,根据上述这些材料,扬雄终于写成《方言》一书。今本《方言》存13卷,共12000多字。每卷所收词汇皆不标门类,不过实际上大致是参照《尔雅》的体例,分类编次的。如卷一释诂,卷三释草木,卷四释衣物,卷五释器具,卷八释禽兽,卷九释兵器舟舆,卷十一释爬虫。全书收675条词语(据周祖谟《方言校笺》)。

《方言》是中国第一部比较方言词汇的重要著作,也是中国第一部方言词典。此书涉及的地域,东起东齐海岱,西至秦陇凉州,北起燕赵,南至沅湘九嶷,东北至北燕朝鲜,西北至秦晋北鄙,东南至吴越东瓯,西南至梁益蜀汉。书中所收不仅包含长江流域和黄河流域各地区的汉语方言词汇,还有少数民族语言词汇。

《方言》释词的方式是:先举出一个词或若干个同义词,解释词义后,再分别说明各地的不同方言词。例如:"坟,地大也。青幽之间凡土而高且大者谓之坟。"(卷一)又如:"逞、苦、了,快也。自山而东或曰逞,楚曰苦,秦曰了。"(卷二)对于词义明显的词,则不加释义,直接举出相应的方言词。如:"裙,陈魏之间谓之帔,自关而东或谓之襬。"(卷四)

《方言》所收词汇包括古今各地的方言词,也包括当时各地通用的共同词汇,或部分地区通用的方言词。对于这些类别不同的词汇各有专称,所有词汇约可分为以下五类。

一是"通语、凡语、凡通语、通名、四方之通语",指不受地域限制的共同词汇。例如:"蝎、噬,逮也。东齐曰蝎,北燕曰噬,逮,通语也。"(卷七)又如:"嫁、逝、徂、适,往也,自家而出谓之嫁,由女而出为嫁也。逝,秦晋语也。徂,齐语也。适,宋鲁语也。往,凡语也。"(卷一)

二是某地语、某地某地之间语,指通行于某一地或通行范围较窄的方言词。例如:"镌,琢也,晋赵谓之镌。"(卷二)又如:"艸、莽,草也,东起扬州之间曰草,南楚曰莽。"(卷十)

三是某地某地之间通语,指通行地域较广的方言词。例如:"苏,芥草也,江淮南楚之间曰苏……"(卷三)

四是"古今语、古雅之别语",指古代不同的方言词。例如:"敦、丰、庞……大也……皆古今语也。"(卷一)又如:"矛,吴扬、江淮、南楚、五湖之间谓之镩,或谓之鋋,或谓之纵。其柄谓之矜。"(卷九)

五是"转语、代语",指因时代和地域不同,语音发生变化的词汇。例如:"庸谓之倯,转语也。"(卷三)又如:"撲、铤、渐,尽也。南楚凡物尽生者曰撲生,物空尽者曰铤。铤,赐也。铤、赐、撲、渐皆尽也。铤,空也。语之转也。"(卷三)

书中所收不仅包含黄河流域和长江流域各地的汉语方言词,而且还有少数民族语言,如秦晋北鄙的方言中杂有"狄"语,南楚的方言中杂有"蛮语",南秦的方言中杂有"羌语"等。例如见于下列各卷的吴越语词汇。卷七:怜职(爱)、煦暇(热);卷十:短㛋(短);卷二:荆扬之间称"广大"为"恒慨",东瓯之间称"广大"为"参绥"或"羞绎、纷毋"。

《方言》是研究古代汉语及其方言的极其重要的文献,它对汉语方言学史的贡献主要有以下几方面:

第一,它开创了调查记录方言口语的研究方向,不仅是汉语方言学的开山之作,也是世界上最早的方言学著作,在欧洲调查记录方言口语的著作始于席业隆(J. Gillieron)和合作者爱德蒙(E. Edmont)所编的《法国语言地图集》,其书晚至1902年—1910年才出版。《方言》也是世界上第一本方言比较词汇集,把在不同方言区使用的意义相同或相近的词汇加以排比和解释。在欧洲同类著作晚至18世纪才问世。

第二,提供了大量汉代各地口语词汇,是研究汉代方言不可或缺的资料。

第三,提供了汉代各地通用的共同词汇,间接透露了汉代社会存在共同语和方言的差异,是研究汉代共同语不可或缺的资料。

第四,保留了若干周代记录下来的古方言词。

第五,间接提供了汉代方言地理的面貌。书中凡是一个地名常常单举的,那就可能是一个单独的方言区,如楚;某地和某地常常并举的,方言可能较接近,如秦晋。

林语堂曾据书中材料画过《前汉方言区域图》。不过《方言》所引的地域名称有的是战国名,如韩、魏;有的是民族地区名,如朝鲜、东瓯;有的是州名,如幽、燕;有的是郡名,如代、汝南;有的是县名,如曲阜、巨野;也有以山水为标志的地名,如淮汝之间、海岱之间。所提供的是不同地理层次上的方言词汇。

《方言》对于文化史研究也自有其价值。从此书所记录的若干专门词汇中,可以看出汉代的一些社会文化现象。例如,卷三"臧、甬、侮、获,奴婢贱称也"一条反映了当时蓄养奴隶仍然很普遍;而从卷四所记衣物一类词汇,可以了解汉代人衣服的形制;从卷五所记养蚕用具在各地的不同名称,可以想见当时南北各地养蚕业的发达。

《方言》的最大缺陷是仅释义,不注音。

现存《方言》最早的版本是南宋李孟传刻本。扬雄《方言》自宋代以后有版本多种,经流传刊刻,颇多错漏、妄改。清代戴震以《永乐大典》本与明本校勘,并搜集古书所引《方言》及郭注的有关文字,跟《永乐大典》本互相参订,正讹补漏,共改正讹字 281 个,补脱字 27 个,删衍字 17 个,逐条疏证,撰成《方言疏证》十三卷,对原著有校订、阐发之功。正文前有《提要》一篇,力主《方言》为扬雄所撰,并说明考订、疏通《方言》的原委和结果。此书最早有聚珍版丛书本。清段玉裁《戴东原先生年谱》对此书有评论:"《方言》十三卷,汉扬雄撰,宋洪迈以为断非雄作,先生实验正之,其文详矣。先生以是书与《尔雅》相为左右,学者以其古奥难读,郭景纯之注语焉不详,少有研摩者,故正伪、补脱、删衍,复还旧观。又逐条援引诸书,一一疏通证明,具列案语。盖如宋邢昺之疏《尔雅》,而精确过之。汉人训诂之学于是大备。"

东汉服虔继承扬雄调查记录方言口语的传统,所撰《通俗文》一书,即是记录当时口语。可惜此书已佚亡,现存只有清代以来臧镛堂、任大椿、马国翰、龙璋等人辑本。

晋郭璞(276—324)为《方言》作注。郭璞,字景纯,河东闻喜(今山西闻喜)人。晋惠、怀二帝时,河东骚乱,他为避乱长途跋涉一年多,定居江东,途中调查搜集到不少方言材料。他为《方言》作注应该是在定居江东时期,不过写作的基础应该是从小开始打下的,《自序》说:"余少玩雅训,旁味《方言》。复为之解,触事广之,演其未及,摘其谬漏。"他继承和发扬扬雄调查研究口语词汇的传统,用晋代活的口语词汇跟汉代词汇作比较,不仅对原书作了注解,并且从多方面扩充了原书的内容,所以郭璞《方言注》可以说是《方言》的续编。《方言注》有以下两个突出的特点。

第一,以晋代的口语词汇解释古代词汇,反映了词的历史演变。如:"雁,自关而东谓之鸹鹅(郭注:鸹音加),南楚之外谓之鹅或谓之仓鸹(郭注:今江东通呼为鸹)。"(卷八)

第二,不仅释义,而且注音,这比《方言》前进了一大步。同时还注意从语音变化来考察词语之间的关系。如:"党、晓、哲,知也。楚谓之党(郭注:党,朗也,解悟貌)或曰晓。齐宋之间谓之哲。"(卷一)

从《方言注》可以了解晋代语言概貌,以及语言和方言从汉代到晋代的发展情况。据沈榕秋的研究,值得注意的有以下几方面。

第一,词汇发展的双音节化倾向。这从郭注以单音节词和双音节词互注的百分比可知:以双音注单音占 63%,以单音注双音仅占 3.6%,以双音注双音占 18.5%,以单音注单音占 16.9%。

第二,方言词在使用地域上的变化,包括使用地域扩大、缩小、转移,或者变为通语。全书注明属方言词的有 122 条。

第三,从注音可见晋代的若干语音现象:轻唇和重唇相混、舌头和舌上相混、娘日泥不分;鱼侯不分、真文不分、鱼歌不分等。全书共有注音 879 条。

王国维对扬雄《方言》和郭璞《方言注》有很正确的评价,他说:"读子云书,可知汉时方言,读景纯注,并可知晋时方言。张伯松谓《方言》为悬之日月不刊之书,景纯之注亦略近之矣。"(见《观堂集林》卷五《书郭注方言后》)

清代学者为《方言》作校勘、疏证的还有:卢文弨《重校方言》、刘台拱《方言补校》、钱绎《方言笺疏》、王念孙《方言疏证补》,这些著作对扬雄的原著也有校订、阐发之功。近人周祖谟校、吴晓铃编《方言校笺及通检》(科学出版社,1956 年)是《方言》最佳的校笺本。

在魏晋南北朝时期,除了郭璞《方言注》是一部杰出的方言学著作外,还产生好些反映方言的韵书、韵图,例如李登的《声类》、吕静的《韵集》、夏侯咏的《韵略》、阳沐之的《韵略》、周思言的《音韵》、李季节的《音谱》、仕台卿的《韵略》等。这些著作中"各有土风"的韵图大致相当于方言同音字表。作为中国,也许是世界上最早的同音字表,它们在方言学史上应占很重要的地位,可惜它们早已亡佚不存。

二、衰微期

如果说汉代是传统方言学的勃兴期,那么隋唐宋元应该是衰微期。这个衰微期的主要表现有二:一是抛弃了调查记录方言口语的优秀传统;二是没有真正意义的方言学著作诞生。

在隋、唐、宋、元也有些韵书和笔记杂谈类著作涉及方言,前者如元代周德清《中原音韵》原为北曲的用韵而作,但客观上描写了当时以大都为代表的北方方言口语语音系统;后者如唐代颜师古《匡谬正俗》、宋代王应麟《困学纪闻》等。到了明代,此类笔记杂谈著作就更多了,如陶宗仪的《辍耕录》、郎瑛的《七修类稿》、岳元声的《方言据》等等。严格地说来这两类著作都不能算作方言学专著。

三、振兴期

在明代近 300 年间,值得一提的方言学专著只有李实的《蜀语》。

《蜀语》,不分卷。明李实撰。常见的版本有函海本、1937 年商务印书馆《丛书集成》初编本。

作者李实(1597—1674),字如石,号镜菴,四川遂宁人。崇祯九年(1636)中举,崇祯十六年(1643)中进士,同年为长洲(今江苏苏州)令,兼摄吴县令。次年明亡,弃官隐居,授徒著书,凡 30 年。一生著作除《蜀语》一书流传至今外,另有《四书略解》《六书偏旁》《宪章录》《遂宁县志》《李氏家乘》《吴语》等,皆已散佚。

据自序,作者"重长蜀田间,忌闻蜀谚",明亡后留滞长洲(今苏州),得以考之,撰成此书。清乾隆时,四川李调元将此书辑入《函海》丛书。

《蜀语》是中国现存最早的研究地区方言的著作,此书一改晋代郭璞之后知识界轻视方言的错误倾向,重新恢复调查、记录和研究方言口语的优秀传统。全书收录考证四川方言词汇 600 多条。所收条目前后连贯,不分卷,也不分类。内容包括名词、动词、形容词等。名词就词义来说,所涉及的范围甚广,包括天文、地理、动物、植物、器具、人体、疾病、亲属、服饰、食物、房屋等。动词多收单音动词,如"呼之曰敕。敕音朔。"所收形容词如"傲曰戆。戆音刚,去声"。每条大致先简要释义,后出条目,即四川方言词语,再注音,并作进一步解释。间或也引典籍,以溯其源流。如:"盛酒器谓之酒落,盛茶器谓之茶筶"。筶,从竹,以竹为之。扬子《方言》有"盂筶"。对简明易晓的条目,只作简要的释义和注音,例如"刈草曰刹。刹音讪"。甚至只有简要释义,例如"鹅卵石曰礓石"。

书首有自序一篇,批评"学士家竞避俗撏雅,故贱今而贵古",认为字无俗雅,方言皆有"典据"。说明本书编写目的是就其所知指出方音的典据。但是实际上引经据典考证的条目不多,而以记录口语为主。

本书有四个主要优点。

第一,所收条目的地域性很明确,即明末四川方言口语词汇,只是间或跟吴语词相比较。不像同类著作常包含许多非方言词汇。其中许多词汇今遂宁方言仍用,如"豚项间肉曰臑头。臑音曹"。又如"小儿女曰幺。幺音腰。凡幽幼字从此为声,俗作么,误"。又如"平原曰坝。坝,从贝,音坝。与从贝不同。从贝,水堤也。吴越谓堰堤为坝,音贝"。

第二,注重注音,跟扬雄的《方言》比较,这是方言学史上的一大进步。北齐颜之推《颜氏家训·音辞篇》曾批评《方言》说:"其书大备,然皆考名物之异同,不显声读之是非。"所评甚是。而《蜀语》几乎对每一条目都注音。注音的方法有三:一是大多数条目标注方言同音字。如"面疮曰皰。皰音砲"。二是注一个同声同韵不同调的方言字,然后加以声调说明。如"宛转生动曰蚴。蚴音牛,去声"。三是用反切注音,如"指物事曰者。者,止野切"。作者特别注意辨调,对声调难辨的条目,常详加说明,如"肉曰肉。上肉入声,下肉去声,音鞣。四声收在宥字韵"。有的条目仅为注音而立,如"一读若衣""十读若诗""大读一惊切"。这些都是考证明代四川方言语音的极宝贵的材料。而这些注音方法也为后出的方言学著作所沿用。

第三,注重方言词语的汉字写法,意在纠正俗字,客观上保留了一些方言词语在当时的通常写法。如

"跛曰跰。跰通作茧"。又如"关门机曰櫊。櫊,音栓。本作㦬。从户㦬声。俗加木,今误作闩。闩音眔"。

第四,对有关民俗的词语解释颇详,为研究明代四川民俗提供了宝贵的资料。有关条目如"豆粥、火谷、端公、马船"等。

此书缺点是所收条目前后连贯,不分卷,也不分类。次序混乱,不便检索。所收条目数量也嫌不足。

分地研究方言词语,本书开风气之先,后起而效仿者不少。如清代毛奇龄《越语肯綮录》、胡文英《吴下方言考》等。清末民初张慎仪所撰《蜀方言》也是仿《蜀语》之作,而征引典据更为详审。

研究《蜀语》的著作有甄尚灵、张一舟《〈蜀语〉词语的记录方式》(载《方言》1992 年第 1 期)。

四、鼎盛期

清代是传统方言学的鼎盛时期。清代的方言学专著大致可以分为以下六类。

第一类:疏证校勘扬雄《方言》的著作。重要的有戴震《方言疏证》、钱绎《方言笺疏》、王念孙《方言疏证补》。这些著作对《方言》有订讹补漏、校正阐发之功。

第二类:沿袭《方言》体例,比较研究方言词汇的著作,重要的有杭世骏《续方言》、程际盛《续方言补》、程先甲《广续方言》、张慎仪《续方言新校朴》等。这些著作只是搜集和载录古文献所见的古代书面方言词汇,并没有继承发扬扬雄调查记录活的方言口语词汇的长处。

《续方言》,二卷,清杭世骏著。有嘉庆年间艺海珠尘本、《四库全书》本、《丛书集成初编》本、《道古堂外集》本等。其中清光绪二十年(1896)刊刻的《道古堂外集》本是善本,书后有章太炎识语。

《续方言》分上、下两卷。无序跋。从全书内容看,作者旨在辑录唐代之前经史志传、字书词书中的古方言词,以补充扬雄《方言》之不足。全书辑录古方言词 522 条,大致直接引用原文原意,不另作说解。所引以见于《说文》、《方言》郭注、《尔雅》郭注、《释名》、《礼记》的为多。全书依《尔雅》体例编次,但不标明类目。

《四库全书总目提要》评价此书道:"其搜罗古义,颇有裨于训诂,惟是所引之书往往耳目之前,显然遗漏,……又如书引《说文》'秦晋听而不闻,闻而不达,谓之睯'。引《史记集解》'齐人谓之额,汝南淮泗之间曰颜'诸条,本为扬雄《方言》所有,而复载之,亦为失检。"所评甚是。

本书是清代第一部博采众籍,增补《方言》的著作,有助于了解唐代之前的古方言词及其词义和分布地域。但是因为不作古今方言词的比较,所以不能从中看出方言词在地理上的历史演变。就此而言,其价值不如《方言》郭注。有的条目解说方言词的读音,从中可以了解古代方言的若干语音特点,这对于方言语音史研究颇有价值。(以上述评《续方言》,据沈榕秋。)

清程际盛《续方言补正》上卷辑录《续方言》未及者共 103 条,下卷校正《续方言》共有 67 条,可作阅读该书的参考。

第三类:分地研究方言词语著作。此类著作是由上述《蜀语》开风气之先,后继者有清代范寅《越谚》、毛奇龄《越语肯綮录》、胡文英《吴下方言考》等。明末清初张慎仪《蜀方言》也是仿《蜀语》之作,作者在凡例中说:"扬子《方言》兼采异国殊语,不限一域。断域为书,始于李实《蜀语》。而清毛奇龄《越语肯綮录》、胡文英《吴下方言考》……皆胜于李。予撰《蜀方言》二卷,窃欲步其后尘。"所评甚是,不过张书侧重引经据典,考证本字,未得《蜀语》注重记录方言口语词汇之旨。体例参照翟灏《通俗编》,一般每条先注明本字,再引其字在字书、韵书或其他文献中的出处。例如:"船尾曰艄。《集韵》:艄,师交切。音梢。船尾。"

第四类:地方韵书。清代的地方韵书很多,尤以闽语区的地方韵书为最盛,如《戚林八音》(福州)、《汇音妙悟》(泉州)、《拍掌知音》(泉州)、《雅俗通十五音》(漳州、厦门)、《潮汕十五音》(潮州、汕头)。其他方言区也有地方韵书,如《千字同音》(广州)、《五方元音》(河北)等。这些地方韵书是为帮助当地人士辨音识字而编辑,大多只流行于本地,有的至今还只有手抄本,如《渡江书十五音》(闽南)。这些著作除了分析方言的声韵调系统,解释方言词汇的词义外,还收录很多方言本字和方言俗字。

《拍掌知音》,一卷。全称《拍掌知声切音调平仄图》,以略称《拍掌知音》行世。清廖纶玑著。有梅轩书屋藏本、《方言》季刊 1979 年第 2 期影印本。凡例上中下 3 页,正文 18 页,每页两图,共 36 图。影印本凡例缺下页。

此书的成书年代约在《戚林八音合订》之后,即乾隆十四年(1749)以后。《戚林八音合订》中的《戚参将八音字义便览》例言有"打掌与君知"一句,大约就是本书书名中"拍掌知"三字的来历,"打"字今闽语多用

"拍"字。本书是现存较早的闽南泉州音韵图。

此书是类似《切韵指掌图》的等韵书。正文前有凡例,说明图例、如何读图及用图练音。正文包括 36 张等韵图,即单音字表。每图左端竖列出 15 个字,即"柳边求去地颇他争入时英文语出喜",分别代表"十五音",即 15 个声母。每图上端列出"上平、上上、上去、上入、下平、下上、下去、下入"八个调类。每图右上角"柳母"和"下平"的交会处列出"音祖"或"字祖",即韵母,用合体字表示。每图皆有一个韵母,共 36 个韵母。凡声韵调交会有音有字处,即选一字填之;无字处用图圈表示;同字同声同韵异调处用"匕"表示,见附图。

李荣《廖纶玑〈拍掌知音〉影印本序》、黄典诚《〈拍掌知音〉说明》(均载《方言》季刊 1979 年第 2 期),对本书有所考证。

据黄典诚考证,本书各图是闽南泉州音文读系统的单音字表。图中所列只有极少数白读系统的字音。今闽南话文白读的界线不易划分清楚,本书可以作为研究闽南话文白异读问题的重要参考。黄典诚又据本书韵图拟测了当时泉州话的 36 个韵母和 15 个声母,指出韵母逢"止、遇、假、果、蟹、效、流"七摄没有入声;逢"咸、深、山、臻、江、曾、梗、通、宕"九摄都有入声,并且 m/p、n/t、ng/k 相配,跟中古音系一样。声母不分浊鼻音和浊口音,即 n/l、m/b、ng/g 不分。

与本书同类的闽南漳泉音韵书还有《汇音妙悟》《雅俗通十五音》,但较为晚出。

附图:《拍掌知音》第十五、十六图(原图直排,今改横排)。

十　五　图

	柳边求去地颇他争入时英文语出喜
上平	[靶]巴家○○○他查○沙鸦○○差○
上上	○把假○○○○○○○哑○○○○
上去	○匕匕○○○○匕○○匕○匕○匕
上入	○○○○○○○○○○○○○○○
下平	○○琶○○○○○○○○○牙菜霞
下上	○○○○○○○○○○○○○○下
下去	○豹惊○○○○诈○○亚○讶钞夏
下入	○○○○○○○闸○○○[不+见]○○○

十　六　图

	柳边求去地颇他争入时英文语出喜
上平	[猍]○该开猷○台菑○鳃挨○○猜○
上上	○摆改楷歹○○宰○○霭○○采海
上去	匕○匕匕匕匕匕○匕匕○匕匕匕
上入	○○○○○○○○○○○○○○○
下平	来牌○○台○○材○○○埋呆裁颏
下上	○○○○逮○待豸○○○○○○蟹
下去	赖败届慨代派泰载○晒隘○碍蔡害
下入	○○○○○○○○○○○○○○○

《分韵撮要》刊于 1782 年,是现存较早的粤方言韵书,此后"坊刻甚剧",是现存较早的粤方言韵书。据民国四年刻本,全书分 33 韵,各韵以平、上、去、入四声为序排列,同声调的字则以声母为序排列。

《拼音字谱》是较晚出的广州方言韵书,刊行于 1896 年,王炳耀著。此书用 ts、tsh、s 和 ch、chh、sh 两套声母来记录广州话的舌齿音声母,即精庄组和知章组分列不同的两类声母,与《分韵撮要》相同。

《类音》的作者潘耒是江苏吴江人,他在此书卷一中提到"北人读湍如滩,读潘如攀,读肶如公,读倾如穹……,南音则判然为二"。意谓在当时的北方话中合口介音已消失,删韵和桓韵已合并,清韵(合口三等)与东韵已合并。南方方言则不然。

地方韵书在清末民初仍然兴盛未衰,例如粤东潮汕方言韵书至少有四种。

张世珍《潮声十五音》,汕头进步图书局 1913 年出版。作者是广东澄海隆都(原属饶平)人。书前有李世铭宣统元年(1909)所作的序,又有作者光绪三十三年(1907)所写的自序。此书修订本有两种:蒋儒林《潮语十五音》(1921),潮安萧云屏编、澄海黄茂升校订的《潮语十五音》(1922)。

《击木知音》,全名《汇集雅俗通十五音》,副题《击木知音》,成书于"中华四年(1915 年)岁次乙卯八月望日"。所反映的是潮州话音系。

《潮声十七音》,全名《潮声十七音新字汇合璧大全》,澄邑姚弗如编,蔡邦彦校,初版于民国三十三年春季。

清代学者李汝珍所撰等韵学著作《李氏音鉴》刊于嘉庆十年(1805)。作者在"凡例"中指出:"以韵而论,北于陈程,银盈,勤檠,神绳,林灵,贫平,金京,民鸣,亲青,宾兵,奔崩,根庚,真蒸,新星之类,分之甚细,南或合而为一。盖北以真文元侵四韵音近,以庚青蒸三韵音近,二者迥乎不侔;而南以七韵音皆相类。"李汝珍的这些例字说明三个中古的阳声韵尾在一般南音里已经混同。这些例字在切韵音系所属的韵类如下:

中古收 *-n 尾:

字	陈	银	勤	神	贫	民	亲	宾	奔	根	真	新
韵	真	真	殷	真	真	真	真	真	魂	痕	真	真

中古收 *-m 尾:

字	林	金
韵	侵	侵

中古收 *-ŋ 尾:

字	程	盈	檠	绳	灵	平	京	鸣	青	兵	崩	庚	蒸	星
韵	清	清	庚	蒸	青	庚	庚	庚	青	庚	登	庚	蒸	青

在 19 世纪初年的北方话里,-m 尾已并入-n 尾,所以李汝珍说:"北以真文元侵四韵相近"。不过这些例字中没有元韵字。元韵字在今吴语里韵尾脱落或读鼻化元音,与其他六韵的今音并不相类。所以"南以七类音皆相类",在当时的吴语里还是可疑的。换言之,只是"真文侵庚青蒸"六韵相类是可信的。中古音"真文"韵收-n 尾,"侵"韵收-m 尾,"庚青蒸"收 ŋ 尾,所以在 19 世纪初年的江南音里,三个阳声韵尾应已合流。

因为此书列韵目是举平声以赅上去,所以与上述六类阳声韵相配的入声韵,其韵尾也应该是相类的,即与阳声韵韵尾一样,合而为一。

第五类:分类考词派著作。此类著作企图证明方言口头词语皆有所本,对每一个词语皆引用古代文献,溯其源流。旨在指出某一方言词语最初见于何书,或出于何人所撰著作,可供词源学研究参考。此类著作可以下述三种为代表。

《通俗编》,三十八卷,清翟灏撰。成书于清乾隆十六年(1751)。有仁和霍氏无不宜斋刻本。1958 年商务印书馆据无不宜斋刻本排印,附有四角号码索引。

翟灏(1736—1788),字大川,晚年改字晴江。浙江仁和(今浙江省余杭县)人。乾隆十八年(1753)举乡试,次年成进士,历任衢州、金华二地府学教授。平生博览群书,精心考证,尤致力于训诂。又曾"往来南北十许年,五方风土,靡所不涉"(周天度《序》)。著作除有《通俗编》外,还有《尔雅补郭》刊行,另有《周书考证》等书稿未刊。事迹见《碑传集》卷一百三十四、《清史列传》卷六十八。

本书辑录、解释历史文献中的俗语和方言词汇共五千多条,并考证其源流。其内容分为以下三十八类:天文、地理、时序、伦常、仕进、政治、文学、武功、仪节、祝诵、品目、行事、交际、境遇、性情、身体、言笑、称谓、神鬼、释道、艺术、妇女、货财、居处、服饰、器用、饮食、兽类、禽鱼、草木、排优、数目、语辞、状貌、声音、杂字、故事、识馀。

本书取材范围相当广泛，包括经传子史、诗文词曲、小说、字书、诗话、艺谈、佛经等，所以条目和资料非常丰富，为同类著作之首。作者对每一条目都追溯语源，引书证释，例如"后来者居上"条，作者引《汉书》有关材料说明语源。《汉书·汲黯传》："陛下用群臣如积薪耳，后来者居上。"师古注："或曰积薪之言出曾子。"并对许多成语和词语还能说明其流变，所以本书对词源研究很有参考价值。如"揭帖、弔卷、工尺、山歌、海监腔"等。

本书的主要缺点有三：一是引用文献常随意删节或出处不详。如卷二十六"瓦罐终须井上破"条引用《汉书·陈遵传》有关材料，仅截取原文头尾，中间删去五句。又如卷二十四"打官司"条仅释为"元人《抢盒庄曲》有此三字"。未引原文原句，作者也不详；二是许多条目只引用文献，不释义，或释义不全面。如卷二十四"告示"："《荀子·荣辱篇》：'仁者好告示人。'《后汉书·隗嚣传》：'腾书陇蜀，告示祸福。'"今按："告示"有动词和名词两种用法。作者所引两例都是动词用法，实际上名词用法早见于元、明时代的文献；三是分类失当，不便检索。如将"周而不备"列入"地理"类，"道理"列入"文学"类等。

清代梁同书编有《直语补证》一书，辑录《通俗编》所遗漏的词语，或虽同举一语而征引不同的文献材料。《直语补证》有《频罗庵遗集》本和《昭代丛书》本。1958年商务印书馆出版的《通俗编》后附有此书。

钱大昕《恒言录》较《通俗编》为晚出，体例更谨严，取材更精审，分类更合理，释义更深入。

《恒言录》，六卷，清钱大昕撰。作者生前未刻板，嘉庆十年（1805）扬州阮常生据原稿和乌程张鉴补注刻入《文选楼丛书》内，阮氏刻板时还加上自己的注。此书另有《潜研堂全书》本、商务印书馆据文选楼本排印的《丛书集成》本、1958年商务印书馆重校排印本。

作者钱大昕（1728—1804），字及之，江苏嘉定人，清代著名的史学家、考据学家、语文学家。

本书是收录常言俗语并考证其源流的著作。全书按词义分六卷十九类，即卷一：吉语、人身、交际、毁誉；卷二：常语、单字、叠字；卷三：亲属称谓；卷四：仁宦、选举、法禁、货财；卷五：俗仪、居处器用、饮食衣饰；卷六：文翰、方术、成语、俗谚。共有八百多条。大部分是双音节词语。卷二中的"单字"是单音节词，卷六多四字格成语或民间谚语，如："矫枉过正""吹毛求疵""办酒容易请客难，请客容易款客难。"

本书对每一条目都引用古代文献，溯其源流，如："道貌：《庄子·德充符》：'道与之貌，人与之形'。"（卷一）"费用：《荀子》：'孰知夫出费用之所以养财也'。"（卷四）"矬：《广雅》：'矬，短也'。《通俗文》：'侏儒曰矬'。"（卷二）作者一般不注音，也不另行释义。所收词语间或有方言色彩，如："寤与忽同，吴中方言，睡一觉谓之一忽。林酒仙诗：'长伸两脚眠一忽，起来天地还依旧'，是也。按：《说文》：'寤，卧惊也。'《广韵》："寤，睡一觉也。寤与忽同音，常用寤字为正。"考证方言本字和词源较详确。本书所收的一般双音节词和双声叠韵的双音苑词相当丰富。还注意搜集和排比近义词。如"吉祥、吉利""快乐、快活""长久、长远"等。

《恒言录》在引证的详确方面，也超过《通俗编》。如："耳边风：《南齐书·武十七王传》：'吾日冀汝美，勿得，如风过耳，使吾失气'。杜荀鹤诗：'万般无染耳边风'。"《通俗编》只引杜荀鹤诗，《恒言录》补引《南齐书》，以见其流变。

本书因由张鉴和阮常生作注，内容丰富不少，后来又有陈鳣编《恒言广证》一书，补注原书的许多条目和张、阮两家的注。《恒言广证》于嘉庆十九年（1814）成书，本无刻本，商务印书馆根据陈氏手稿整理排印，和《恒言录》合装成一册，即《恒言录·恒言广证》，1985年出版。又钱大昕之弟钱大昭著《迩言》六卷，近代罗振玉又著《俗说》一卷，可与《恒言录》相补益。

《通俗编》旨在辑录、考证历史文献中的俗语和方言词汇；《越谚》注重口头词语的记录；《方言藻》则属意辑录和考证唐宋诗词中所见的方言俗语。

《方言藻》，两卷，清李调元撰。有道光五年（125）李朝夔补刊《函海》本、《方言藻》和《粤风》合刊本。

李调元（1734—？），字羹堂、赞庵、鹤州，号雨村、童山蠢翁、墨庄。绵州（今四川绵阳）人。乾隆进士，历任广东学政，直隶通永道、潼山道。曾得罪权臣和坤，充军伊犁，后以母老得归。藏书数万卷。戏曲论著有《雨村诗话》《雨村戏话》，另著《童山全集》。尝辑《函海》，多至二百多类，另辑有《全五代诗》、民歌集《粤风》等。

据《自叙》，作者少时读唐宋诗词，对其中方言俗语词汇，执义理以求之，常索解不得。后沉潜而玩，反复比证，而得通解。乃将此类语词括而汇之，以使人知道古人诗文中的"里巷鄙俚之言，亦未尝无所本"。

全书辑录唐宋时代诗词中所见的方言俗语词汇共105条，举历代诗词和经传子史中的用例相互比证会通,并一一释义。释义的方法大致有二:一是先录诗文用例,后释义,如:"只,杜子美诗:寒花只暂香;又云:只想竹林眠;又云:只道梅花发。只,俗言也。"二是先释义,后举诗文用例,如"释嫌"条:"翻,反也。李义山诗:本以亭亭还,翻以脉脉疏。又云:千骑君翻在上头。"间或略作考证,说明用法和音读,如:"这,蜀主王衍《醉妆》词:者边走,那边走。毛晃云:凡称此个为者个,多改用这字。这乃迎也。按:这,音彦,今借作者,读作者去声。韦谷《才调集》载无名氏诗云:三十六峰犹不见,况伊如燕者身材。唐诗用这字始此。"

本书是第一本用实例比证会通法解释诗词中的方言俗语的著作。诗词中的方俗语词,尤其是虚词或词义较虚的词语,颇难释义,引用例互相比证,其义自明。如"争"条:"争,俗作怎,方言如何也。李义山诗:君怀一匹胡威绢,争试酬恩泪得乾。姜夔《长亭怨慢词》:书郎去也,怎忘得玉环分付。"本书篇幅不长,一共只有十二页,但本书开创的研究词义的方法,为张相《诗词曲语辞汇释》、徐嘉瑞《金元戏曲方言考》等继承,对后世学者影响颇大。

本书名为《方言藻》,实则大都只是口语或俗语词汇,并不一定是方言词汇。全书指出使用地域的只有两处,即:"真成"(宋人方言)、"得能"(吴人方言)。有的条目引例太少,甚至只引一例,致使词义不能显豁。例如:"大都,李山复诗:大都为水也风流。"有引例,而不作解释。又如:"径须,径犹直也。杜子美诗:过客径须愁出入。"虽然有释义,但是只引一例。

后出的张相《诗词曲语词汇释》(1945年)和徐家瑞《金元戏曲方言考》(1948年)是同类著作。

第六类:分类考字派著作。此类作品以考证方言词语的本字为目的,企图证明方言口语皆有"本字",而欲"正俗世之伪字"、或使他人"多获一字之益"。其中具有代表性的著作是胡文英的《吴下方言考》和杨恭恒的《客话本字》。

《吴下方言考》,十二卷,清胡文英著。刊于清乾隆四十八年(1783)。今有清乾隆年间留兰堂刊本、北京中国书店—1980年影印本。

胡文英,字绳崖,生卒年月未详,江苏武进(今江苏省常州市)人。撰《吴下方言考》近三十年,于乾隆二十五年(1760)质之同乡钱铸庵,钱氏击节叹赏而为之序,23年后才得以付梓。

胡文英编撰此书的目的,是集录吴语词汇,考本字,明训诂,以证释古书。钱序也指出此书证明吴下的街谈俚谚,"尽为风华曲雅之音",称作者"一字一句,皆援古证今,必求意义之所在"。这样一来"习见以为无文者有文,无义者有义"。

本书所谓"吴下方言""吴中方言"或"吴语"是指今苏州一带方言或泛指苏南吴语。其取材原则是收录吴下方言中"人所未能通晓"的词语,间亦采录燕、齐、楚、粤等方言与吴语参校证明。全书分十二卷,共收词语九百九十三条。编排次序以平水韵为准,以平、上、去、入四声为序,卷一至卷六是平声,卷七是上声,卷八是上声、去声各半,卷九是去声,卷十是去声、入声各半,卷十一、十二是入声。有的韵字数太少就附于他韵之下,如冬韵附于东韵之下。多音节词根据最后一个字所属的韵来归类。如"花黄"归入卷二江韵。每条先出词目,后引用古籍说明源流,最后是作者的释义。对词目中较生僻的字,则用方言同音字注音,偶尔也用反切注音。用字以见于《说文》者为主。"有宜用古字者,概仍其旧"。所引古籍遍及字书、韵书、义书、史书、诗词等,以唐代以前之书为多,宋元以后之书为少。例如:"髭音旁,唐李绵云:智永禅师,有颓笔头数十髭。案髭:瓶,音潭也。吴中谓之髭。"(卷二)

本书的价值有以下几方面:

一、提供了许多清代吴方言口头常用的词语材料,可以作为清代吴方言词典来使用。

二、对吴方言词语的源流考证有所贡献。如:"媖婪,音摊爿,《玉篇》:'媖婪,无宜适也。'案媖婪,散置也。吴中谓物散置者曰媖婪落爿。"(卷五)

三、对吴方言本字的考证有所贡献。如:"拘,《广雅》:击也。案拘,掌人颊也。吴中凡掌人颊曰拘。"(卷五)

四、有助于了解古今方言的流变。如:"旨,音茫,扬子《方言》:'沇沸之间,命名之而不肯答曰旨。'案旨,途遇而不肯言,其人有急事也。吴中人谓猝遇相讯,彼不久言者,则目之曰失头旨脑。"(卷二)

本书考证本字,忽略古今音韵地位的比较和联系,有的所谓本字,难以确信。如:"措,(音)闸。《史记·梁王世家》:'李太后与争门措指。'按:措,谓门扇所夹也。吴中谓忽然被夹伤曰措。"今按:据《集韵》,侧格切,追捕也。声母是清音,今吴语"闸"是浊声母。音义皆不能密合。

《吴下方言考》是清代方言学"分类考字派"的代表作品,后出的较优秀的同类著作有杨恭桓所著《客话本字》。

《客话本字》收录"多向所疑土谈有音无字者,共一千四百余字",包括单音节词、双音节词和多音节词。全书正文包括 5 篇:《客话双字》《客话叠字》《客话单字》《客话补遗》《客话源流多本中原音韵考》。每条先列"本字",后引古籍以作考证,旨在说明客话字汇"皆有所本"。本书对于了解清代嘉应客话字汇有重要参考价值,也可供考证客话本字的参考。例如:"癯,音渠,瘦也。今人谓瘦曰癯瘦,正合。"今按:癯,《集韵》:"权俱切。《说文》'少肉也'。"音义皆合。但间或有牵强附会处,如"蓬松:蓬字俗呼盆上声,蓬盆乃一声之转。"今按:此词今客家话读作 phun^{2}suŋ^1,但是"蓬"音 phuŋ^2,两者语音不相合,客家话里的-n 韵尾和-m 韵尾也不相混。所以作者认为此词的第一个音节的本字是"蓬"不对。"蓬松"应作"粉松",形容像粉一样松。今客家话"粉"字文读作 fun^3,白读正作 phun^3。文读为轻唇,白读为重唇。此词也见于温州话,读作 phaŋ^{42}soŋ^{33},《温州方言词典》写作"喷松"。"喷"和"松"皆阴平字,两字组合,变调应作 11-33,与此词的实际变调 42-33 不合。如认为此词的来源是"粉松",则变调也相合。非母重唇存古还有别的例子,如"粪箕"读音是 paŋ^{42}tsɿ^{33}。宁波话有"喷酥"一词(见《宁波方言词典》),读音是 phən^{53}su^{53}。其中第一个语素的词源也应是"粉"。如是"喷",则词义与原词不合。

传统方言学的最后一位大师是清末民初的章炳麟(太炎,1869—1936)。他所撰的《新方言》代表传统方言学成就的高峰。《新方言》,十一卷,附《岭外三州语》一卷,收在《章氏丛书》第四种内,通行的是 1919 年浙江图书馆的校刊本。

章炳麟,浙江余杭人,初名学乘,字枚叔,因仰慕顾炎武之风范,又改名绛,号太炎。曾受业于德清俞樾。1897 年任《时务报》撰述。因参加维新运动,被清政府通缉,流亡日本,与孙中山先生结交。1903 年发表《驳康有为论革命书》等文,并为邹容《革命军》作序,因而被清政府逮捕入狱。1906 年出狱,同盟会迎至日本,主编同盟会机关报《民报》。辛亥武昌起义后返国,民国元年聘为总统府顾问。1913 年因声讨袁世凯,被软禁于北京。袁氏病死获释。1917 年任大元帅府秘书长。1924 年在苏州设章氏国学讲习会,以讲学为业。其著作大部分刊入《章氏丛书》正编、续编和三编中。其中语言文字学方面的主要论著有《文始》《新方言》《国故论衡》《小学问答》等。

《新方言》是利用传统的音韵学、训诂学和文字学的知识考求方言本字和语源的著作。全书分十一卷,前十卷为:释词、释言、释亲属、释形体、释宫、释器、释天、释地、释植物、释动物,共收方言词语八百条左右;第十一卷是音表,包括古音韵母二十三部和古音声母二十一纽表。书前有《自序》,书后有刘光汉和黄侃的《后序》。

《自序》述及写作本书的目的和原则,并指出方言词语演变的途径和语源难明的原因。作者不满足于清代方言学的著作,认为杭世骏、程际盛的著作只是撮录字书,未为证明;钱大昕的《恒言录》"沾沾独取史传为征,亡由知声音文字之本柢";翟灏的《通俗编》则多以唐宋之前传记杂书为根据,而忽视古训,且少分析说明。作者试图上稽《尔雅》《方言》《说文》诸书,解释方言中难晓的词语,并追溯其本字和语源,既以古通今,又以今证古。《自序》还指出方言词语演变的途径和语源难晓的原因有六:

一、"一曰一字二音,莫知谁正"。例如:"榻前几,江沔之间曰桯。郭璞音'刑'。《广韵》又他丁切。今淮南谓床前长凳为桯凳,音如晴,江南、浙江音如楹。"今按:此词共有四音:刑(郭璞音,《广韵》音平声青韵匣母)、他丁切(平声透母青韵)、晴(今淮南音)、楹(今江南、浙江音)。

二、"二曰一语二字,声近相乱"。例如:"今南方方言多言去,北方多言朅,或音如铠。"

三、"三曰就声为训,皮傅失根"。例如门、柱义,《周礼·夏宫》写作"和",吴语用"鍃",《说文》写作"桓"。

四、"四曰馀音重语,迷误语根"。例如:痲查、夥颐。今按:复合词,后一音节无义。

五、"五曰音训互异,凌杂难晓"。例如"摆"的本义是"开割(牺牲)","摆放"的本义为"废","摇摆"的"摆"本为"扡"。三字本义不同,读法和写法相同。

六、"六曰总别不同,假借相贸"。例如:"搅"有"乱之"和"治之"两个相反的词义。对方言词语的语源和演变进行了理论探讨。

作者对传统小学有深入的研究,并且对现代方言的语音及其演变也颇能审辨,所以本书在古语和今语的证合方面颇多贡献,其成就就超过清代一般的方言学著作。

例如:"《广雅》亢,遮也。《左传》:吉不能亢身,焉能亢宗。杜解:亢,蔽也。案:《尔雅》蔽训微。谓隐匿之也。则亢亦有遮使隐匿之义。今淮西淮南吴越皆谓藏物为亢,读如抗。"又如:"《说文》:藩,屏也。屏为屏蔽,亦为屏藏。地官善乐。杜子春读善乐为藩乐。谓闭藏乐器而不作。今浙西嘉兴、湖州谓逃隐屏藏为藩,音如畔。古无轻唇音。藩音如盘。盘、畔亦相代也。"今案:此两条考证本字和语源,音义皆合。又如卷二:"《说文》斸,柯击也。从斤良声。来可切。今人谓椎有柯柄可举击者为斸头。从良声读如郎。山西正作来可切。"卷四:"《公羊隐二年传》:妇人谓嫁曰归,嫁则有家,引申谓家为归。春秋齐鲁有归父,郑蔡有归生,楚有仲归,皆字子家。广语谓家里为归里。"卷六:"《说文》戁,愚也。涉降切,今江南运河而东至浙江皆以婞直为戁。读如渠降切。"这些内容正可以作为考证现代方言词语的本字和语源的重要参考;同时也可以作为了解古代词语的含义的重要参考。黄侃评论说:"已陈之语,绝而复苏,难论之词,视而可识。"作者是传统方言学的最后一位大师,本书也是成就最大的同类传统方言学著作。

但是作者对方言的创新发展缺少认识,而认为"虽身在陇亩与夫市井贩夫,当知今之殊语,不违姬汉"。试图从汉代以前的古书里追索所有现代方言词语,这就难免穿凿附会,不切实际。例如:"《易》:大壮。马融曰:壮,伤也。《方言》草木刺人谓之壮。郭璞曰:壮,伤也。壮创声近,壮借为创。刀伤亦得名壮,非独草木刺人矣,今人谓剃发伤皮为打壮,淮南音侧亮切,江南浙江音侧两切。"此例仅用音近来说解,显得牵强。此外,作者只注重汉代以前的典籍,而弃置唐宋以后的文献材料,也有割断语言发展历史之嫌。

附录的《岭外三州语》取温仲和和杨恭恒的客家话著作"凡六十馀事,颇有发正"。引证考释的方法和前十卷一样,例如:"《尔雅》:庞,壮大也。《方言》:凡物之大貌曰丰庞。""三州"是指广东的惠州、嘉应州和潮州。

在章炳麟《新方言》之后,民国时期仍然陆续有传统方言学著作出版,如罗翙云《客方言》、孙锦标《南通方言疏证》、詹宪慈《广州语本字》等,不过已是强弩之末了。

《客方言》,十二卷。近人罗翙云著。国立中山大学国学院丛书第一种,民国十一年(1922)序刊。

罗翙云,兴宁(今广东兴宁)人,生卒年代和生平事迹未详。

罗氏辛亥革命后闭门谢客,授徒自给,讲授《尔雅》、音韵、训诂,凡有客家方言词语出于其间者,则加详说。积稿数年,编成本书。

书前有章炳麟所作《序言》和作者的《自序》,书后有门人罗家骏所写的《跋》。据章序,正文只有十卷,但今正文包括十二卷,可能曾经其门人罗家骏整理、增添。卷目如下:释词、释言上、释言下、释亲、释形体、释宫室、释饮食、释服用、释天、释地、释草木、释虫鱼、释鸟兽。

章序略述客家的来历,指出研究客家方言对解决主客纷争的意义,认为本书出版之后,"客话大明,而客籍之民亦可介以自重矣"。

作者的长篇《自序》详引音学大师之说,试图举例证明今客犹存古音。指出今客方言声母的与钱大昕"古无轻唇音""古无舌上音"之说,章太炎"娘日二纽归混"之说相合。今客方言韵母,耕青通于真;阳唐合为一部;江韵今音近阳,古音近东;侵覃谈盐添咸衔严皆读开口,以上皆合于乾嘉诸大师的古音说。五华客方言声调只有平上入三声,而无去声,与段玉裁"古无去声"说相合。举证大致可信。

本书编排体例依从《尔雅》,即按义类编排。考证词语的方法则遵循章太炎《岭外三州语》,即上列客方言词汇,下以小学古训通之。对于追溯词源和考证本字,用力甚勤,如:"谓立曰企,《方言》:企,立也。《说文》训为举踵。《通俗文》:举跟曰企。《诗·河广》:予望之。即企之借。王逸《楚辞注》引《诗》正作企予望之。此许义也。今俗谓直立为企,义同《方言》。"又如:"背心曰背搭,搭者当之声转。《仪礼·乡射礼记》韦当注:直心背之衣曰当。背搭者背当也。谓当乎其背也。当与搭双声。"

作者追溯词源或字源,在音韵方面多用所谓"声音流转"解释,有时难免牵强而令人难以置信。如"盛谓之张,俗以器盛物曰张。盛以碗曰碗张,盛以盘曰盘张。张与装声近而义不属。张即盛音之变,通语读盛入母,读张入知母,舌上音旁纽相迤,遂变而为张,非别有字为其语根。"所谓知母和彻母"舌上音旁纽相迤"并无别的例字可作旁证。

研究客家方言的著作,在本书之前有黄香铁《石窟一征》、温慕柳《嘉应州志·方言》、杨恭恒《客话本字》。黄书是发轫之作,温书以音韵为主,杨书考求本字,本书以训诂为主,兼及音韵和本字,是集大成之作,又因借鉴章太炎《新方言·岭外三州语》的研究方法,其成就超过以前诸书。本书不仅是清末民初客家方言的优秀词典,也是研究客方言词源的优秀著作。

中国传统方言学著作要目可参阅丁介民《方言考》,香港龙门书店1967年出版,共74页。

中国传统方言学如果从扬雄《方言》算起已有两千年的历史,但是真正发达繁荣的时代只是集中在清代两百多年。而清代的方言学是以考证方言的本字和语源为重心的,这些著作的撰述目的只是为了以今方言证释古书,或以古书证释今方言。就研究的方法和目的来看,皆与现代方言学大异其趣。

第二节　民族学者的方言记录和研究

民族学(ethnology)的研究旨趣在于某一民族或民系的社会和文化。因为语言和文化的关系甚为紧密,或者说语言是文化的组成部分,所以民族学的著作也常常涉及语言和方言的问题。但是语言问题在民族学著作中并不占非常重要的地位,同时民族学家也不一定受过语言学的专门训练,所以民族学著作中的方言研究,往往颇为简略,也自然不及描写方言学著作精审。所谓民族学著作包括两大类:民族学家的专著和地方志。

中国现代的民族学者对方言的记录和研究,以下述三人的三部著作最为重要。兹分别略述之。

罗香林《客家研究导论》于1933年出版于广州,共292页。此书共分九章,其中第四章是"客家的语言",记录和讨论作者家乡广东兴宁客话。内容包括声韵系统、声调音程、今声韵母跟《广韵》音系的比较,以词类为纲讨论语法,罗列若干词汇,最后讨论客话保存古音问题。通篇并非纯粹的描写方言学作品,仅对声韵母的描写及其与《广韵》音系的比较颇可取。声调音程系据王力《两粤音说》节略绘制。语法和词汇部分均过简。此书在现代方言学史上首次全面研究客家话,并用国际音标记录语音。此外,此书还曾讨论客家人在移民史上的源流和分期问题,所得结论常为后出的方言学著作引述,但可商处甚多。

刘锡蕃《岭表纪蛮》1934年由上海商务印书馆初版,1935年再版,共307页。此书第十六章《诸蛮语言之比较》,举常用词比较汉语、侗语、苗语、瑶语、壮语的语音,由易熙吾注国音字母。第一章《诸蛮种类及其南移之势》中有一张《广西各民族语言分布详图》,此图分县标出官话、粤语、客家话、壮语、苗语、瑶语、侗语和杂系语。图上有县界,一县之内有几种语言就用几种不同符号。杂系语指各县特别土语,如"毛南话、题老话、五色话、桂林土话、福建话"等,凡一县内有几种杂系话的就用几个不同的符号。这是方言学史上第一张分县标出方言种类的方言分类图。作者系广西人,实地调查民俗20年,足迹几及全广西。另有《广西各民族语言分布简图》,分广西为三大区:东北是官话区,东南是白话(即粤语)区,西半是土话(即壮语)区。图上内容过简,无足观。

徐松石《粤江流域人民史》于1937年由上海中华书局出版,共342页。此书堪称中国现代地名学的经典著作。此书以很大的篇幅,采用作者首创的地名研究考证法研究粤江流域人民的历史。其中第二十一章《极有趣味的粤语》讨论粤语(两广白话)跟壮语、北方古汉语及吴越语的关系。作者所提出的一个很重要的观点是"粤语是南方壮语和北支汉语的混合体"、"壮语是粤语的重要基础之一"。作者举出了粤语中与壮语有关的词汇近20个,如桂南同正壮人呼外公为"拱打",呼外婆为"灭息",粤语则称外公为"公爹",外婆为"婆爹"。两者"类名在前,专名在后"的词序相同。又如"个"字在下述粤语的语词中含"这"和"那"的意思:"个个""个边""个件""个朵花""个支笔";壮语中也有类似"个"的词,如壮语地名冠首字"古"即含"这、那"的意思,"古樟冲"即"那有樟树的村子","古腊"即"那崩下的地方"等。

此书对于研究南方语言以及方言的混杂和交融具有开拓意义。此章还附有《目前岭南语言分布图》,将两广方言分为国语、粤语、潮语、客语、琼语五区,内容较简,较粗。此外,此书第七章《汉语溯源》将汉语分为北支和南支两大支派,北支即是"国语",南支是"苗瑶语和壮泰语",闽语和粤语则是北支和南支杂交的结果。见表8.1。

将壮语和泰语当作南支汉语是不妥的,但是指出闽语和粤语中有南方少数民族语言的成分,颇有见地。

表8.1　汉语各支派关系表(徐松石)

　　古代的民族学著作也有述及方言的,但均较零散,其中以明末清初的屈大均所撰《广东新语》材料较为集中。此书卷十一《文语》下立有《土言》一节,以载录广东各地方言词汇为主,对若干地点方言有所比较,如"新会音多以平去相易,如通作痛,痛作通。东莞则谓东曰冻,以平为去,谓莞曰官,以上为平。"又述及海南岛方言分类,说:"琼语有数种,曰东语,又曰客语,似闽音。有西江黎话、有上军话、地黎话。"此外对较特殊的地名词,如"那"字冠首地名,也有所载录。体例类似地方志,但所述似较一般地方志为精审,是研究明末广东方言的重要参考资料。

　　地方志可以说是民族学的著作。不过地方志中有关记录和研究方言的部分,就其研究方法而言仍属传统方言学范围(只有极少数民国后期的地方志例外),略有不同的是地方志侧重于客观记录方言口语词汇,不以古今证合为主旨。

　　旧时的地方志述及方言的大约占总数的一小半。不过详略不等,最简略的往往只是一笔带过,如嘉庆《淞南志》仅载:"纪王地界松属之上、青,土音多近青浦,视他处较劲。"最详细的可达数十页,如民国《嘉定县续志》,卷五有《方言》一节,共62页。方志中的方言部分以载录方言词汇为主,间或述及方言地理(如正德《松江府志》载:"方言语音皆与苏嘉同,间亦小异……细分之,则境内亦自不同,枫泾以南类平湖,泖湖以西类吴江,吴淞以北类嘉定,赵屯以西类昆山。")、方言音变(如康熙《上海县志》:"凡属八庚者从七阳韵。")、当地方言种类、当地权威方言(如嘉庆《松江府志》载:"府城视上海为轻,视姑苏为重。")或本地与外地方言异同等。

　　就编辑体例而言,方言材料在方志中的地位并不是划一的。独立成卷的很少,大多在《风俗志》《地理志》《人口志》《民族志》之下自成一节。有的甚至没有独立标目,只是在某志之后附带记些资料。

　　含方言材料的地方志多是清代或民国编修的,明代的很少,明代以前的还没有发现。已知含方言材料的最早的明志是洪武十二年(1379)序刊的《苏州府志》(卢熊撰),卷十六《风俗》中有264字有关方言,如下:

　　　　"风土不同,语言亦异。吴人以来为厘,盖有所本。范蠡曰:'得时无怠,时不再来。'《吴氏补韵》云,怠读作怡,来读作厘。又本于陆德明:'贻我来牟。弃甲复来。'皆音厘。陆德明,吴人,岂遂以乡音释注,咸自古本有厘音邪?谓罢必缀一休字,曰罢休。《史记》吴王孙武曰:'将军罢休',盖古有此语。又多用宁馨二字为问,犹言若何也。谓中州人曰伧。晋周玘以忧愤谓子鼋曰:'害我者伧子也。'陆玩食酪得疾,与王导笺云:仆虽吴人,几作伧鬼。盖轻易之词。又自称我为侬。按《湘山野录·钱王歌》:'你辈见侬的欢喜,永在我侬心子里。'又谓人为呆子。宋淳祐中,吴樵任平江节度推官,尝谓人曰:'樵居官久,深知吴风,吴人尚奢争胜,所事不切,广置田宅,计较微利。殊不知异时反贻子孙不肖之害。'故人以呆目之,盖以此也。"

　　利用方志材料可以研究方言的历史音韵、词汇、语法、地理分类等。但是方言志所录方言材料往往是十分芜杂的,并不全都可信可用。主要的问题是:第一,后志因袭前志,甲地志抄袭乙地志,并且往往以讹承讹。第二,收词标准不明确,更不统一,最少的只收几个词,最多的收近千词。有的还混有非方言词。大多不讲究次第安排。第三,用反切、"读若"和诗韵来描写语音,也用轻、重、劲、急、迟、简、烦等来含糊地形容语音的听觉特征。这些描写法缺乏精确性和系统性。如咸丰《黄渡镇志》载:"镇介吴淞,语音亦小异,大率吴淞以北语简而音急,吴淞以南语烦而音迟。""简、急"看来是跟"烦、迟"相对而言的。"简"可能是指单元音较多,阳声韵尾失落也较多?"急"可能是指入声收尾较明显?令人难以捉摸。第四,视口语为鄙俚,视音变为音误。造成这些错误的原因大致有二:一是修纂者不一定精于语言学;二是限于当时的语言学水平。

　　从现代方言研究的眼光来看,方志中的材料大致可以分为以下几类:可信可用的材料;修纂者以为讹误而实际正确的材料;需要经过鉴别才能决定弃取的材料;需要加以修正才能采用的材料。

　　有关地方志中的方言材料大致已如上述,这里再列一表,以见各时代各省含方言材料的地方志的数量。日本学者波多野太郎曾编纂《中国方志所录方言汇编》共九册,作为《横滨市立大学纪要》出版于1963年至1972年。今据这个汇编的材料,统计江苏、浙江、广东、福建四省各历史时期包含方言材料的方志数量。见表8.2。这个汇编还是很不完全的,如广东部分未收温仲和《嘉应州志·方言案语》。

表 8.2 含方言材料地方志数量比较表

	明	清乾隆前	清嘉庆后	民国	分省统计
江苏	3	11	23	18	55
浙江	—	2	13	11	26
广东	—	1	12	9	22
福建	—	1	7	4	12
总计	3	15	55	42	115

由表 8.2 大致可知此类地方志以清嘉庆之后至清末出版的为最多,其次是民国出版的,明代出版的甚少,且内容亦简。就分省而言,以江苏最多,浙江其次,再次为广东,福建最少。其他省份的地方志未列入此表。

第三节 西洋传教士的方言记录和研究

一、序说

基督教传入中国,《圣经》译成中文,始于唐代的景教,景教即基督教的聂斯脱略派(Nestorians)。基督教史将此派看作是异端派别之一,其创始人是聂斯脱略(又译作聂斯托利)。此派于公元 635 年(唐太宗贞观九年)传入中国。可惜此派的《圣经》中文译本已亡佚,其事迹见于《大秦景教流行中国碑》。此碑建于公元 781 年(唐德宗建中二年),碑文述及景教经典《尊经》曾被译成中文。

元代则有属天主教的也里可温教派来华传教,约翰·孟高维诺神父将《诗篇》和《新约全书》译为蒙古文。"也里可温"系蒙古语的中文翻译,意谓"福缘之人"。在唐代和元代西来的传教士人数很少,他们多在君王和贵族之间活动,与平民百姓的关系不大。他们与汉语方言的接触,也无文献记录可考。

明代的天主教传教士罗明坚、利玛窦(Matteo Ricci)辈为了传教的方便,都曾学会中国语言文字,但是他们所学究竟是何种方言,不得而知。从他们常跟中国官员交涉来看,他们可能会说官话;从他们始居于澳门、广州一带来看,也可能学说粤语。除了金尼阁的《西儒耳目资》和利玛窦的《西字奇迹》可以算是研究官话的著作外,明代的传教士并没有留下记录和研究汉语方言的著作。

基督教传教士在 18 世初再次到中国和东南亚传教。最早来华的是马礼逊(Robert Morrison,1782—1834)牧师,他于 1807 年到达广州,时任东印度公司翻译。当时清政府禁止外国人在中国境内传教,他只好以译员的身份得以在广州和澳门居住。传教士们努力学习中文,热衷于翻译《圣经》。马礼逊所译《新遗诏书》(第一至第五本)于 1823 年出版。此前曾有马殊曼(J. Marshman,又译作马士文)译本出版。他们所译《圣经》皆用文言文,后来称这些译本为深文理译本。

鸦片战争之后清政府重新准许西洋传教士来华传教。大批传教士就此蜂拥而至,开头仅在沿海城市立足,很快就深入内地。为传教的方便,他们往往事先或就地学习当地方言,并且编写出版大量记录和研究汉语方言的著作。西来的传教士可以分为天主教和基督教(或称耶稣教)两大类,后者更热衷于用方言翻译《圣经》,直接用方言布道传教,因此对汉语方言的调查、描写和记录也更多。基督教对汉语方言学的贡献集中在 19 世纪 40 年代至 20 世纪 40 年代这 100 年间。

基督教内部有复杂的宗派分歧。来华的传教士也因宗派的不同分属不同的传教修会。最著名的有耶稣会(Society of Jesus)、长老会或抗议教派(Protestantism)、浸礼会(Baptism)、公理会(Congregationalism)、伦敦传道会(Foreign Mission)。天主教传教士早在 17 世纪就开始在中国传教,较早来华的天主教传教教会有公教会(Catholic Mission)、比利时传教会(Procure des Missions Belges)、异域传教会(Procure des Missions Etrangeres)、味增爵会(Procure des Lazaristes)、罗马公教会(Roman Catholic Mission)、西班牙奥斯汀传教会(Spanish Augustinian Procuration)。本书所谓西洋传教士不限教派。

19 世纪下半期至 20 世纪上半期来华的西洋传教士,编写、出版了种类繁多的汉语方言《圣经》译本(其中有一部分为罗马字本)和方言学著作(有罗马字对音),这些文献记录、描写并研究了当时各地汉语方言口语,在广度、深度和科学性方面远远超过清儒的方言学著作,也是同时代的其他文献,如地方志和方言文学作品所望尘莫及的。它们对于研究近代中西学术交流、中国基督教史、汉语方言学和方言史都有相当高的价值。但是国内语言学界长期以来对这些宝贵的材料重视不够,了解很少,研究更少。在汉语语言学史和方言历史研究上这方面基本还是一个空白。

二、西洋传教士汉语方言学著作概述

近代和现代西洋传教士记录和研究汉语方言的著作可以分为四大类:《圣经》译本、方言词典、方言课本、方言论著。

《圣经》的汉语译本从语种的角度可以分为五大类:一是文言译本,又称为"深文理译本";二是浅文言译本,或称为"浅文理译本";三是官话译本,或称为"白话文译本",又因地点方言不同而有南京话译本、汉口官话译本等之分;四是土白译本,或称为"方言译本";五是国语译本,国语"新旧约"重译本于1939 年出版。

近代第一本《圣经》汉语译本于 1822 年出版,译者是英国传教士马士文(J. Marshman)和拉撒(J. Lassas)。英国传教士马礼逊(R. Morrison)的译本于次年出版。这两种译本皆用文言。美国传教士高德(J. Goddard)将马士文译本加以订正,改用浅显文言,于 1853 年出版。第一本白话文(官话土白)译本是1857 年在上海出版的。此后于 1872 年至 1916 年相继有多种官话《圣经》出版发行。长老会传教士并于1907 年的全国大会上议决停止使用文言翻译《圣经》。一般认为白话文运动是"五四"之后才开始的,其实官话土白《圣经》早已使用道地的白话文,不过对后来的白话文运动似乎没有直接的推动作用。当时的宗教界(基督教)和知识界还是相当隔阂。但是白话文运动及后来的国语推广工作反过来却对《圣经》翻译发生了决定性的影响。由于白话文运动和国语推广工作的不断开展并取得成功,20 世纪 30 年代以后官话和合本(1907 年初版,一说 1919 年初版)和国语译本就逐渐取代了方言译本。

1.《圣经》方言译本概述

方言土白的《圣经》全译本有十种:上海、苏州、宁波、台州、福州、厦门、兴化、广东、汕头、客家话,下述两种方言只译出《新约》:建宁、温州。

土白译本从文字种类的角度可以分为三大类,一是方块汉字本;二是罗马字本;三是其他拼音符号本。最早出版的土白方块汉字本是 1847 年在上海出版的上海土白《约翰福音书》;最早出版的土白罗马字本是1852 年在宁波出版的宁波土白《路加福音书》和同年在广州出版的广州土白《约翰福音》;用其他拼音符号翻译出版的土白译本寥寥无几,有五种福州土白译本是用国语注音符号(1913 年读音统一会制定时称为"注音字母")拼写的,另有一种早期的上海土白译本是用传教士设计的拼音符号。

土白译本从方言种类的角度可以分为吴语、闽语、粤语、客家话和赣语五大类。前两大类又包括若干小类。各小类的名目和数量见表8.3。

表 8.3 方言《圣经》分类分地统计

方言名称	汉字本数	罗马字本数	其他译本数	合计
甲 **吴语**				
上海	41	18	1	60
苏州	13	1	1	15
宁波	20	33	0	53
杭州	2	2	0	4
金华	0	1	0	1
台州	2	22	0	24
温州	0	5	0	5

（续表）

	方言名称	汉字本数	罗马字本数	其他译本数	合计
乙	**闽语**				
	厦门	6	37	0	43
	福州	75	17	5	97
	汕头	21	37	0	58
	潮州	0	2	0	2
	兴化	12	8	0	19
	建阳	0	2	0	2
	邵武	0	1	0	1
	海南	0	14	0	14
丙	**赣语**（建宁）	1	9	0	10
丁	**客家话**	33	19	0	52
戊	**粤语**				
	广州	129	17	0	136
	连州	4	0	0	4

　　由表8.3可知,有土白《圣经》译本的地点方言,属吴语的有7种,属闽语的有8种,属粤语的有2种,属赣语和客话的各一种,共19种。客话内部有香港客话、五经富客话、嘉应客话等差异,不过差异不算大,这里合为一种处理。就译本的数量而言,广州最多,有136种,其次为福州、上海、汕头、宁波、客家话、厦门、台州、兴化、海南、苏州、建宁、温州、连州、杭州、潮州、建阳,以金华和邵武为最少,都只有一种。以上共计609种。

　　各大类方言译本的数量及所占百分比见表8.4。

表8.4　各大类方言译本的数量

	方言名称	汉字本	罗马字本	其他译本	合计	百分比
甲	吴语	78	82	2	162	26.6
乙	闽语	114	116	5	235	38.6
丙	赣语（建宁）	1	9	0	10	1.6
丁	客家话	33	19	0	52	8.5
戊	粤语	133	17	0	150	24.6
合计		359	243	7	609	
百分比		59	40	1		100

　　由表8.4可知,汉字本略多于罗马字本。各大方言译本的数量,则以闽语为最多,占38.6%,其次为吴语、粤语、客家话,最少的是赣语。湘语和徽语的译本则还没有发现。其中罗马字本也以闽语最多,吴语其次。

　　各地方言《圣经》最早的出版年代见表8.5。

表8.5　各地方言《圣经》最早的出版年代比较

	方言名称	《圣经》单篇	《新约》	《旧约》	《圣经》全译本
甲	吴语	1847/1853	1872/1868	1901/1901	1913/1914
乙	闽语	1852/1852	1856/1873	1868/1884	1911/1908
丙	赣语（建宁）	1896/1897	– –/1896	– –/– –	– –/– –
丁	客家话	1881/1860	1883/1883	1916/– –	– –/– –
戊	粤语	1862/1892	1895/1906	– –/– –	1907/1907

表中年代斜线前为汉字本,斜线后为罗马字本。

教会罗马字在各地不识汉字的教徒中间是颇受欢迎的。教会罗马字实际上不仅用于基督教的传教活动,民间也曾将它用作通信的工具,特别是在闽南话地区,极盛时每三封信就有一封是用这种"白话字"写的,信封用白话字写,邮差也能送到。内地会传教士 W. D. Rudland 在 1904 年写道:"台州是个多文盲的地方。当地基督徒很欢迎罗马字本,其中许多人,甚至老太太,都已经学会用罗马字拼写,并且可以自由通信。"罗马字本《圣经》的读者究竟有多少,并没有统计资料,但是可以从销售量作些推测。从 1890 年至 1920 年 30 年间各地共销售《圣经》和《旧约全书》1.8 万多本,《新约全书》1.5 万多本。以上销售量不包括《圣经》单篇,而单篇的数量要大得多。

以下从官话土白和广东话的《圣经》译本中录出一段(见于《新约·路加·第二十二章》),以见方言《圣经》的面目。标点符号为笔者所加,原文只有顿号和句号。

　　"众挈住耶稣,带到大祭司家里去,彼得远远的跟着。众人在院子里生火,一同坐着,彼得也和他们坐在那里。有一个使女看见彼得坐在那里烤火,注目看他说:'这个人也是跟随耶稣的。'彼得不承认,说:'女子,我不认得他。'"

——录自《新约全书》(官话)(大英圣书公会,1905 年)

　　"佢哋住耶稣,拉佢到大祭司嘅住家,彼得远远跟住。佢哋在院中透着火,同埋坐处,彼得亦坐在佢哋之中。有个女工人睇见坐火光处,就定眼望住佢,话:'呢个都系同埋个个人嘅。'但彼得唔认,话:'女人呀,我唔认得佢。'"

——录自《新约全书》(广东话新译本、美国
新译英文,美国圣书公会,1927 年)

《圣经》的方言译本不仅对于研究方言历史是极宝贵的文献资料,而且也便于各地方言的比较研究。因为各种方言译本的内容完全相同,翻译工作非常谨慎严肃,因此可以逐词比较词汇,逐句比较句法。就此而言,没有别的文献材料的价值会超过《圣经》的方言译本。例如逐句对照上引官话译文和粤语译文,不必参考别的资料,也很容易看出粤语和官话在词汇和句法方面的差别。见表 8.6。前三项是词汇差异,后四项并与语法差异有关。

表 8.6

官话	他	看	认	不	的	他们	跟着
粤语	佢哋	睇	识	唔	嘅	佢哋	跟住

2. 其他方言学著作概述

除了方言《圣经》译本之外,西洋传教士的其他方言学著作包括语音学论著、词典类著作、课本类著作和语法书四大类。这四大类书涉及吴、闽、赣、粤、客家话五大方言,包括以下地点方言:上海、宁波、杭州、温州、苏州、台州;福州、厦门、汕头、海南、潮州;建宁、广州、三江、东莞、澳门、顺德、新会;客家。

各类书的数量在各地点方言中的分配见表 8.7。

表 8.7　方言学著作分类分地统计

	方言名称	语音学	词典类	课本类	语法类	合　计
甲	**吴语**					
	上海	3	20	24	3	50
	苏州	1	1	0	0	2
	宁波	3	3	3	0	9
	杭州	2	0	1	0	3
	金华	0	0	1	0	1
	台州	1	0	0	0	1
	温州	2	1	2	0	5

（续表）

	方言名称	语音学	词典类	课本类	语法类	合　计
乙	**闽语**					
	厦门	3	13	3	0	19
	福州	4	8	1	0	13
	汕头	1	7	3	1	12
	漳州	0	0	1	0	1
	潮州	0	2	1	0	3
	兴化	0	0	0	0	0
	建阳	0	0	0	0	0
	邵武	0	0	0	0	0
	海南	2	1	4	0	7
丙	**赣语**（建宁）	1	1	0	0	2
丁	**客家话**	3	10	17	1	31
戊	**粤语**					
	广州	12	43	32	3	90
	连州	0	0	0	0	0

各类著作的数量在各大方言中的分配见表8.8。

表8.8　各类著作在各大方言中的数量比较

	吴语	闽语	粤语	客家话	赣语	小计	最早版本年代
语音类	12	10	12	3	1	38	1835
词典类	25	31	43	10	1	110	1828
课本类	31	13	32	17	0	93	1839
语法类	3	1	3	1	0	8	1853
小　计	70	57	90	30	2	249	

从表8.8可知,这一大类著作一共有249种,就方言的种类而言,以粤语为最多,有90种,其次依次为吴语、闽语、客家话和赣语。就著作的内容而言,以词典类最多,有110种,其次为课本类、语音类,语法类最少,总共只有8种。表上所载吴语三种实际上都是上海话。除了极少数的几种之外,这些著作都是在鸦片战争和沿海城市相继开埠之后陆续出版的。

语音类著作大多是单篇论文。这些论文大多是描写和分析地点方言的语音系统的,每篇大致包括方言使用概况(地域、人口等)、声韵调的记录和分析、标音比较表、音节表等。截至1884年至少已经发表有关下述方言语音的论文:北京、福州、扬州、广州、汉口、梅县、川东、温州。这些论文多发表于《中国评论》(China Review)杂志(1872年至1901年在香港,后迁上海)、《中国传教事工年报》(China Mission Year Book)和China Record这三种刊物上。最早出版的是 Moses Clark White 所著 *The Chinese language spoken at Fuh Chau*(《福州话》),Concord, N. H. , Missionary Society of the Methodist General Biblical Institute, 44p,1856.

传教士所撰词典都是双语词典,词条大多用汉字或罗马字写出,再用英文、法文、西班牙文、葡萄牙文或荷兰文释义,其中用英文和法文释义为绝大多数。最早出版的词典是莫利逊所著的《广东省土话字汇》(Robert Morrison, A Vocabulary of the Canton Dialect),此书未标页码,分上下两册,应有600多页,1828年出版。厦门话词典共有十种以上,分别用英文、西班牙文和荷兰文释义。现在以出版最早的一本厦门话词典为例,说明此类词典的特点和价值。

英国长老会传教士 Carstairs Douglas 所撰《厦英字典》(*Chinese English Dictionary of the vernacular of Vernacular of Spoken Language of Amoy*),于1873年由伦敦 Truber 公司出版,正文前的自序述及写作经过。作者

1855 年到厦门,为了学习当地方言,抄录已故美国传教士 J. Lloyd 的词汇手稿,以及另两位传教士所撰手册中的词汇。几年之后又用伦敦传教会 A. Stronach 所撰字典手稿校核,并且加入当地方音字书中所收词汇,主要是记录漳州方言的《十五音》。又与当时已经出版的 Medhurst 所撰字典及 Macgowan 所撰手册作了比较,不过所取甚少。从写作过程看作者尽量吸收前人的研究成果,态度是很认真、谨慎的。

作者认为这本字典的最大缺点是词目不用汉字,只用拉丁字母注音,释义全用英文。原因是大约有四分之一到三分之一的词,没有找到相应的方块汉字,此外在印刷上也有些困难。不过就记录方言口语词汇来说,没有汉字的束缚,而用纯粹的语音符号,反而有利于反映词汇的真实语音面貌。

这本词典初版以后 50 年,即 1923 年,另一位传教士 Thomas Barcley 增补词条,并用中文译出,由上海商务印书馆出版。

中国最早的方言课本即是西洋传教士在鸦片战争之后编写的。早期传教士编写课本类著作的直接原因是为了方便后来的传教士学习当地方言,但是后来实际的使用范围有所扩大,特别是在沿海的几个开放城市,外国的海关人员、医生、商人、租界的警察和政府工作人员也使用这些课本。它们对方言学的价值主要有三方面:一是课本为当时的方言提供了忠实可靠的语料。二是课本用罗马字母拼音,因此必定保存当时的拼音系统,即语音系统。三是从对课文中有关语法问题的解释或注解,可以看出方言的语法面貌。

最早出版的课本是 Elijah Colemn Bridgman(俾治文)所著的 A Chrestomathy in the Canton Dialect, 1839, 274p. 还值得一提的是,笔者在美国加州大学伯克莱分校东亚图书馆发现一本上海话课本的手抄本,这是最早的一本上海话课本,大约写于 1850 年,用毛笔抄在毛边纸上。每课先出汉字,再用罗马字注音,又用 Strawford 拼音系统双重注音。共分 31 课,604 页。

方言语法书都是参照英文语法编写的。最早的一本是 *Joseph Edkins*, *A grammar of colloquial Chinese*, *as exhibited in the Shanghai dialect*, *Shanghai*:London Mission Press, 248p, 1853. 2nd edition, 225p,1868. 艾约瑟著《上海口语语法》,伦敦布道团 1853 年初版,上海长老会 1868 年再版。此书用英文写。在汉语方言学史上这是第一本研究语法的专著。作者中文名艾约瑟(1823—1905),是英国人,传教士,东方学家,1848 年来上海任教职,并研究中国宗教和语言。语言学著作除本书外还有《北京话语法》(*China's place in phonology*: *an attempt to show that the languages of Europe and Asia have a common origin*, London, Trubuner & Co. 1871,403p,20cm)。全书分三部分,第一部分"语音",只占全书四分之一。用拉丁字母标音,并通过与西方语言作比较,说明音值。除分析声母、韵母和声调外,还讨论连读字组的重音,并附有上海话和官话韵母对照表。作者对上海方言的审音和分析相当细致,十分准确。第二部分是"词类",第三部分是"句法"。这两部分是全书主干,分为 30 课。课文按语法要点安排,例如第一课是"量词",第二课是"指示代词"。用英语语法框架分析上海口语语法。例如第六章描写动词的语法变化,即以吃为例,先介绍陈述语气,包括一般现在时、现在进行时、一般过去时、过去进行时、过去时强调式(如"我是吃个")、完成时、过去完成时、将来时,再介绍命令语气(如"吃末哉"),最后介绍词尾(如"吃仔"),又如"'个'或'拉个'用在动词后,使动词变为形容词:种拉个稻、话拉个物事"。

此外,传教士在他们的著作中也常常提出对汉语方言分类的见解。见于下述几种著作:艾约瑟的《官话口语语法》(Shanghai:London Mission Press, 1857,264p)、Woodin 所撰的《传教会议录》(Records of Missionary Conference, 1890)、Parker 为 Giles 的汉英词典所写的序言、Mullendorf 1896 年在《中国传教事工年报》上所发表的文章。他把汉语方言分为四大类:粤语(广东话、客家话)、闽语(漳州话、潮州话、福州话)、吴语(温州话、宁波话、苏州及上海话)、官话。传教士还曾绘制过一张汉语方言分布图,见于《中华归主——中国基督教事业统计(1901—1920)》一书,此书有《中国的语言和方言》一节,分省说明方言分布,述及各方言使用人数,并附方言地理分布图。图上今湘语、赣语归官话区。吴语区包括皖南及赣东。闽语包括浙南一带,较《中华民国新地图:语言区域图》(1934 年)为准确。这是中国第一张汉语方言区域图。文字说明部分将汉语方言分为四大类,即:

(1)官话:官话本身、客家话、杭州话、海南官话、其他变种。

(2)吴语:苏州话、上海话、宁波话、台州话、金华话、温州话、其他。

(3)闽语:建阳话、建宁话、邵武话、福州话、汀州话、兴化话、厦门话、海南话、其他。

（4）粤语：汕头话、客家话、三江话、广州话、其他。

值得注意的是作者将客家话和杭州话归入官话。客家话又在粤语一类中出现，可见作者举棋不定。表中将汕头话归属粤语，也成问题。作者在别处指出"汕头地区通用一种类似闽南话的土语"，则较接近事实。

3. 方言杂著

内容庞杂，以神学为多，如《进教要理问答》（上海，1846年，73叶。含93个问题，从文理本译成上海土白本）、《圣教幼学》（上海，1855年，7叶。上海话）。其他如《蒙童训》（上海，1857年，87叶。从英文原本译成上海土白本）、《方言备终录》（1906年，松江话）、《三字经》（厦门话）等。又如《英话文法小引》（William Lobscheid, *Chinese - English Grammar*, Hongkong：Printed at Noronha's Office, 1864. 22cm. ）是用罗马字广东话写的英语语法。作者是在华传教士。此类作品暂未列入搜集计划，只是随机记录一些。此类著作也是了解19世纪汉语方言的极宝贵的资料。例如《方言问答》（江南主教姚准撰，上海慈母堂活版，1883年，共160页，中文和西文各80页）所记为松江（今属上海）方言。全书为问答体，用汉字、罗马字及法文对照。字右加星号表示同音代替，字右加小加号表示应该读土音。第三人称单数"伊"在书中有时带词头"自"，标音作ze，不带入声尾h，用小圆圈句逗。入声尾只有收 –h 的一套。以下是一则问答，用汉字和罗马字对照。

问：坏之别人个名声。该当补还否。

答：各人应该尽自己的力量。补还人家。因得失脱之名声咾。受着个害处。假使我预先料到拉个。也该当补还自伊。

M.　wa – tse bieh – gnen – ke ming – sang, kai – taong pou – we va?

D.　Koh – gnen yeng – kai zin – ze – ka – lih – learng, pou – we bieh – gnen. Ye – teh seh – t'eh ming – sang lao zeu – zah – ke hai – tsù, za – se ngou yu – sie leao – tao – la – ke, a kai – taong pou – we ze – i.

4. 关于拼音系统及其价值

全盛时期同时在中国传教的西洋传教士多达2000人。他们的传教工作多在平民百姓中进行。在民族共同语尚未普及的时代，方言是传教必要的工具，自不待言，教堂和教会也常以方言划分。例如礼贤会在粤语区，巴色会多在客家话区。又如江苏的浸礼教会原来有联合议会的组织，后来因为镇江和扬州一带的官话与吴语不便沟通，遂依方言分为两个独立的议会。鸦片战争以后来华的传教士，为了便于在平民百姓中传教，都必须先学说当地的方言。

早期来华的传教士一般是在当地居民中间学习方言口语。例如伦敦传教会的麦都思（W. H. Medhurst）牧师于1816年到达马六甲，即着力于学习闽南话。当时的南洋华人以闽南人为多。他于1832年出版《福建方言词典》。又如1847年来上海的美国传教士晏马太（Matthew Tyson Yates）博士先在市肆学说上海话，一年之后，认为已能应对听众，继而开始讲道。他曾编写第一本上海话课本和第一本上海方言词典。

各地先来的传教士往往编写当地方言的词典和课本，以供后来者学习，并且往往相互讲授或学习各地方言。例如原属荷兰传教会的郭士立（K. F. A. Gutzaff）于1831年从爪哇到达福建传教，此后不仅学会闽南话，而且也通晓客家话、潮州话和粤语等。1847年他曾在香港教礼贤会的叶纳清（F. Genahr）牧师和柯士德（H. Kuster）牧师学习广州话，教韩山明牧师学习客家话，教黎力基牧师学习潮州话。

后来的传教士也有在方言学校学习的。这种学校是传教修会专为初到中国的传教士们开办的。在19世纪后半期即有此类学校存在。1910年伦敦传道会在北平创办一所华言学校，后在南京金陵大学附设了一所华言学校，广州、成都和安庆也有此类学校。抗日战争时期北平的华言学校部分迁移到菲律宾的碧瑶。传教士就读一年后再派往各地传教。值得指出的是这些方言学校是中国最早的学习方言口语的学校。在方言区传教的传教士大多只懂方言口语，不懂官话。抗战之后计划来华的美国传教士有一部分人则是先在旧金山或耶鲁大学学习国语。

来华的传教士皆属知识界，并非一般等闲之辈，以耶稣会士最为典型。中学或大学毕业之后，要经过15年的专业训练，才能成为合格的耶稣会士，包括两年神修（也称为初学），三年科学和哲学研究；两年或三年神学研究；最后一年神修（也称为最后考验或卒试）。西洋传教士来华之前是否受过语言学的专门训练，未见有确实的事迹可考，但是从他们的汉语方言学著作来看，其中不少人有很好的语言学修养，如在上海传道的J. Edkins；在广州传道的 J. Dyer Ball 等。他们用西方语言学，尤其是语音学知识，记录、分析、研究汉语方言。

　　这些著作有一部分是用罗马字拼音的。某一个字母代表什么语音,是参酌欧洲文字和语言的关系制定的。总部在瑞士巴塞尔的巴色会(后改称崇真会)传教士翻译《圣经》所依据的是 Lepsius 系统。R. Lepsius 是 19 世纪后半叶的著名语音学家,在柏林任教授。在语音学界创制国际音标之前,Lepsius 系统是权威的拼音系统,他曾出版专著 *Standard Alphabet for Reducing Languages and Foreign Graphic Systems to a Uniform Orthorgraphy in European Letters*(London,1855),用他设计的系统标记许多尚无文字的非印欧语。这一套标准字母以 26 个拉丁字母为基础,加上附加符号构成。符号和语音的关系,主要参酌比较几种主要的欧洲语言,而最后确定。

　　当年是应海外传教的需要再创制"标准字母"的,此书出版时教堂传教会已采用 Lepsius 系统。此书第二版(1863 年)有中国的官话、潮州闽语和客家话的标音样品。书中客家话的韵母、声母和声调如下:

韵母	声母	声调
ɑ	k　kh　ń　h　–	高平
e　o	tš　tšh　š　y	低平
i　i̲　u	ts　tsh　–　–　–	上声
m	t　th　n　s　l	去声
ou ɑi　oi ui　eu	p　ph　m　f　w	高入
		低入

潮州闽语鹤佬话(Hok – Lo)的韵母、声母和声调如下:

韵母	声母	声调
ɑ	k　g　kh　ń　h　–	高平
o̲	tš　dž　tšh　–　–　y	低平
e	ts　dz　tsh　–　–　–	高上
o	t　d　th　n　s　l	低上
i　i　u	p　b　ph　m　–　w	高去
ɑ～e～i～o～u～i̲～		低去
ɑi　ɑu　oi　eu		高入
		低入

有的地方传教士是约请当地的学者一起制订方言罗马字,从事《圣经》的翻译工作,并参酌别种方言已经出版的译本,再三讨论,最后才定稿。例如台州土白《新约》第二版(1897 年)就是在四位本地教师协助下修订完成的,态度是十分认真的。又如客家话译本的翻译者韩山文(T. Hamberg)就曾得到当地学者戴文光(1823—1889)的帮助。戴文光是新安人,受过良好的古文教育,又懂客家话。从汉字本的用字和罗马字本的拼音来看,译文也是可靠的。

　　在上述学术背景下,他们为各地方言制订的罗马字拼音方案以及所拼的音节、词汇、句子和长篇语料,虽然不能说非常完善,但是就当时的语言科学水平而言,应该说已经十分准确。例如 Carstairs Douglas 所撰《厦英字典》的《序言》实际上是对厦门方言语音的全面分析,包括"拼写法和发音""声调""重音"三小节,分别对单元音、双元音、辅音、单字调、多字组变调等进行描写和分析,皆用英语或厦门话举例,对语音规律有较深入的了解和较仔细的说明。例如作者指出两字组和多字组的重音通常落在最后一个音节上,例如 hong - chhe(风车),如果重音在后字,前字轻声,意谓"纸鸢";如果重音在后,前字读次重音,声调不变,则意谓"风吹",写作 hong chhe。

　　从各地方言罗马字本可以考见当时当地方言的音系。由于汉字不是拼音的,所以从任何用汉字记录的方言文献,很难获知方言语音的真实面貌。值得注意的是其中有的方言尚有传教士所作别的方言学著作可供参考,也有的方言没有任何别的著作可供参考,要了解这些方言 100 多年前的语音面貌,唯一可靠的资料就是方言《圣经》译本了。这样的方言有闽语的兴化(莆田)土白、建阳土白和邵武土白;粤语的三江土白。

　　《圣经》的方言罗马字译本一般对拼音系统或每一个罗马字所代表的实际音值没有直接说明,研究者可以参考传教士有关该方言的论文、词典、课本、语法书等著作。

另有一种非罗马字的拼音系统是 Crawford 创制的,用于上海的浸礼教传教士。它的好处是一个符号只代表一个语音,不会混淆。符号的形状取自汉字笔画,以便用毛笔书写。

5. 西洋传教士方言学著作的研究价值

西洋传教士方言学著作的研究价值有以下几方面。

第一,研究 19 世纪后半期至 20 世纪初期的汉语方言自然口语的最有价值的资料。语言科学是 19 世纪初年在欧洲诞生的,19 世纪 40 年代来华传教士利用语言科学知识记录和研究汉语方言口语,达到当时这一领域的最高学术水平。当时中国学者的研究工作还停留在传统语文学阶段,研究的重心仍然是古代文献或书面语。除了西洋传教士著作以外,这一时期的方言文献资料只有一些方言文学作品,例如方言小说、地方戏曲、民歌,以及地方志中的方言志。这些方言文学作品,一则都是汉字本,不能反映语音面貌;二则其中的方言成分大多是不纯粹的,或者只是掺杂一些方言词汇,或者只是人物对白用方言,其价值不及成篇都是方言口语的《圣经》译本。而地方志中的方言志,一般只是收录一些方言词汇,没有成篇的语料。

就研究的广度和深度而言,传教士的著作都是远胜于赵元任之前的中国学者。这些著作是研究 19 世纪汉语方言不可或缺的资料。利用这些著作,可以十分完整地归纳 19 世纪至少下述地点方言的语音系统:上海、苏州、宁波、台州、温州、福州、厦门、莆田、汕头、海口、广州、嘉应(客家话)等;整理和研究这些地点方言的词汇和语法系统;研究这些地点方言 100 多年来语音、词汇和语法系统的历史演变。

第二,它们所提供的自然口语的准确度是同时代其他文献资料不可比拟的。语言科学在欧洲早在 19 世纪初年就已经建立,葆朴(F. Bopp)的《论梵语动词变位系统》出版于 1816 年;拉斯克(R. Rask)的《古代北方话或冰岛语起源研究》出版于 1818 年。对于中国来说,语言科学是晚至 19 世纪 20 年代末期才姗姗来迟的。西洋传教士来华之前是否受过语言学的专门训练,未见有确实的事迹可考,但是从他们的汉语方言学著作来看,其中不少人有很好的语言学修养,如在上海传道的 J. Edkins;在广州传道的 J. Dyer Ball 等。他们的方言学著作从现代语言学的眼光来看,其学术水平和研究价值都远远超过同时代清儒的著作。

例如上海的传教士曾组织"沪语社"(Shanghai Vernacular Society),专门研究上海话,包括讨论、制订上海话拼音方案。

在别的地方传教士通常是约请当地的学者一起制订方言罗马字,从事《圣经》的翻译工作,并参酌别种方言已经出版的译本,再三讨论,最后才定稿。例如台州土白《新约》第二版(1897 年)就是在四位本地教师协助下修订完成的,态度是十分认真的。从汉字本的用字和罗马字本的拼音来看,译文也是可靠的。

他们为各地方言制订的罗马字拼音方案以及所拼的音节、词汇、句子和长篇语料,虽然不能说非常完善,但是就当时的语言科学水平而言,应该说已经十分准确。例如罗马字本上海土白《马太福音》"第十五章"记作"DI SO – NG TSANG"(声调符号略去),就很准确。在上海话口语里,"十"字与别的数字连用或单用,都是读"zeʔ",只是在"十五"中读"so"。

第三,从各地方言罗马字本可以考见当时当地方言的音系。这样的方言有吴语的金华土白;闽语的兴化(莆田)土白、建阳土白和邵武土白;粤语的三江土白。

《圣经》的方言罗马字译本一般对拼音系统或每一个罗马字所代表的实际音值没有直接说明,研究者可以参考传教士有关该方言的论文、词典、课本、语法书等著作。

第四,方言《圣经》为不同方言的共时比较提供了宝贵资料。方言共时比较的前提,是必须有用不同方言记录下来的内容或项目一致的资料。方言《圣经》是非常理想的资料,真可以说是天造地设。方言《圣经》包括四大类 19 个地点的方言资料,排比这些资料就可以研究各历史时期 19 种方言的异同,特别是词汇和语法方面的异同。如此理想的资料,舍方言《圣经》别无可求。例如《马可传福音书》第一章第十节在客家话译本(1892 年)和上海话译本(1904 年)里分别如下:

客家话:"遂即从水中起来,伊看见天开,又看见有圣灵相似鸽鸟,降临在伊上。"

上海话:"伊就从水里上来,看见天开哉,圣灵像鸽子能降到伊身浪。"

从以上排比的例句至少可以看出这两种方言的比拟句构成方式不同,客家话是"相似 + 名词";上海话是"象 + 名词 + 能"。又,在上海话里"哉"用于完成体。

第五,方言《圣经》为同一方言的历时比较提供了宝贵资料。方言历时比较的前提,是最好有用同一方言记录下来的不同历史时期的内容或项目一致的资料。方言《圣经》是很理想的资料。通过同一种方言早期《圣经》和晚期《圣经》的比较,或与现代方言的比较,可以了解100年来方言的历史演变。

例如上海土白罗马字本《马太传福音书》(1895年)第一章第一和第二节如下。原文是罗马字,原文中用以标声调的半圆形的发圈符号略去,汉字是笔者所译:

"A－pak－la－hoen－kuh 'eu－de, Da－we－kuh tsz－sung, Ya－soo Ki－tok－kuh ka－poo.
　阿　伯　拉　罕　个　后　代, 大　卫　个　子　孙　耶　苏　基　督　个　家　谱。
A－pak－la－hoen yang I－sah, I－sah yang Ia－kauh; Ia－kauh yang Yeu－da tah－tsz yi－kuh
　阿　伯　拉　罕　养　以　撒, 以　撒　养　雅　各; 雅　各　养　犹　大　搭　之　伊　个
di－hyong."
弟　兄。

以上两节除了结构助词"个"以外,有五个入声字,即"伯、督、撒、各、搭"。前两个字韵尾写作k,后三个字韵尾写作h,这说明100年前的上海话里有一类入声字还是收k尾。现代上海话里已经没有收k尾的入声字,所有入声字一律收喉塞音韵尾。

第六,为方言汉字研究提供宝贵资料。方言字对于方言的共时描写、方言的历史研究、方言的比较研究都有重要的价值。方言字在古代的字书如戴侗《六书故》和韵书如《集韵》里都有所记载,但是更多的是流传于民间,不见于文献的各地方言俗字。西洋传教士著作,尤其是其中的字典,收录了大量方言俗字。其中有的字不见于任何别的出版物。如 Louis Aubazac, Dictionnaire cantonnais－francais(《粤法字典》, Hong Kong, Imprimerie de la Societe des Mission Etrangeres, 1116p. , 26cm. 1912. 台北成文出版社有限公司1971年重印。)收录近百年前民间流行的粤语方言字甚多。如喬,音[pho¹],用于"树、菜"的量词,相当于"棵"。

第七,为近代和现代语文运动史提供宝贵的资料和有力的证据。一般认为白话文运动是五四运动以后才开始的,其实第一本白话文(官话土白)《圣经》译本早在1857年就在上海出版,此后于1872年至1916年相继有多种白话文译本出版。其中的白话文比后来的所谓白话文作品更接近自然口语,并且更加流行于社会底层。

语文学界一般认为新式的标点符号是20世纪初年才开始见于国内的出版物,例如《中国大百科全书·语言文字卷》就认为:"翻译家严复(1853—1921)的《英文汉诂》(1904)是最早应用外国标点于汉语的著述。"实际上19世纪后半期大量出版的罗马字本方言《圣经》早就引进外国的全套标点符号。最早出版的方言罗马字《圣经》是1852年出版的宁波土白《路加福音》和同年出版的广州土白《约翰福音》。

汉语方言的拼音化运动也肇始于西洋传教士的方言《圣经》翻译工作。虽然明代来华的传教士早已出版研究官话拼音的著作,意大利传教士利玛窦的《西字奇迹》出版于1605年;法国传教士金尼阁的《西儒耳目资》出版于1626年,但是为方言创制罗马字拼音方案,晚至19世纪40年代才开始,其原动力即是来华基督教大量翻译和出版《圣经》,以便于在不识字的平民百姓中间传教。

第八,传教士的方言学著作是方言史和方言学史研究不可或缺的文献。西洋传教士的汉语方言研究,在中国方言学史上有以下几项首创之功不可没:首创利用西洋语音学知识分析地点方言语音系统;首创方言罗马字及其拼音系统;首先编写方言词典;首先编写方言课本;写成第一本方言语法专著;绘制第一幅汉语方言区域图;创办学习方言口语的学校。除绘制方言区域图之外,这些工作都是在19世纪后半期完成的。

第四节　描写方言学时期

清初音韵学家刘献廷(1648—1695)曾想应用他所定的《新韵谱》(1692)"以诸方音填之,各郡自为一本,逢人便可印证,以此授之门人子弟,随地可谱。不三四年,九州之音毕矣"。(见《广阳杂记》卷三)刘献廷的设想很接近现代方言学的调查表格设计、实地调查和全国方言普查。但是他没有实行,也不可能实行。如果暂且勿论西洋传教士的著作,那么中国的现代方言学时期是从20世纪20年代开始的,又可分为滥觞期、

展开期、普查期和深入期。

一、滥觞期(1923—1925)

中国的现代方言学是在 1923 年揭开序幕的。当时创办北京大学研究所国学门的沈兼士提倡调查民间歌谣,而方言是调查、记录、研究歌谣不可或缺的工具,他认为:"研究方言可以说是研究歌谣的第一步工夫。"由此提出调查、记录方言的要求。1923 年《歌谣》周刊及其增刊相继发表多篇关于调查研究方言的文章。其中最重要的是沈兼士的《今后研究方言的新趋势》和林语堂的《研究方言应有的几个语言学观察点》。沈兼士曾主编《广韵声系》,他认为:"一、向来的研究是目治的注意文字,现在的研究是耳治的注意言语;二、向来只是片断的考证,现在需用有系统的方法实行历史的研究和比较的研究,以求得古今方言流变之派别,分布之状况;三、向来只是孤立的研究,现在须利用与之直接或间接关系之发音学、言语学、文字学、心理学、人类学、历史学、民俗学等,以为建设新研究的基础。"林语堂曾在德国莱比锡大学攻读现代语言学。他的这一篇论文是以现代语言学的眼光,提出建设现代的汉语方言学,首创现代的汉语方言学理论。全文包括以下十个论点:一,应研究语音的历史演变和方言地理分布;二,应以《广韵》的 206 韵为研究起点;三,应用现代语音学的方法辨音、审音、记音;四,应注重方言口语而不是汉字读音;五,应尽力求出语音变化的规律;六,词源研究应注意寻求文化史上的痕迹;七,应在今方言中寻求词的古音古义;八,应根据汉语实际研究汉语语法;九,应比较研究各地方言句法的异同;十,应研究方言口语中新出现的语法现象。这些观点甚为精辟,在今天看来也是正确无误的,并且是应该遵循的。

1924 年 1 月北京大学国学研究所成立了"方言调查会",同年该会发表方言调查宣言书,提倡调查研究活的方言口语。林语堂等人还设计了以国际音标为基础的方音字母草案,并且用这一套字母标注了北京、苏州、厦门等 14 种方音作为实例。不过没有见到他们继而发表过什么实际的方音调查报告。以方言调查会为中心的学者可以称为歌谣派。歌谣派的历史虽然很短,只有三年(1923—1925),实际工作也做得不多,但是它的诞生却是中国方言学研究的历史转折点,标志着以今方言和古文献互相证合为目的的中国传统方言学的结束,同时也是注重调查研究活的方言口语的现代方言学的滥觞。

在滥觞期,歌谣派以他们的远见卓识指明汉语方言研究的新方向,刘半农则做了一项实际的专题研究工作,即以语音实验仪器研究汉语方言声调,写成《四声实验录》一书,于 1924 年在上海出版。此书包括 12 个汉语方言声调的实验报告。实验所用的仪器是浪纹计(kymorgraphy)。刘半农 1919 年就读伦敦大学,并在该校语音实验室工作,后改入巴黎大学攻读博士。此书即是他的博士学位论文,也是中国第一部实验语音学专著。不过从今天的眼光来看,当时的实验结果,与方言声调音高的实际曲线相差甚远,也许是仪器不够精密之故。

二、展开期(1926—1948)

展开期是以赵元任的两项重要研究揭开序幕的。赵元任在 1926 年发表《北京、苏州、常州语助词的研究》(载《清华学报》三卷二期,1926 年),这是中国第一篇研究方言语法的单篇论文。不过,这篇论文对本期的研究工作影响不大。1927 年冬季清华学校研究院派遣赵元任及其助教杨时逢实地调查浙江和江苏 33 处吴语。赵元任将调查结果整理成《现代吴语的研究》一书,作为清华学校研究院丛书第四种于 1928 年在北京出版。这是中国现代方言学史上第一部方言调查报告。此前只有瑞典语言学家高本汉曾用现代语言学的方法调查记录了 20 多个地点的汉语方音,并将调查结果发表在《中国音韵学》(*Archieves d' Etudes Orientales*, Vol. 15, Stockholm, 1915—1926)中。此外英国语言学家 Daniel Jones 和胡炯堂曾在伦敦出版《广州话标音读本》(*A Cantonese Phonetic Reader*, 1912),这是第一部用国际音标标音的汉语方言学著作。《现代吴语的研究》全书分"吴音"和"吴语"两大部分。主要内容包括在 6 张表格中,"吴音"部分包括声母、韵母、声调、声韵调总讨论;"吴语"部分包括 30 处 75 个词汇和 22 处 56 种用法的语助词。记录声调采用乐谱标调法。用严式标音法标注各地声母和韵母。注音之精细至今未有其他著作出其右。《现代吴语的研究》材料可靠,审音精细,表格详明,方法新颖,慧眼独具。此书是用现代语言学知识研究汉语方言的划时代的经典著作,它所创立的调查记录和分析汉语方言的规范一直为后来的方言学工作者所遵循。可惜此书调查点偏重苏南吴语,对浙江中部和南部设点太少。

继《现代吴语的研究》之后,展开期出版了十多种方言调查报告。其中最重要的有:陶燠民的《闽音研究》(1930)、罗常培的《厦门音系》(1931)、黄锡凌的《粤音韵汇》(1941)、董同龢的《华阳凉水井客家话记音》(1948)和《湖北方言调查报告》(1948)。

《闽音研究》是研究福州方言语音的著作,全书包括八部分:《闽语之韵纽》:列出韵母和声母,并与《戚林八音》及国语作比较;《闽语之声调》:把声调分为七类,用乐谱标调值,指出声调变化引起韵母变化的三条规则,一是平声、上声的单元音 i u y 读去声时变为 ei ou øy,二是平声、上声的复元音 ei ou øy 读去声时变为 ai au ɐy,三是平声的韵尾 ŋ 读入声时,变为 k;《闽语罗马字》:仿照国语罗马字略加改进;《声母之类化》:讨论连读时上字韵母引起下字声母同化的音变现象,归纳出四种同化现象及规律;《声调之转变》:讨论连读变调,包括常例转变、惯用词组变调、词义或文法变调、单字特殊变调。作者已注意到语流变调和结构变调的区别;《闽音与古音之比较》:指出闽音和古音相合的若干条例,如舌上归舌头、日娘归泥、轻唇归重唇,还讨论文白异读问题;《国音与闽音之比较》:列表比较国音和闽音之异同;《附录》:各种廋语之构成(今案:廋语即民间反切语)。此书是现代闽语研究的奠基作品,研究范围涉及福州方言语音各方面的主要问题。此书所揭示的规律成为后人研究福州话的基础。与同时代同类作品《厦门音系》比较,此书的薄弱环节是现代福州音和古音的比较。

《厦门音系》用现代语音学方法描写厦门话,并且比较研究古今音韵的异同。全书内容包括厦门的语音(声韵调)、厦门的音韵(方言罗马字、各式罗马字的异同、单音字表和音变)、厦门音和十五音的比较、厦门音和《广韵》的比较、标音举例(包括一个调查语助词用法的故事《北风跟太阳》和四个民间故事)、厦门音与十五音及《广韵》比较表(这是一份长达 151 页的表格,是全部音系材料的总汇)。作为地点方言语音的调查报告,本书制作一系列表格,用以比较研究古今音,醒目而精细,这种方法对后来的方音研究有示范作用。语音描写比较细致,用乐谱记录声调,也是本书的特点。此书是现代闽语厦门话研究的奠基作品。作者另有《临川音系》一书,描写和研究江西临川客家话,出版于 1940 年。

《粤音韵汇》是中国第一部用现代语音学知识和国际音标,记录和研究广州方音的著作。初版本内容包括粤语韵母表、绪言、粤音韵汇检字、粤音韵汇索引、粤音韵汇和本书所用音标说明。"本书所用音标说明"以英语、法语、德语为例,说明广州话元音、辅音的读法,并用五线谱说明九个声调的调值。《粤音韵汇》收字一万个,是一份广州方言的同音字表,也是全书的主干。每个音节皆用国际音标注音,字调则在字的左上角或左下角用竖线、斜线或横线表示。对难字或难词用夹注释义。对正读(读书音)、语音(口语音)、俗读、或读(一字多音)、今读、旧读、变调、姓氏读音等都一一注明。对一些虚字则指出词性。对方言俗字和训读字也有所说明。此书记音准确,分析精当,对声调及其变化的描写和分析尤其精辟,至今仍是广州话标准音的权威著作。英文《导言》简述撰写本书的主要宗旨是为了使华侨学生能用广州音阅读中国文献,并比较了 D. Jones 和 K. T. Woo 在 *A Cantonese Phonetic Reader*(1912)一书中所用的国际音标和经赵元任修改的用于记录汉语方言的音标。此书易懂易查,既有学术价值,亦有应用价值。此书是早期广州话研究最优秀的专著,它为后来的广州话和粤语研究奠定了良好的基础。

《华阳凉水井客家话记音》在方言学史上的最重要的价值在于独树一帜的调查方法。详见第三章。

《湖北方言调查报告》是中央研究院历史语言研究所 1936 年组织的第六次方言调查,即调查湖北省方言的结果的报告,参加调查和编写的有赵元任、丁声树、杨时逢、吴宗济、董同龢等五人。全书包括"总说明"、64 个地点方言的"分地报告"和"综合报告"。"综合报告"包括"综合材料":两段长篇语料、特字表和极常用词表;湖北方音特点及概说;分析特征表、综合特征表和分区概说;湖北方言地图。"分区概说"把全省方言分为四个区:西南官话、楚语、赣语和湘语。此书是汉语地区方言调查的代表性著作,也是中国第一部附有方言地图的著作。所绘方言地图共 66 幅,包括声母图、韵母图、声调图、特字图、词类图、分区图、综合图。综合图把音类同言线、特字同言线和词类同言线综合表现在一张图上。本书所采用的调查方言的方法、整理分析方言材料的方法,以及各种表格的设计,对后来的方言调查工作起到了指导作用。不足之处有二:一是内容偏重语音;二是调查记音没有在实地进行。

中央研究院历史语言研究所组织的前六次较大规模的方言调查分别是:两广(1928—1929),陕南

(1933),徽州(1934),江西(1935),湖南(1935),四川(1936)。其中湖南和四川方言的调查报告曾由杨时逢整理,于1974年和1984年分别在台北出版,徽州《绩溪岭北方言》则由赵元任和杨时逢整理,于1965年在台北出版。

三、普查期(1956—1966)

普查期是以1956年3月高等教育部和教育部的《关于汉语方言普查工作的通知》发其端的。同年国务院发布了关于在全国推广普通话的指示,提出要在1956年至1957年内完成全国每个县的方言的初步调查任务,并要求各省教育厅在1956年内根据各省方言的特点,编写出指导本省人学习普通话的手册。

1957年全国各省市先后开展了对本省市方言的普查工作。经过将近两年时间,完成了原来计划要调查的2298个方言点中的1849个点(占80%以上)的普查工作。普查以语音为重点,各地只记录少量词汇和语法例句。在普查的基础上编写了1195种调查报告和某地人学习普通话手册之类小册子300多种(已出版72种)。普查工作后期编出的方言概况一类著作有河北、河南、陕西、福建、山东、甘肃、江苏、浙江、湖北、湖南、四川、广西、贵州、广东等18种。大多仅油印或铅印成册,公开出版的只有《江苏省和上海市方言概况》《河北方言概况》《安徽方音辨正》《四川方言音系》等几种。

《江苏省和上海市方言概况》由江苏省和上海市方言调查指导组编,指导组里的主要专家是李荣。江苏人民出版社1960年出版。全书有近百万言,主要包括三大部分:江苏省和上海市方言的区划(附方言语音特征地图42幅)、字音对照表、常用词对照表。《字音对照表》共收2601个字,每字上头都注明此字在《广韵》系统的音韵地位,排比21个方言地点的读音。《字音对照表》前面有20个地点的声韵调表。《常用词对照表》共收21个地点的词语567条。普查期调查研究地区方言的成果以此书质量最为上乘,也最为重要。此书的弊病是词汇对照表上的词汇不注音,只写出汉字,不利不同方言词汇异同的比较。

《河北方言概况》,北京师范学院等编,河北人民出版社1961年出版,6万字。全书的主要内容是用表格的形式排比河北省各地方言的声母韵母和声调。《安徽方音辨正》,孟庆惠著,安徽人民出版社1961年出版,近13万字。全书的主要内容是介绍安徽方言声母、韵母和声调的特点,及其与普通话的对比辨正,并特别列举容易读错的字,一一辨正。

方言普查工作只要求在全国范围内对各县的方言进行初步的调查记录,各地所写的地点方言调查报告也颇粗疏。20世纪五六十年代也有对个别地点方言作比较深入研究的,在已经发表的调查报告中,描写深入细致,材料翔实可靠的专著当首推《昌黎方言志》(1960)。此书由河北省昌黎县县志编撰委员会编,由李荣指导,科学出版社1960年出版,近40万字。全书的主要内容有:分析昌黎方言的语音系统和语法系统、南北两区方音的主要异同、昌黎方音和北京音的比较、分类词汇表、方言地图11幅、标音语料。论文则有郑张尚芳《温州音系》(1964)、王福堂《绍兴话记音》(1959)等。

20世纪50年代还出版了一批指导方言调查工作的工具书刊,其中最重要的有《方言调查字表》(1955)、《汉语方言调查简表》(1956)、《方言词汇调查手册》(1956)、《汉语方言调查手册》(1957)。此外,1958年开始出版的《方言与普通话集刊》(共出八本)和《方言和普通话丛刊》(共出两本),对普查工作也有指导意义和参考价值。丛刊和集刊中的文章大多是描写地点方言语音的,并注重方言和普通话的对应关系的研究。

为了配合推广普通话和方言普查工作,1956年中国科学院语言研究所和中央教育部在北京联合举办"普通话语音研究班"。这个班的前三期招收各地部分高等学校汉语教研室的中青年教师,由语言研究所的专家授课,学习普通话语音和调查记录汉语方言工作。这个班的学员在方言普查和后来的方言研究工作中起到了骨干作用。

20世纪60年代还出版了三本对全国各大方言进行综合比较的专著:袁家骅等《汉语方言概要》(文字改革出版社,1960年),此书概述汉语七大方言,每个方言区选一两个地点方言作较全面的介绍。北京大学中文系语言学教研组《汉语方言字汇》(文字改革出版社,1962年),此书排比全国20个地点的2961个字音,用国际音标标音,每字上头注明中古音韵地位。排比字音前列出20个地点方言的声韵调系统。北京大学中文系语言学教研组《汉语方言词汇》(文字改革出版社,1964年)排比全国18个地点方言905条词语,皆用国际音标标音。这三种著作后来的学者引用甚多。它们以排比各种方言的事实为主要内容,虽然便于读者比较研究,但是本身仍属于描写方言学著作。

四、深入期(1979—　　　)

以 1979 年《方言》杂志创刊为标志,描写方言学进入深入期。本期的主要特点有以下四点。

第一,语音的研究深入到连读变调的描写和分析。

数十篇有关各地连读变调的论文揭示了前所未知或知之不多的语言事实。例如李荣的《温岭方言的连读变调》揭示了方言中阴调舒声和阳调舒声在连调中有平行现象。阴平、阳平作为二字组的连读前字都有三个调值,分化条件相同;阴上、阳上作为二字组的连读前字各有两个调值,分化条件也相同;阴平、阴上、阴去跟阳平、阳上、阳去在阳平字前的调值高度都是上类字最高,平类字次高,去类字最低。这种连调规律的内部联系,为声调类型及其历史发展的研究提供了重要的线索。吕叔湘的《丹阳方言的声调系统》揭示了下述规律:字组的结构形式、词性和词义等方面的不同,都可以影响到变调,这说明语音跟词汇、语法有密切的联系。例如偏正词组、并列词组倾向于变调,动宾词组、主谓词组倾向于不变调,而动补词组则介乎两者之间。还有些词组依靠不同的连调形式来辨别意义。吴语连调中的这一类现象虽然早就为美国的金守拙(G. A. Kennedy)和赵元任所论及,但是以前的讨论均甚为简略。

第二,从语音描写向词汇和语法描写发展。

在展开期和普查期,调查研究的重点是在语音方面,词汇和语法甚少涉及。在深入期,不少地点方言的专家在较深入地研究该地方言语音的基础上,整理发表该地的方言词汇,例如下述地点:武汉、太原、桂林、安庆、南昌、徐州等。在深入期已有数十篇有关方言语法的论文发表。其中有的对语法现象的描写非常细致,如郑张尚芳的《温州方言的儿尾词》;有的已经开始对不同的方言作比较语法研究,如朱德熙的《潮阳话和北京话重叠式象声词的构造》,此文对两种方言中的两类象声词作了分析和比较,指出它们形式相似而结构不同。朱德熙的另一篇方言比较语法论文是《北京话、广州话、文水话和福州话里的"的"字》。这是赵元任1928 年发表《北京、苏州、常州语助词的研究》以来,最有分量的方言语法比较研究的论文。

第三,从对各地方言的普查向对某些地点方言的深入调查发展。

在全面深入调查记录地点方言的基础上撰写的调查报告,20 世纪 80 年代出版近十种,其中最重要的有《苏州方言志》(1988)和《上海市区方言志》(1988)。后者是描写上海方言内容最全面翔实的专著。其特点有二:一是收录大量有方言色彩的词汇,共约 8000 条,二是首次对一个地点方言口语的词法和句法进行全面描写和分析。此书调查和整理方言语法的方法对汉语方言语法研究具有开拓意义。90 年代此类著作出版总数估计在 100 种之上。例如国家"七五"社科规划重点项目《汉语方言重点调查》完成后,出版十来种地点方言调查研究报告;《湖南方言研究丛书》也已出版十来种地点方言调查研究报告。

第四,开展地区方言的综合调查和比较研究。

各大方言都有调查研究成果出版。其中研究地区方言的著作主要有以下几种。

《珠江三角洲方言调查报告》,詹伯慧、张日升主编,广东人民出版社 1987—1990 年出版。此书是在实地调查珠江三角洲 31 个地点方言的基础上编成。这 31 个地点方言,属闽语的只有 1 个,属客家话的有 4 个,余皆属粤语。全书分三大卷。第一卷《珠江三角洲方言字音对照》,排比 31 个地点方言的 3810 个字音,并与北京音对照。第二卷《珠江三角洲方言词汇对照》,排比 31 个地点方言的 1401 个词语,并与普通话词语对照。第三卷《珠江三角洲方言综述》,在前两卷的基础上,对珠江三角洲方言作综合分析和对比研究,内容包括对本地区方言分布情况的说明、对三大方言的概括性描写、列表说明各地方音和中古音的对应关系,另有 42 幅方言特征分布地图和 31 段长篇语料。两位主编后来所编《粤北十县市粤方言调查报告》(暨南大学出版社,1994 年)是此书的续编。

《客赣方言调查报告》,李如龙、张双庆主编,厦门大学出版社 1992 年出版,近 80 万字。全书的主干是 34 个地点方言的 1320 个字音和 1089 条词语对照表。这 34 个地点方言赣方言和客方言各占一半,分布于闽粤赣桂湘鄂皖七省及香港,覆盖了除四川和台湾客家话区以外的整个赣客方言区。此书还考证了客家方言本字 500 多个。作者认为把赣语和客家话分为两种不同的方言是合适的。

《赣方言概要》,陈昌仪著,江西教育出版社 1991 年出版,30 万字。主要内容是分析赣语 5 个次方言的主要特点,归纳 13 个地点方言的声韵调系统,排列 5 个地点方言的同音字表、13 个地点方言的词语,并且分析赣方言词汇和语法的特点。书末有方言语料。

《当代吴语研究》,钱乃荣著,上海教育出版社 1992 年出版,170 万字。此书可以说是赵元任《现代吴语的研究》(1928)的续编。作者重新实地调查赵元任曾调查过的 33 个吴语地点方言,在调查所得材料的基础上写成此书。全书涉及吴语的各个层面,包括声韵调特点、各地音系、字音对照表、60 年来语音的历史演变、连读变调、词汇系统、语法特点等。

《吴语概说》,颜逸明著,华东师范大学出版社 1994 年出版,21 万字。主要内容有吴语的边界和分区、吴语的语音系统和特点、吴语的词汇、吴语的语法特点、上海和平阳瓯语同音字汇。

《闽语研究》,陈章太、李如龙著,语文出版社 1991 年出版,75 万字。这是一本福建方言的调查研究论文集。共收 12 篇论文。部分论文是利用普查期的材料撰写的。其中最重要的综合研究的论文是《论闽方言的一致性》《论闽方言内部的主要差异》《闽北方言》《闽中方言》。

《山西方言调查研究报告》,侯精一、温端政主编,山西高校联合出版社 1993 年出版,120 万字。全书分上下两卷。上卷讨论山西方言语音、词汇和语法的特点、文白异读,并有 42 个地点方言的字音和词汇对照表、语法例句和长篇语料,还有方言地图 50 幅。下卷讨论方言分区问题,将山西方言分为六区,逐区讨论语音和词汇情况,并分区列出若干地点方言的音系和声韵调对照表。另有方言地图 31 幅。

《普通话基础方言词汇集》,陈章太、李行健主编,语文出版社 1996 年出版。所谓"普通话基础方言"指官话(即"北方方言")。全书分《语音》和《词汇》两大卷。语音卷列出 93 个地点方言的音系。词汇卷排比 93 个地点方言的 2645 条词语。

此外近年来各地结合新编地方志,往往单独出版地区方言的方言志,如《内蒙古方言志》《云南省方言志》《福客方言综志》(台湾)等。

从西方的描写语言学(Descriptive Linguistics)的观点来看,中国的描写方言学从滥觞期开始,就不是纯粹的描写语言学。从设计调查表格到整理调查报告,方言研究的全过程几乎都跟历史语言学牵连。调查字音的表格是从方块汉字在中古《切韵》音系的地位出发制定的。分析和归纳音类也都离不开中古音系的名目。中国的描写方言学实际上是西方描写语言学和汉语历史语音学相结合的产物。在全部现代的方言学著作中只有一个例外即董同龢的《华阳凉水井客家话记音》。该书作者一空方块汉字的依傍,调查时不用字表,"先问一些事物的名称或说法,以便在较少的词语或句子中辨别出各种最基本的语音。在对辨音有了相当的把握后,即开始成段或成篇的语言记录"。最后从成篇的语料中截取词语和语音。这种调查法的好处是可以调查出用预定的字表调查不出的语音材料,因此调查结果也可能更接近自然口语的真实面貌。

在现代汉语方言学史上,描写语言学的著作一直占统治地位,除此之外,较有成绩的是方言词典和课本的编纂工作,作者大多是外国传教士和旅华外国人。近年来国内学者也开始注意编纂方言词典,例如《普通话闽南方言词典》(1982)、《广州话方言词典》(1981)、《现代汉语方言大词典》(共 41 种,1998)、《汉语方言大词典》(五卷本,1999)。其次是汉语方言分区的调查研究工作。研究成果集中载于《方言》季刊(1984—1987)和《中国语言地图集》(1988)。

从语言学理论角度研究汉语方言学,散见于一些单篇论文和描写方言学著作中,写成专著的有游汝杰《汉语方言学导论》(上海教育出版社 1992 年初版,2000 年修订版)。此书以汉语方言的事实为素材,讨论方言学的理论和方法问题,作者综合、分析、比较汉语方言研究的现有成果,讨论方言调查、方言地理、方言历史、方言接触、方言比较、方言文字等方面的问题。

深入期还有学者将方言与地方文化结合起来研究。这方面的专著主要有游汝杰、周振鹤《方言与中国文化》(1986 年初版,1997 年修订版);林伦伦《潮汕方言与文化研究》(1991);崔荣昌《四川方言与巴蜀文化》(1996);黄尚军《蜀方言与四川文化》(1996);张映庚《昆明方言的文化内涵》(1994)。

以上深入期的研究概况,因资料不全,尚未包括外国学者和港台学者在海外发表的研究成果,如罗杰瑞(J. Norman)的闽语研究、沙加儿(L. Sagart)的赣语研究、平田昌司的徽语研究、岩田礼的方言地理研究、太田斋的官话语音研究、张光宇的方言历史研究、洪惟仁的台湾闽客方言研究、杨秀芳的台湾闽南语语法研究等。

中国传统方言学的研究目的在于以今证古,即以今方言证释古文献,或以古证今,即以古文献中的材料解释今方言。传统方言学属于语文学(philology)的范围。古代的民族学著作如地方志,虽然也记录一些口语词汇,但其研究框架仍是语文学。用现代语言学的眼光来研究汉语方言,肇始于纷至沓来的西洋传教士。当他们最初接触汉语方言的时候,欧洲语言学早已进入科学的新时代,历史语言学已经有了长足的发展,并且已经开始描写和研究方言口语。他们用西方语言学的学理和概念来记录和分析汉语方言的语音,记录和整理方言口语词汇,研究方言句法,还进行方言比较和分类研究。他们的研究与中国传统方言学没有丝毫的传承关系,他们的独立工作与传统方言学大异其趣。

西洋传教士的研究工作和中国学者的描写方言学,虽然在时间的先后上有相衔接的关系,但是后者并没有直接继承前者研究成果的明显迹象,中国学者是另起炉灶重新研究各地方言的。早期现代学者如林语堂、罗常培等人也曾注意到西洋传教士的成绩,并且撰有专文介绍。不过也许他们认为传教士只是准方言学家而已,至多只是将传教士的记录作为一种参照系罢了。中国现代方言学是在西方描写方言学的直接影响下诞生、发展的。早期的语言学大师李方桂、丁声树等人早年都在美国受到过描写语言学的熏陶。他们的开创性著作为中国现代语言学奠定了坚实的基础。

在20世纪80年代才掀起高潮的汉语方言地理学,其理论和方法大致上导源于欧洲的方言地理学,如有关同言线的理论和绘制方言地图的方法。在西方是方言地理学在先,描写语言学在后,在中国则相反。汉语方言地理学至今仍处于初创的阶段,远未达到成熟的程度。在西方,方言地理学的成熟是半个多世纪之前的事,但是在中国至今仍未着手编制一本类似于欧洲各国方言地图集的汉语方言地图集。

中国传统的音韵学是现代的汉语方言学的另一个源头。从方言调查表格的设计、归纳声韵调系统、方言之间的互相比较、构拟较古阶段的方音,都要借助传统音韵学知识,都离不开中古的《切韵》系统。汉语方言学是在欧洲兴起的现代方言学的一个支派或一部分。如果要问它有什么特点,那么可以说它的特点是将西方输入的现代方言学与中国传统音韵学相结合。

第五节　西方方言学史述略

古代罗马的学者 Friedrich Diez、Gaston Paris、Antoine Thomas 等人曾利用方言材料研究历史学和语源学,但是总的说来,古代欧洲并没有把各种方言当作研究对象。那时候一般人对方言有一种藐视的态度,他们认为只有官方认定的标准语或文学语言才是纯洁的语言,方言则是正在衰颓中的庸俗语言。这种错误的认识跟欧洲历史上的语言策略有关。在中世纪和文艺复兴时期,欧洲的许多国家往往选择某一种在政治上和文化上占优势的方言,作为全国统一的官方语言和文学语言,而视别的方言为次一等的地方土语(Patois)。此后很久人们才认识到有些在标准语言里已经消失的语音特征和词汇,却仍然保存在方言里,在方言里可以找到语言历史发展过程的证据。

19世纪末期,对各种语言中的许多方言已经进行了系统的描写,当时的方言研究很明显有两种不同的方法,一种是纯粹的方言描写,其结果通常以方言专著(monographs)的形式公布,此类研究大致是全面或部分描写某一地区的方言,通常只包括语音系统或词法,或兼而有之。一般都是用历史语言学的方法研究方言,即从一种语言的较早阶段出发,研究这种语言的现代方言,例如从原始日耳曼语出发研究日耳曼诸语言,另一种方法是语言地理学(linguistic geography)或方言地理学(dialect geography)的方法。这一新生的研究方法对于语言学,就整体来说有很重要的意义,它完全革新了当时对语言历史的看法。

1876年拉斯克(Leskien)提出"语言演变没有例外"的著名论断。就在同一年,另一位德国语言学家温克(Georg Wenker)给莱因州(Rhineland)的所有小学教师寄出一份问题表,表上列有40个短句和300个单词,要求被询问的教师用普通的字母记录本地的方言。调查的范围很快就扩展到整个德国。最后共收到44万多份答卷。温克首先想到把语言特征的地理分布标记在地图上。温克坚信"语音演变没有例外"的论断,他希望自己的研究能为这个论断提供证据。虽然标准的文学语言中的语音演变因为受到外来的影响,显然是不规则的,但是温克仍然以为在没有受外来影响的"真正的方言"中,他可以找到完全规则的变化和语音结构。

可是温克的期望并没有实现。第一批地图是载录莱因州方言的,出版于1881年。如果新语法学派的论断是正确的话,那么同属某一种语音变化规律的词汇,在地理分布上的境界线应该是相同的。但是温克的地图和后出的别的地图都说明,同属某一种语音演变规律的每一个词汇地理分布境界线各不相同,也就是说在同一个地点方言中,这些词汇的语音演变并不是一律的。例如高地德语和低地德语的音变规律并没有南北分界线,在有些地区既有按高地德语语音变化的词汇,又有按低地德语语音变化的词汇。换句话说,南北之间有一过渡带。在这个过渡带里,只有部分词汇,遵循 p、t、k 变为塞擦音和丝音的规律,温克的地图完全否定了新语法学派的信念,这种信念认为,如果某一个语音发生变化,那么所有包含这个语音的词汇也都会发生相同的变化。温克的合作者乌列德(Ferdinand Wrede),特别是从语音学的角度改进他的方法,继续编辑《德国语言地图集》。在温克的学生和追随者中最有成绩的是弗里恩(Theodor Frings)。在温克开始编辑地图集之后 50 年,即 1926 年,开始出版《德国语言地图集》。关于德国方言及其地理的综合研究可参阅巴哈(A. Bach)的《德国方言探索》(1950 年)。

席业隆(Jules Gilieron)和合作者爱德蒙(Edmond Edmont)于 1903—1910 年发表《法国方言地图集》(ALF),在方言地理学史上这是一个很重要的进展。温克的调查只涉及语音方面,席业隆的地图集主要载录词汇,包括三方面的材料:农民使用的词汇,有明显地域差异的一组单词,100 个简单的句子,用于调查词法和句法特征。因为所有项目都是用语音符号记录的,所以同时也是语音调查。田野工作由爱德蒙一个人独自担当,在 1897 年至 1901 年他走遍整个法国,按问题表调查记录方言。他调查了 369 个地点方言。地图集共有 1920 张,记录了 100 万个符号。后出的其他罗曼语言地图集纷纷效法席业隆的地图集,如 Karl Jaberg和 Jakob Jud 的《意大利和瑞士语言与方言地图集》、Sever Pop 等人编辑的《罗马尼亚语言地图集》,还有《伊比利亚罗曼语言地图集》。H. Baum-Gartner 和 R. Horzenköcherle 曾经调查研究瑞士方言,撰有《瑞士德语地区语言地图集》(1942 年)。由 John Orr 和 Eugen Dieth 策划的《不列颠语言地图集》于 1926 年开始出版。《美国和加拿大语言地图集》于 1939 年至 1943 年出版,共分三部分,参加调查的有 H. Kurath、Leonard Bloom-field 等人。丹麦的语言地图集于 1898 年至 1912 年出版,包括 104 张地图。芬兰的语言地图集于 1940 年出版。Pop 所撰《方言学》(第一、二部分,1950 年)综合介绍了世界各地方言地理学研究的方法和成果。

不同的语言地图集编辑目的也各不相同。德国的温克和乌列德设计地图的目标是要显示语音形式的地理分布,从而判定方言的界线和演变的方向。席业隆的法国地图则强调词汇研究,强调从细记录词汇,而对语音的兴趣仅仅在于它能帮助了解词的历史。对于语言地理学的法国学派来说,并不存在语音的主动演变,而只有词的演变,或者说只有单个词汇的历史演变。

席业隆认为语音演变只是一种幻想。1906 年他和 Marlo Roques 合著《语音学幻想》,反对语音演变有规律的说法,试图用外部演变来解释语音演变的结果。法国方言学家 Albert Dauzat 在所著《语言地理学》(1922 年)一书中,也持相同的观点。他反对地点方言连续不断发展的观点,主张现代社会里标准语言对方言的影响,造成方言混杂,这种现象在历史时期也同样发生,中心城市的方言会影响其他方言,甚至史前的各语系或语族在某种程度上也是如此。他认为,所谓真正的方言只有内部有规律地连续发展,这是一种幻想。

各种方言地图集确实无法证明新语法学派"语音演变没有例外"的论断,方言之间也没有截然的界线,不过语言发展也决不是毫无规律可循。方言之间虽然没有截然的界线,但是方言之间的过渡地带还是存在的。在这种过渡地带的两边各有内部相对一致的方言存在。席业隆和 G. Paris 的观点显然是走极端了。

另一方面,方言也确实会受到外部影响。如果语言学家不再把语言看作是活的有机物,而将它看作是一种社会现象,一种人类的交际工具,那么方言受到外部影响是很容易理解的。特别是大城市的方言,由于社会因素很复杂,常常受到多方面的外部影响。近年来有许多社会语言学的论文就是研究城市方言及其外部影响的。

中心城市的方言也会随着交际的路线扩散到周围地区。在早期欧洲这种城市往往即是宗教活动中心,在法国即是主教所在的城市,其方言会影响整个教区。德国的情况也一样,在瑞典同一教区内的方言往往相同,方言的分界线很少有不跟教区界线相重合的。

方言地图对词汇学的研究有特殊的贡献。在方言地图上可以看出文化词的扩散方向,从而为文化发展史提供证据。文化词的扩散在早期是沿河谷和主要的陆路,在现代则是沿铁路线。同义的新词和旧词在地理上的竞争也往往可以在地图上看出来。新词往往见于一个地区的中心,旧词则广布在它四周或残留在边缘地带。不同时代产生的同义词并存在共时的地理平面上。在法国语言地图集中有一张"马"这个词的地图是很典型的。表示"马"的最古老的词来源于拉丁语 equa，在一些法国南部方言里是 ega。全国部分地方这个词的形式则是来源于拉丁语 cabala(源出凯滩语)；另一些地方则使用 jument 这个词。还有些新词则零散在几个地方。来源于 equa 的词在地理上的分布孤立而离散，即使不懂拉丁语也可以辨认它们属于最早的层次。来源于 cabala 词，部分在北部，部分在南部，也星散在东部。这说明本来流行同一来源的词的完整的地区后来被割裂和侵蚀。这类词属第二层。而 jument 这个词则占据中心地带，看来这个新词是在首都巴黎产生的，随着首都在政治、经济、文化等方面的影响而向四周扩散，这是第三层，即最后产生的层次，它侵占了第一层和第二层的地盘。层次(stratigraphy)这个术语是从地质学借来的，有时可以用于研究一种语言或方言内部不同历史时期产生的成分。

利用方言地图研究词汇还可以帮助我们了解语音演变的过程。例如席业隆曾指出"蜜蜂"这个词在法国各地语音形式的分歧是语音演变的结果。南部的 abelh 源出拉丁语 apicula(apis"蜜蜂"的小称)，符合一般的语音发展规律。在北部这个词的语音形有 é,abeille,ruche,apier,avette 等。原始的 apic 按北部法语语音演变的规则变为 ef,ef 又变为 é。

方言学家发现词汇替换的另一个原因是语音平衡。如果不同概念用相似的语音表达，这是很不方便的。在这种情况下，其中会有一个被新的形式或借词所取代。席业隆曾指出，在法国南方有些地方有一条音变规律是 –ll 变为 –t，结果源出拉丁话的 gallus(鸡)的语音形式变得跟 gat(猫)很像，因此就不再使用这个拉丁语词。在美国英语中 ass(驴子)和 arse(屁股)几乎是同音词，结果就不用 ass，而用现成的同义词 donkey 来代替。

方言地图还显示边界地区的词汇在语音和语义上往往有变异：瑞典方言学家 Natan Lindqvist 等人曾研究这种现象，例如瑞典语词 smultron(野生草莓)，原来只是用于瑞典的中心地带，即沿 Mälar 湖的若干省，后来扩展到西部和南部，在边界地区这个词的词义变成"人工栽培的草莓"，在标准的瑞典语里"人工栽培的草莓"是用另一个词 jordgubbar 的。这种情况跟借词在语音和词义上会发生变化一样。方言间和语言间的借用都会产生这种现象。

研究方言与研究它的文化背景是相辅相成的。方言学家发现很有必要跟研究民间文艺、民间文化(居室、服饰、器具等)的人合作，方言的科学研究，如果要取得完满成功，就要求方言学家熟悉这种方言的使用环境，特别是对于词汇研究来说更是如此。要充分理解词义及其变化，就一定要了解它们所表达的内容本身和使用环境。例如要描写一个农业社团的语言，就有必要了解它的风俗、习惯、劳动方式等。研究语言的形式跟研究它所表达的内容是相辅相成的。语言学中有一个分支就是以"词和物"(也是一个杂志的名称)为旗号。在第一、第二次世界大战之间有不少这一派的学者，尤其是研究罗曼语和日耳曼语的学者，如研究罗曼语的 Jaberg and Jud，Fritz Küger；研究日耳曼语的 Theodor Frings，Walther Mützka 等。由于这一派的研究方法在很大程度上必须依赖对"物"的研究，后来逐渐远离语言学，变成一种语文学的分支，虽然它的研究对象并不是文献材料，而是活的口语。

地名学(the study of place names)是另一种必须借助方言学的学问。地名学必须跟语言及其环境的研究相结合。最著名的地名学家法国有 Dauzat，瑞典有 Jöran Sahgren，研究英语地名最著名的是 Eilert Ehwall，德国和苏联也都有地名学专著出版。

以上扼要介绍了现代方言学在欧洲产生、发展的历史，及其各派别的学术思想。欧洲方言学的全盛时期是 19 世纪末期到 20 世纪初期。美国的方言研究是 20 世纪初期展开的，就北美洲英语方言的调查研究和地图绘制而言，其理论和方法都是从欧洲输入的，应该说只是欧洲方言学的余绪。但是，另一方面，以鲍阿斯(F. Boas)和萨丕尔(E. Sapir)为代表的美国学者对美洲印第安语的研究，可以说是开创了方言学的新纪元。不过习惯上把他们的研究称为描写语言学和人类语言学(Anthropological Linguistics)，其实印第安语言也是有方言分歧的，如 Gitksan 语就分东、西两种方言。调查和研究印第安语言自然也得从方言入手。他们的研究和欧洲学者的共同点是：两者都以方言口语为研究对象，都从实地调查取得材料；其不同点是：欧洲学者的研究方向侧重于方言地理学，以及今方言和语言历史的关系；美国学者的研究方向则侧重于方言的描写、语言的分类、语言与文化的关系、语言与思维的关系。美国学者的这种研究方向发展的结果，就形成描写语言学和人类语言学。

欧洲的方言学和北美印第安语言研究，各自都有独特的学术背景或环境，所以走上不同的发展道路。欧洲的方言学是建立在历史语言学的基础上的,或者说它是历史语言学的延伸,方言地理学的研究最初是为了解释语言的历史,例如温克企图用自己的研究证明新语法学派"语音演变没有例外"这个历史语言学上的假说。美洲的印第安语是没有文字记载的语言,对印第安语也没有任何历史研究可言,对它的文化背景也一无所知。面临这种新的研究对象,语言学家不得不采用新的方法。不仅语言是新的,而且语言背后的文化也是新的,它们跟欧洲的语言与文化迥然不同,因而引起把语言和文化结合起来研究的兴趣。

美洲印第安语研究以及与之相关的描写语言学和人类语言学的全盛时期是在 20 世纪前半期。与描写语言学相关的是结构主义方言学。传统的"原子主义(atomistic)方言学"只注重单个语音的记录和研究,而结构主义语言学则注重方言语音结构的分析和比较。例如,假设有 A,B,C 三个方言,本来都有/i,e,æ/三个音位,后来 C 方言中的/e/分化,有一半词改读/ɛ/。这种演变又传播到 B 方言。这样一来,C 方言和 B 方言的元音系统就有了四个元音,而 A 方言仍然只有三个元音。接着 C 方言中的/ɛ/并入了/æ/,这样,只有 B 方言还有四个元音。这两个元音系统在三种方言中的表现可以用以下几个词来说明。

词	A 方言	B 方言	C 方言
pin	/pin/	/pin/	/pin/
pain	/pen/	/pen/	/pen/
pane	/pen/	/pɛn/	/pæn/
pan	/pæn/	/pæn/	/pæn/

传统方言学家可能只是对 pane 这一个词感兴趣,因为只有这个词的元音在三个方言里读音不同。如果他要画方言地图,他会把这个词的三种不同读音分别标记在三个方言区。而对其他三个词略而不论。结构主义方言学家则不同,他会指出 B 方言的语音系统与 A 方言和 C 方言不能等量齐观,而 A 方言和 C 方言的语音系统表面相同,实则因分化和合并,结构不同。

20 世纪 50 年代晚期,生成语法在结构主义的基础上诞生了。乔姆斯基(Noam Chomsky)认为,一部完整的语法必须由生成和转换两部分组成。"生成"(generative)意谓:复杂的结构是由简单的结构派生而来的。"转换"(transformational)意谓:有些结构是根据重组和删除的规则从一般的模型转换而来的。

生成音系学在方言学上的应用应注意如下几个重要问题。

1. 为了建立明确的底层形式和音系规则,应搜集不同上下文和不同风格的语料。传统方言学只要求搜集标准发音人的语料。

2. 相同的形式可能只是表层形式(surface form)相同,而底层形式(underlying form)不同,即它们可能是从不同的底层派生而来的。

3. 许多规则都可能有例外。

4. 音系规则在句法上的表现并不一定反映历时演变。

下面是用生成语法分析底层形式和表层形式关系的例子。在英语里/desk + z/是一个底层形式。其中/z/的含义是后缀。这个底层形式通过三条规则转换成三个不同的表层形式。

底层形式	desk + z	desk + z	desk + z
(1) 后缀调整	desk + [s]	desk + [s]	desk + [s]
(2) 复辅音简化		des + [s]	desk + [s]
(3) 叠辅音删除			desk + [s]
表层形式	[dɛsk + s]	[dɛːs]	[dɛs]

用生成音系学的方法来分析整个语言包括方言的音系,做得不多。罗马尼亚方言、班图语和希腊语方言曾用生成音系学的方法分析过。

产生于 20 世纪 60 年代的社会语言学只研究地域方言的传统,将研究旨趣转向社会方言。社会语言学的方言学主要的兴趣在于与社会共变的语言变异,或反映社会变化的语言变异,以及作为语言演变源泉的语言变异。

社会语言学大大地改变了方言学家的作用。方言学家不再仅仅只是公布他的材料,而是注意将他们的材料与社会发展相联系,并且从中探讨理论问题。社会语言学革新了方言学只研究地域方言的传统,将研究旨趣转向社会方言,例如城市方言的社会层次分层研究。

　　社会语言学有三位先锋人物:拉波夫(William Labov,1927—　)、特鲁杰(Peter Trudgill,1943—　)和海姆斯(Dell Hymes,1927—　)。拉波夫主要研究的是纽约的城市方言,特鲁杰研究的是英国诺里奇方言,他们两位实际上是在研究方言的基础上创建社会语言学的。

　　社会语言学已经取得斐然可观的成绩,它应该是方言学今后发展的重要方向之一。传统方言学和社会语言学相结合,将使方言学在语言学的园地里大放异彩。

　　综上所述,广义的西方方言学史似应包括三个主要阶段,即欧洲的方言地理学、北美的描写方言学和社会语言学。狭义的西方方言学只是指 19 世纪末期在欧洲兴起的方言学,以及后来以此为规范所进行的研究。本节有关西方方言学史,详见 *Dialect Study and Linguistic Geography*,载 *New Trends in Linguistics*,Stockholm,Lund,1964 和 W. N. Francis,*Dialectology*,Longman,1983。

参考文献

　　罗常培《中国方音研究小史》,载《东方杂志》31 卷第 7 期,1934 年。

　　詹伯慧《谈谈汉语方言的调查研究》,载《亚非语言的计数研究》,19 号,1982 年。

　　许宝华、汤珍珠《略说汉语方言研究的历史发展》,载《语文研究》,1982 年第 2 期。

　　王福堂《二十世纪的汉语方言学》,载《二十世纪的中国语言学》,北京大学出版社,1998 年。

　　游汝杰《汉语方言学导论》(修订本),上海教育出版社,2018 年。

　　李如龙《汉语方言学》,高等教育出版社,2001 年。

　　施文涛《略论地方志里方言资料的作用问题》,载《江海学刊》1963 年第 4 期,43—49 页。

　　许宝华、游汝杰《方志所见上海方言初探》,载《吴语论丛》,上海教育出版社,1988 年 9 月,184—192 页。

　　游汝杰《西洋传教士汉语方言学著作书目考述》,黑龙江教育出版社,2003 年。

思考与练习

　　1. 汉语方言学史可以分为哪几个时期? 每一时期有哪些主要成就?

　　2. 现代的汉语方言学有哪两个主要的源头? 它们有什么特点?

汉语方言两字组连读变调调查表

　　本调查表中,阴平、阳平、阴上、阳上、阴去、阳去、阴入、阳入八个调类,分别以"1、2、3、4、5、6、7、8"作代号。竖杠后的字组为动宾结构或主谓结构。此表为调查吴语设计,如用于其他方言,应调整部分词语。

前字阴平

1+1

医生　飞机　松香　阴天　天窗　声音　香烟　乌龟　高低　高山　家生　秋收　东风　花生　新鲜
西瓜　心思
|开窗　浇花　通风　听书　搬家　开车

1+2

高楼　今年　天堂　天桥　汤团　操劳　安排　椒盐　猪毛　丝绵　光荣　新闻　砂糖　花瓶　猪皮
新娘　灰尘　高粱　风琴
|帮忙　开门　低头　花钱　关门

1+3

资本　加减　腰鼓　精简　工厂　辛苦　甘草　高考　科长　青草　安稳　猪肚　糕饼　风水　跟斗
|浇水　抓紧　光火　心疼

1+4

沙眼　经理　粳米　风雨　兄弟　师范　亲眼　亲近　轻重　端午　安静　干旱　修养　夫妇　虾米
|开市　收礼　加重

1+5

书记　精细　相信　花布　干脆　菠菜　功课　天性　牵记　青菜　车票　仓库　空气　锅盖　荤菜
公债　方凳　霜降
|开店　通气　栽菜

1+6

花样　希望　公事　方便　山洞　豇豆　天地　身份　鸡蛋　耕地　空地　军队　公路　招待　医院
兄妹　销路
|烧饭　生病　开会

1+7

资格　猪血　钢铁　生铁　青竹　亲切　中国　筋骨　方法　清洁　钢笔　心得　公式　春雪　鸡血
巴结　推却
|烧粥　开笔　天黑

1+8

猪肉　蜂蜜　京剧　单独　亲热　清浊　中学　兵役　杉木　商业　沙漠　阴历　惊蛰　中学　生活
|烘热　消毒　开业

前字阳平

2+1

田鸡　床单　茶杯　辰光　长衫　同乡　平安　梅花　莲心　年轻　明朝　南风　龙虾　农村　雄鸡
|存心　磨刀　聊天

2+2

皮球　名堂　团圆　厨房　前门　长城　平台　人头　农忙　门帘　人民
|抬头　留神　环湖

2 +3

存款 团长 桃子 头颈 长短 钢板 全体 门板 门口 牙齿 棉袄 牛肚 锣鼓
|寻死 防火 还款

2 +4

朋友 长远 期限 同道 肥皂 牛奶 牛马 杨柳 模范 原理
|骑马 淘米 求雨

2 +5

瓷器 群众 脾气 长凳 奇怪 蒲扇 迟到 蓝布 能干 棉裤 名片 鱼翅
|盘店 还账 盘货

2 +6

长命 蚕豆 长寿 绸缎 神话 程度 场面 原地 梅树 蓝队 南路
|流汗 迷路 无效

2 +7

潮湿 皮夹 红色 头发 成绩 时刻 条约 颜色 牛骨 毛笔 人客 茅竹
|流血 留客 寻笔

2 +8

同学 成熟 前日 红木 寒热 咸肉 名额 人物 明白 牛肉 零食
|寻袜 寻药 防滑

前字阴上

3 +1

酒缸 广州 点心 小兵 火车 表亲 草鸡 普通 水烟 酒糟 好心 祖宗 酒盅 表哥 好怵
手心 讲师
|起风 打开 走开

3 +2

好人 果园 党员 可怜 水壶 酒瓶 顶棚 厂房 府绸 广场 保持 海员 本能 粉红 死人
|打拳 打雷 打柴 倒霉

3 +3

稿纸 底板 小姐 检讨 小巧 厂长 草纸 口齿 楷体 火腿 小碗 胆小 省长 检举 保险
水果 酒水
|打垮 打水 保底

3 +4

小米 讲演 表演 海马 处理 可以 好像 小道 改造 腿部 等待 走道 小雨
|打坐 请罪 抵罪

3 +5

讲究 板凳 打算 广告 小气 好看 考试 讨厌 股票 口臭 小菜 扁担 宝贝 典当 打扮
海派 爽气
|炒菜 写信 喘气 补票

3 +6

小路 酒酿 姊妹 巧妙 草帽 体面 子弹 本地 扁豆 草地 请示 本事 考虑 苦命 指示
喜事 炉忌
|煮饭 打烊 写字

3 +7

本色 粉笔 改革 准确 宝塔 口角 小吃 板刷 指甲 粉刷 本国 口福 广阔 首饰 表叔

纺织 晓得
丨请客 打铁 炒作
3 +8
小麦 火热 枕木 体育 水闸 饮食 主席 小学 普及 坦白 酒席 小学 手续 主食
板栗 火着
丨解毒 打猎 请阅
前字阳上
4 +1
被窝 士兵 旱灾 弟兄 稻根 后胎 后腰 奶糕 马车 眼科 米缸 雨衣 老师
丨养鸡 有心 买花
4 +2
后门 社员 市场 肚皮 象棋 户头 杏仁 老人 鲤鱼 奶娘 礼堂
丨上楼 坐船 养牛
4 +3
淡水 市长 厚纸 稻草 户口 社长 米粉 老酒 冷水 野草 雨伞
丨动手 受苦 养狗
4 +4
远近 妇女 父母 道理 罪犯 静坐 舅父 网眼 偶像 马桶 旅社
丨买米 买马 犯罪 动武
4 +5
动态 像片 罪过 父辈 罪证 被絮 眼镜 雨布 野菜 冷气 武器
丨拌菜 受气 买菜
4 +6
被面 后路 后代 弟妹 部队 社会 近视 眼泪 马路 野地 冷汗 里外
丨有效 有利 坐轿 像话
4 +7
幸福 道德 罪恶 负责 市尺 动作 眼色 满足 冷粥 马夹 老式
丨犯法 养鸭 待客
4 +8
被褥 静脉 断绝 动物 眼药 堕落 满月 老实 礼物 李白 老贼
丨有毒 上学 尽力
前字阴去
5 +1
教师 战争 细心 货车 粪坑 裤裆 汽车 快车 四方 背心 酱瓜 素鸡 跳高 信心 振兴
丨放心 订亲 看书 印花
5 +2
鳜鱼 教员 菜园 透明 证明 借条 报酬 太平 套鞋 太阳 菜油 带鱼 桂圆 算盘 化肥
丨拜年 剃头 看齐 放平
5 +3
信纸 快板 对比 正楷 跳板 汽水 凑巧 报纸 半碗 处长 熨斗 要紧 要好 醉蟹 对打
丨中暑 放手 献宝 倒水 漱口
5 +4
细雨 继母 痛痒 套语 胜负 报社 创造 靠近 器件 对象 最近 看重 抗拒 自重 器重
丨送礼 泻肚 退社

5 +5

细布　靠背　志气　唱片　兴趣　快信　困相　叹气　炭片　奋斗　世界　告诉　故意　爱戴　照相
|寄信　放假　看戏　过世

5 +6

贩卖　性命　志愿　退路　炸弹　替代　态度　告示　见面　半路　照面　笑话　政治　故事　纪念
|看病　种树　泡饭　炖蛋

5 +7

货色　印刷　战国　宪法　顾客　戏曲　庆祝　计策　退出　信壳　建筑　配角　快速　做作　著作
|爱国　送客　变法

5 +8

秘密　酱肉　快乐　破裂　汉族　性别　快活　算术　教育　泡沫　势力　炸药　半日　化学
|放学　退学　送药

前字阳去

6 +1

认真　电灯　健康　地方　树根　大葱　自家　面汤　内心　路灯　耐心
|卖瓜　忌烟　卖花

6 +2

树苗　地球　病人　自然　旧年　队旗　栈房　面条　内房　浪头　院墙
|卖鱼　害人　骂人

6 +3

大小　字典　地板　大饼　代表　大胆　袖口　料酒　面子　露水　胃口
|用水　卖酒　问好

6 +4

大雨　代理　现在　郑重　字眼　大旱　大米　庙宇　内弟　乱码　味道　糯米
|病重　卖米　用尽

6 +5

豆浆　病假　代替　弹片　大蒜　旧货　内战　饭票　硬化　议案
|备课　卖票　认账

6 +6

大雁　豆腐　寿命　败类　大树　剩饭　内外　梦话　另外
|让路　冒汗　弄乱

6 +7

大雪　字帖　大约　办法　自杀　画册　旧货　问答　外屋　面包　外出　面色　料作　露宿
|炼铁　会客　就职

6 +8

树叶　暴力　大麦　大学　事实　大陆　病毒　嫩叶　内侄　练习　艺术　面目
|办学　卖药　用力

前字阴入

7 +1

北方　作家　浙江　骨科　插销　铁丝　百花　雪花　八仙　作风　黑心　北风　菊花　藿香　豁边
|贴心　结冰　说书

7 +2

鲫鱼　发明　竹篮　发扬　竹床　足球　国旗　铁桥　发条　职员　足球　黑桃　色盲　脚炉　屋檐
|出门　刷牙　剥皮

7 + 3

脚底	桌椅	屋顶	作品	色彩	铁锁	铁板	豁嘴	出口	黑枣	铁饼	阿姐	百果	脚本	竹笋
｜发紫	发榜	失火												

7 + 4

瞎眼	国语	竹篓	尺码	节俭	伯父	叔父	接近	接受	黑市	曲蟮	给养
｜发冷	刮脸	作序									

7 + 5

百货	黑布	国庆	脚气	得意	客气	铁片	折扣	恶化	发胖	黑线	索性
｜吓怕	切菜	出气	吸气								

7 + 6

革命	一样	国外	切面	铁路	铁面	脚步	一定	出现	绰号	尺度	失败	出路	鸽蛋	国画
｜发病	识字	出汗												

7 + 7

法则	积蓄	北屋	逼迫	一切	吃瘪	出色	赤脚	铁塔	踢脱	发作	法国	隔壁	叔叔	得法
｜出血	发黑	接客												

7 + 8

骨肉	恶劣	吃力	出纳	恶毒	复杂	积极	缺乏	克服	节目	锡箔	发掘	雪白	碧绿
｜作孽	吃肉	出力	割麦										

前字阳入

8 + 1

实心	别针	闸刀	昨天	白天	薄刀	月光	肉丝	目标	热天	辣椒
｜读书	灭灯	默书								

8 + 2

杂粮	别人	食堂	毒蛇	鼻梁	熟人	业余	灭亡	绿茶	木材	月台
｜夺权	掘坟	入门								

8 + 3

石板	局长	渤海	白果	蚀本	热水	木板	袜底	墨水	月饼
｜罚款	入股	拔草	着火						

8 + 4

白马	白米	侄女	杂技	活动	白眼	木马	玉米	落后	木器	木偶
｜入伍	落雨	服罪	赎罪							

8 + 5

籍贯	字相	实际	白菜	鼻涕	直径	白布	乐意	月半	木器	热菜	辣酱
｜读报	学戏	拔菜									

8 + 6

实话	杂事	独自	实现	薄命	俗话	疾病	木料	力量	绿豆	热饭	六袋
｜植树	立定	立夏	拔树								

8 + 7

及格	合作	直接	白铁	白虱	实足	白鸽	蜡烛	墨汁	立刻	绿色
｜落雪	缚脚	摸脚	摸黑							

8 + 8

毒药	独立	绝密	集合	直达	白药	植物	绿叶	热烈	疟疾	玉石
｜入学	服毒	服药								

词汇调查类目

一、天文气象
　　1 日、月、星　2 风、云、雷、雨　3 冰、雪、霜、露　4 气候

二、地理方位
　　1 田地　2 山地　3 河海　4 泥土沙石　5 方位　6 地名特殊读音

三、时间节令
　　1 年、月、日、时　2 季节、节令　3 节日、假日

四、工业工艺

五、农业
　　1 农事　2 农具　3 水利　4 农村生活

六、商业
　　1 经营交易　2 市场、商店　3 货币　4 财会　5 度量衡

七、交通邮电
　　1 车及其各部分　2 船及其各部分　3 旅游　4 邮电

八、动物
　　1 家畜、饲料　2 飞禽　3 走兽　4 鱼类　5 虫类

九、植物
　　1 庄稼　2 树木　3 花草　4 菜蔬　5 瓜果

十、房舍
　　1 院落　2 房子及其各部分　3 家畜棚圈　4 家务

十一、饮食
　　1 米食　2 面食　3 菜肴　4 饮料烟酒　5 作料　6 点心　7 糕饼　8 炊事

十二、器具
　　1 家具　2 卧具　3 炊具　4 日常生活用品　5 工具　6 材料

十三、衣料服饰
　　1 衣料　2 衣服及其各部分　3 鞋帽　4 首饰、饰物　5 梳洗　6 洗漱

十四、交际
　　1 交际用语　2 待客　3 设宴　4 詈语

十五、婚丧生育寿辰
　　1 婚姻　2 丧葬　3 生育　4 寿辰　5 宗教　6 迷信

十六、人体
　　1 头部　2 胸、背　3 四肢　4 五脏　5 其他

十七、疾病　医疗
　　1 一般用语　2 内科　3 外科　4 五官科　5 治疗　6 药品　7 中药　8 药具　9 卫生

十八、亲属　人品　职业

十九、教育娱乐
　　1 学校　2 读书写字　3 笔画偏旁　4 文具　5 体育活动　6 游戏　7 玩具　8 戏曲　9 曲艺

二十、动作
　　1 一般动作　2 心理活动　3 语言动作　4 对人态度、与人关系

二十一、性质感觉状态颜色

二十二、代词

二十三、副词　介词　连词　助词

二十四、数词　量词

汉语语法调查例句

0001. 小张昨天钓了一条大鱼，我没有钓到鱼。

0002. a. 你平时抽烟吗？
　　　b. 不，我不抽烟。

0003. a. 你告诉他这件事了吗？
　　　b. 是，我告诉他了。

0004. 你吃米饭还是吃馒头？

0005. 你到底答应不答应他？

0006. a. 叫小强一起去电影院看《刘三姐》。
　　　b. 这部电影他看过了。/他这部电影看过了。/他看过这部电影了。选择在该语境中最自然的一种形式回答，或按自然度列出几种形式。

0007. 你把碗洗一下。

0008. 他把橘子剥了皮，但是没吃。

0009. 他们把教室都装上了空调。

0010. 帽子被风吹走了。

0011. 张明被坏人抢走了一个包，人也差点儿被打伤。

0012. 快要下雨了，你们别出去了。

0013. 这毛巾很脏了，扔了它吧。

0014. 我们是在车站买的车票。

0015. 墙上贴着一张地图。

0016. 床上躺着一个老人。

0017. 河里游着好多小鱼。

0018. 前面走来了一个胖胖的小男孩。

0019. 他家一下子死了三头猪。

0020. 这辆汽车要开到广州去。/这辆汽车要开去广州。选择本方言中最自然的一种说法，或按常用度列出几种说法。

0021. 学生们坐汽车坐了两整天了。

0022. 你尝尝他做的点心再走吧。

0023. a. 你在唱什么？
　　　b. 我没在唱，我放着录音呢。

0024. a. 我吃过兔子肉，你吃过没有？
　　　b. 没有，我没吃过。

0025. 我洗过澡了，今天不打篮球了。

0026. 我算得太快算错了，让我重新算一遍。

0027. 他一高兴就唱起歌来了。

0028. 谁刚才议论我老师来着？

0029. 只写了一半，还得写下去。

0030. 你才吃了一碗米饭，再吃一碗吧。

0031. 让孩子们先走，你再把展览仔仔细细地看一遍。

0032. 他在电视机前看着看着睡着了。

0033. 你算算看，这点钱够不够花？

0034. 老师给了你一本很厚的书吧？

0035. 那个卖药的骗了他一千块钱呢。

0036. a. 我上个月借了他三百块钱。借入。

　　　 b. 我上个月借了他三百块钱。借出。如与 a 句相同，注"同 a"即可。

0037. a. 王先生的刀开得很好。王先生是医生（施事）。

　　　 b. 王先生的刀开得很好。王先生是病人（受事）。如与 a 句相同，注"同 a"即可。

0038. 我不能怪人家，只能怪自己。

0039. a. 明天王经理会来公司吗？

　　　 b. 我看他不会来。

0040. 我们用什么车从南京往这里运家具呢？

0041. 他像个病人似的靠在沙发上。

0042. 这么干活连小伙子都会累坏的。

0043. 他跳上末班车走了。我迟到一步，只能自己慢慢走回学校了。请设想几个大学生外出后返校的情景。

0044. 这是谁写的诗？谁猜出来我就奖励谁十块钱。

0045. 我给你的书是我教中学的舅舅写的。

0046. 你比我高，他比你还要高。

0047. 老王跟老张一样高。

0048. 我走了，你们俩再多坐一会儿。

0049. 我说不过他，谁都说不过这个家伙。

0050. 上次只买了一本书，今天要多买几本。

（采自《中国语言资源有声数据库调查手册·汉语方言》，2010 年）

汉语方言动词"体"的调查表

1. 进行

1.1 妈妈在缝衣服,姐姐在煮饭。
我吃饭呢,你等一等。

1.2 她哭着呢,什么也不吃。
我跑着呢,所以不觉得冷。

1.3 坐着,不要站起来。
躺着,不要坐起来。

1.4 外面下雨呢,要带伞。
外面下雪呢,别去了。

1.5 我没在吃饭呢,我在扫地。
他在干什么? 他在抱孩子。
她在洗手吗? 不,她不在洗手。

2. 完成

2.1 我吃了饭了,你吃了吗?
你刚吃了药,不能喝茶。
他每天吃了早饭就出去。
我已经做了三张桌子了。

2.2 我去了三趟都没找到他。
他去了一个多月了,还没有回来。
我们找这几本书找了好久。
你奶奶病了几天了? 三天了。

2.3 小孩睡了吗? 睡了,睡在床上。\没睡,在床上玩儿。
你把昨天买的东西放在哪儿? 放在桌子上。

2.4 我打破了一个盘儿。
吃饱了饭再干活。
这个孩子这些日子变乖了。
他睡着了吗? 他睡着了。\没睡着。

2.5 明天这个时候他已经到了北京了。
你去了他家没有? 去了。\没去。

2.6 球滚到洞里去了。
大家费了很大的劲儿才爬了上去。

2.7 房间里点了一盏灯。
门口站了许多人。

2.8 他昨天晚上来敲门的时候我已经睡了。
你去了没有? 我去了。
长久不见了,你好像瘦了\胖了。
晾在外头的衣服早就干了。

2.9 讲错了没关系,再讲一遍就是了。
我买了三斤,他买了一斤。

3. 完成体的肯定和否定回答

3.1 他到北京去了没有? 去了\没去。
他昨晚下棋了没有? 下了\没下。

3.2 你家种没种花? 种了\没种。
他家养没养金鱼? 养了\没养。

4. 持续

4.1 他手里拿着一个茶杯。
戴着帽子找帽子。
我带着雨衣,不怕下雨。

4.2 躺着看书不好。
他喜欢站着吃。
她在地上坐着,不肯站起来。

4.3 你拿着。
快着点儿,时间不多了。
这儿人很多,行李要看着点儿。
躺着,不要坐起来。

4.4 他头上没戴着帽子。
你带着雨衣吗? 我没带雨衣,我带伞呢。

5. 存在

5.1 门开着,里面没有人。
墙上挂着一幅画。

5.2 墙上没有挂着画。
门口站着人吗? 没有站着人。

6. 延续

6.1 杯子里倒着茶,你没看见吗?
先把肉切了,呆一会儿炒菜。
把这杯茶喝了,以免路上口渴。

6.2 杯子里倒着茶吗? 没有倒着茶。

7. 经验

7.1 他到过很多国家。
他从前做过生意。

7.2 你去过北京吗? 我去过。\没去。
你抽过烟吗? 抽过。\没抽过。

8. 起始

8.1 下雨了,快把衣服收进来。
天气冷起来了,要多穿一件衣服。

8.2 他讲起这个故事来起码一个小时。

他看起电视来就不停地看。

8.3 你怎么做起生意来了?

他们打起来了吗? 还没有打起来。

9. 即时

9.1 他一来大家就走。

风一停就下雨。

9.2 他一坐船就头晕。

你一碰它它就破。

10. 部分完成

10.1 三个梨我吃了两个。

十盒烟我已经给了你五盒。

10.2 五个苹果他一个都没给我。

家具你都买了吗? 我买了一部分了。

11. 惯常

11.1 我一直住在这儿。

他一直坐在这张椅子上。

11.2 他向来喜欢抽烟。

我一直戴眼镜。

11.3 他一直骑自行车吗? 他一直不骑自行车。

他向来不喜欢喝酒。

12. 连续

12.1 他不停地跳着。

雪不停地在下着呢。

12.2 他不停地大声地哭。

时针不停地慢慢地在走。

13. 可能

13.1 这个大房间住得下十个人。

他挑得动一百斤重的担子。

13.2 两个人喝不下三瓶酒。

你吃得下三碗饭吗? 吃得下\吃不下。

14. 转变

我们边走边说,说着说着就到了。

他唱着唱着忽然哑了喉咙。

15. 尝试

我来尝尝这碗菜。

你来喝喝这瓶酒。

16. 短暂

大家歇歇再干。

我到外头走走就回来。

17. 接续

17.1 我们做下去,不要停。

你说下去,我们都要听。

17.2 你听下去吗? 不要听下去了。

我们不做下去了。

18. 回复

18.1 他昨天生病没吃饭,今天病好了,又吃饭了。

他去年回来过,今年又回去了。

把那两张桌子搬回来。

把盖子盖回去。

18.2 我的钻石表掉了,想再买一只新的回来。

我长久不抽烟了,近来又重新抽烟了。

18.3 盖子不要盖回去。

他今年又回来了吗? 他没有回来。

19. 续完

19.1 他等我,你也等我吧。

他去,你也去吧。

19.2 吃完这碗粥,不要剩下来。

还有一点钱也给你。

19.3 要吃完这碗粥吗? 不要吃完这碗粥了,要走了。

还有一点钱不给你了。

20. 确定

20.1 那天晚上我是去的。

国际音标表(修订至 2015 年)
THE INTERNATIONAL PHONETIC ALPHABET(revised to 2015)

CONSONANTS (PULMONIC)

© 2015 IPA

	Bilabial	Labiodental	Dental	Alveolar	Postalveolar	Retroflex	Palatal	Velar	Uvular	Pharyngeal	Glottal
Plosive	p b			t d		ʈ ɖ	c ɟ	k g	q ɢ		ʔ
Nasal	m	ɱ		n		ɳ	ɲ	ŋ	ɴ		
Trill	ʙ			r					ʀ		
Tap or Flap		ⱱ		ɾ		ɽ					
Fricative	ɸ β	f v	θ ð	s z	ʃ ʒ	ʂ ʐ	ç ʝ	x ɣ	χ ʁ	ħ ʕ	h ɦ
Lateral fricative				ɬ ɮ							
Approximant		ʋ		ɹ		ɻ	j	ɰ			
Lateral approximant				l		ɭ	ʎ	ʟ			

Symbols to the right in a cell are voiced, to the left are voiceless. Shaded areas denote articulations judged impossible.

CONSONANTS (NON-PULMONIC)

Clicks		Voiced implosives		Ejectives	
ʘ	Bilabial	ɓ	Bilabial	ʼ	Examples:
ǀ	Dental	ɗ	Dental/alveolar	pʼ	Bilabial
ǃ	(Post)alveolar	ʄ	Palatal	tʼ	Dental/alveolar
ǂ	Palatoalveolar	ɠ	Velar	kʼ	Velar
ǁ	Alveolar lateral	ʛ	Uvular	sʼ	Alveolar fricative

OTHER SYMBOLS

ʍ Voiceless labial-velar fricative

w Voiced labial-velar approximant

ɥ Voiced labial-palatal approximant

ʜ Voiceless epiglottal fricative

ʢ Voiced epiglottal fricative

ʡ Epiglottal plosive

ɕ ʑ Alveolo-palatal fricatives

ɺ Voiced alveolar lateral flap

ɧ Simultaneous ʃ and x

Affricates and double articulations can be represented by two symbols joined by a tie bar if necessary.

t͡s k͡p

VOWELS

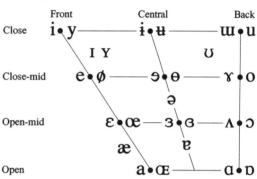

Where symbols appear in pairs, the one to the right represents a rounded vowel.

SUPRASEGMENTALS

ˈ	Primary stress	ˌfoʊnəˈtɪʃən
ˌ	Secondary stress	
ː	Long	eː
ˑ	Half-long	eˑ
̆	Extra-short	ĕ
ǀ	Minor (foot) group	
‖	Major (intonation) group	
.	Syllable break	ɹi.ækt
‿	Linking (absence of a break)	

DIACRITICS Some diacritics may be placed above a symbol with a descender, e.g. ŋ̊

◌̥	Voiceless	n̥ d̥	◌̤	Breathy voiced	b̤ a̤	◌̪	Dental	t̪ d̪
◌̬	Voiced	s̬ t̬	◌̰	Creaky voiced	b̰ a̰	◌̺	Apical	t̺ d̺
◌ʰ	Aspirated	tʰ dʰ	◌̼	Linguolabial	t̼ d̼	◌̻	Laminal	t̻ d̻
◌̹	More rounded	ɔ̹	◌ʷ	Labialized	tʷ dʷ	◌̃	Nasalized	ẽ
◌̜	Less rounded	ɔ̜	◌ʲ	Palatalized	tʲ dʲ	◌ⁿ	Nasal release	dⁿ
◌̟	Advanced	u̟	◌ˠ	Velarized	tˠ dˠ	◌ˡ	Lateral release	dˡ
◌̠	Retracted	e̠	◌ˤ	Pharyngealized	tˤ dˤ	◌̚	No audible release	d̚
◌̈	Centralized	ë	◌̴	Velarized or pharyngealized	ɫ			
◌̽	Mid-centralized	ẽ	◌̝	Raised	e̝ (ɹ̝ = voiced alveolar fricative)			
◌̩	Syllabic	n̩	◌̞	Lowered	e̞ (β̞ = voiced bilabial approximant)			
◌̯	Non-syllabic	e̯	◌̘	Advanced Tongue Root	e̘			
◌˞	Rhoticity	ɚ a˞	◌̙	Retracted Tongue Root	e̙			

TONES AND WORD ACCENTS

LEVEL			CONTOUR		
e̋	or ˥	Extra high	ě	or ˇ	Rising
é	˦	High	ê	ˆ	Falling
ē	˧	Mid	e᷄		High rising
è	˨	Low	e᷅		Low rising
ȅ	˩	Extra low	e᷈		Rising-falling
ꜜ	Downstep		↗	Global rise	
ꜛ	Upstep		↘	Global fall	

Typefaces: Doulos SIL (metatext); Doulos SIL, IPA Kiel, IPA LS Uni (symbols)

附录六

国际音标表中文版(修订至 2005 年)

辅音(肺部气流)

	双唇	唇齿	齿	龈	龈后	卷舌	硬腭	软腭	小舌	咽	喉
爆发音	p b			t d		ʈ ɖ	c ɟ	k ɡ	q ɢ		ʔ
鼻音	m	ɱ		n		ɳ	ɲ	ŋ	N		
颤音	ʙ			r					R		
拍音或闪音		ⱱ		ɾ		ɽ					
擦音	ɸ β	f v	θ ð	s z	ʃ ʒ	ʂ ʐ	ç ʝ	x ɣ	χ ʁ	ħ ʕ	h ɦ
边擦音				ɬ ɮ							
近音		ʋ		ɹ		ɻ	j	ɰ			
边近音				l		ɭ	ʎ	ʟ			

成对出现的音标,右边的为浊辅音。阴影区域表示不可能产生的音。

辅音（非肺部气流）

喷音		浊内爆音		喷音	
ʘ	双唇音	ɓ	双唇音	ʼ	例如：
ǀ	齿音	ɗ	齿音/龈音	pʼ	双唇音
ǃ	龈（后）音	ʄ	硬腭音	tʼ	齿音/龈音
ǂ	腭龈音	ɠ	软腭音	kʼ	软腭音
ǁ	龈边音	ʛ	小舌音	sʼ	龈擦音

其他符号

ʍ 唇-软腭清擦音	ɕ ʑ 龈-腭擦音
w 唇-软腭浊近音	ɺ 龈边浊闪音
ɥ 唇-硬腭浊近音	ɧ 同时发 ʃ 和 x
ʜ 会厌清擦音	若有必要,塞擦音及双重调音可以用
ʢ 会厌浊擦音	连音符连接两个符号, 如:
ʡ 会厌爆发音	k͡p t͡s

附加符号 如果是下伸符号，附加符号可以加在上方，例如：ŋ̊。

符号	名称	例	符号	名称	例	符号	名称	例
̥	清化	n̥ d̥	̤	气声性	b̤ a̤	̪	齿化	t̪ d̪
̬	浊化	ş̬ t̬	̰	嘎裂声性	b̰ a̰	̺	舌尖性	t̺ d̺
ʰ	送气	tʰ dʰ	̼	舌唇	t̼ d̼	̻	舌叶性	t̻ d̻
̹	更圆	ɔ̹	ʷ	唇化	tʷ dʷ	̃	鼻化	ẽ
̜	略展	ɔ̜	ʲ	腭化	tʲ dʲ	ⁿ	鼻除阻	dⁿ
̟	偏前	u̟	ˠ	软腭化	tˠ dˠ	ˡ	边除阻	dˡ
̠	偏后	i̠	ˤ	咽化	tˤ dˤ	̚	无闻除阻	d̚
̈	央化	ë	~	软腭化或咽化 ɫ				
̽	中-央化	ě	̝	偏高 e̝ (ɹ̝ = 龈浊擦音)				
̩	成音节	n̩	̞	偏低 e̞ (β̞ = 双唇浊近音)				
̯	不成音节	e̯	̘	舌根偏前 e̘				
˞	r音性	ɚ a˞	̙	舌根偏后 e̙				

元音

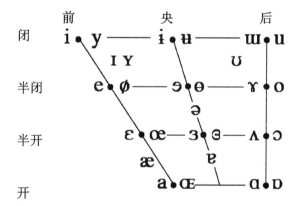

成对出现的音标，右边的为圆唇元音。

超音段
ˈ   主重音
ˌ   次重音
           ˌfoʊnəˈtɪʃn̩
ː   长   eː
ˑ   半长   eˑ
˘   超短   ĕ
| 小（音步）组块
‖   大（语调）组块
.   音节间隔   ɹi.ækt
‿   连接（间隔不出现）

声调与词重调
平调   非平调
e̋ 或 ˥ 超高   ě 或 ˩˥ 升
é ˦   高   ê ˥˩   降
ē ˧   中   ḛ ˦˥   高升
è ˨   低   ȅ ˩˨   低升
ȅ ˩   超低   e̋̃ ˧˦   升降
↓   降阶   ↗   整体上升
↑   升阶   ↘   整体下降

附录七

汉语方言调查常用国际音标表

辅音

方法＼部位			双唇	齿唇	齿间	舌尖前	舌尖后	舌叶（舌尖及面）	舌面前	舌面中	舌根（舌面后）	小舌	喉壁	喉
塞	清	不送气	p			t	ʈ		ȶ	c	k	q		ʔ
		送气	pʻ			tʻ	ʈʻ		ȶʻ	cʻ	kʻ	qʻ		ʔʻ
	浊	不送气	b			d	ɖ		ȡ	ɟ	g	ɢ		
		送气	bʻ			dʻ	ɖʻ		ȡʻ	ɟʻ	gʻ	ɢʻ		
塞擦	清	不送气		pf	tθ	ts	tʂ	tʃ	tɕ					
		送气		pfʻ	tθʻ	tsʻ	tʂʻ	tʃʻ	tɕʻ					
	浊	不送气		bv	dð	dz	dʐ	dʒ	dʑ					
		送气		bvʻ	dðʻ	dzʻ	dʐʻ	dʒʻ	dʑʻ					
鼻	浊		m	ɱ		n	ɳ		ȵ	ɲ	ŋ	ɴ		
滚	浊					r						ʀ		
闪	浊					ɾ	ɽ					ʀ		
边	浊					l	ɭ			ʎ				
边擦	清					ɬ								
	浊					ɮ								
擦	清		ɸ	f	θ	s	ʂ	ʃ	ɕ	ç	x	χ	ħ	h
	浊		β	v	ð	z	ʐ	ʒ	ʑ	j	ɣ	ʁ	ʕ	ɦ
无擦通音及半元音	浊		w ɥ	ʋ		ɹ	ɻ			j(ɥ)	ɰ(w)			

元音

		圆唇元音	舌尖元音 前　后	舌面元音 前　央　后
高		(ʮ ʯ ɥ ʉ)	ɿ　ʅ	i y　ɨ ʉ　ɯ u
半高		(ø o)		e ø　　　ɤ o
	央			ə
半低		(œ ɔ)		ɛ œ　ɐ ɞ ɜ
				æ ɐ
低		(ɒ)		a　　　ɑ ɒ

英汉对照方言学术语

abrupt tone　促声

accent　口音;腔;重音

acrolect　上层方言

analogical creation　类比创新、感染作用

analogue　同源语

ancestor language　原始共同母语

anthropological linguistics　人类语言学

assimilation　同化

atomistic dialectology　原子方言学

base form　本音(相当于变音而言)

basilect　本地方言、底层方言

bi-dialectalism　双方言现象

billingual　双语人

bilingualism　双语现象、双重语言现象

bimorphemic syllables　双音节词

boundary　边界

broad IPA　宽式国际音标

bundle of isoglosses　同言线束

cant　行话、黑话、切口

(the)Chinese Dialect Society　全国汉语方言学会

check-list　问题表

citation form　有上下文的成分

citation tone　单字调

class dialect　阶层方言

classification　分类、分区

code switching　语码转换

cognate　同源词

colloquial　口语

colloquial layer　白读层

colloquial pronunciation　白读音、白话音、说话音、话语音

colloquial reading　白读

common language　共同语;普通话

comparison　比较

complementary distribution　互补分配、对补分配

contour of tone　调形

corpus　语料

Creole　混合语、克里奥耳语

demarcation　分界线

derivative form　变音

dialect　方言

dialect character　方言字、方言杂字

dialect contact　方言接触

dialect geography　方言地理学

dialect island　方言岛

dialect mixture　方言融合

dialect outlier　方言飞地

dialect survey　方言调查

dialectologist　方言学家

dialectology　方言学

difference　差异

diglossia　双言现象、双层语言现象

diminutive sandhi　小称变调

disyllabic word　双音词、两字组

division　等;区划

eastern Mandarin　下江官话、江淮官话

ethnic group　族群

ethnography　民族学

ethno-linguistics　民族语言学

etymological character　本字

evolution　演变

feeling of the native　土人感

fieldwork　田野工作、实地调查

fieldworker　田野工作者、实地调查者

final　韵母

finals that do not begin with [i], [u] or [y]　开口呼

finals which begin with [i]-sound　齐齿呼

finals which begin with [u]-sound　合口呼

finals which begin with [y]-sound　撮口呼

focal area　核心地带

folk etymology　俗词源学

fusion character　合音字

fusion word　合璧词

Gan dialects　赣语、赣方言

glottochronology　语言年代学

glossary　词汇表

group　摄

grouping　分区、分类

Hakka dialects　客家方言、客家话、客语、客话

homonym　同音字、同音异义词、同形异义词

Huizhou dialects　徽州方言、徽语

hybrid dialect　混合方言、混合型方言

hypercorrection　矫枉过正

idiolect　个人方言

idiom　俚俗语、熟语

implosive　内爆音、缩气塞音

informant　发音合作人

initial　声母

initial consonant cluster　复辅音声母

intermediary　中间人、第三者

International Phonetic Alphabet　国际音标

inter-syllabic juncture　音节间停顿、字间组结

interview　会见、被调查

interviewee　被调查者

inverted word　逆序词

isogloss　同言线、等语线

Jin dialects　晋语、晋方言

language atlas　语言地图集

language attitude　语言态度

language family　语系

language loyalty　语言忠诚

language maintenance　语言维护

language planning　语言计划

language shift　语言转移

lax　舒声

layer　层次

lexical diffusion　词汇扩散

lingua franca　通用语

linguistic atlas　语言地图集

linguistic distance　语言亲疏

linguistic geography　语言地理学

linguistic materials　语料

linguistic sex differentiation　性别语言

literal layer　文读层

literary reading　书面语；文读音、读书音

loan blends　音义兼译词

loan words　外来词、借词

local dialect　地点方言

local high language　地区共同语、高层语言

local gazetteer　地方志

low language　家庭生活等场合使用的语言或方言、低层语言

lower Yangtze Mandarin dialects　下江官话

lucky word　吉利词

Mandarin dialects　官话、北方话、北方方言

matched-guise technique　配对变法

media　介音

merge into　并入

messolect　混合成的新方言

Min dialects　闽语

monosyllabic word　单音词、单字组

morpheme　语素

morphophonemics　形态音位学、连读变调

mother tongue　母语

mutual intelligibility　互懂度、可懂度、沟通度

national language　国语、民族共同语

native speaker　本地人

narrow IPA　严式国际音标

neutral tone　轻声、中性调

new variety　新派

old variety　老派

onomastics　专名学、人名地名研究

outlier　（语言或方言）飞地

patois　土话、土语

phoneme　音位

phonetic correspondence　语音对应

phonetic law　语音规律

phonetic rule　语音规则

phonological rule　音位规则

phonological word　语音词

phonology　音系、声韵调系统

pidgin　洋泾浜

Ping dialects　平话

polyphonetic character　异读字

popular saying　俗语

postal questionnaire　通讯调查表

pre-glottalized stop　先喉塞音

prestige accent　优势方言、权威方言

proto-language　原始语、母语、祖语

proto-dialect　原始方言

proverb　谚语、俗语

questionnaire　问题表、调查表

reconstruction　构拟

reduplication　重叠

regional dialect　地区方言

register of tone　调层

relatedness　相关度

report on a survey of the dialect　方言调查报告

rhyme　韵

rhyme book　韵书

rhyme table　韵图

round initial　团音

sandhi　变调、语流音变、语流变异

segment　音段

sharp initial　尖音

similarities and differences　异同

slang　俚语、流行语

social dialect　社会方言

sociolinguistics　社会语言学

sociolinguistic dialect　社会方言

speech community　言语社区、言语社团

speech island　方言岛

standard dialect　标准方言

standard language　标准语

stratigraphy　层次

sub-ethnic group　民系

sub-dialect　次方言

substratum theory　底层语言理论

supra-segment　超音段

supreme language　顶层语言

syllabary　同音字表;同音字汇

syllabary of homophones　同音字表

syllabic nasal　自成音节的鼻音

taboo　禁忌语、忌讳词

tabu　禁忌语、忌讳词

tonal suppletion　变音

tone　声调

tone letter　声调字母、调号

toneme　调位

tone sandhi　连读变调

top language　顶层语言

transitional areas　过渡地带、过渡地区

trisyllabic word　三音节词、三字组

variation　变异

vernacular　土语

Wu dialects　吴语、吴方言

witticism　俏皮话儿

xeno-dialect　域外方言

Xiang dialects　湘方言、湘语

Yue dialects　粤语、粤方言

第一版后记

　　笔者曾撰《汉语方言学导论》一书(上海教育出版社 1992 年初版,2000 年修订本),在《自序》中说汉语方言学有两种写法,一是从普通语言学的立场出发,以汉语方言的事实为素材,讨论方言学的理论和方法问题;二是从描写语言学的立场出发,综合描写汉语方言的语音、词汇、语法、分类等层面。现在想来一本理想的完整的《汉语方言学》,除了应有上述两方面的内容外,至少还应包括方言调查法、方言的社会语言学和文化语言学研究。目前写就的《汉语方言学教程》力图将上述几方面的内容都纳入其中,以见其全貌。但为教材的性质和篇幅所限,各方面的内容只能择要选编而已。希望将来能有机会在此基础上编写一部集大成的多卷本《汉语方言学》,以飨同好。

　　本书的部分内容取自笔者的一些旧作;第二章《语音常识和语音训练》、第三章第二节和第三章第三节系据与汤珍珠老师合编的讲稿《汉语方言调查和研究》(因故未刊);第一章第二节《汉语方言的区划和分类》系据《中国语言地图集》(中国社会科学院和澳大利亚人文科学院合编《中国语言地图集》,朗文出版社,1987 年)和《汉语方音字汇》(北京大学中文系,文字改革出版社,1989 年)。谨此说明,并致谢忱。

　　本书初稿曾承华东师大颜逸明教授提出宝贵修改意见,非常感谢。

　　笔者在复旦大学学习、教学和研究汉语方言学及相关学科已有四分之一世纪,本书出版时正值复旦大学100 周年(1905—2005)校庆,谨以此书献给复旦大学百年校庆。

2004 年夏于复旦凉城新村宿舍

第二版后记

这次重版除纠正初版的多处误植外,内容略有增删,但全书大纲未变,各章的结构也没有大变化。本书初版于2004年,十多年来方言学新的研究成果汗牛充栋,重版本只能酌量采纳。在调查、记录、描写方法上,近年来最显著的成果是利用电脑的所谓"机助调查",内容包括录音录像设备配置、调查软件设计、调查现场电脑录音、语料整理、音系归纳、同音校验等。原拟设立独立的章节介绍相关的电脑技术,后来考虑与其摘录相关文献,还不如让读者直接阅读原始文献。读者或可参考韩夏、李龙、潘悟云《计算机田野调查及处理系统》(刊《清华大学学报·自然科学版》2013年第6期)一文和《中国语言资源有声数据库调查手册·汉语方言》(商务印书馆,2010年)一书。电脑技术能大大提高方言调查和材料整理的效率,毋庸置疑。但过分依赖电脑技术,也会产生种种弊端。"机助调查"不能取代人工调查,方言语音的记录、归纳和分析的精微之处,是电脑难以企及的,非人脑参与不可。本书第二、第三两章所述方言调查、记录、归纳和分析的基本方法和原理,仍然是"机助调查"的基础。这是我们在利用电脑调查和研究方言时,必须牢记的。

于上海虹口区景明花园静思斋
2016年立夏日

图书在版编目（CIP）数据

汉语方言学教程 / 游汝杰著. — 上海：上海教育出
版社，2016.12（2023.1重印）
ISBN 978-7-5444-7023-0

Ⅰ.①汉… Ⅱ.①游… Ⅲ.①汉语方言 - 高等学校
- 教材 Ⅳ.①H17

中国版本图书馆CIP数据核字(2016)第301513号

汉语方言学教程（第二版）
游汝杰　著

出版发行　上海教育出版社有限公司
官　　网　www.seph.com.cn
地　　址　上海市闵行区号景路159弄C座
邮　　编　201101
印　　刷　启东市人民印刷有限公司
开　　本　890×1240　1/16　印张 17.5　插页 2
版　　次　2016年12月第1版
印　　次　2023年1月第3次印刷
书　　号　ISBN 978-7-5444-7023-0/H·0255
定　　价　60.00 元
审 图 号　GS(2016)790 号

如发现质量问题，读者可向本社调换　电话：021-64373213